✓ PREFACE 머리말

CATIA(Computer Aided Three-dimensional Interface Application)는 자동차, 선박, 항공기 등의 설계 및 가공, 해석, 생산관리 분야의 업무를 수행하는 데 있어 대표적으로 활용되는 CAD/C   대기업은 물론 중소기업에 이르기까지 산업현장에   로서, 현장에서 근무하는 실무자는 물론 기   TIA의 활용능력은 필수적으로 요구되고 있다.

이런 흐름에 따라 최근 대학 및 전문대학은 물론 전문계 고등학교에서도 CATIA에 대한 교육이 다양한 형태로 진행되고 있으며 다수의 관련 서적이 출간되어 활용되고 있지만 혼자서 CATIA의 활용 능력을 배양하기란 쉽지 않은 실정이다.

이 교재는 대학의 학생들과 재직 근로자들을 대상으로 관련 분야를 다년간 강의한 경험을 바탕으로 집필되었다. CATIA를 익히고자 하는 학생들은 물론 현장에서 근무하는 실무자들이 다른 사람의 도움 없이 혼자서 교재를 따라하면서 CATIA의 기능들을 익혀 활용할 수 있도록 앞서 출판한 교재의 내용을 추가적으로 보완하고 부족한 부분은 더 상세한 이미지와 설명을 통하여 쉽게 이해할 수 있도록 구성하였다.

이 책의 전체 구성 내용은 다음과 같다.

제1편 CATIA 기초 따라잡기
제2편 Sketcher 따라잡기
제3편 Part Design 따라잡기
제4편 Surface Design 따라잡기
제5편 Drafting 따라잡기

모쪼록 이 교재를 통해 많은 전공분야 학생들과 실무자들이 CATIA를 더욱 쉽게 익혀서 활용하게 되기를 바라며, 출간하는 데 많은 도움을 주신 도서출판 예문사에 감사의 뜻을 전한다.

2023년 3월

☑ CONTENTS 목차

PART 1 CATIA 기초 따라잡기

01 CATIA 실행 ·· 4
02 CATIA V5 화면구성 ······················· 4
03 Standard Toolbar ······················· 5
04 View Toolbar ····························· 10
05 Start Menu 설정 ························· 20
06 사용언어 설정 ······························· 21

PART 2 Sketcher 따라잡기

01 Sketcher 실행하기 ····················· 24
02 Sketcher 종료하기 ····················· 26
03 Sketcher Toolbar ····················· 27
　1) Profile ································· 27
　2) Operation ····························· 50
　3) Constraint ··························· 69
　4) Sketch Tools ························· 82
　5) Visualization ······················· 86
　6) Sketcher ····························· 93
04 Sketcher 예제 따라하기 ············· 97
05 Sketcher 실습예제 ··················· 109

PART 3 Part Design 따라잡기

01 Part Design 실행하기 ·· 116
02 Part Design Toolbar ··· 119
  1) Sketch-Based Features ·· 119
  2) Dress-Up Features ··· 179
  3) Transformation Features ·· 230
  4) Surface-Based Features ··· 256
  5) Reference Elements(Extended) ·· 263
  6) Insert ·· 311
  7) Boolean Operations ··· 312
03 Part Design 예제 따라하기 ·· 323
04 Part Design 실습예제 ··· 343

PART 4 Surface Design 따라잡기

01 Surface Design 실행하기 ··· 350
02 Surface Design Toolbar ·· 352
  1) Surfaces ··· 352
  2) Wireframe ··· 426
  3) Operations ··· 458
03 Surface Design 예제 따라하기 ··· 503
04 Surface Design 실습예제 ··· 544

PART 5 Drafting 따라잡기

01 Drafting 실행하기 ··· 550
02 Drafting Toolbar ··· 557
　1) Views ··· 557
　2) Dimensioning ·· 582
　3) Annotation ··· 597
　4) Dress – up ··· 609
　5) Drawing ··· 615
　6) Background Mode ·· 616
　7) 표제란 작성 ··· 619
03 Drafting 예제 따라하기 ·· 628
04 도면 출력하기 ··· 645
05 Drafting 실습예제 ·· 652

저자의 유튜브 채널, '폴리텍 나노(Polytech Nano)'

왼쪽 QR 코드를 찍으면 CATIA 환경설정, Sketcher, Part Design, Surface Design에 대한 참고 강좌를 수강하실 수 있습니다.

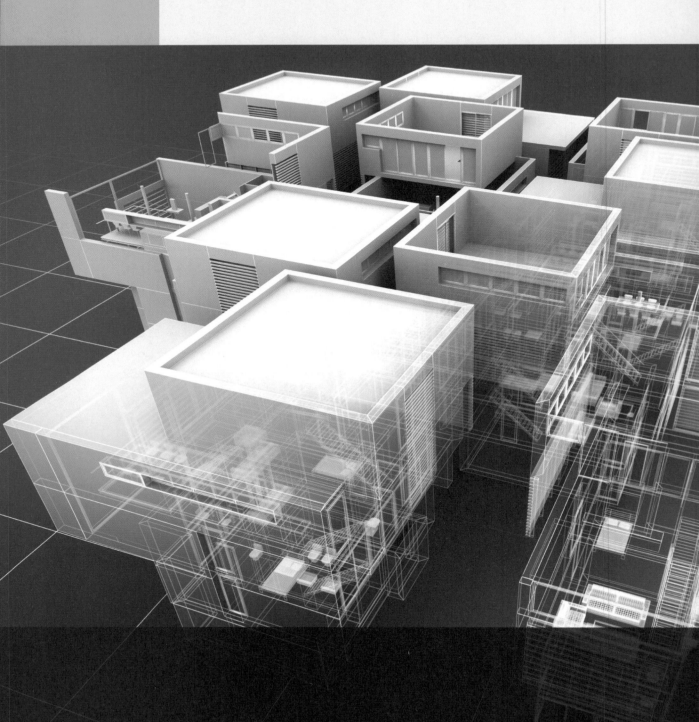

CATIA V5 따라잡기

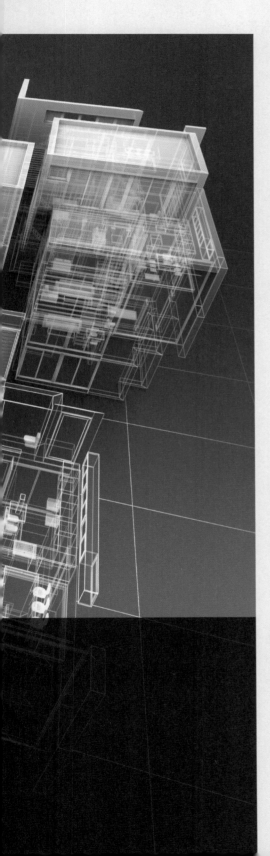

PART 01

혼자서 따라하며 쉽게 익히는 CATIA V5 따라잡기

CATIA 기초
따라잡기

01 CATIA 실행

시작 → CATIA V5를 선택하거나 바탕화면의 바로가기 아이콘을 더블클릭한다.

02 CATIA V5 화면구성

① Specifications Tree : 모델링 작업순서를 기록하는 영역

② Plane : 공간상에 존재하는 기본 평면(xy, yz, zx plane)

③ Working Area : 모델링 작업이 이뤄지는 영역

④ Toolbar : 각 Mode에서 필요한 명령 아이콘이 모여 있는 집합체

⑤ Compass : 공간상의 방향표시(X, Y, Z)

⑥ Standard Toolbar : CATIA 파일을 관리하는 도구모음

⑦ View Toolbar : Model을 표시하는 도구모음

⑧ Menu Bar : CATIA에서 실행할 수 있는 메뉴 모음

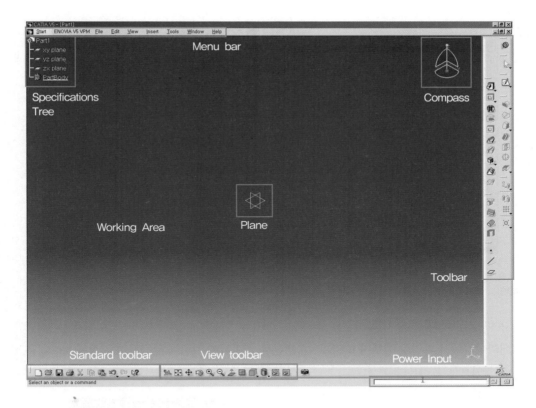

03 Standard Toolbar

1 New  (Ctrl + N) : 새로운 작업창 생성

① New 아이콘을 클릭한다.

② New 대화상자의 List of Type의 Part를 선택하고 OK 버튼을 클릭한다.

③ New Part 대화상자가 나타난 후 OK 버튼을 클릭하면 새로운 작업창이 생성된다(여기에서 환경 설정에 따라 New Part 대화상자가 나타나지 않을 수도 있다).

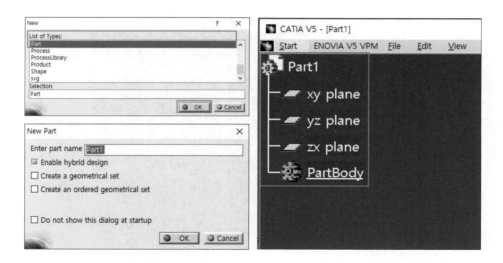

2 Open  (Ctrl + O) : 저장된 파일을 불러옴

① Open 아이콘 을 클릭한다.

② 대화상자에서 파일을 선택하고 열기(O) 버튼을 클릭하여 기존에 완성하여 저장된 Model을 작업창 영역으로 불러온다.

3 Save (Ctrl + S) : 작업내용 저장

① Save 아이콘 을 클릭한다.

② 대화상자에서 저장위치와 파일명을 입력하고 OK 버튼을 클릭한다.

③ 지정한 경로에 파일이 저장된다.

④ File → Save As… : 새로운 이름으로 저장한다.

⑤ File → Save All : 열려 있는 모든 파일을 저장한다.

⑥ File → Save Management : 연계되어 있는 파일의 위치를 지정하여 한꺼번에 저장한다.

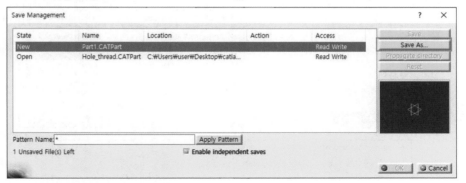

④ Print 🖨 (Ctrl + P) : 작업내용 출력

① Print 아이콘 🖨 을 클릭하면 열려 있는 Model의 내용을 출력할 수 있다.

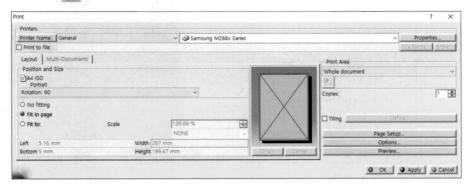

ⓐ Printers : 출력할 프린터 선정

   • Properties… : 프린터 환경설정

ⓑ Position and Size : 프린트의 회전 각도를 지정

   • Fit in Page : 용지에 가득 차도록 출력

   • Fit to : Scale을 지정하여 확대 또는 축소하여 출력

ⓒ Print Area : 프린트할 영역 지정

   • Whole document : 작업하고 있는 전체 영역을 출력

   • Display : 화면에 보이는 대로 출력

   • Selection : 원하는 영역을 지정하여 출력

ⓓ Copies : 출력할 수량 설정

ⓔ Page Setup… : 프린트 용지를 선택하고 용지의 여백 지정

ⓕ Options… : 출력 색상 지정(컬러, 회색, 흑백 등)

ⓖ Preview… : 출력 화면 미리보기

② File → Printer Setup...을 클릭하여 프린터 환경을 설정한다.

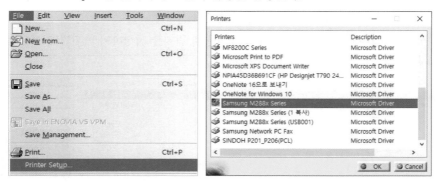

ⓐ 출력할 프린터를 선택한 후 더블클릭

　　● Printers → Properties...와 같이 프린터의 환경을 설정

⑤ Undo 　 (Ctrl+Z)/Redo 　 : 작업내용을 취소/재실행(저장하기 전까지 적용되며 저장하면 이 기능은 실행되지 않음)

① Solid Model을 완성한다.

② Undo 아이콘 　을 클릭하면 작업내용이 취소된다.

③ Redo 아이콘 　을 클릭하면 Undo로 취소된 작업이 재실행된다.

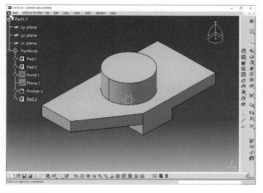

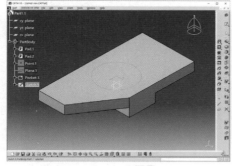
Undo 실행

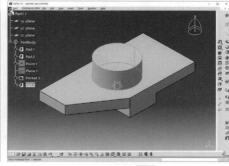
Redo 실행

REFERENCE

Undo 횟수를 지정하는 방법

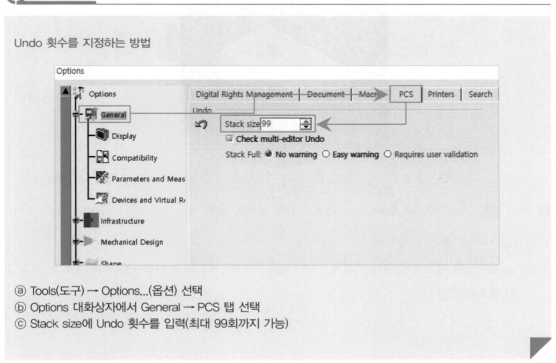

ⓐ Tools(도구) → Options...(옵션) 선택
ⓑ Options 대화상자에서 General → PCS 탭 선택
ⓒ Stack size에 Undo 횟수를 입력(최대 99회까지 가능)

04 View Toolbar

1 Fit All In ⊞ : 모델링 과정에 확대, 축소, 이동을 적용했을 경우 Model을 작업 영역(Working Area) 가운데로 최적의 비율로 표시

① Fit All In 아이콘 ⊞ 을 클릭한다.

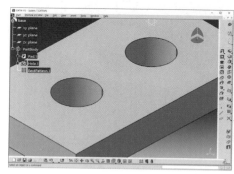 

Fit All In 실행 전

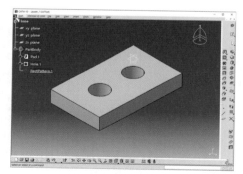

Fit All In 실행 후

2 Pan ✛ : Model을 Working Area 내에서 임의 위치로 이동

① Pan 아이콘 ✛ 을 클릭한다.

② Model 위에 마우스 포인터를 위치시키고 마우스 왼쪽 버튼을 클릭한 상태에서 옮기고 싶은 위 치로 드래그한다.

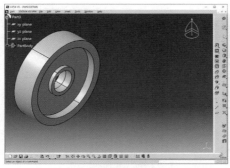

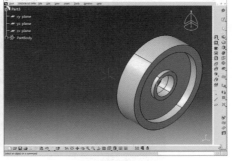

Pan 실행 전 위치   Pan 실행 후 위치

③ 마우스를 이용한 Pan 적용 : 마우스의 두 번째 버튼(휠)을 클릭한 상태에서 이동하고자 하는 위치로 드래그한다.

3 Rotate ⟲ : Model 회전

① Rotate 아이콘 ⟲ 을 클릭한다.

② Model 위에 마우스 포인터를 위치시키고 마우스의 왼쪽 버튼을 클릭한 상태에서 원하는 방향으로 회전되도록 드래그한다.

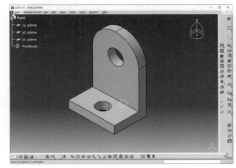

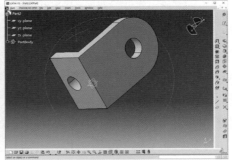

Rotate 실행 전 모양   Rotate 실행 후 모양

③ 마우스를 이용한 Rotate 적용 : 마우스 두 번째 버튼(휠)과 세 번째 버튼을 동시에 누른 상태에서 원하는 형태로 회전이 되도록 드래그한다.

4 Zoom In 🔍 / Zoom Out 🔍 : Model 확대/축소

① Zoom In 아이콘 🔍 을 클릭할 때마다 확대된다.

② Zoom Out 아이콘 🔍 을 클릭할 때마다 축소된다.

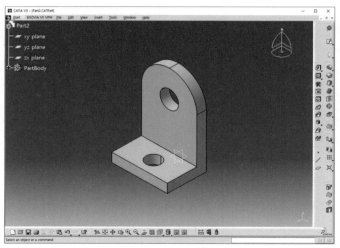

Zoom In/Out 실행 전

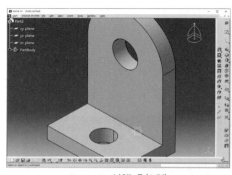

Zoom In 실행 후(2회)

Zoom Out 실행 후(2회)

③ 마우스를 이용한 Zoom In/Zoom Out 기능 적용 : 마우스 두 번째 버튼(휠)을 누른 상태에서 세
번째 버튼을 한 번 클릭하고 뗀 후에 마우스를 전진하면 Zoom In(확대)되고 후진하면 Zoom
Out(축소)된다.

5 마우스 사용법 정리

① 왼쪽 버튼 ❶, 휠 ❷, 오른쪽 버튼 ❸

마우스 버튼	기능	View Toolbar
❶ 누름	객체 선택(Select)	–
❷ 누름	객체 이동(Move)	⊕
(❷+❸) 동시 누름	객체 회전(Rotate)	↻
❷ 누름+❸ 한 번 클릭	객체 확대·축소(Zoom)	🔍 🔍

6 Normal View ⬏ : Plane이나 Model의 특정 면을 정면으로 배열

① Normal View 아이콘 ⬏을 클릭한다.

② 정면으로 보고자 하는 면을 선택(1)한다.

 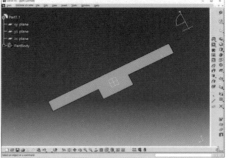

③ Normal View 아이콘 ⬏을 클릭하고 yz plane을 선택한다.

 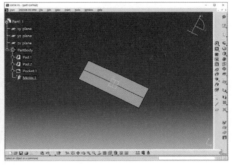

7 Create Multi - View ⊞ : 작업창에 있는 Model을 여러 View로 표시

① Create Multi - View 아이콘 ⊞을 클릭하면 4개의 View가 표시된다.

② 선택된 Create Multi - View 아이콘 ⊞을 클릭하여 선택 해제하면 Compass가 있는 View가 최대화된다.

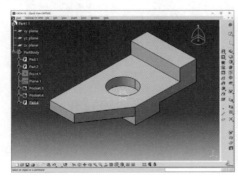 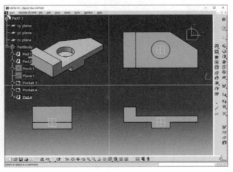

8 Quick View : ▢▢▢▢▢▢▢ ▣ 투상도 생성

① 생성하고자 하는 투상도의 View 아이콘을 선택한다.

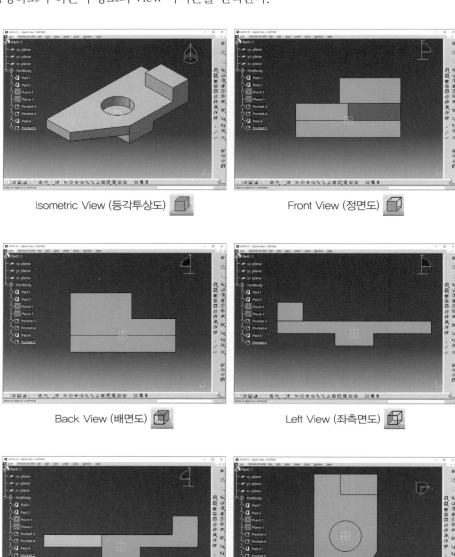

Isometric View (등각투상도) ▣   Front View (정면도) ▣

Back View (배면도) ▣   Left View (좌측면도) ▣

Right View (우측면도) ▣   Top View (평면도) ▣

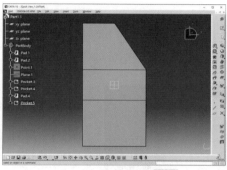

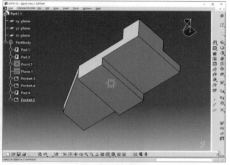

Bottom View (저면도) 　　　　Named View (사용자 지정뷰)

② Named View : 기본 View 이외에 사용자가 만든 임의의 View를 생성한다.

　ⓐ View를 생성하고자 하는 형태로 Model을 회전한다.

　ⓑ Named View 아이콘 🔲 을 클릭한다.

　ⓒ Add를 클릭하면 Camera 1이 생성되는데, 원하는 이름(exam 1)으로 변경하고 OK 버튼을 클릭한다.

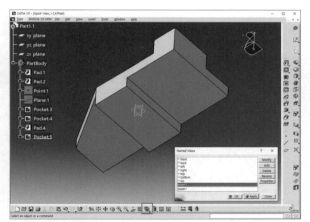

　ⓓ Isometric View 아이콘 🔲 을 클릭하여 등각투상도로 변경한다.

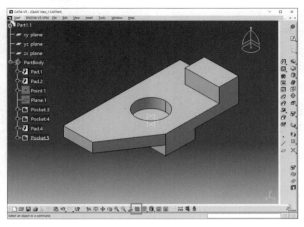

ⓔ Named View 아이콘 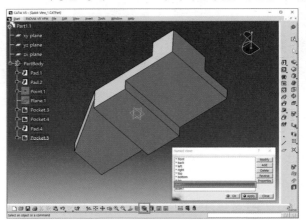을 클릭한다.

ⓕ 앞에서 사용자 지정 View로 생성한 exam 1을 선택한 후 Apply 버튼을 클릭한다.

ⓖ 사용자 지정 View로 지정한 형태로 Model이 나타난 것을 확인할 수 있다.

⑨ View Mode : 🗁🗁🗁🗁🗁🗁🗁 다양한 형태로 표시

① 표시하고 싶은 Model의 아이콘을 선택한다.

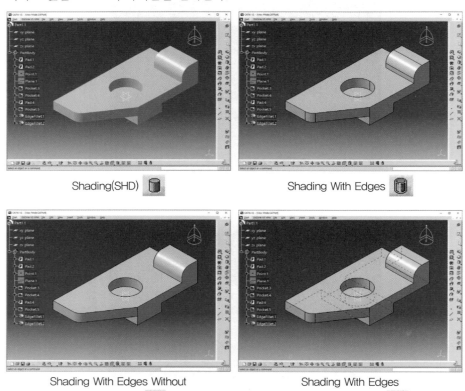

Shading(SHD) 🗁

Shading With Edges 🗁

Shading With Edges Without
Smooth Edges 🗁

Shading With Edges
and Hidden Edges 🗁

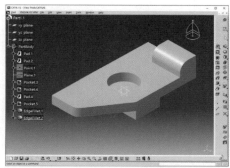
Shading With Material

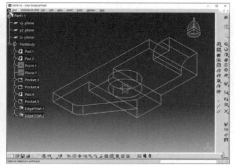
Wireframe(NHR)

Customize View Parameters [?]

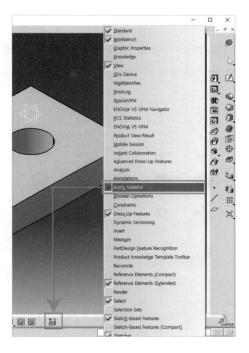
Apply Material 도구막대

② 완성된 Model에 재질(Material)을 적용한다.

ⓐ Customize View Parameters 아이콘[?]을 클릭하여 Material을 체크해도 Apply Material을 적용하지 않으면 재질 형상이 나타나지 않는다.

ⓑ Apply Material 도구막대(빈 공간에 마우스 포인터를 위치시킨 후 오른쪽 버튼을 클릭하여 Apply Material을 체크)의 Apply Material 아이콘🔲 을 클릭한다.

ⓒ Library 대화상자에서 적용하고자 하는 재질로 Metal 탭의 Steel을 선택한다.

ⓓ 선택된 재질 아이콘⚫ 을 클릭한 상태에서 마우스로 드래그하여 Model 위(1)에서 놓는다.

ⓔ 재질이 적용된 형상(2)을 확인하고 OK 버튼 클릭한다.

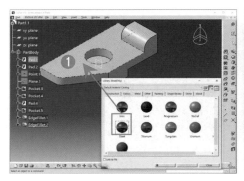
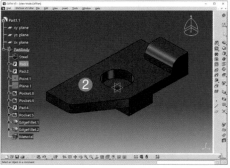

ⓕ Library 대화상자에서 재질 아이콘을 더블클릭하거나 마우스 오른쪽 버튼을 클릭한 후
　Properties를 선택한다.

ⓖ Properties 대화상자의 Analysis 탭을 선택한다.

ⓗ 선택한 재질의 물성치(3)를 확인할 수 있다.

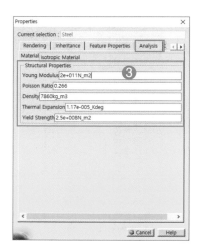

🔟 Hide/Show : Model의 특정 요소를 숨기거나(Hide) 보이게(Show) 함

① 숨기거나 보이게 하고자 하는 요소(1)를 선택한다.

② Hide/Show 아이콘🖲을 클릭하면 Show 영역에 존재하는 Sketch와 Extrude가 Hide 영역으로
　이동한다(선택한 객체의 아이콘이 연하게 변경됨).

③ Hide 영역으로 이동한 객체를 선택한 후 Hide/Show 아이콘🖲을 클릭하면 다시 보이는 Show
　영역으로 이동하여 원래대로 보인다.

④ 마우스를 이용하는 방법 : 요소(1)를 선택한 후 마우스 오른쪽 버튼을 클릭하고 Hide/Show를
　선택하면 선택한 객체가 Hide에서 Show 또는 Show에서 Hide 영역으로 이동한다.

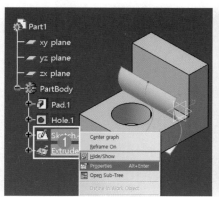

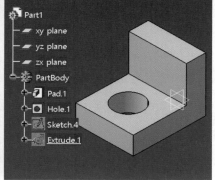

Show 영역의 객체 선택   Hide 영역으로 이동

11 Swap Visible Space : Hide 영역을 보여줌

① 위의 Hide/Show에서 선택한 객체를 Hide 영역으로 이동한 예제(1)를 이용한다.

② Swap Visible Space 아이콘을 클릭한다.

③ Sketch.4와 Extrude.1 객체가 이동한 Hide 영역(2)을 보여준다.

④ Swap Visible Space 아이콘을 다시 클릭하면 Show 영역(1)을 보여준다.

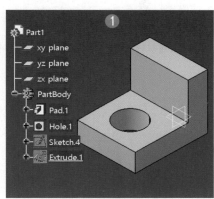

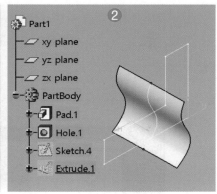

① Tool → Customize...를 실행한다.

② Start Menu 탭에서 이용하고자 하는 Mode를 선택한다.

③ ➡️ 버튼을 클릭하여 오른쪽 Favorites 영역으로 이동시킨다.

④ Close 버튼을 클릭한다.

⑤ Menu bar의 Start를 누르면 아래와 같이 선택한 Mode가 나타난다.

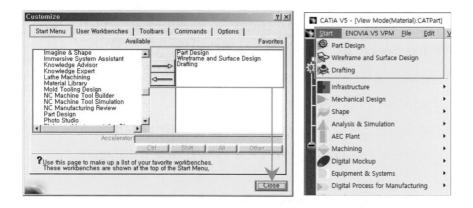

⑥ Workbench 아이콘 을 누르면 아래와 같은 Start Menu에서 선택한 Mode가 대화상자에 나타나며
바로 실행할 수 있다.

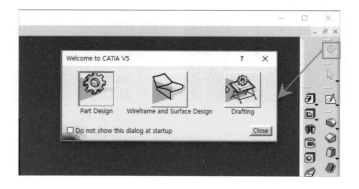

① Tool → Customize…를 실행한다.

② Options → User Interface Language에서 언어를 선택한다.

③ Close 버튼을 클릭한다.

④ 변경한 언어를 적용하기 위해서는 CATIA를 재실행한다.

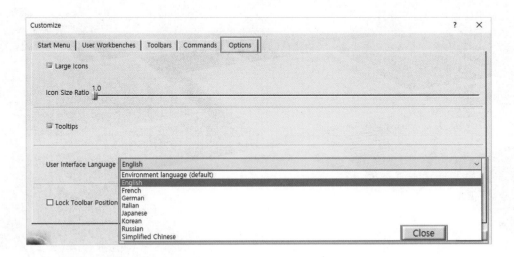

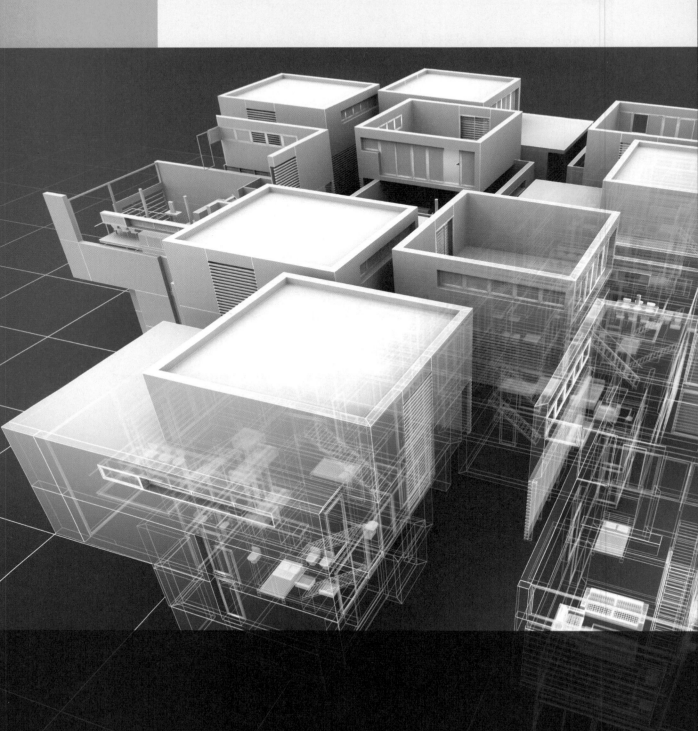

C A T I A   V 5   따 라 잡 기

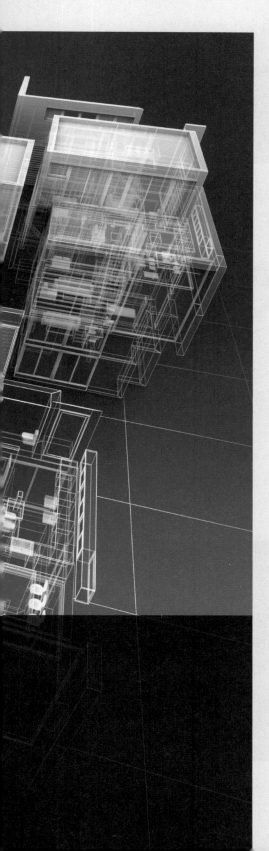

PART 02

혼자서 따라하며 쉽게 익히는 CATIA V5 따라잡기

Sketcher
따라잡기

① CATIA를 실행하면 Assembly Mode가 실행되는데, 닫기 버튼 × 을 눌러 초기화한다.

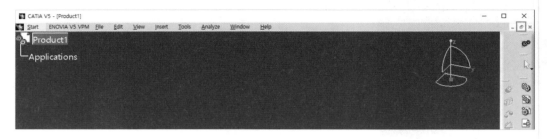

② All general options 아이콘■을 클릭한 후 Part Design 아이콘◉을 눌러 3D로 전환한다(New Part 대화상자가 나타나면 OK 버튼을 클릭).

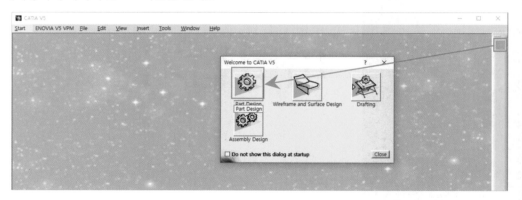

③ 3D 영역에서 Sketch 아이콘☑을 클릭한다.

④ Specifications Tree 영역에서 Sketch 평면(1)을 선택하거나 화면 중앙의 Plane(2)을 직접 선택하면 Sketch Mode로 전환된다.

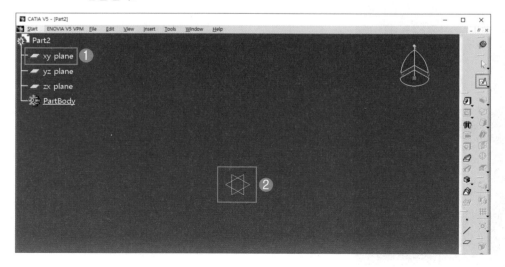

⑤ 도구막대 영역의 빈 공간(3)에 마우스 포인터를 위치시키고 마우스 오른쪽 버튼을 클릭하여 아래와 같이 배열시킨다.

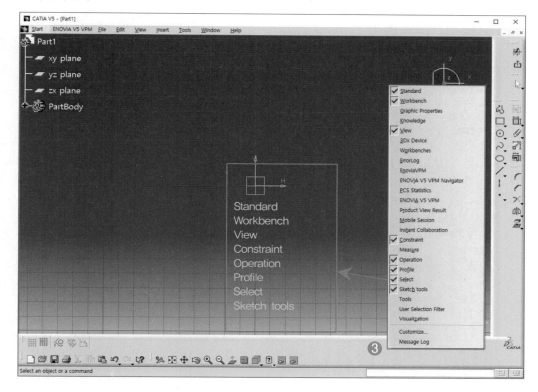

① Exit Workbench 아이콘 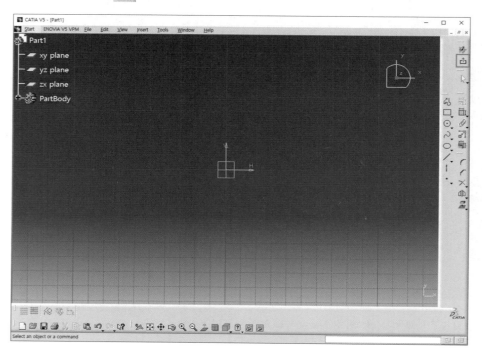 을 클릭한다.

② 2D Sketch에서 3D Mode로 빠져나온다.

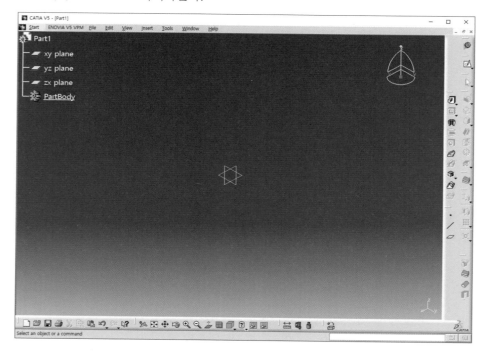

03 Sketcher Toolbar

1 Profile

[Profile 🔩]

연속된 직선과 호 생성

① Profile 아이콘 🔩 을 클릭한다.

② 평면상에 임의 점(1~3)을 클릭하면 각 점을 지나는 직선이 생성된다.

③ Sketch Tools 도구막대의 Tangent Arc 아이콘 ◯ 을 선택한다.

④ 직선에 접하는 █▌ 위치의 점(4)을 클릭하여 Arc를 생성한다.

⑤ 점(1)을 클릭하여 직선을 생성한다.

⑥ Sketch Tools 도구막대의 Three Point Arc 아이콘 ◯ 을 선택하면 임의 점(5)을 지나는 Arc를 생성할 수 있다.

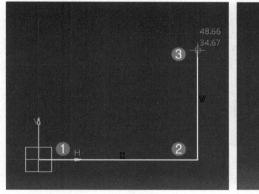 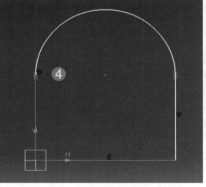

● Sketch Tools 옵션

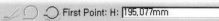

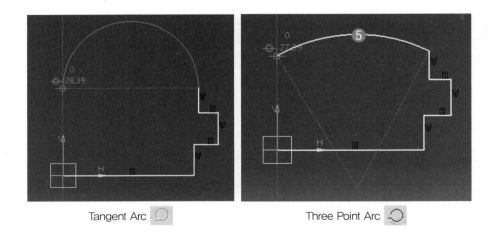

Tangent Arc   Three Point Arc

[Rectangle   ]

직사각형 생성

① Rectangle 아이콘을 클릭한다.

② 임의의 두 점(1, 2)을 클릭하면 두 점을 지나는 직사각형이 생성된다.

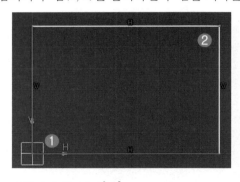

● Sketch Tools 옵션

First Point: H:	-58.873mm	V:	-132.293mm

[Oriented Rectangle   ]

경사진 직사각형 생성

① Oriented Rectangle 아이콘을 클릭한다.

② 직사각형 밑변의 한 점(1)을 클릭한다.

③ Sketch Tools의 A : 영역에 각도를 입력(15deg)하고 Enter↵ 키를 누르면 H축과 이루는 각도가
　고정된다(각도를 입력하지 않고 임의의 점을 클릭해도 됨).

④ 직사각형 밑변의 다른 점(2)을 클릭한다.

⑤ 생성할 직사각형의 다른 꼭짓점(3)을 클릭한다.

⑥ 일정한 각도만큼 기울어진 직사각형이 생성된다.

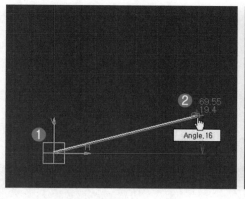
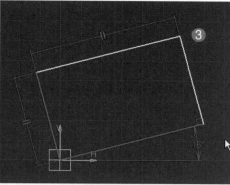

● Sketch Tools 옵션

| Second Corner: H: 52,47mm | V: 14,059mm | W: 54,321mm | A: 15deg |

[Parallelogram 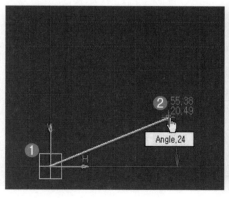]

평행사변형 생성

① Parallelogram 아이콘 을 클릭한다.

② 평행사변형 밑변의 한 점(1)을 클릭한다.

③ Sketch Tools의 A : 영역에 각도를 입력하고 Enter↵ 키를 누르면 H축과 이루는 각도가 고정된다
   (각도를 입력하지 않고 임의의 점을 클릭해도 됨).

④ 평행사변형 밑변의 다른 점(2)을 클릭한다.

⑤ 생성할 평행사변형의 다른 꼭짓점(3)을 클릭한다.

⑥ 일정한 각도만큼 기울어진 두 변이 평행한 평행사변형이 생성된다.

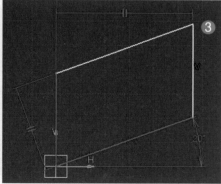

● Sketch Tools 옵션

| Second Corner: H: 52,47mm | V: 14,059mm | W: 54,321mm | A: 15deg |

[Elongated Hole 🔲]

양 변이 라운드된 직사각형 생성

① Elongated Hole 아이콘🔲을 클릭한다.

② 생성할 라운드된 직사각형의 중심점(1, 2)을 클릭한다.

③ 대략적인 반경 지점(3)을 클릭한다.

④ 생성된 치수를 더블클릭하여 정확한 치수를 입력하고 OK 버튼을 클릭한다.

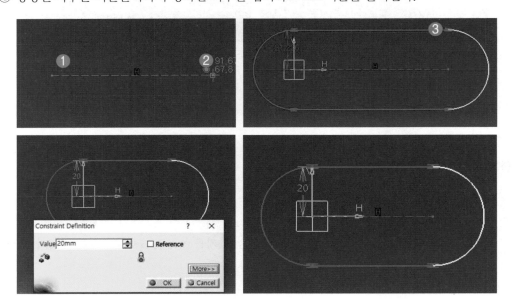

● Sketch Tools 옵션

| Radius: |63.323mm | Point on Elongated: H: |141.431mm | V: |-88.296mm |

[Cylindrical Elongated Hole 🔲]

호 형상의 타원형 생성

① Cylindrical Elongated Hole 아이콘🔲을 클릭한다.

② 생성할 객체의 호의 중심점(1)을 클릭한다.

③ 호 형상 타원형의 첫 번째 타원 중심점(2)을 클릭한다.

④ 호 형상 타원형의 두 번째 타원 중심점(3)을 클릭한다.

⑤ 반지름을 갖도록 임의 점(4)을 클릭한다.

⑥ 생성된 치수를 더블클릭하여 정확한 치수를 입력한다.

⑦ 반지름을 갖는 호 형상의 타원형이 생성된다.

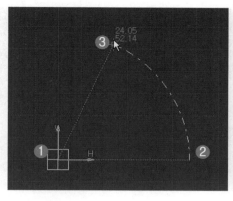 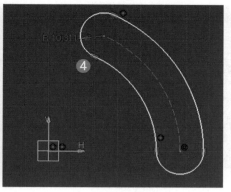

● Sketch Tools 옵션

| Radius: | 0mm | Circle Center: H: | 157,988mm | V: | -34,394mm |

| R: | 0mm | A: | 0deg | S: | 0deg |

[Keyhole Profile]

반지름이 다른 Keyhole 모양의 객체 생성

① Keyhole Profile 아이콘을 클릭한다.

② Keyhole의 큰 반지름 영역의 중심점(1)을 클릭한다.

③ Keyhole의 작은 반지름 영역의 중심점(2)을 클릭한다.

④ 작은 반지름 영역이 반지름을 갖도록 임의 점(3)을 클릭한다.

⑤ 큰 반지름 영역이 반지름을 갖도록 임의 점(4)을 클릭한다.

⑥ 생성된 반지름을 각각 더블클릭하여 치수를 변경한다.

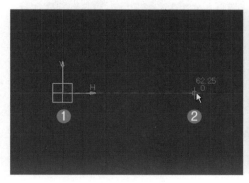 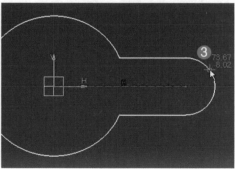

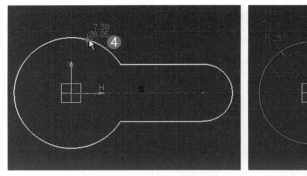
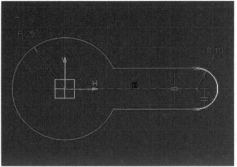

● Sketch Tools 옵션

Center: H:	52,85mm	V:	0mm	L:	52,85mm	A:	0deg

[Hexagon ⬡]

정육각형 생성

① Hexagon 아이콘 ⬡ 을 클릭한다.

② 생성할 정육각형의 중심점(1)을 클릭한다.

③ 중심점에서 정육각형의 한 변에 직각인 위치(2)를 클릭한다.

④ 생성된 거리를 더블클릭하여 정확한 치수로 수정한다.

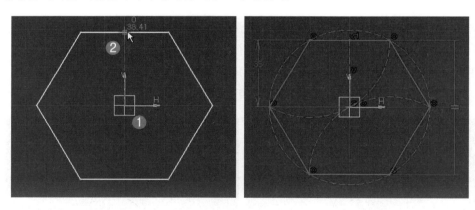

● Sketch Tools 옵션

Point on Hexagon: H:	96,276mm	V:	-94,836mm	Dimension:	270,281mm	Angle:	-44,558deg

[Centered Rectangle ▣]

한 점을 기준으로 상하좌우 대칭인 직사각형 생성

① Centered Rectangle 아이콘 ▣ 을 클릭한다.

② 대칭시킬 기준점으로 원점(1)을 클릭한다.

③ 생성할 사각형의 모서리 점(2)을 클릭한다.

④ 원점(기준점)을 기준으로 상하좌우 대칭인 직사각형이 생성된다.

⑤ Constraint 아이콘 █을 클릭하여 가로와 세로 치수를 적용하면 생성된 직사각형이 항상 대칭으로 크기가 변경된다.

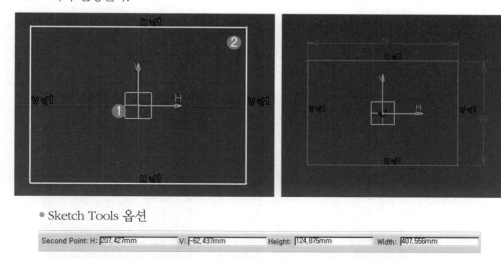

● Sketch Tools 옵션

Second Point: H: 207,427mm	V: ⌐62,437mm	Height: 124,875mm	Width: 407,556mm

[Centered Parallelogram ▱]

두 기준선에 대칭인 직사각형 생성

① Centered Parallelogram 아이콘 ▱을 클릭한다.

② 대칭시킬 두 개의 기준선으로 V축(1)과 H축(2)을 선택한다.

③ 생성할 사각형의 모서리 점(3)을 클릭한다.

④ V축(기준선)을 기준으로 좌우 대칭이고, H축(기준선)을 기준으로 상하 대칭인 직사각형이 생성된다.

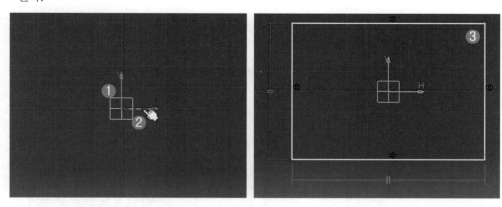

● Sketch Tools 옵션

End Point: H: 51,506mm	V: 39,066mm	Height: 78,131mm	Width: 103,013mm

[Circle]

중심점과 반경을 지정하여 원 생성

① Circle 아이콘 을 클릭한다.

② 중심점(1)과 반경 위치(2)를 클릭한다.

③ 중심점을 중심으로 임의의 반경을 갖는 원이 생성된다.

④ Constraint 아이콘 을 클릭하여 반경 치수를 적용한다.

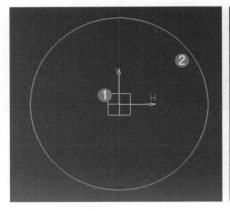
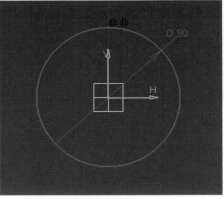

● Sketch Tools 옵션

| Circle Center: H: |163,43mm | V: |-138,082mm | R: |0mm |

[Three Point Circle]

세 점을 지나는 원 생성

① Three Point Circle 아이콘 을 클릭한다.

② 임의 세 점(1~3)을 클릭한다.

③ 선택한 세 점을 지나는 원이 생성된다.

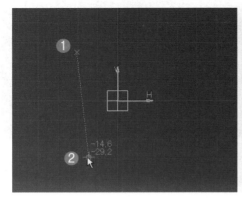
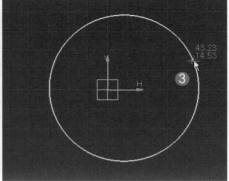

● Sketch Tools 옵션

First Point: H: 76,605mm   V: -110,045mm   R: 0mm

[Circle Using Coordinates 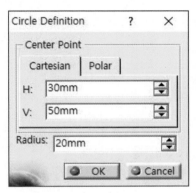]

좌표계를 이용하여 원 생성

① Circle Using Coordinates 아이콘을 클릭한 후 Center Point를 Cartesian(직교좌표계)을 선택한다.

② Circle Definition 대화상자의 Cartesian 탭에서 H(30mm), V(50mm), Radius(20mm)를 입력하고 OK 버튼을 클릭한다.

③ 직교좌표계의 원점에서 중심점의 위치가 (30, 50)이고 반경이 20mm인 원이 생성된다.

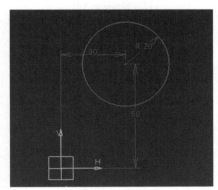

● Sketch Tools 옵션

④ 극좌표를 이용한 원 생성

ⓐ Circle Using Coordinates 아이콘을 클릭한 후 Circle Definition 대화상자의 Polar 탭을 선택한다.

ⓑ Radius 영역에 50mm, Angle 영역에 30deg, Radius 영역에 20mm를 각각 입력하고 OK 버튼을 클릭한다.

ⓒ 극좌표계의 원점에서 중심점의 위치가 (50mm, 30deg)이고 반경이 20mm인 원이 생성된다.

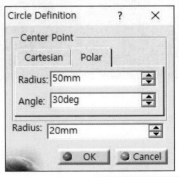
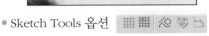
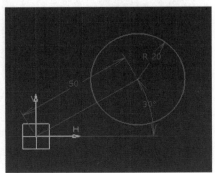

● Sketch Tools 옵션

⑤ 생성하는 원의 치수를 숨기기

Circle Using Coordinates로 원을 생성할 때 Sketch Tools의 Dimensional Constraints 아이콘 ↳
이 체크 해제되었다면 아래와 같이 원의 치수가 생성되지 않는다.

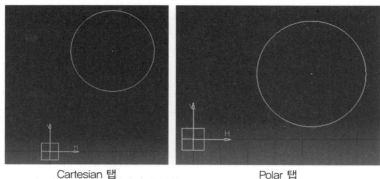

Cartesian 탭
: H(30), V(50), Radius(20) 적용

Polar 탭
: Radius(50), Angle(30), Radius(20) 적용

● Sketch Tools 옵션 ▦ ▦ ⁄ⓞ ⁄ ↳

[Tri − Tangent Circle ◯]

세 요소에 접하는 원 생성

① Profile 아이콘 ⓑ 을 클릭하여 아래와 같이 임의의 Sketch를 생성한다.

② Tri − Tangent Circle 아이콘 ◯ 을 클릭한다.

③ 원이 접하는 3개의 요소(1∼3)를 차례로 선택한다.

④ 3개의 선택한 요소에 접하는 원이 생성된다.

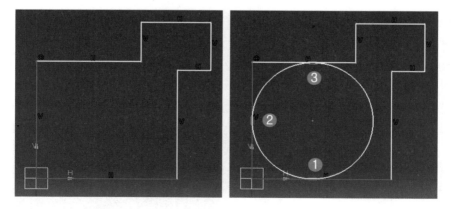

[Three Point Arc 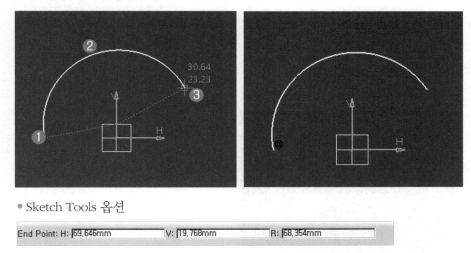]

세 점을 지나는 호 생성

① Three Point Arc 아이콘 을 클릭한다.

② 세 점(1~3)을 클릭한다.

③ 세 점을 지나는 호가 생성된다.

● Sketch Tools 옵션

End Point: H:	69.646mm	V:	19.768mm	R:	68.354mm

[Three Point Arc Starting With Limits]

두 점을 지나는 반지름의 위치를 지정하여 호 생성

① Profile 아이콘 을 클릭하고 아래 그림과 같이 Sketch한다.

② Three Point Arc Starting With Limits 아이콘 을 클릭한다.

③ 호의 시작점(1)과 끝점(2)을 선택한다.

④ 생성할 호의 반지름의 위치(3)를 클릭한다.

⑤ 시작점과 끝점, 반지름 위치를 지나는 호가 생성된다.

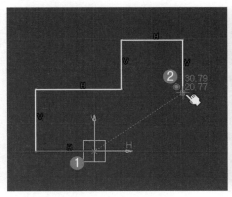 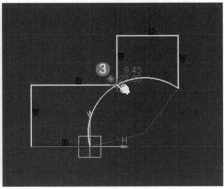

• Sketch Tools 옵션

Second Point: H: |138.633mm | V: |-26.637mm | R: |87.455mm

[Arc 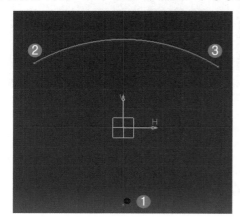]

두 점을 지나는 호 생성

① Arc 아이콘 을 클릭한다.

② 호의 중심점(1)을 클릭한다.

③ 호의 시작점(2)과 끝점(3)을 클릭한다.

④ 중심점을 기준으로 두 점을 지나는 호가 생성된다.

• Sketch Tools 옵션

End Point: H: |156.218mm | V: |-87mm | R: |72.101mm | A: |38deg | S: |-145.458deg

[Spline]

자유 곡선 생성

① Spline 아이콘 을 클릭한다.

② 곡선이 지나는 점(1~4)을 차례대로 클릭한다.

③ Constrain 아이콘 을 클릭하고 Point에 치수를 적용한다.

④ 각 치수를 더블클릭하여 정확한 치수로 수정한다.

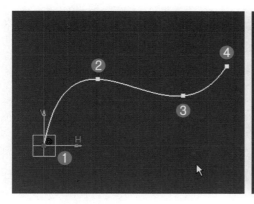
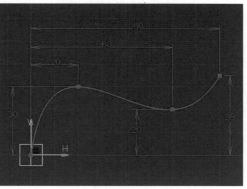

● Sketch Tools 옵션

| Control Point: H: | 27.159mm | V: | -78.103mm |

[Connect ◌]

서로 떨어져 있는 객체의 끝을 연결하는 곡선 생성

① Line 아이콘 ╱ 을 클릭하여 2개의 Line을 Sketch한다.

② Connect 아이콘 ◌ 을 클릭한 후 Sketch tools에서 Connect with a Arc 人 를 선택한다.

③ Line의 끝점(1, 2)을 차례대로 클릭한다.

④ 두 Line의 끝점에서 접하는 Arc(3)가 생성된다.

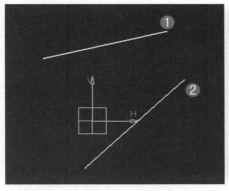
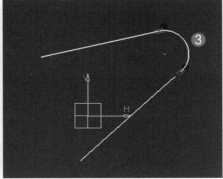

● Sketch Tools 옵션 人 ◌

⑤ Connect with a Spline ◌ : Line의 끝점을 Spline 곡선으로 연결한다.

　ⓐ Continuity in Point 人 : Line의 끝점을 직선으로 연결한다.

　ⓑ Line의 끝점(4, 5)을 선택하면 끝점이 직선(6)으로 연결된다.

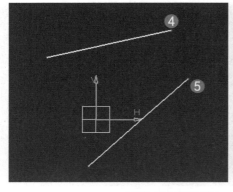

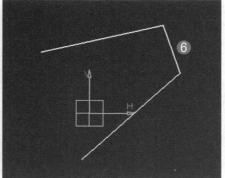

- Sketch Tools 옵션

ⓒ Continuity in Tangency : Line의 끝점을 접선 곡선(Tension)으로 연결한다.

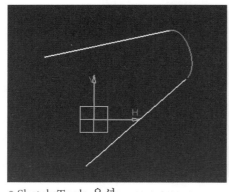

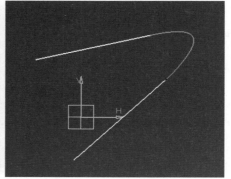

- Sketch Tools 옵션
- Sketch Tools 옵션

ⓓ Continuity in Curvature : Line의 끝점을 곡률 곡선(Tension)으로 연결한다.

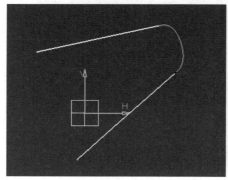

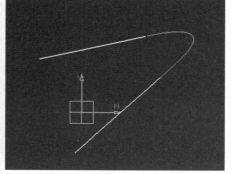

- Sketch Tools 옵션

- Sketch Tools 옵션

[Ellipse 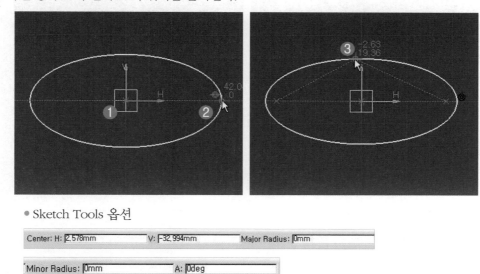]

타원 생성

① Ellipse 아이콘⬭을 클릭한다.

② 타원의 중심점(1)을 클릭한다.

③ 타원 장축(2)과 단축(3)의 위치를 클릭한다.

● Sketch Tools 옵션

| Center: H: | 2.578mm | V: | -32.994mm | Major Radius: | 0mm |

| Minor Radius: | 0mm | A: | 0deg |

④ 타원을 선택한 후 Constrains Defined in Dialog Box 아이콘을 클릭한다.

⑤ Constraint Definition 대화상자에서 Semimajor axis와 Semiminor axis를 체크하고 OK 버튼을 클릭한다.

⑥ 생성된 치수를 더블클릭하여 정확한 치수를 적용한다.

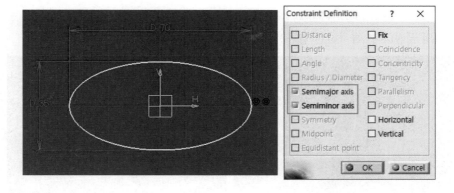

[Parabola by Focus ⩊]

포물선 생성

① Parabola by Focus 아이콘⩊을 클릭한다.

② 생성할 포물선의 초점(1)과 중심점(2)을 클릭한다.

③ 포물선의 시작점(3)을 클릭한다.

④ 포물선의 끝점(4)을 클릭하면 포물선이 생성된다.

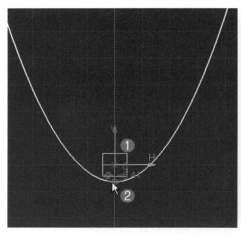
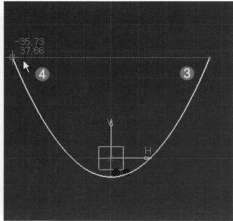

● Sketch Tools 옵션

Focus: H:	-35,732mm	V:	-21,442mm	Apex: H:	42,715mm	V:	-29,078mm
Start Point: H:	77,388mm	V:	-22,935mm	End Point: H:	1,103mm	V:	-22,935mm

[Hyperbola by Focus 📉]

쌍곡선 생성

① Hyperbola by Focus 아이콘 📉 을 클릭한다.

② 생성할 쌍곡선의 초점(1)과 중심점(2)을 클릭한다.

③ 쌍곡선의 시작점(3)을 클릭한다.

④ 쌍곡선의 끝점(4)을 클릭하면 쌍곡선이 생성된다.

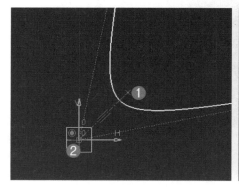
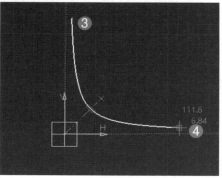

● Sketch Tools 옵션

Apex: H:	0mm	V:	-32,895mm	e:	46,956118332

[Line /]

두 점을 지나는 직선 생성

① Line 아이콘 / 을 클릭한다.

② 생성할 직선의 양 끝점(1, 2)을 클릭한다.

③ 두 점을 지나는 직선이 생성된다.

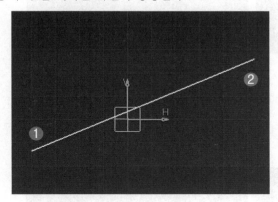

● Sketch Tools 옵션

Start Point: H: |180,797mm   V: |-108,751mm   L: |0mm   A: |0deg

[Infinite Line /]

무한선 생성

① Infinite Line 아이콘 / 을 클릭한다.

② 생성할 무한선이 지나갈 점을 클릭하면 수평(Horizontal Line 선택 시) 무한선이 생성된다.

● Sketch Tools 옵션

③ Vertical ▮ : 수직 무한선을 생성한다.

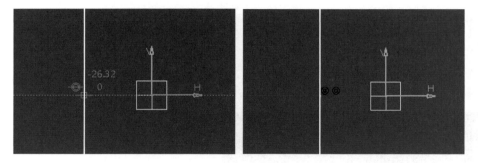

• Sketch Tools 옵션 ▬ ▮ ✎

④ Line Through Two Points ✎ : 일정 각도 또는 임의의 두 점을 지나는 무한선을 생성한다.

ⓐ Sketch Tools 도구막대의 Angle 영역에 경사각(60deg)을 입력하고 [Enter↵] 키를 누른 후 무한선이 지나갈 점(3)을 클릭한다.

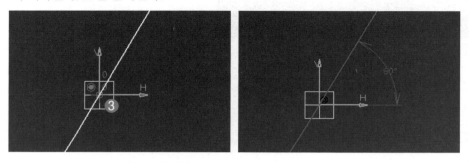

• Sketch Tools 옵션 ▬ ▮ ✎ A: [60deg]

ⓑ Infinite Line 아이콘 ✎ 을 클릭한 후 Sketch Tools 도구막대에서 Line Through Two Points ✎ 을 선택하고 두 점(4, 5)을 클릭하면 두 점을 지나는 무한선이 생성된다.

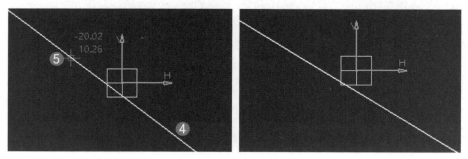

• Sketch Tools 옵션 ▬ ▮ ✎

[Bi-Tangent Line 〆]

Arc나 Circle에 접하는 직선 생성

① Arc 아이콘 ⌒ 을 클릭하고 2개의 Arc를 Sketch한다.

② Bi-Tangent Line 아이콘 〆 을 클릭한다.

③ 두 개의 호(1, 2)를 선택한다.

④ 두 개의 호에 접하는 직선이 생성된다.

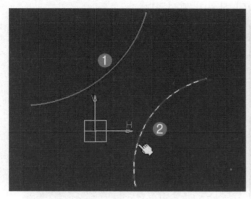 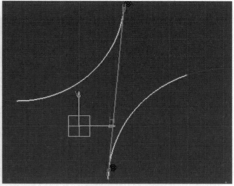

[Bisection Line ✕]

두 직선을 이등분하는 직선 생성

① Line 아이콘 ╱ 을 클릭하고 2개의 Line(1, 2)을 Sketch한다.

② Bisection Line 아이콘 ✕ 을 클릭한다.

③ 두 개의 직선(1, 2)을 선택하면 직선의 교각을 이등분하는 새로운 직선이 생성된다.

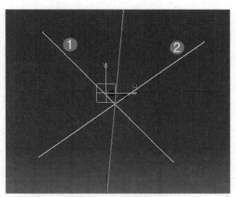

[Line Normal To Curve]

임의 점에서 요소에 수직한 직선 생성

① 임의의 요소(Line, Arc)(1)를 Sketch한다.

② Line Normal To Curve 아이콘을 클릭한다.

③ 평면 상의 임의의 위치(2)를 클릭한다.

④ 생성한 요소(Line, Arc)(1)를 클릭한다.

⑤ 평면상의 임의 점(2)에서 선택한 요소에 수직인 직선이 생성된다.

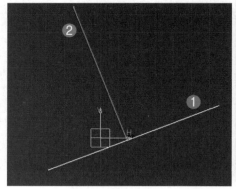

Line에 수직인 직선 생성   Arc에 수직인 직선 생성

[Axis]

축 생성

① Axis 아이콘을 클릭한다.

② 생성시킬 축의 양 끝점(1, 2)을 선택한다.

③ 두 점을 지나는 축이 생성되며 회전체의 중심축으로 이용된다.

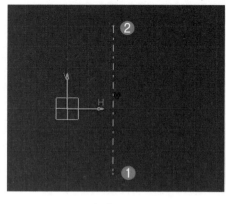
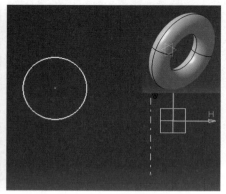

● Sketch Tools 옵션

| End Point: H: |68,488mm | V: |-21,142mm | L: |112,139mm | A: |273,552deg |

[Point ■]

점 생성

① Point 아이콘 ■을 더블클릭한다.

② 생성시킬 점의 위치(1~3)를 클릭한 후 Point 아이콘을 클릭하거나 [Esc] 키를 눌러 종료한다.

③ 선택한 지점에 점이 생성된다.

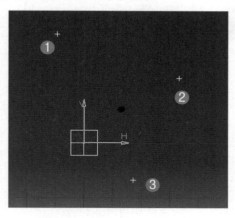

● Sketch Tools 옵션

Point Coordinates: H: 127,151mm   V: -56,648mm

[Point by Using Coordinates]

좌표계를 이용하여 점 생성

① Point by Using Coordinates 아이콘을 클릭한다.

② 생성할 점의 위치를 Cartesian(직교좌표)을 이용하여 H, V영역(1)에 좌푯값을 입력한다.

③ 생성할 점의 위치를 Polar(극좌표)를 이용하여 Radius, Angle 영역(2)에 입력한다.

④ OK 버튼을 클릭하면 Point가 생성된다.

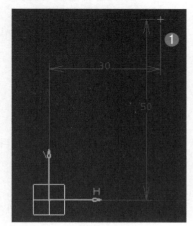
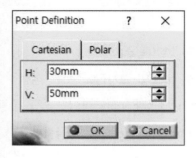

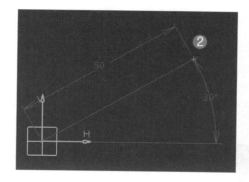
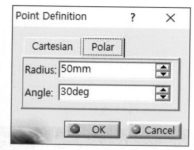

[Equidistant Point 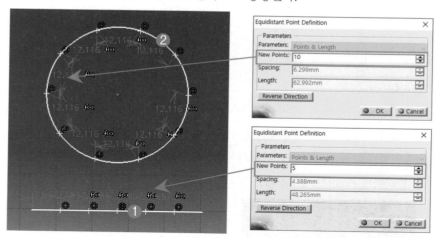]

임의 요소에 일정한 간격으로 점 생성

① Line(1)과 Circle(2)를 Sketch한다.

② Equidistant Point 아이콘을 클릭한다.

③ 원(2)을 선택하고 New Points 영역에 생성할 점의 개수 10을 입력한다.

④ 직선(1)을 선택하고 New Points 영역에 생성할 점의 개수 5를 입력한다.

⑤ 직선에 5개, 원에 10개의 점이 동일한 간격으로 생성된다.

[Intersection Point]

서로 교차하는 요소의 교차점에 Point 생성

① Profile 아이콘과 Spline 아이콘을 클릭하여 교차하는 두 요소를 Sketch한다.

② Intersection Point 아이콘을 클릭한다.

③ 교차하는 Line(1), Spline(2)을 차례로 선택한다.

④ 두 요소의 교차하는 지점에 Point가 생성(3)된다.

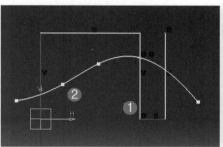
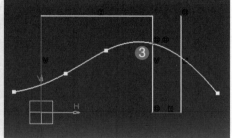

[Projection Point 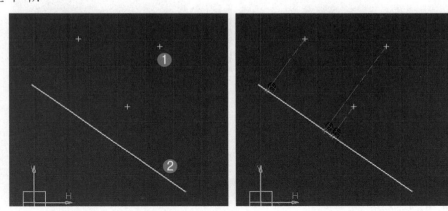]

요소에 투영점 생성

① Point(1)와 Line(2)을 Sketch한다.

② 투영시킬 Point(1)를 선택한다(여러 개를 선택할 경우 [Ctrl]+선택).

③ Projection Point 아이콘 을 클릭한다.

④ 투영될 요소인 Line(2)을 선택한다.

⑤ 선택한 Point가 Line에 수직한 방향으로 투영되어 점이 생성된다(Orthogonal Projection
　선택 시).

⑥ Sketch Tools : Along a Direction

　ⓐ 투영시킬 Point(3)를 선택한다.

　ⓑ Projection Point 아이콘 을 클릭하고 투영시킬 방향을 지정(4, 5)한다.

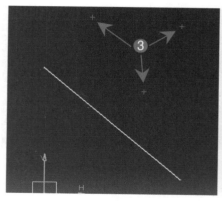 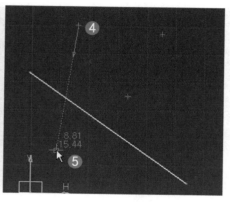

ⓒ 투영될 객체인 직선을 선택(6)한다.

ⓓ 투영 방향으로 선택한 Point(4, 5)가 투영되어 직선(6) 위에 투영점(7)이 생성된다.

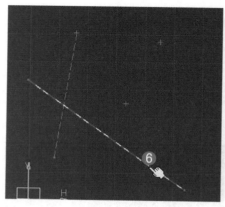 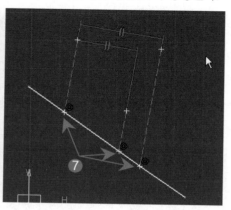

2 Operation

[Corner ]

모서리에 라운드 생성

① Rectangle 아이콘 □ 을 클릭하여 직사각형을 Sketch한다.

② Corner 아이콘 ⌐ 을 클릭한다.

③ Corner를 생성시킬 직선(1, 2)을 선택하고 임의의 위치(3)를 클릭하면 선택한 두 직선 사이에 Corner가 생성된다.

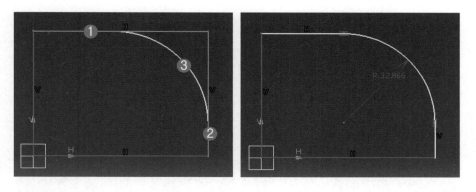

④ Sketch Tools

　ⓐ Trim All Elements ⌒ : 선택한 요소에 라운드를 생성하고 모두 제거한다.

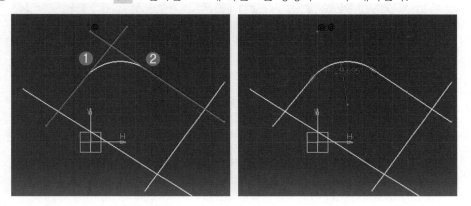

　ⓑ Trim First Elements ⌒ : 첫 번째 선택한 요소만 제거하고 라운드를 생성한다.

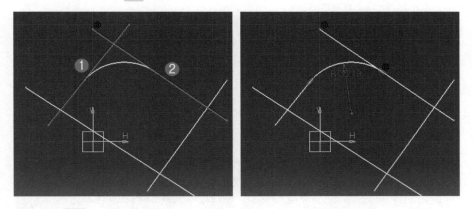

　ⓒ No Trim ⌒ : 어떠한 요소도 제거하지 않고 라운드를 생성한다.

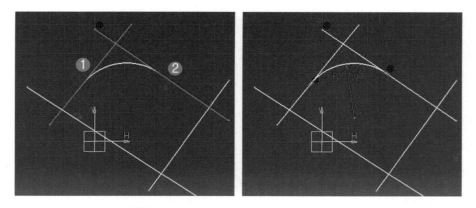

ⓓ Standard Lines Trim : 선택한 두 요소의 교차점까지 남기고 라운드를 생성한다.

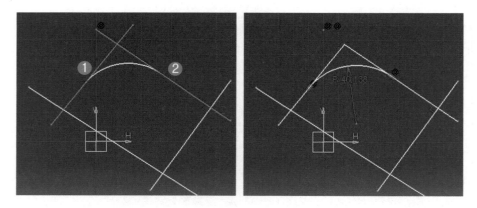

ⓔ Construction Lines Trim : 선택한 두 요소의 교차점까지 점선(3D 공간에서 숨겨짐)으로 변형하고 라운드를 생성한다.

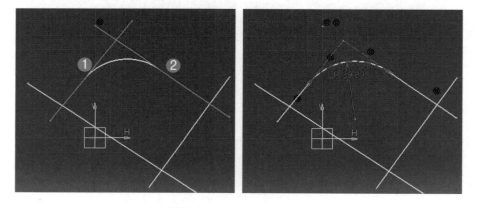

ⓕ Construction Lines No Trim : 어떠한 요소도 제거하지 않고 점선(3D 공간에서 숨겨짐)으로 변형하고 라운드를 생성한다.

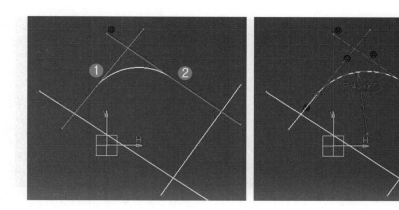

[Champer]

모서리에 모따기 생성

① Rectangle 아이콘 ☐ 을 클릭하여 직사각형을 Sketch한다.

② Champer 아이콘 ╱ 을 클릭한다.

③ 모따기를 생성시킬 직선(1, 2)을 선택하고 라운드를 생성시킬 부분의 임의 위치(3)를 클릭하여 모따기를 생성한다.

④ Sketch Tools 기능은 Corner와 같으므로 앞을 참조한다.

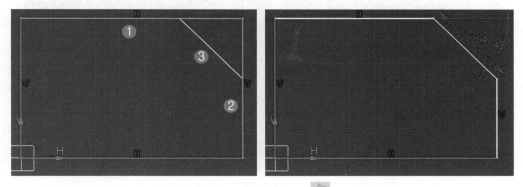

Angle and Hypotennse

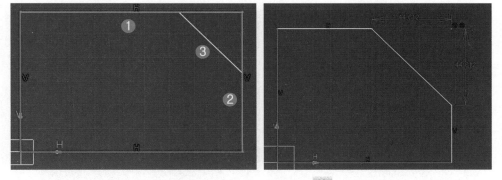

First and Second Length

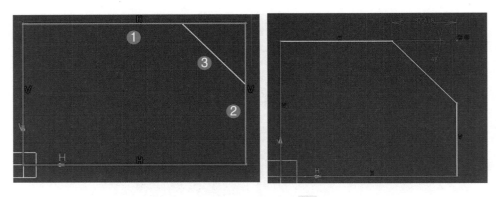

Angle and First Length

[Trim]

교차하는 요소에서 불필요한 부분 제거

① Line 아이콘 을 클릭하여 교차하는 Line을 Sketch한다.

② Trim 아이콘 을 클릭한다.

③ 교차점을 기준으로 선택한 영역(1, 2)을 남기고 반대쪽을 삭제한다.

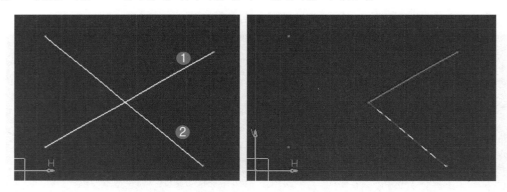

④ Sketch Tools

ⓐ Trim All Elements : 선택한 부분을 남기고 교차점에서 반대 부분을 모두 제거한다.

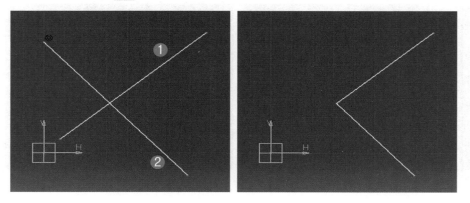

ⓑ Trim First Elements 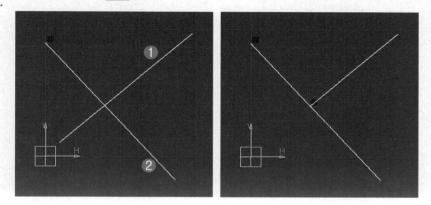 : 선택한 부분(1)을 남기고 기준선(2) 반대 영역을 제거한다.

[Break 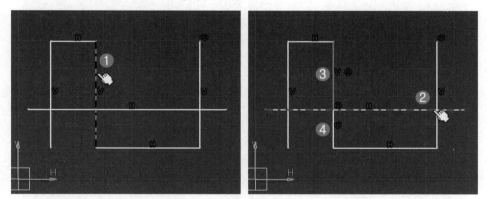]

교차하는 요소를 끊음

① Profile 아이콘 🖉 과 Line 아이콘 / 을 클릭하여 아래 그림과 같이 서로 교차하도록 Sketch한다.

② Break 아이콘 / 을 클릭한다.

③ 자르고자 하는 요소(1)를 선택한다.

④ 자르기 할 기준(2)을 선택한다.

⑤ 수직선(1)이 수평선을 기준으로 끊어진다(3, 4).

[Quick Trim 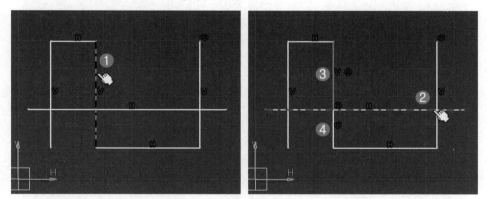]

교차하는 요소에서 불필요한 부분 제거(※ Trim을 할 때 주로 사용하는 기능이므로 잘 숙지하자.)

① Line 아이콘 / 을 클릭하여 교차하는 Line을 Sketch한다.

② Quick Trim 아이콘 🖉 을 클릭한다.

③ 교차하는 Line 중에서 삭제하고자 하는 부분(1)을 클릭한다.

④ 선택한 Line이 교차하는 부분까지 삭제된다.

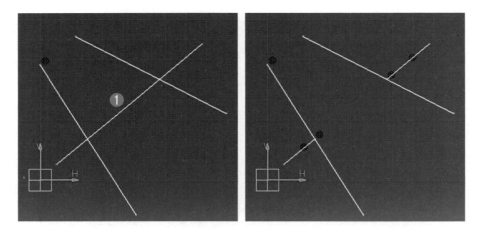

⑤ Sketch Tools

ⓐ Break And Rubber In 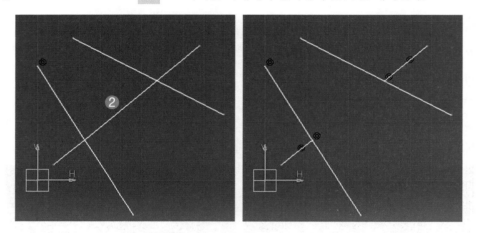 : 교차하는 객체에서 선택한 부분(2)만 제거한다.

ⓑ Break And Rubber Out 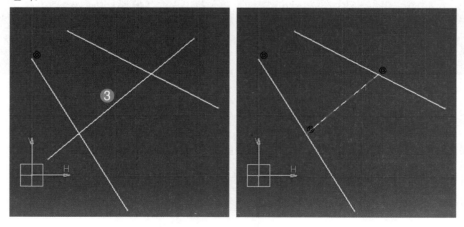 : 교차하는 객체에서 선택한 부분(3)만 남기고 반대 영역을 제거한다.

ⓒ Break And Keep 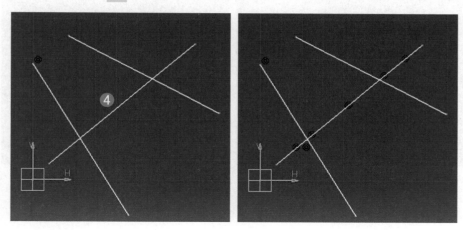 : 교차하는 객체에서 선택한 부분(4)을 교차지점에서 끊고 남겨둔다.

[Close 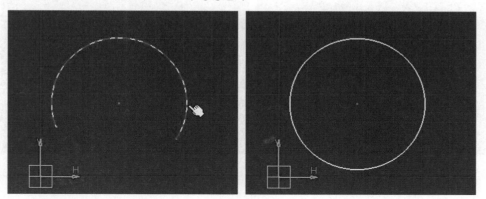]

Arc를 닫아 원 생성

① Three Point Arc 아이콘 을 클릭하여 Arc를 Sketch한다.

② Close 아이콘 을 클릭한다.

③ Arc를 클릭하면 Arc가 닫혀 Circle이 생성된다.

[Complement]

호의 보이지 않는 부분 생성

① Three Point Arc 아이콘 을 클릭하여 Arc를 Sketch한다.

② Complement 아이콘 을 클릭한다.

③ Arc를 클릭하면 선택한 Arc가 사라지고 보이지 않는 Arc 부분이 생성된다.

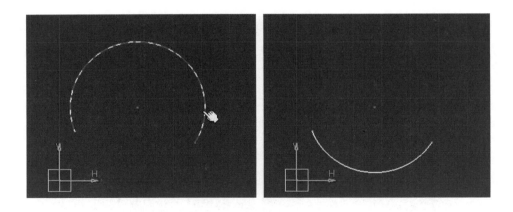

[Mirror]

기준을 중심으로 대칭 복사

① Circle 아이콘 ⊙ 을 클릭하여 Sketch하고 Circle을 선택한다.

② Mirror 아이콘 을 클릭한다.

③ 대칭시킬 기준으로 V축을 선택한다.

④ 원시 Circle이 존재하면서 V축에 Circle이 대칭 복사된다.

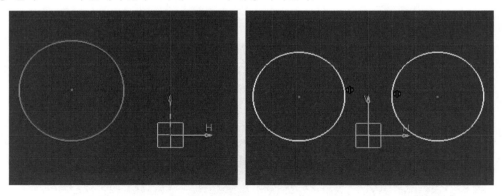

[Symmetry]

기준을 중심으로 대칭 이동

① Circle 아이콘 ⊙ 을 클릭하여 Sketch하고 Circle을 선택한다.

② Symmetry 아이콘 을 클릭한다.

③ 대칭시킬 기준으로 V축을 선택한다.

④ Circle이 대칭축인 V축을 기준으로 대칭 이동된다.

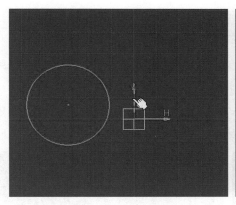
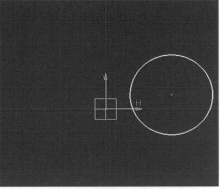

[Translate 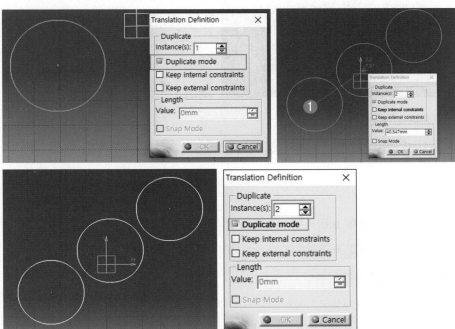]

객체의 이동 및 복사

① Circle 아이콘 ⊙을 클릭하여 Sketch하고 Circle을 선택한다.

② Translate 아이콘 ↦을 클릭한다.

③ Translation Definition 대화상자에서 Duplicate mode를 체크하고 복사할 기준점으로 Circle의 중심(1)을 선택한다.

④ Instance(s) 영역을 클릭하여 복사할 개수를 2로 입력한 후 복사할 위치로 마우스를 위치시켜 왼쪽 버튼을 클릭한다(Sketch Tools 이용).

● Sketch Tools 옵션

Start Point: H:	-21,964mm	V:	-35,952mm

⑤ Translation Definition 대화상자에서 Duplicate mode를 해제하고 이동시킬 기준점으로 Circle 의 중심(2)을 선택한다.

⑥ Length/Value 영역을 클릭하고 이동시킬 거리를 입력한 후 이동시킬 위치(3)를 클릭하면 Circle 이 원하는 위치로 이동한다(Sketch Tools 이용).

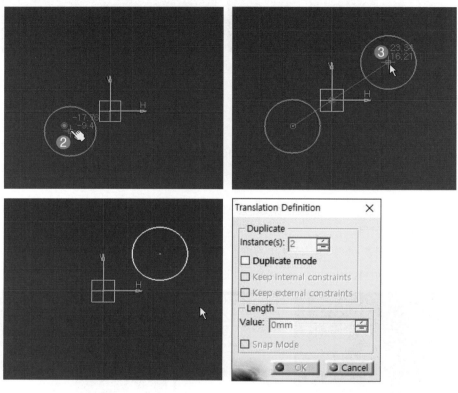

● Sketch Tools 옵션

End Point: H:	106,337mm	V:	-90,638mm

[Rotate]

기준점을 중심으로 객체 회전

① Rectangle 아이콘 을 클릭하여 Sketch하고 직사각형을 선택한다.

② Rotate 아이콘 을 클릭한다.

③ Rotation Definition 대화상자에서 회전 기준점으로 원점을 클릭한다.

④ Duplicate/Instance(s) 영역을 클릭하고 생성시킬 회전체의 개수를 3으로 입력한다.

⑤ Angle 영역을 클릭하고 회전 각도로 60deg를 입력한다.

⑥ Rectangle이 원점을 기준으로 60° 간격으로 3개가 생성된다.

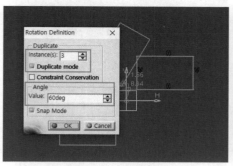 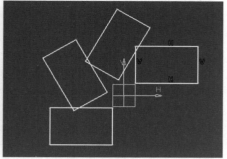

[Scale]

객체의 확대 또는 축소

① Profile 아이콘을 클릭하여 Sketch하고 선택한다.

② Scale 아이콘을 선택하고 기준점으로 원점을 클릭한다.

③ Scale Definition 대화상자에서 Duplicate mode를 체크한다.

④ Scale/Value 영역을 클릭하고 0.5를 입력하면 축소된 객체가 생성된다(1보다 크면 확대, 1보다 작으면 축소된다).

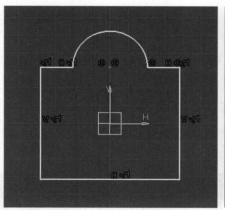 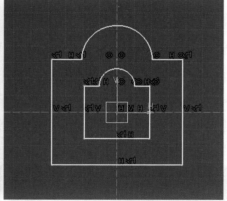

● Sketch Tools 옵션

End Point: H:	0mm	V:	-140.303mm

⑤ Duplicate mode를 해제하면 원본이 삭제되고 확대 또는 축소된 객체만 생성된다.

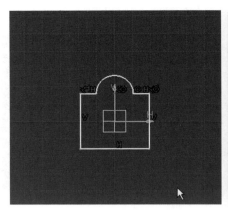
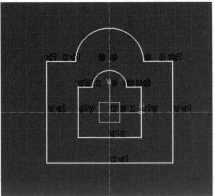

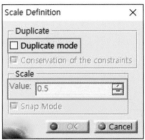
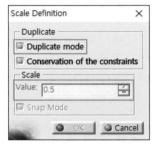

Duplicate mode를 해제하고
Scale 0.5를 적용한 경우

Duplicate mode를 체크하고
Scale 0.5를 적용한 경우

[Offset]

일정 거리만큼 평행하게 떨어진 위치에 요소 생성

① Rectangle 아이콘□을 클릭하여 직사각형을 Sketch한다.

② Offset 아이콘을 클릭하고 Rectangle의 한 변(1)을 선택한다.

③ 평행 이동시켜 생성시킬 위치(2)에서 마우스 왼쪽 버튼을 클릭한다.

④ 선택한 객체가 평행한 위치에 복사되어 생성된다.

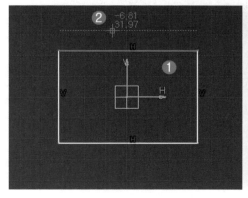
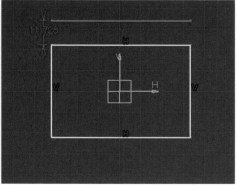

● Sketch Tools

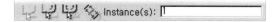

⑤ Sketch Tools

ⓐ No Propagation 🖱 : 선택한 객체만 평행하게 이동 복사한다.

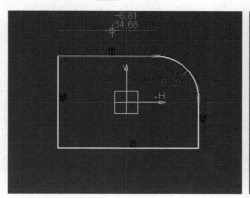 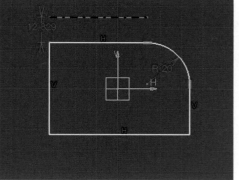

ⓑ Tangent Propagation 🖱 : 선택한 객체와 접한 객체를 모두 평행하게 이동 복사한다.

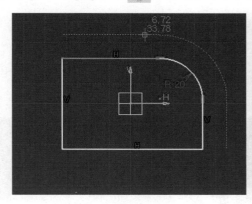 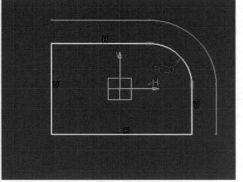

ⓒ Point Propagation 🖱 : 선택한 객체와 연결된 모든 객체를 평행하게 이동 복사한다.

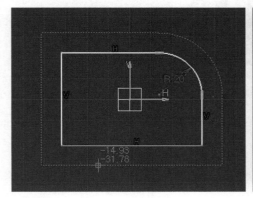 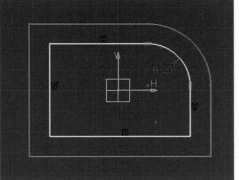

ⓓ Both Side Offset 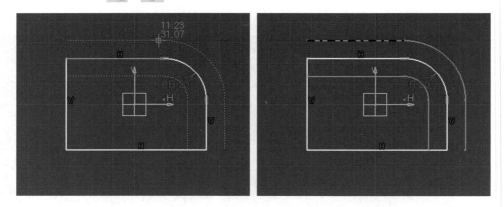 : 선택한 객체를 양쪽 방향으로 평행하게 이동 복사한다.

[Projection 3D Elements 🔳]

Sketch Plan과 떨어져 있는 3D 객체의 선택 요소를 Sketch Plan에 투영
(※ Part Design 기능을 익힌 후 실습해 보자.)

① xy plane에 아래와 같이 직사각형을 Sketch하고 3D Mode로 나간 후 Pad 아이콘🗗을 클릭하여 10mm 두께의 Solid를 생성한다.

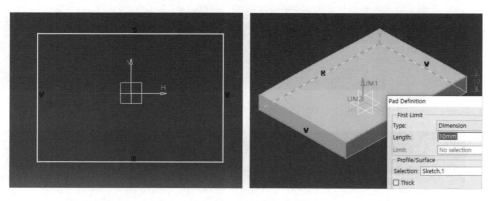

② Sketch 아이콘 🖊을 클릭한 후 생성한 Solid 윗면을 선택하여 Sketch Mode로 전환한 후 Arc 아이콘 (을 클릭하여 호의 중심점을 원점으로 지정하고 V축 위에 두 점을 선택하여 Sketch 한다.

③ Axis 아이콘 ┃ 을 클릭한 후 호의 양 끝점을 연결한 후 3D Mode로 나간다.

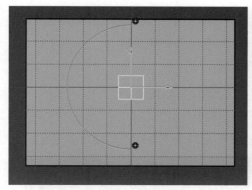
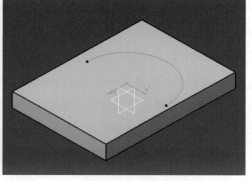

④ Shaft 아이콘 을 클릭한 후 First angle 영역에 180deg로 입력하고 화살표 방향이 아래로 향했다면 화살표를 클릭하여 위로 향하도록 전환한 후 OK 버튼을 클릭한다.

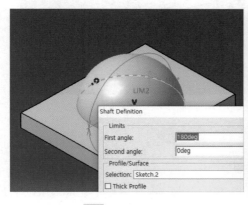
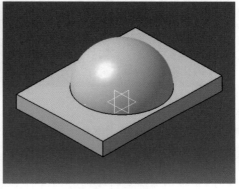

⑤ Sketch 아이콘 을 클릭한 후 직육면체의 바닥면을 선택하여 Sketch Mode로 전환한다.

⑥ Solid를 회전시킨 후 Projection 3D Elements 아이콘 을 클릭한다.

⑦ 투영시키고자 하는 Solid의 요소인 구와 직육면체가 교차한 Circle(1)을 선택한다.

⑧ 선택한 교차된 Circle이 Sketch 평면(바닥면)에 투영(2)된다.

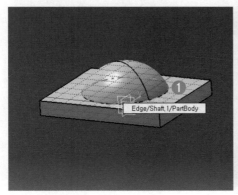
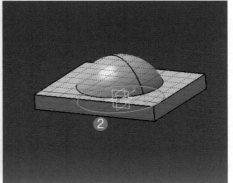

[Intersect 3D Elements]

Sketch Plan과 교차하는 3D 객체의 선택 요소를 Sketch Plan에 투영

① Projection 3D Elements의 과정 ①~⑤를 진행한다.

② Solid를 회전시킨 후 Intersect 3D Elements 아이콘 을 클릭한다.

③ 투영시키고자 하는 요소인 직육면체의 옆면(1)을 클릭한다.

④ 선택된 요소인 직육면체의 옆면이 Sketch 평면(바닥면)과 교차하는 직선(2)이 투영된다.

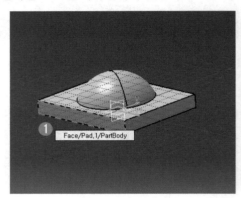
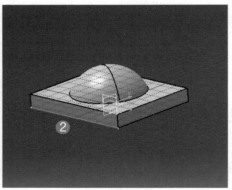

[Project 3D Silhouette Edges]

원통형 Solid의 윤곽 형상을 Sketch Plan에 투영

① zx plane에 아래와 같이 축에 겹치지 않도록 Profile 아이콘 을 이용하여 Sketch(1)하고 Axis 아이콘 을 선택하여 Profile 양 끝점을 연결(2)한다.

② Exit Workbench 아이콘 을 클릭하여 3D Mode로 전환하고 Shaft 아이콘 을 클릭하여 회전 체의 Solid를 생성한다.

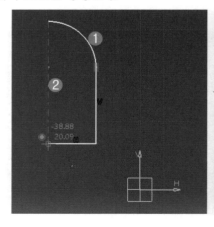
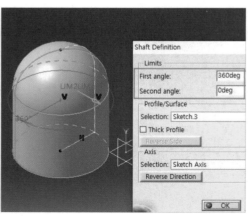

③ Sketch 아이콘 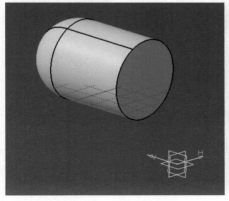을 클릭한 후 yz plane을 선택하고 Sketch Mode로 전환한 후 회전시키면 회전체의 Solid가 yz plane과 떨어진 부분의 위에 위치한다.

④ Project 3D Silhouette Edges 아이콘 을 클릭하고 투영시킬 원기둥(3)을 선택한다.

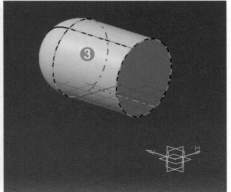

⑤ yz plane에 원기둥의 전체 윤곽 형상이 투영되어 생성된다.

⑥ 과정 ④에서 원기둥 앞부분의 구형 영역(4)을 선택하면 구형의 전체 윤곽 형상이 투영되어 생성된다.

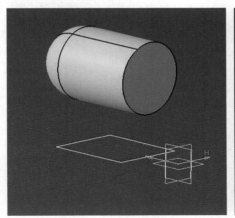
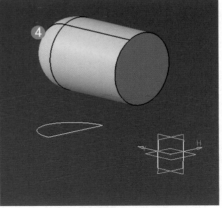

[Project 3D Canonical Silhouette Edges 🖳]

원통형 형상의 원통 영역의 윤곽을 Sketch Plane에 투영

① 앞에서 보았던 Project 3D Silhouette Edges 기능의 과정 ①~③까지 따라하며 형상을 생성한다.

② Project 3D Canonical Silhouette Edges 아이콘 🖳을 클릭하고 투영시킬 원기둥(1)을 선택한다.

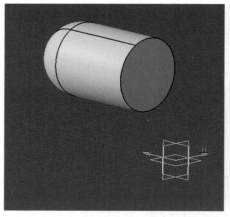
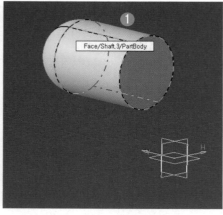

③ yz plane에 원기둥의 원통형 영역의 윤곽 형상이 투영되어 생성된다.

④ 과정 ③에서 원기둥 앞부분의 구형 영역(2)을 선택하면 구형의 라운드 영역의 윤곽 형상이 투영되어 생성된다.

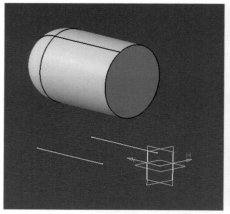
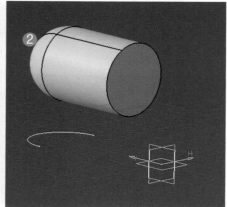

⑤ 위의 과정에서 Project 3D Canonical Silhouette Edges 아이콘 을 클릭하고 과정 ②(3)와 과정 ④(4)를 연속 실행하여 Model의 윤곽선을 투영(5)시킨다.

⑥ Line 아이콘 을 클릭하여 투영된 윤곽선의 양 끝점을 연결(6)한다.

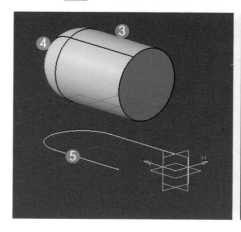
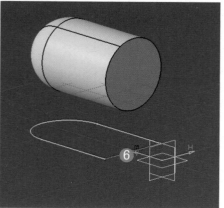

⑦ Exit Workbench 아이콘 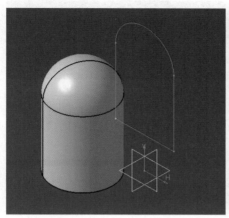을 클릭하여 3D Mode로 전환한다.

⑧ Pad 아이콘 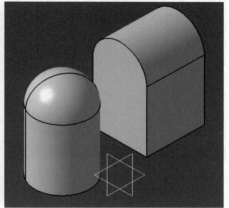을 클릭하여 Solid를 생성한다.

⑨ 이처럼 새로운 Solid를 생성하기 위한 Sketch를 이미 생성된 Model의 윤곽 영역을 투영시켜 활용함으로써 효율적으로 모델링할 수 있다.

3 Constraint

[Constraint ]

요소의 치수 구속

① Profile 아이콘 을 클릭한 후 아래 그림과 같이 Sketch한다.

② Constraint 아이콘 을 클릭한다.

③ 치수를 구속할 세로 방향의 두 변(1, 2)을 선택하고 임의의 위치(3)에서 마우스 왼쪽 버튼을 클릭한다.

④ 치수를 변경하기 위해 치수를 더블클릭하고 Constraint Definition 대화상자에서 Value 영역에 변경하고자 하는 치수를 60mm로 입력한 후 OK 버튼을 클릭한다.

⑤ 선택한 두 직선 사이의 거리가 60mm로 변경된다.

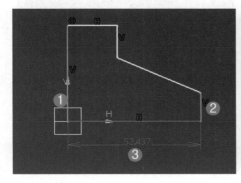

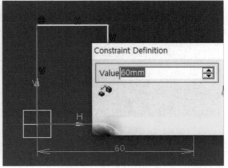

⑥ 다른 방법으로는 치수를 적용할 요소(직선, 호 등)를 선택한 후 임의 점에 치수를 생성한다.

ⓐ Constraint 아이콘 을 클릭한 후 치수를 적용할 선(4)을 선택하고 임의 점(5)을 클릭하면 치수가 생성된다.

ⓑ 생성된 치수를 더블클릭하고 정확한 치수로 수정한다.

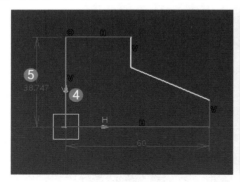
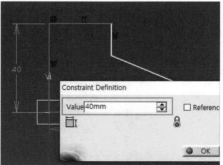

⑦ 경사진 직선에 수평 또는 수직한 방향의 치수를 적용하고자 할 때는 마우스 오른쪽 버튼을 클릭하여 선택하여 생성할 수 있다.

ⓐ Constraint 아이콘 을 클릭한 후 치수를 적용할 선(6)을 선택한다.

ⓑ 마우스 오른쪽 버튼을 클릭한 후 Horizontal Measure Direction을 선택한다.

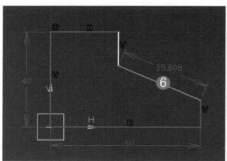
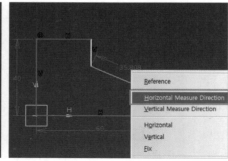

ⓒ 경사진 직선의 수평 치수가 나타나면 임의의 점(7)을 클릭하여 치수를 생성한다.

ⓓ 치수를 더블클릭한 후 정확한 치수로 수정한다.

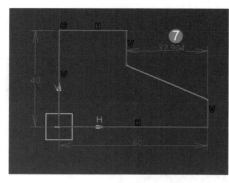
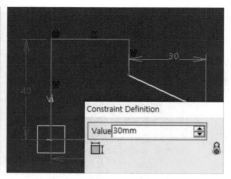

ⓔ Constraint 아이콘 을 클릭하고 경사진 직선(8)을 선택한 후 마우스 오른쪽 버튼을 클릭하여 Vertical Measure Direction을 선택한다.

ⓕ 치수를 생성(9)한 후 더블클릭하여 정확한 치수로 수정한다.

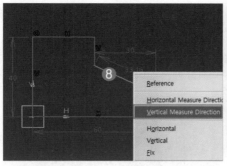 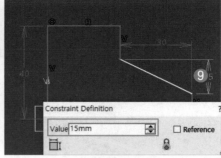

ⓖ 구속을 완료하기 위해 오른쪽 수직선에 치수를 적용한다.

ⓗ 생성한 치수를 더블클릭한 후 정확한 치수로 수정하여 치수 구속을 완료한다.

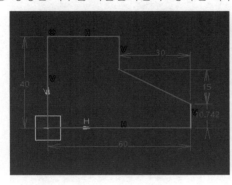 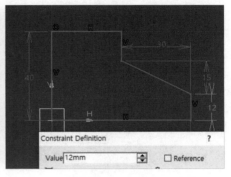

[Constraints in Defined Dialog Box]

요소의 형상 구속

① Profile 도구막대의 아이콘을 이용하여 객체를 Sketch한다.

② Sketch한 객체에서 형상구속을 적용하고자 하는 요소(1, 2)를 선택한다.

③ Constraints in Defined Dialog Box 아이콘 을 클릭한다.

④ Constraint Definition 대화상자에서 선택한 요소에 적용 가능한 구속 요소가 활성화되는데, 적용하고자 하는 구속조건의 체크박스를 선택하면 적용된다.

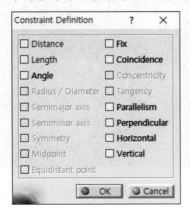 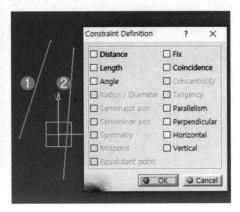

⑤ 구속조건 : 구속을 적용할 요소(1~3)를 Ctrl 키를 누른 상태에서 연속 선택한 후 Constraints in Defined Dialog Box 아이콘 🖳 을 클릭하고 구속조건 박스를 체크하면 아래 그림과 같이 적용된다.

※ 구속이 적용되지 않은 요소에 구속조건을 적용할 경우에는 첫 번째 선택한 요소가 기준이 되어 구속이 적용된다(구속이 적용된 요소에 다른 요소를 구속시킬 때는 선택 순서에 무관하게 구속이 적용되지 않은 요소가 이동하여 구속이 적용된다).

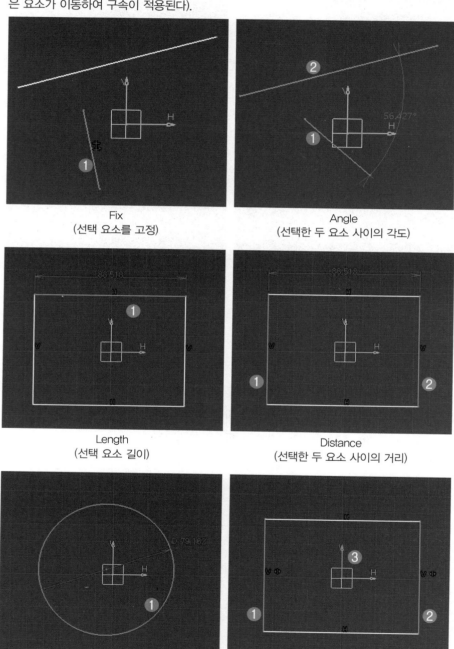

Fix
(선택 요소를 고정)

Angle
(선택한 두 요소 사이의 각도)

Length
(선택 요소 길이)

Distance
(선택한 두 요소 사이의 거리)

Radius/Diameter
(Circle/Arc의 직경/반경)

Symmetry
(두 요소가 기준선에 대칭)

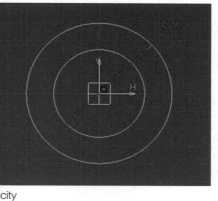

Concentricity
(두 Circle의 중심 일치)

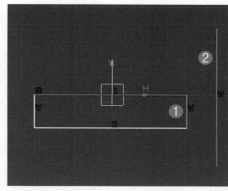

Coincidence
(선택한 두 요소가 일치)

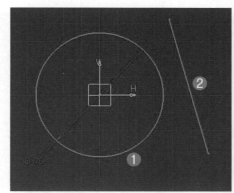

Tangency
(선택한 두 요소를 서로 접하도록 구속)

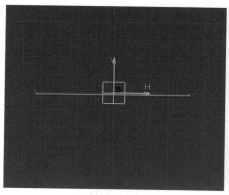
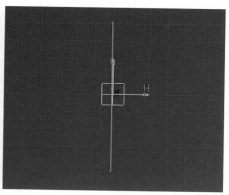

Horizontal
(선택한 요소를 H축과 수평이 되도록 회전)

Vertical
(선택한 요소를 V축과 수평이 되도록 회전)

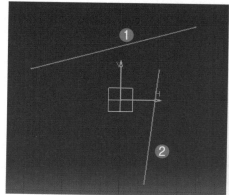

Parallelism
(선택한 요소를 서로 수평이 되도록)

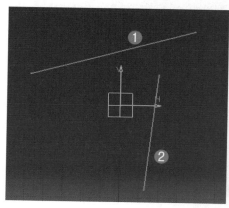
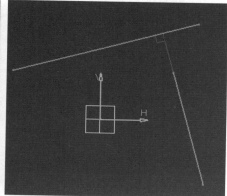

Parallelism
(선택한 요소를 서로 수직이 되도록)

⑥ Constraint 명령어를 활용하여 형상 구속을 적용할 수 있다.

　ⓐ Profile 아이콘을 클릭하여 다음 그림과 같이 Sketch한다.

　ⓑ 앞에서 살펴보았던 형상 구속은 Constraint 아이콘을 이용하여 모두 적용할 수 있다.

　ⓒ Constraint 아이콘을 클릭한 후 구속을 적용할 요소(4, 5)를 차례로 선택한다.

ⓓ 마우스 오른쪽 버튼을 클릭하면 선택한 요소에 적용할 수 있는 형상구속 조건들이 나타나는데 Coincidence(일치)를 선택하여 일치시킨다.

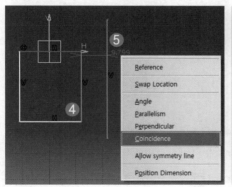 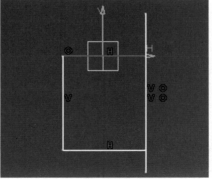

ⓔ 아래와 같이 Circle을 Sketch한 후 중심을 일치시켜 보자.

- Constraint 아이콘을 클릭한다.
- 구속을 적용할 요소(6, 7)를 차례로 선택한 후 마우스 오른쪽 버튼을 클릭하여 Concentricity (중심일치) 조건을 선택하면 중심이 일치된다(첫 번째 선택 요소가 기준).

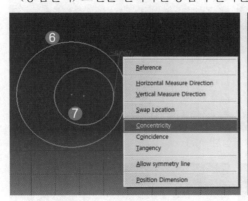 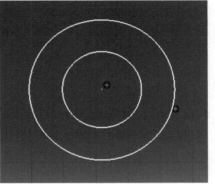

ⓕ 대칭 구속을 적용하기 위해 직사각형을 Sketch한다.

- Constraint 아이콘을 클릭한 후 대칭시킬 두 요소(8, 9)를 연속 선택한 후 마우스 오른쪽 버튼을 클릭한다.
- Allow symmetry line(대칭)을 선택한 후 대칭축으로 V축(10)을 선택하면 앞에서 선택한 두 요소인 수직선 (8, 9)이 대칭축인 V축을 기준으로 대칭이 된다.

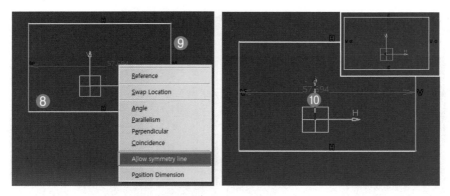

ⓖ 위와 같은 방식을 다른 형상 구속에도 적용해 보자.

● 먼저, 요소를 Sketch하고 Constraint 아이콘 I을 클릭한 후 마우스 오른쪽 버튼을 클릭하여 적용하고자 하는 형상 구속을 선택한다.

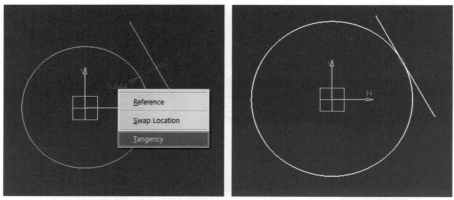

Tangency(접선) 적용

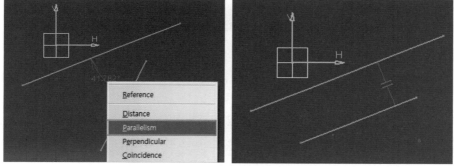

Parallelism(평행_선택한 요소 사이) 적용

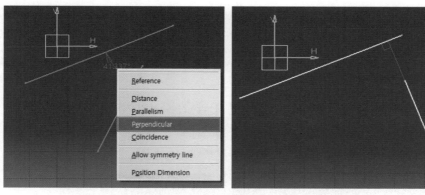

Perpendicular(수직_선택한 요소 사이) 적용

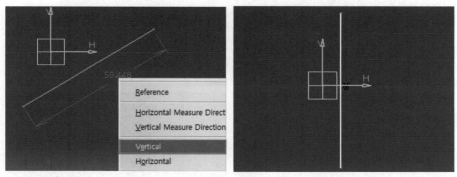

Vertical(수직_V축 방향) 적용

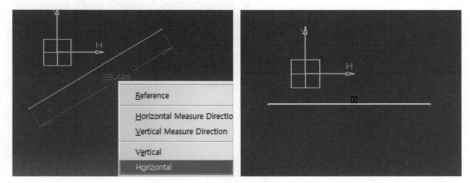

Horizontal(수평_H축 방향) 적용

[Fix Together ⌕]

서로 다른 요소를 하나의 요소처럼 묶음

① Rectangle 아이콘 ☐ 과 Line 아이콘 ╱ 을 클릭하여 Rectangle과 Line을 Sketch한다.

② Fix Together 아이콘 ⌕ 을 클릭한다.

③ Rectangle의 한 변(1)과 Line(2)을 선택한다.

④ Fix Together Definition 대화상자에서 선택한 두 요소를 이루는 모든 Geometry가 표시되면 OK
  버튼을 클릭한다.

⑤ Constraint 아이콘 을 클릭하고 Rectangle의 한 변(3)과 Line(4)에 치수를 구속한 후 생성된 치수를 더블클릭한다.

⑥ Constraint 대화상자에서 Value 영역을 클릭하여 변경하고자 하는 치수를 입력하고 OK 버튼을 클릭한다.

⑦ 치수가 변경되더라도 Fix를 적용한 두 요소인 (1)과 (2) 사이의 거리는 그대로 유지된다.

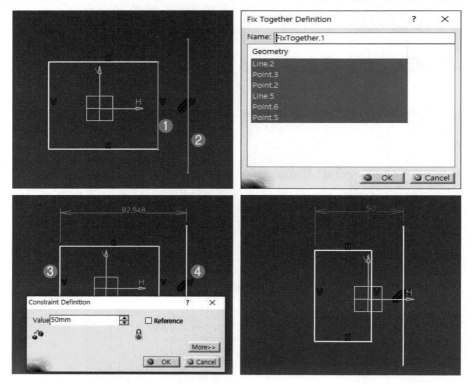

[Auto Constraint]

자동으로 치수 구속 적용

① Rectangle 아이콘 과 Circle 아이콘 을 클릭하여 아래와 같이 Sketch한다.

② Auto Constraint 아이콘 을 클릭한다.

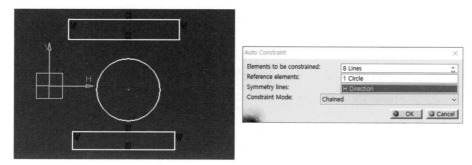

③ Auto Constraint 대화상자에서 Elements to be constrained 영역을 클릭하고 구속조건을 적용시킬 축과 Rectangle과 Circle을 모두(1~3) 선택한다.

④ Reference elements 영역을 클릭하고 구속을 적용시킬 기준 객체로 Circle을 선택한다.

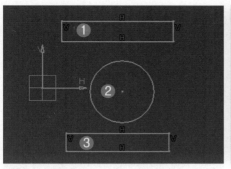 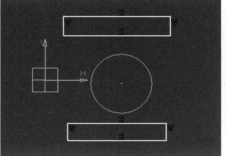

⑤ Symmetry 영역을 클릭하고 대칭시킬 기준으로 H축을 선택한다.

⑥ Circle을 기준으로 객체 사이의 치수가 자동으로 구속된다.

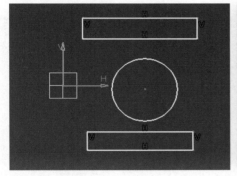 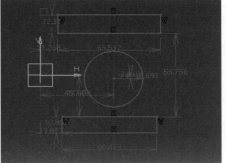

⑦ 생성된 각 치수를 더블클릭하여 정확한 치수로 수정한다.

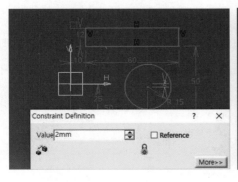 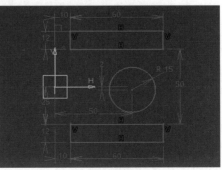

[Animate Constraint]

치수가 구속된 요소의 치수가 변할 때 변화를 애니메이션으로 보여줌

① Keyhole 아이콘 을 클릭하여 Sketch하고 Constraint 아이콘 을 클릭하여 치수를 구속한다.

② Animate Constraint 아이콘 을 클릭하고 변경할 70mm 치수를 선택(1)한다.

③ Animate Constraint 대화상자의 Last value 영역을 클릭하고 변경하고자 하는 치수를 130mm로 입력한다.

④ Options에서 One shot 아이콘→을 선택하고 Actions의 Run Animation 아이콘▶을 클릭하여 치수가 변경(2)되었을 때 변화되는 형상을 미리 확인할 수 있다.

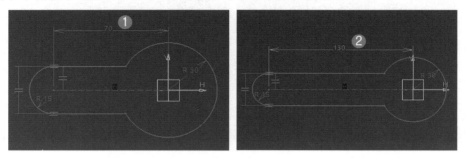

⑤ Options의 Reverse ⇄, Loop ↻, Repeat ⇉ 아이콘을 이용해 Animation의 동작 형태를 변경할 수 있다.

ⓐ Reverse 아이콘⇄을 선택한 후 Actions의 Run Animation 아이콘▶을 클릭하면 선택한 치수(70mm)가 변경할 치수(130mm)로 적용된 상태를 미리 보여주게 되며, 다시 원상태로 복귀하는 애니메니션이 실행된다. (※ 직접 적용해 보자.)

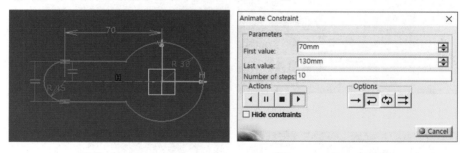

ⓑ Loop 아이콘↻을 선택한 후 Actions의 Run Animation 아이콘▶을 클릭하면 선택한 치수(70mm)가 변경할 치수(130mm)로 적용된 상태를 미리 연속적으로 보여주는 애니메니션이 실행된다. (※ 직접 적용해 보자.)

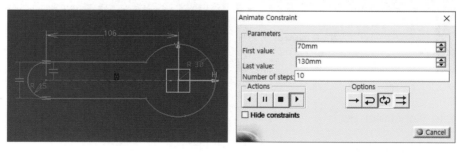

ⓒ Repeat 아이콘⇉을 선택한 후 Actions의 Run Animation 아이콘▶을 클릭하면 선택한 치수(70mm)가 변경할 치수(130mm)로 적용된 상태를 미리 한쪽 방향으로 반복적으로 보여주는 애니메니션이 실행된다. (※ 직접 적용해 보자.)

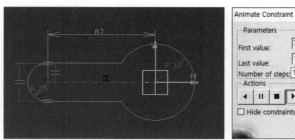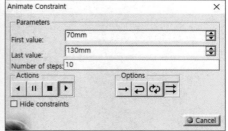

⑥ Number of Steps 영역을 클릭하여 숫자를 증가시키면 Animation 동작이 느려진다.

ⓐ Actions의 Stop Animation 아이콘 ■ 을 클릭하여 멈추고 Number of steps의 영역을 클릭하여 100으로 수정한 후 Run Animation 아이콘 ▶ 을 클릭하면 애니메니션의 실행 속도가 느려지는 것을 볼 수 있다.

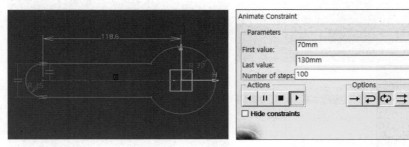

⑦ Hide constraints : 체크하면 Sketch에 적용된 구속이 화면에서 숨겨진다.

ⓐ 화면에서 구속만 숨겨지고 Actions과 Options은 동일하게 적용되어 애니메니션이 실행된다.

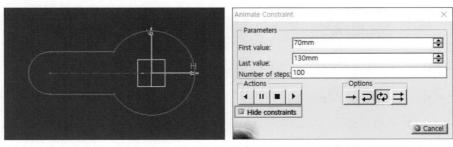

[Edit Multi-Constraint 🔧]

구속된 치수 변경

① Animate Constraint 예제에 적용해 보기로 한다.

② Edit Multi-Constraint 아이콘 🔧 을 클릭한다.

③ Edit Multi-Constraint 대화상자에서 Sketch에서 구속된 치수가 모두 표시된다.

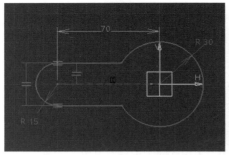
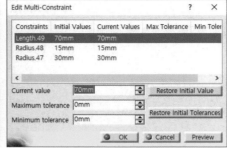

④ 변경하고자 하는 치수(70mm)를 선택하고 Current Value 영역에 수정할 치수(50mm)를 입력 후 OK 버튼을 클릭한다.

⑤ Keyhole의 중심 사이의 거리가 70mm에서 50mm로 변경된다.

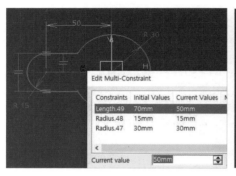
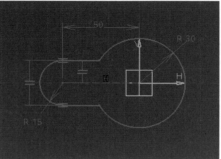

4 Sketch Tools

[Grid ]

Grid(화면상의 점선)를 보이거나 숨김

Grid 아이콘 을 클릭하여 On/Off를 선택한다.

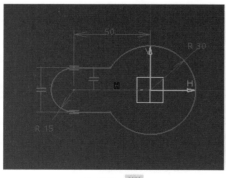

Grid On   Grid Off

[Snap to Points ▦]

일정한 간격으로 떨어진 위치에 마우스 포인터 이동

① Snap to Points 아이콘 ▦ 을 클릭한다.

② Snap to Points On ▦ 되었을 경우에는 Grid의 교차점에만 마우스 포인터가 이동된다.

③ Snap to Points Off ▦ 되었을 경우에는 임의의 점으로 마우스 포인터가 이동된다.

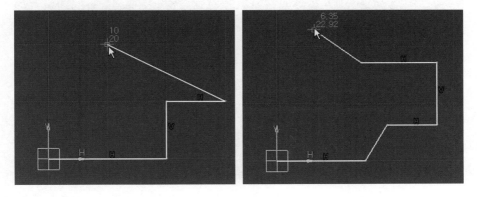

[Construction/Standard Element ▨]

요소를 점선과 실선으로 변경

① Construction/Standard Element를 On ▨ 시킨 상태에서 Circle 아이콘 ⊙ 을 클릭하여 Sketch 하면 점선의 Circle이 생성된다.

② Construction/Standard Element를 Off ▨ 시킨 상태에서 Circle 아이콘 ⊙ 을 클릭하여 Sketch 하면 실선의 Circle이 생성된다.

③ Sketch를 하여 실선으로 생성되는 객체를 Standard Element, 점선으로 생성되는 객체를 Construction Element라고 한다.

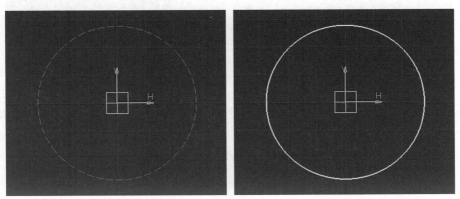

④ Construction Element는 2D Sketch Mode에서 Sketch를 완성할 때 보조적으로 사용하며 Solid Mode에서는 숨겨진다.

⑤ Cylindrical Elongated Hole 아이콘 🔘 을 클릭한 후 생성하면 점선의 요소(Construction Element) 가 보이지만, 3D Mode로 나오면 숨겨진다.

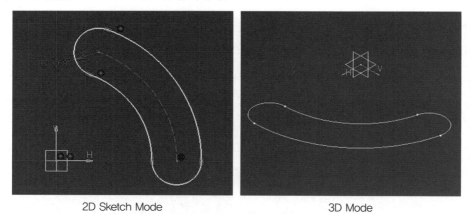

2D Sketch Mode   3D Mode

⑥ Construction Element를 적용하여 Sketch를 완성해 본다.

　ⓐ Cylindrical Elongated Hole 아이콘 🔘 을 클릭한 후 중심점(1)을 원점으로 선택한다.

　ⓑ Cylindrical Elongated Hole의 첫 번째 원호 중심점(2), 두 번째 원호의 중심점(3)을 차례로 선택 하고 임의의 위치(4)를 클릭하여 생성한다.

　ⓒ Construction/Standard Element 아이콘 🔷 을 클릭한다.

　ⓓ Line 아이콘 ／ 을 클릭하고 Arc의 중심점(5)과 원점(6)을 차례로 클릭한다.

　ⓔ 두 점을 연결하는 점선의 직선(Construction Element)이 생성(7)된다.

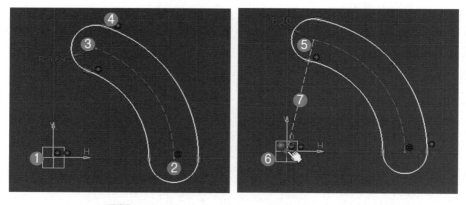

　ⓕ Constraint 아이콘 🔲 을 클릭하여 직선(Construction Element)과 H축의 각도를 구속하고 Arc 의 반경을 적용한다.

　ⓖ 치수를 더블클릭하고 정확한 치수로 변경하여 Sketch를 완성한다.

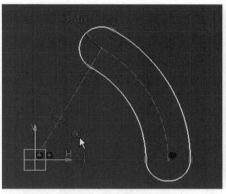 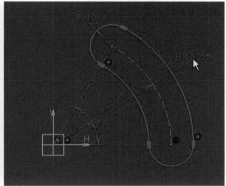

[Geometrical Constraints ]

Sketch할 때 형상구속을 적용 또는 해제

① Geometrical Constraints를 On 시킨 상태에서 Sketch할 경우 형상 구속이 자동으로 적용되어 표시(1)된다.

② 그러나 오른쪽처럼 Geometrical Constraints를 Off 시킨 상태에서 Sketch할 경우에는 형상 구속이 표시되지 않는다(2).

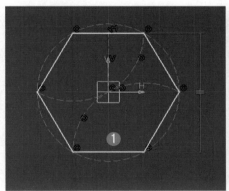 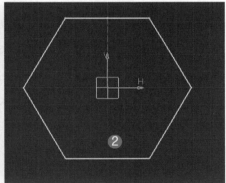

Geometrical Constraints On   Geometrical Constraints Off

[Dimensional Constraints]

Sketch할 때 치수 관련 구속 적용

① Dimensional Constraints 아이콘 을 클릭하여 선택한다.

② Line 아이콘 을 클릭하고 Sketch tools 도구막대의 Length 영역에 30, Angle 영역에 60deg를 입력한다.

③ Enter↵ 키를 누르고 Line 시작점으로 원점을 클릭한다.

④ Dimensional Constraints 아이콘을 On 시키고 Sketch(1)할 경우에는 요소에 치수 정보가 나

타나지만, Off  시키고 Sketch(2)할 경우에는 치수 정보가 나타나지 않는다.

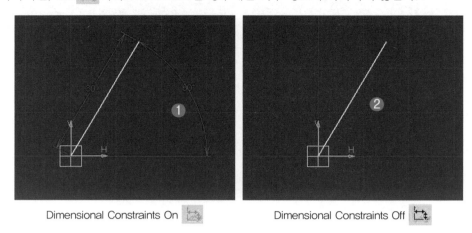

Dimensional Constraints On   Dimensional Constraints Off

5 Visualization

[Cut Part by Sketch Plane]

3D Solid가 Sketch Plane으로 절단된 형상을 보여줌

① Sketch 아이콘을 클릭한 후 zx plane을 선택하여 Sketch Mode로 전환한다.

② Centered Rectangle 아이콘을 클릭하여 Sketch한 후 Exit Workbench 아이콘을 클릭하여 3D Mode로 전환한다.

③ Pad 아이콘을 클릭하고 Length 영역에 50mm를 입력한 후 Mirrored extent를 체크하고 OK 버튼을 클릭하여 Solid를 생성한다.

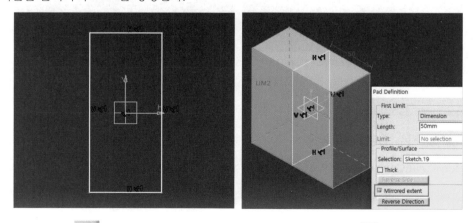

④ Sketch 아이콘을 클릭한 후 zx plane을 선택하고 Spline 아이콘을 클릭하여 다음 그림과 같이 Sketch(1)한다.

⑤ Axis 아이콘 ┇ 을 클릭하여 회전 중심축을 V축에 Sketch(2, 3)한다.

⑥ Exit Workbench 아이콘 ⬆ 을 클릭하여 3D Mode로 전환한다.

⑦ Shaft 아이콘 🔩 을 클릭한 후 OK 버튼을 클릭하여 360°의 회전체를 생성한다.

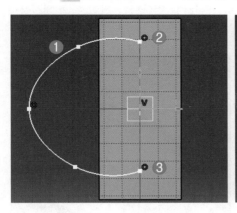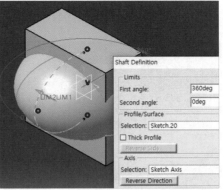

⑧ Shell 아이콘 🔷 을 클릭하고 Model의 윗면을 선택(4)한 후 대화상자의 Default inside thickness
에 두께(5mm)를 적용하고 OK 버튼을 클릭한다.

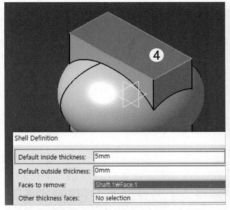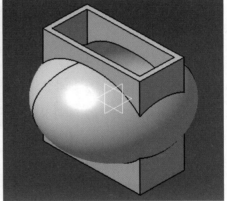

⑨ Sketch 아이콘 📐 을 클릭하고 zx plane을 선택하여 Sketch Mode로 전환한다.

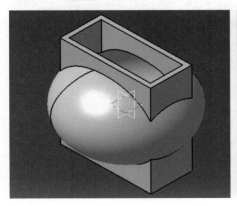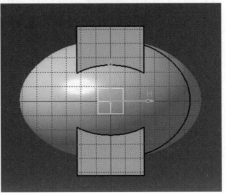

⑩ Cut Part by Sketch Plane 아이콘 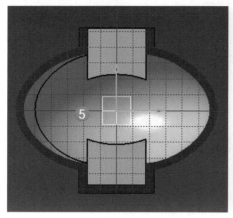을 클릭하면 Sketch Plane으로 절단된 형상이 표시되어 실제로 자르지 않고 내부의 모습을 확인(5)할 수 있다.

⑪ Solid를 Rotate시켜 보면 내부의 형상을 입체적으로 확인할 수 있다.

⑫ Cut Part by Sketch Plane 아이콘 을 다시 클릭하면 절단되기 전의 원래 형상을 확인할 수 있다.

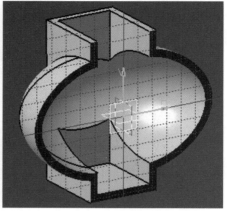

[Low light]

Sketch할 때 Solid의 형상을 어둡게 함

① Cut Part by Sketch Plane 의 과정 ①~③을 실행한다.

② Cut Part by Sketch Plane 의 과정 ④에서 Spline을 Sketch하기 전에 Low light 아이콘 을 선택하면 Solid의 형상이 어둡게 전환된다.

③ Spline을 아이콘 을 클릭하여 Sketch(1)한다.

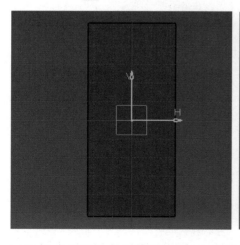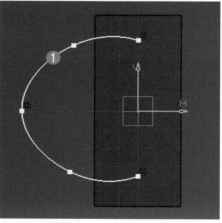

④ Solid를 밝게 전환하기 위해서는 Usual 아이콘 을 클릭하고 Cut Part by Sketch Plane 의 ⑤ 이후의 과정을 실행하여 Solid를 생성한다.

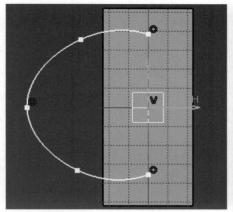
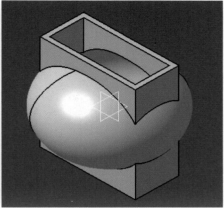

[No 3D Background]

Sketch할 때 Solid의 형상을 숨김

① Cut Part by Sketch Plane 의 과정 ①~③을 실행한다.

② Cut Part by Sketch Plane 의 과정 ④에서 Spline을 Sketch하기 전에 No 3D Background 아이콘 을 선택하면 Solid가 숨겨져 화면에서 보이지 않는다.

③ Spline을 아이콘 을 클릭하여 Sketch(1)한다.

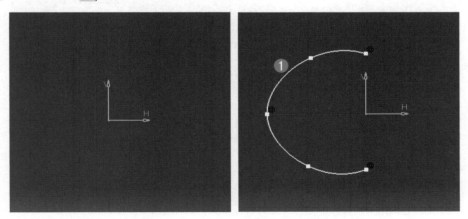

④ Solid를 밝게 전환하기 위해서는 Usual 아이콘 을 클릭하고 Cut Part by Sketch Plane 의 ⑤ 이후의 과정을 실행하여 Solid를 생성한다.

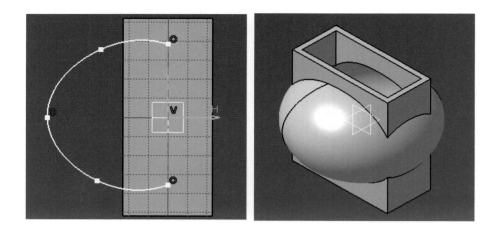

[2D Visualization Mode 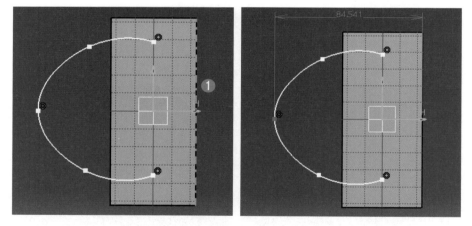]

Sketch할 때 Solid를 선택하거나 밝기를 어둡게 변경

① Cut Part by Sketch Plane 의 과정 ①~③을 실행한다.

② Pickable visible background 아이콘 을 선택하면 Solid가 밝게 보이고 Constraint 아이콘 을 선택한 후 치수를 적용하기 위해 Solid의 모서리(1)를 클릭하면 선택된다.

③ No 3D background 아이콘 을 선택하면 Solid가 숨겨진다.

④ Unpickable background 아이콘 을 선택하면 Solid가 밝게 보이고 Constraint 아이콘 을 선택한 후 치수를 적용하기 위해 Solid의 모서리(2)를 클릭하면 선택되지 않는다.

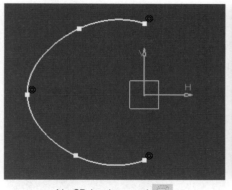

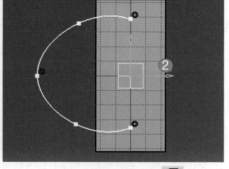

No 3D background   Unpickable background

⑤ No Intensity background 아이콘 을 선택하면 Solid가 어둡게 보이고 Constraint 아이콘
을 선택한 후 치수를 적용하기 위해 Solid의 모서리(3)를 클릭하면 선택된다.

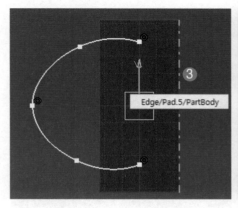

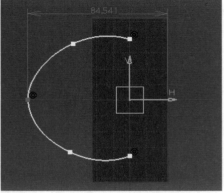

Edge/Pad.5/PartBody

⑥ Unpickable no Intensity background 아이콘 을 선택하면 Solid가 어둡게 보이고 Constraint
아이콘 을 선택한 후 치수를 적용하기 위해 Solid의 모서리(4)를 클릭하면 선택되지 않는다.

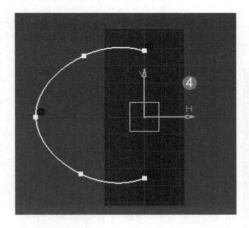

[Dimensional Constraints 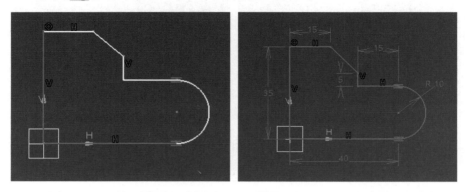]

적용한 치수 구속을 보이거나 숨김

① Profile 아이콘 을 클릭한 후 Sketch하고 치수를 적용한다.

② Dimensional Constraints 아이콘을 클릭하여 Off 시키면 적용된 치수가 숨겨진다.

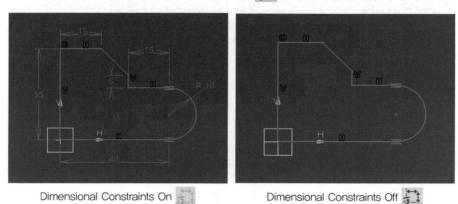

Dimensional Constraints On   Dimensional Constraints Off

③ Geometrical Constraints 아이콘 을 선택하여 Off 시키면 적용된 형상 구속(파란색 문자)
이 숨겨진다.

ⓐ Dimensional Constraints On 상태에서 적용할 경우

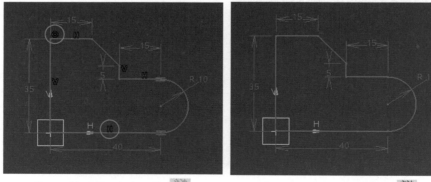

Geometrical Constraints On   Geometrical Constraints Off

ⓑ Dimensional Constraints Off 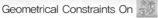 상태에서 적용할 경우

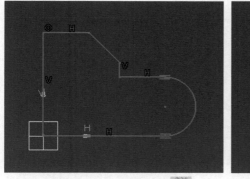

Geometrical Constraints On

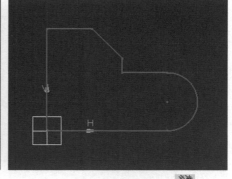

Geometrical Constraints Off

6 Sketcher

[Sketch]

3D 공간에서 선택한 Plane을 2D Sketch Mode로 전환

① Sketch 아이콘 을 클릭한다.

② 기준 평면(xy, yz, zx plane)(1)이나 생성된 Solid의 면(2) 또는 사용자가 생성한 Plane(3) 등을
선택하면 2D Sketch Mode로 전환된다.

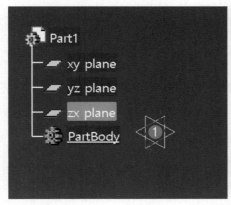

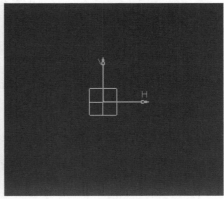

기준 평면(zx plane)

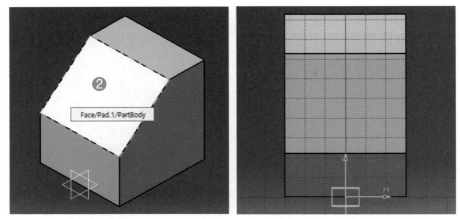

Solid 면

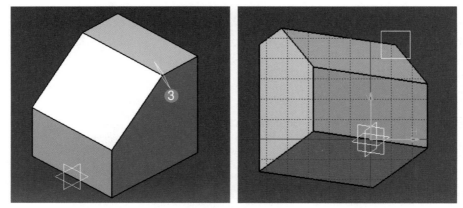

사용자 생성 Plane

[Positioned Sketch]

3D 공간에서 선택한 Plane을 2D Sketch Mode로 전환할 때 축의 방향 설정

① Sketch 아이콘을 클릭하여 2D로 전환할 때와 비교하기 위하여 Solid를 생성하기로 한다.

② Sketch 아이콘을 클릭한 후 xy plane을 선택하여 2D Sketch Mode로 전환한다.

③ Circle 아이콘, Bi-tangent Line 아이콘을 클릭하여 Sketch한 후 Quick trim 아이콘을 클릭하여 교차점 안쪽을 제거한다.

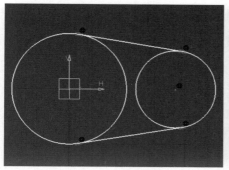
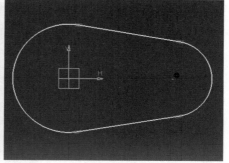

④ Constraint 아이콘을 더블클릭한 후 치수를 적용하고 생성된 치수를 더블클릭하여 아래 그림과 같이 수정한다.

⑤ Exit Workbench 아이콘을 클릭하여 3D로 전환한 후 Pad 아이콘을 클릭하여 Solid를 생성한다.

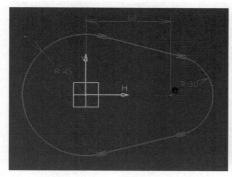
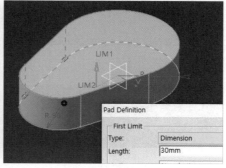

⑥ Positioned Sketch 아이콘을 클릭하고 zx plane을 선택한다.

⑦ 선택한 zx plane에 H, V축(1)이 생성되는데, 이 축이 2D Sketch 평면에서 각각 X축, Y축 방향이다.

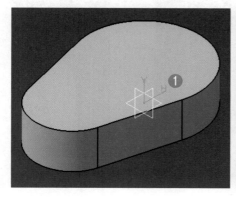
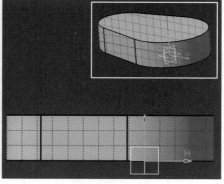

⑧ 여기서 H축을 반대 방향으로 2D Sketch 평면으로 전환하고자 할 때는 과정 ⑦의 Sketch Positioning 대화상자에서 Orientation의 Reverse H를 체크하면 H축이 반대로 전환(2)되는 것을 확인할 수 있다.

⑨ OK 버튼을 클릭하면 Sketch 아이콘 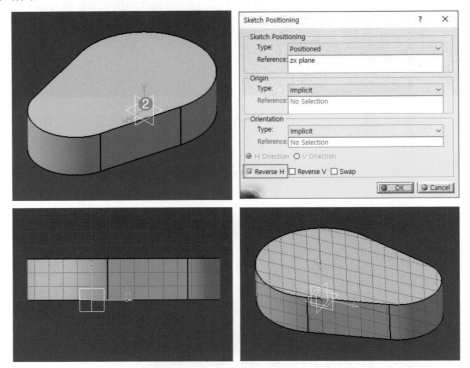을 이용하여 2D 평면으로 전환했을 때와 반대 방향으로
되었다. 이처럼 Positioned Sketch는 3D에서 2D로 전환할 때 사용자 임의로 축 방향을 변경할
수 있다.

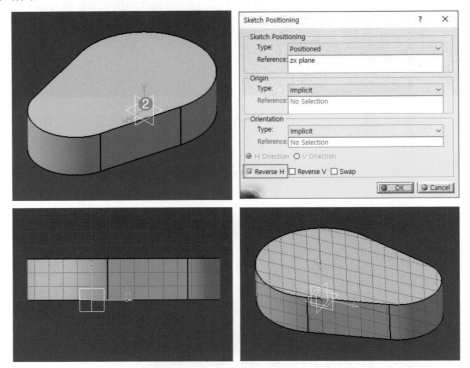

⑩ Sketch Positioning 대화상자에서 Orientation의 선택에 따른 Sketch 평면의 결과는 아래 그림을
참고하자.

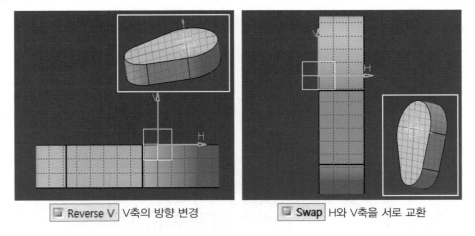

Reverse V | V축의 방향 변경   Swap | H와 V축을 서로 교환

1 따라하기 예제 1

(1) Sketch 도면

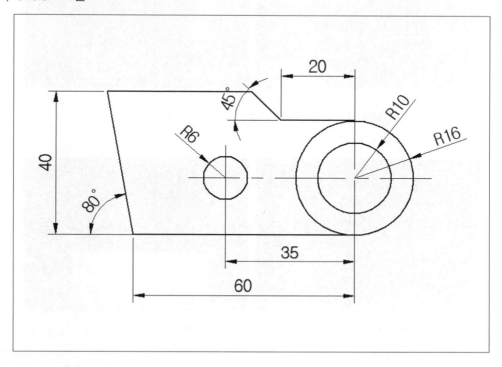

(2) 실습예제 따라하기

① xy plane을 Sketch 평면 으로 선택하고 Sketch Mode로 전환한다.

② Profile 아이콘 을 클릭하고 원점(1)과 직선 지점(2)을 클릭한다.

③ 직선에 접하는 호를 Sketch하기 위해 Sketch Tools 도구막대의 Tangent Arc를 선택 한 후 Arc(3) 를 생성한다.

④ Sketch Tools 도구막대의 Line이 선택된 것을 확인한 후 Sketch를 완성한다.

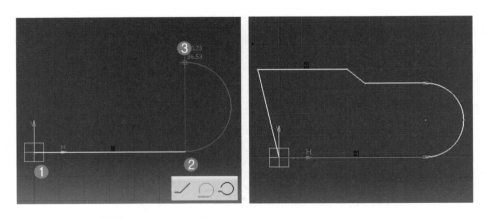

⑤ Constraint 아이콘 🔲을 더블클릭하고 치수 구속을 적용한다.

⑥ 각 치수를 더블클릭하여 치수를 수정한다.

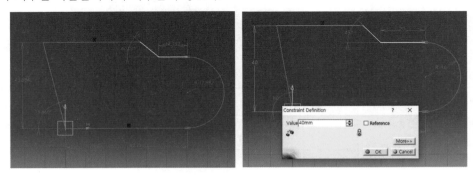

⑦ 치수 구속을 적용시켜도 구속이 완료되지 않은 요소(흰색)가 존재할 경우 해당 요소를 마우스로
   선택(4)한 후 드래그해 보면 어떠한 구속이 필요한지 알 수 있다(여기에서는 직선에 수평 구속이
   적용되지 않아 자유롭게 움직이는 것을 알 수 있다).

⑧ 흰색 직선을 선택하고 Constraints Defined in Dialog Box 아이콘 🔳을 클릭한다.

⑨ Constraint Definition 대화상자에서 Horizontal을 체크하고 OK 버튼을 클릭하면 직선에 수평
   구속이 적용되어 녹색으로 변한다.

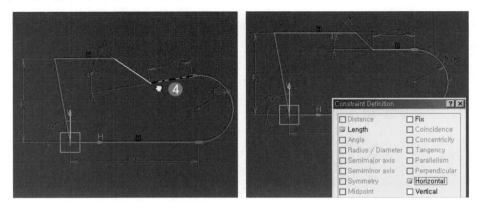

⑩ 또 다른 형상구속 적용방법은 Constraint 아이콘▥▱을 클릭한 후 흰색 직선을 선택하고 마우스
오른쪽 버튼을 클릭한 후 Horizontal을 체크하면 수평 구속이 적용된다.

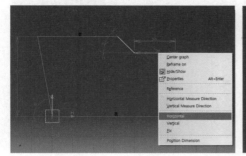 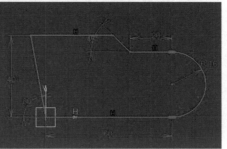

⑪ Circle 아이콘◉을 더블클릭하고 Circle의 중심점을 Arc의 중심점과 일치하도록 Sketch(5)한다.

⑫ 생성한 Circle과 수평한 위치에 또 다른 Circle을 Sketch(6)한다.

⑬ Constraint 아이콘▥▱을 클릭하여 Circle의 반경으로 각각 ϕ20, ϕ10을 적용한다.

⑭ Circle 중심 사이의 가로축 거리로 L35를 적용한다.

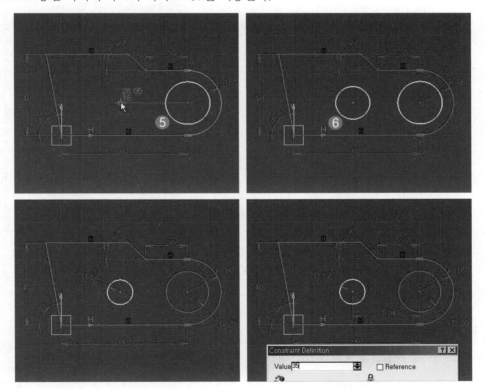

⑮ 끝으로 Constraint 아이콘▥▱을 클릭한 후 두 개의 Circle 중심점을 선택한다.

⑯ 마우스 오른쪽 버튼을 클릭한 후 Vertical Measure Direction을 선택하여 원 중심 간 수직거리를
구속하고 거리에 0mm를 적용하면 Sketch가 종료된다.

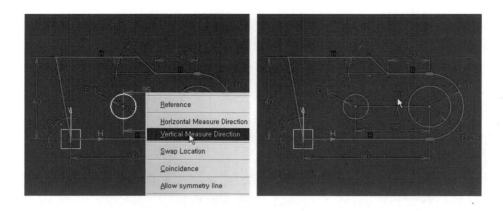

2 따라하기 예제 2

(1) Sketch 도면

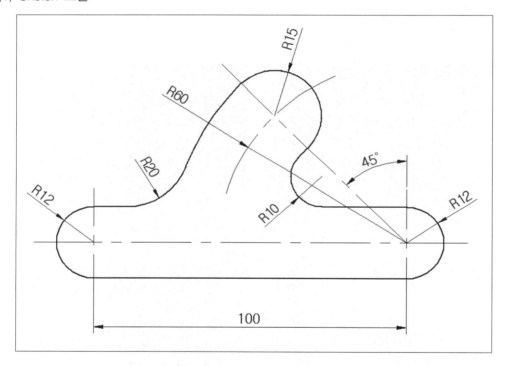

(2) 실습예제 따라하기

① Sketch 아이콘 을 클릭한 후 xy plane을 선택하여 Sketch Mode로 전환한다.

② Elongated Hole 아이콘 을 클릭하고 원점(1)과 임의 점(2)을 클릭하여 양쪽이 라운드된 사각형을 Sketch한 후 생성된 치수를 더블클릭하여 12로 수정한다.

③ Constraint 아이콘 을 클릭한 후 호 중심 거리에 L100을 적용한다.

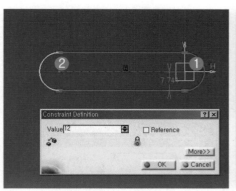
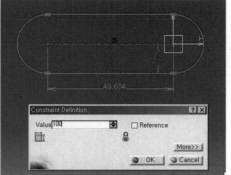

④ Cylindrical Elongated Hole 아이콘 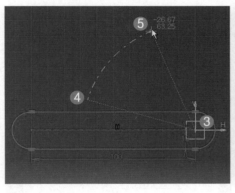을 클릭하고 중심점을 원점(3)으로 선택한 후 임의의 두 점(4, 5)에 Arc의 중심점을 클릭하고 반경을 갖도록 지정한다.

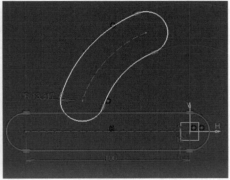

⑤ Sketch Tools 도구막대의 Construction/Standard Element를 클릭하여 On 시킨 Line 아이콘 을 더블클릭한 후 원점(6)과 Cylindrical Elongated Hole의 중심점(7, 8)을 연결하는 점선의 2 개의 직선(보조 Profile)을 생성한다.

⑥ Constraint 아이콘 을 클릭한 후 과정 ⑤에서 생성한 점선의 직선을 선택하여 각도를 적용하고, Cylindrical Elongated Hole의 사이 각도 30°, V축과의 각도 45°를 적용시킨다.

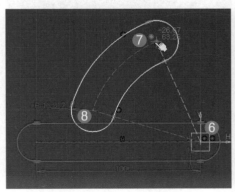
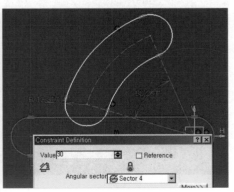

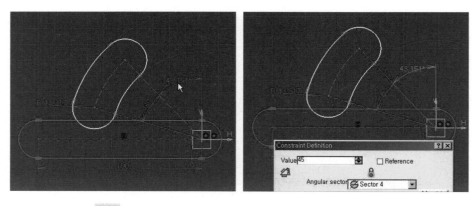

⑦ Constraint 아이콘 을 클릭하여 Cylindrical Elongated Hole의 중심 직경을 적용한 후 더블클릭하여 60으로 수정한다.

⑧ Cylindrical Elongated Hole의 반경에 R15를 적용한다.

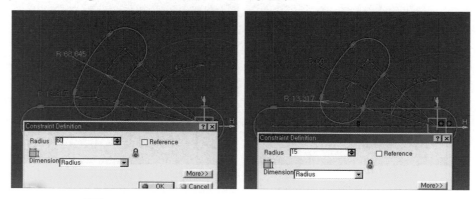

⑨ Corner 아이콘 을 클릭하고 Sketch Tools 도구막대에서 No trim 옵션을 선택한 후 Cylindrical Elongated Hole과 Elongated Hole이 만나는 부분에 각각 적용하고, 치수를 더블클릭하여 R20(9)과 R10(10)으로 수정한다.

⑩ Quick Trim 아이콘 을 클릭하여 불필요한 부분을 제거한다.

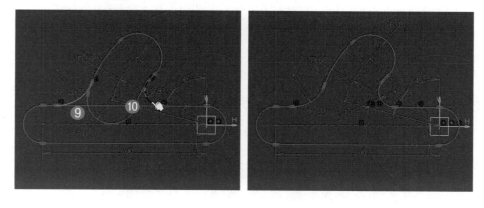

3 따라하기 예제 3

(1) Sketch 도면

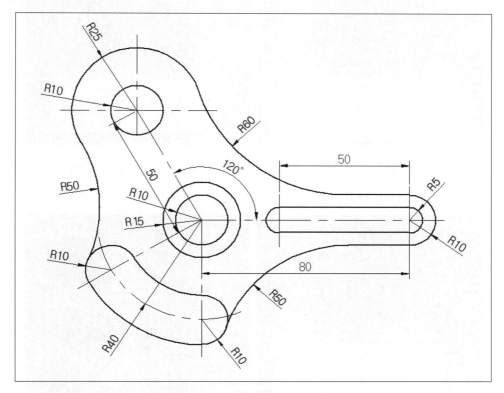

(2) 실습예제 따라하기

① Sketch 아이콘 📐을 클릭한 후 xy plane을 선택하여 Sketch Mode로 전환한다.

② Circle 아이콘 ⊙을 클릭한다. Circle 중심점을 원점으로 하고 Sketch한 후 Constraint 아이콘
   📑을 클릭하여 원의 반경에 각각 R10, R15를 적용한다.

③ Elongated Hole 아이콘 ⊙을 더블클릭하고 V축 위 임의의 두 점(1, 2)을 클릭하여 양쪽이 라운드
   된 사각형을 Sketch한다. 앞에서 생성한 Elongated Hole의 중심점을 일치시켜 또 다른 Elongated
   Hole을 Sketch한다.

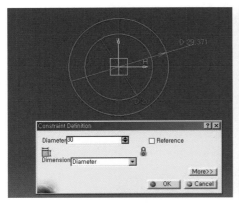
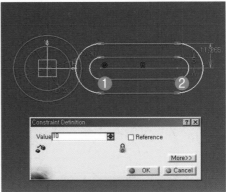

④ Constraint 아이콘 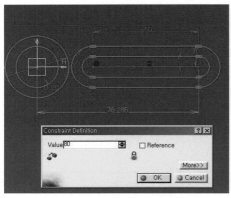을 클릭하여 호의 반경으로 각각 R5, R10을 적용하고 길이 L50, 원점과 오른쪽 호의 중심 거리로 L80을 적용한다.

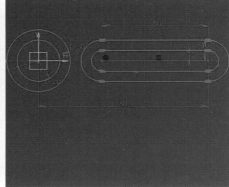

⑤ Circle 아이콘 ⬭을 더블클릭하고 임의의 점(3)을 중심점으로 하는 Circle을 Sketch한 후 중심점을 일치시켜 또 다른 Circle을 Sketch한다.

⑥ Constraint 아이콘 을 클릭하여 원의 반경에 각각 R10, R25를 적용한다.

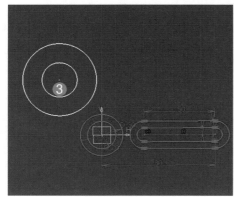

⑦ Sketch tools 도구막대의 Construction/Standard Element을 클릭하여 On 으로 설정한다.

　Line 아이콘 ╱을 클릭하고 원점(4)과 Circle의 중심점(5)을 연결하는 점선의 직선(보조 Profile)

을 생성한다.

⑧ Constraint 아이콘 ▦을 클릭한 후 과정 ⑦에서 생성한 점선의 직선과 H축 사이의 각을 생성하고 더블클릭하여 120°로 수정한다.

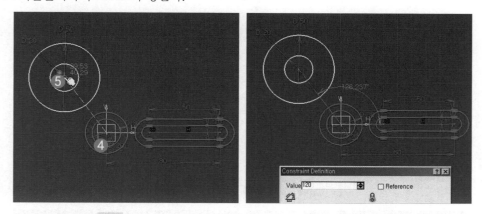

⑨ Constraint 아이콘 ▦을 클릭하여 원점과 Circle의 중심까지의 거리에 L50을 적용(6)한다.

⑩ Corner 아이콘 ⌐을 클릭한 후 Sketch tools 도구막대의 Construction/Standard Element을 선택 해제하여 Off시키고 No Trim을 선택하여 On ⌐ 시킨다.

⑪ Circle(7)과 Elongated Hole(8)을 연속 선택하고 임의의 점(9)을 클릭하여 Corner를 생성한 후치수를 더블클릭하여 R60으로 수정(10)한다.

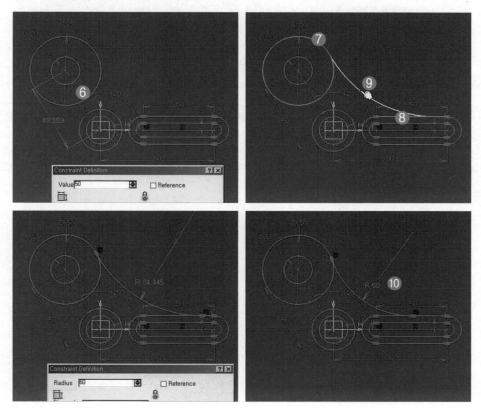

⑫ Cylindrical Elongated Hole 아이콘 을 클릭한다.

중심점을 원점(11)으로 선택하고 임의의 두 점(12, 13)을 클릭한 후 반경을 갖도록 임의 위치(14)를 선택하여 Cylindrical Elongated Hole을 생성한다.

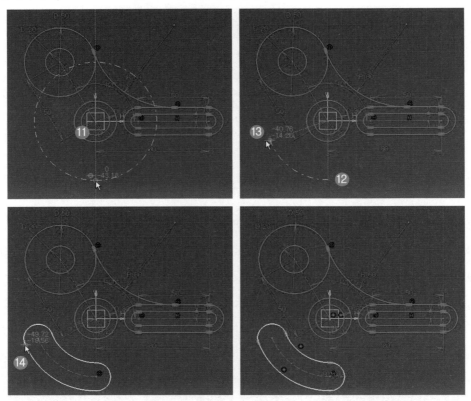

⑬ Sketch tools 도구막대의 Construction/Standard Element을 클릭하여 On 으로 설정한다.

Line 아이콘 을 클릭하고 원점(15)과 Cylindrical Elongated Hole의 호의 중심점(16)을 연결하는 점선의 직선(보조 Profile)을 생성한다.

⑭ Constraint 아이콘 을 클릭한 후 과정 ⑬에서 생성한 점선 직선과 V축을 선택하여 각도를 적용하고 더블클릭하여 60°로 수정한다.

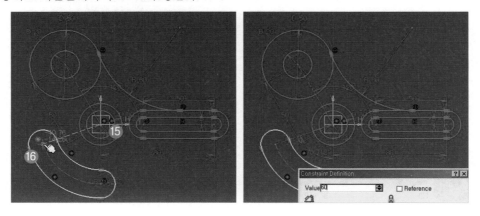

⑮ Constraint 아이콘 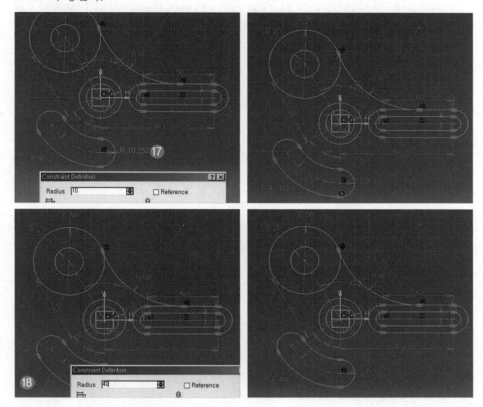 을 더블클릭하여 Cylindrical Elongated Hole의 반경(17)과 원점에서
Cylindrical Elongated Hole의 중심까지의 거리(18)를 생성한 후 각 치수를 더블클릭하여 R10,
R40으로 수정한다.

⑯ Corner 아이콘 ⌐ 을 클릭하고 Sketch Tools 도구막대의 No Trim을 선택하여 On ⌐ 으로 설정
한다.

⑰ Circle(19)과 Cylindrical Elongated Hole(20)을 연속하여 선택한 후 임의의 점을 클릭(21)하여
Corner를 생성하고 치수를 더블클릭하여 R50으로 수정한다.

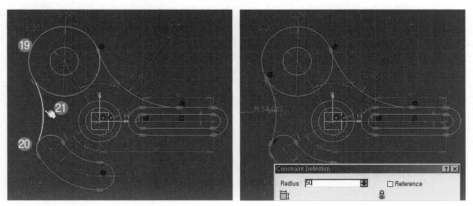

⑱ Sketch Tools 도구막대의 No Trim이 선택되어 On ⌐ 상태가 되면 Corner 아이콘 ⌐ 을 클릭한다.

⑲ Elongated Hole(22)과 Cylindrical Elongated Hole(23)을 연속하여 선택하고 임의의 점을 클릭 (24)하여 Corner를 생성하고 치수를 더블클릭하여 R50으로 수정한다.

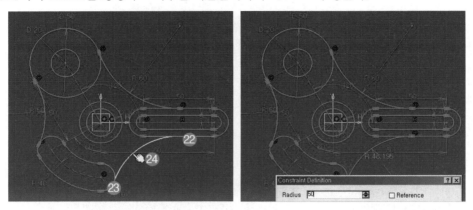

⑳ Quick Trim 아이콘 ⬚ 을 더블클릭하고 Sketch Tools 도구막대의 Break And Rubber In 아이콘 ⬚ 을 선택하여 On시킨다.

㉑ 제거하고자 하는 부분을 선택하여 Sketch를 완성한다.

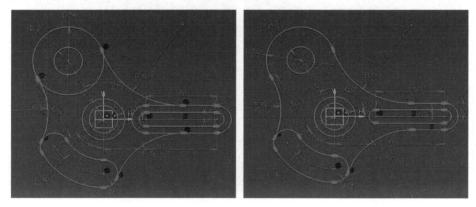

05 Sketcher 실습예제

1 실습예제 1

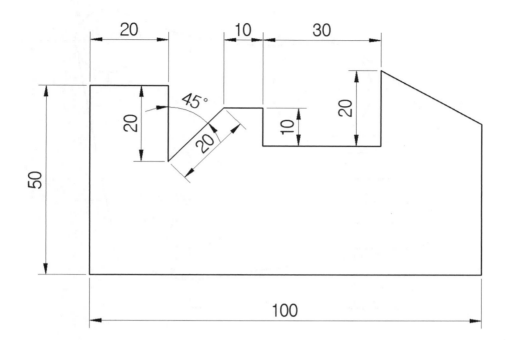

 REFERENCE

※ 활용 명령어
Profile, Constraint 등

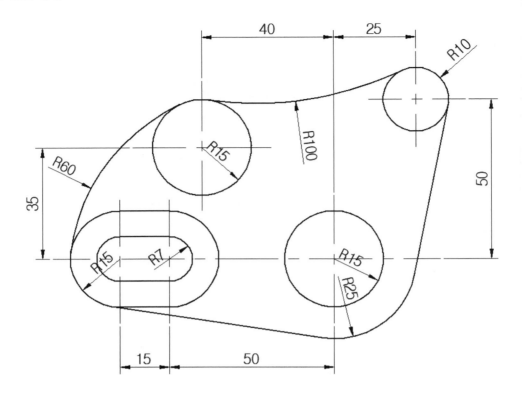

REFERENCE

※ 활용 명령어
Circle, Bi-Tangent Line, Constraints Defined in Dialog Box, Quick Trim, Constraint 등

3 실습예제 3

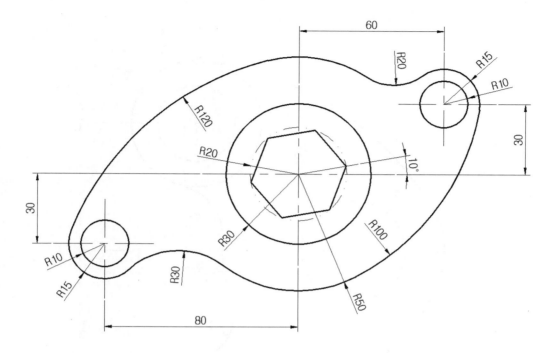

⊕ REFERENCE

※ 활용 명령어
　Circle, Bi-Tangent Line, Constraints Defined in Dialog Box, Hexagon, Rotate, Quick Trim, Constraint 등

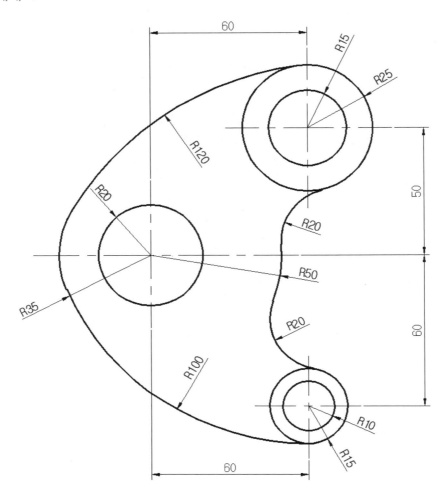

 REFERENCE

※ 활용 명령어
Circle, Constraints Defined in Dialog Box, Quick Trim, Constraint 등

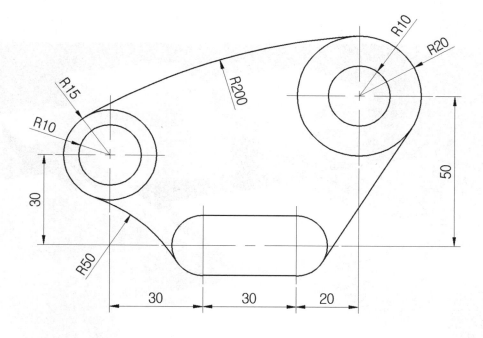

REFERENCE

※ 활용 명령어
   Circle, Line, Constraints Defined in Dialog Box, Quick Trim, Constraint 등

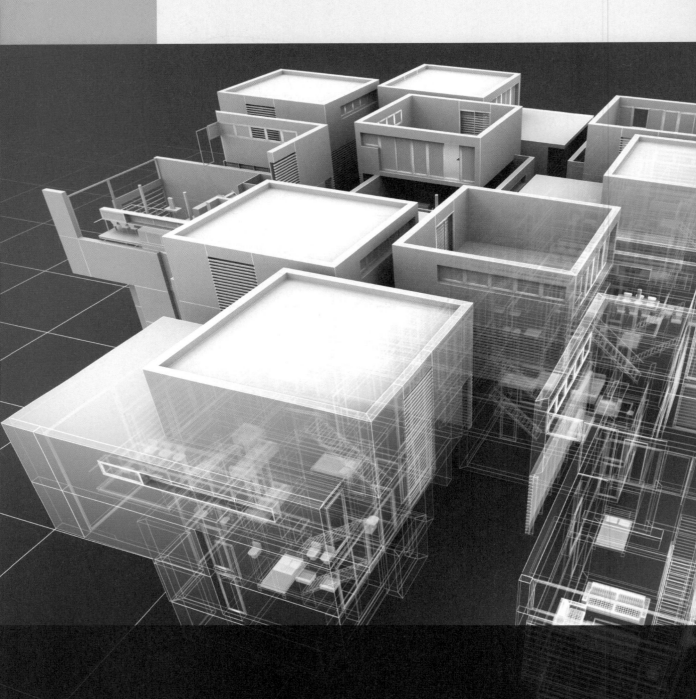

CATIA V5 따라잡기

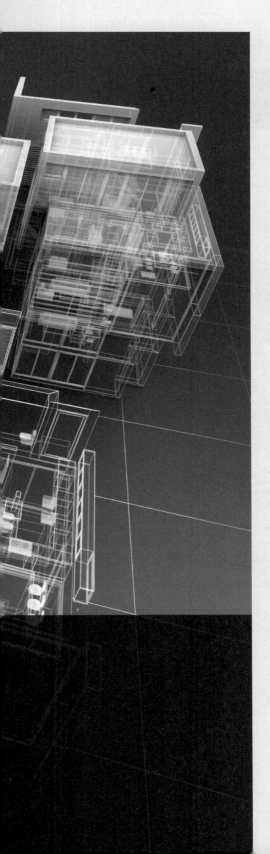

PART 03

혼자서 따라하며 쉽게 익히는 CATIA V5 따라잡기

Part Design
따라잡기

1 CATIA를 실행하면 Assembly Mode가 실행되는데, 닫기 버튼 ✕ 을 눌러 창을 닫아 초기화시킨다.

2 Workbench 도구막대의 All general Options 아이콘 ▇ 을 클릭한 후 Welcome to CATIA V5 대화상
자에서 Part Design 아이콘 🔅 을 클릭한다.

3 New Part 대화상자가 나타나면 OK 버튼을 클릭한다.

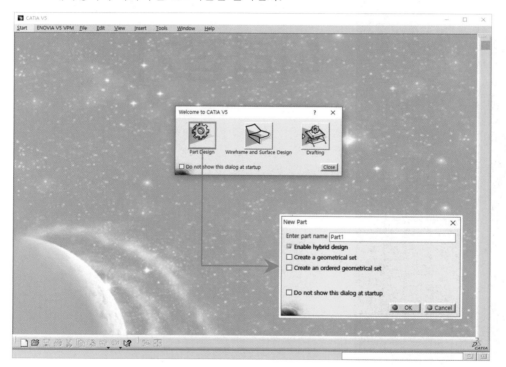

[New Part] 대화상자 나타내기

1) Tools → Options...을 선택한다.
2) Options → Infrastructure → Part Infrastructure에서 Part Document 탭을 선택한다.
3) Display the 'New Part' dialog box를 체크한 후 OK 버튼을 클릭한다.
4) 초기화 상태에서 Part Design 아이콘⚙을 클릭하면 New Part 대화상자가 나타난다.

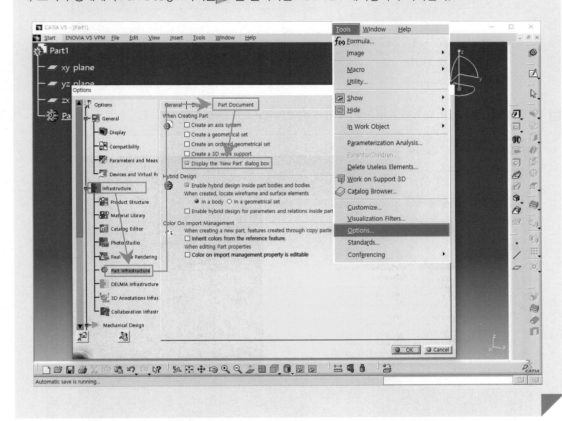

4 Part Design 아이콘⚙ 이 나타나지 않을 때는 Tools → Customize...을 선택하여 Start Menu 탭의 왼쪽 영역에서 Part Design을 선택하고 ➡ 아이콘을 클릭하여 오른쪽 영역으로 이동시킨 후 CATIA를 종료하여 재실행한다.

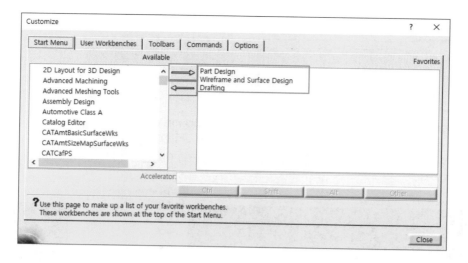

⑤ 다른 방법으로 Start → Mechanical Design → Part Design을 실행한다.

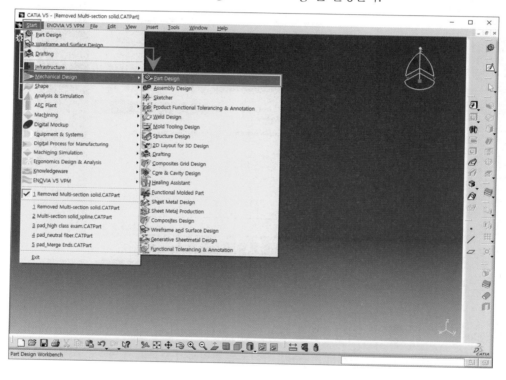

⑥ 도구막대 영역의 빈 공간(1)에 마우스 포인터를 위치시키고 마우스 오른쪽 버튼을 클릭하여 Part Design Mode의 도구막대를 다음과 같이 배열시킨다.

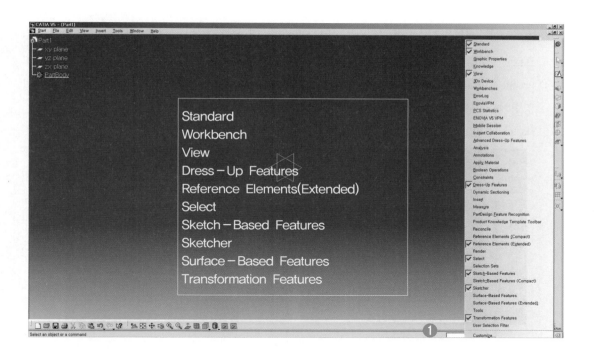

02 Part Design Toolbar

1 Sketch – Based Features

[Pad 🗗]

Sketch에 일정한 두께를 주어 Solid 생성

① Sketch 아이콘 📐 을 클릭한 후 xy plane을 선택하여 Sketch Mode로 전환한다.

② Rectangle 아이콘 ☐ 을 선택하여 임의의 직사각형을 Sketch한 후 Exit Workbench 아이콘 🔼
을 클릭하여 3D Mode로 전환한다.

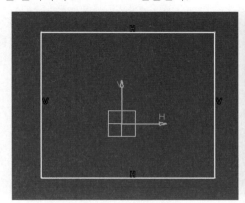
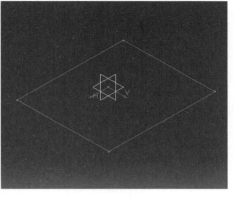

③ Pad 아이콘 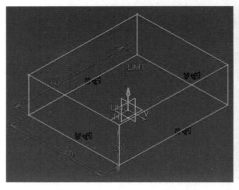 을 클릭하여 나타나는 Pad Definition 대화상자에서 First Limit의 Type을 Dimension

으로 선택하고 Length 영역에 돌출시키고자 하는 길이(20mm)를 입력한다.

④ Profile/Surface의 Selection 영역을 클릭하고 돌출시킬 Sketch를 선택(Sketch를 선택한 후 Pad

명령어를 실행하면 자동적으로 선택)하고 OK 버튼을 클릭한다.

⑤ Sketch 평면에 수직 방향으로 20mm 돌출된 직육면체의 Solid가 생성된다.

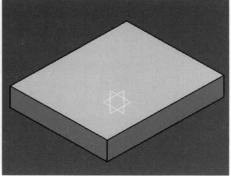

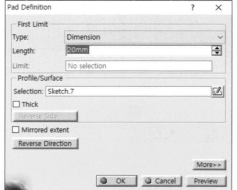

[First Limit]
• Type : 돌출시킬 형태 선택
• Length : 돌출시킬 두께 입력
[Profile/Surface]
• Selection : 돌출시킬 Sketch
• Thick : Sketch의 두께 지정
[Mirrored extent] : Sketch를 Sketch 평면을 기
준으로 양쪽 방향으로 돌출
[Reverse Direction] : 돌출시킬 방향을 변경

⑥ Type : Pad 형태 지정

ⓐ Sketch 아이콘 을 클릭한 후 zx plane을 선택하여 Sketch Mode로 전환한다.

ⓑ Profile 아이콘 을 클릭하여 Sketch한 후 Exit Workbench 아이콘 을 클릭하여 3D Mode

로 전환한다.

ⓒ Pad 아이콘 을 클릭한 후 Mirrored extend를 체크하고 OK 버튼을 클릭하여 Solid를 생성

한다.

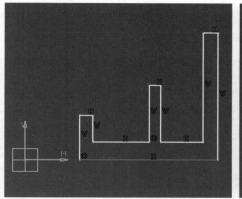
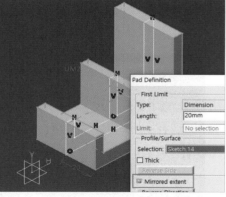

ⓓ Sketch 아이콘 📐 을 클릭한 후 zx plane을 선택하여 Sketch Mode로 전환한다.

ⓔ Spline 아이콘 🖊 을 클릭하여 Sketch(1)한 후 Exit Workbench 아이콘 📤 을 클릭하여 3D Mode로 전환한다.

ⓕ Workbench 아이콘 ⚙ 을 클릭한 후 대화상자에서 Wireframe and Surface Design 아이콘 🖋 을 클릭하여 Surface Mode로 전환한다.

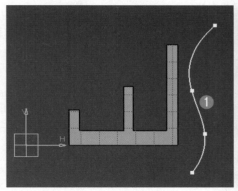
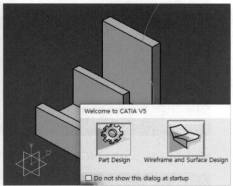

ⓖ Surfaces 도구막대의 Extrude 아이콘 📜 을 클릭한 후 Limit 1(2)과 Limit 2(3)에 마우스 포인터를 위치시키고 드래그하여 Solid를 감싸도록 Surface를 생성한다.

ⓗ Workbench 아이콘 🖋 을 클릭하고 Part Design 아이콘 ⚙ 을 클릭하여 Solid Mode로 전환한다.

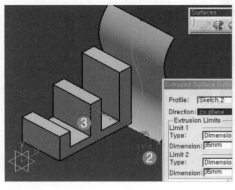
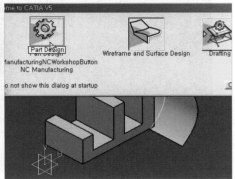

① Sketch 아이콘 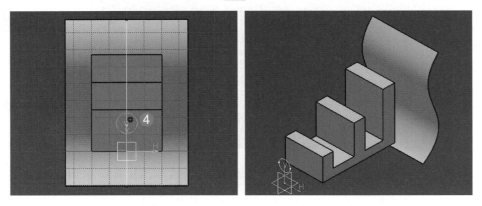을 클릭한 후 yz plane을 선택하여 Sketch Mode로 전환하고 Circle을 Sketch(4)한 후 Exit Workbench 아이콘 을 클릭하여 3D Mode로 전환한다.

- Up To Next : Sketch(Circle)를 Solid의 가장 가까운 Plane(5)까지 돌출시킨다.

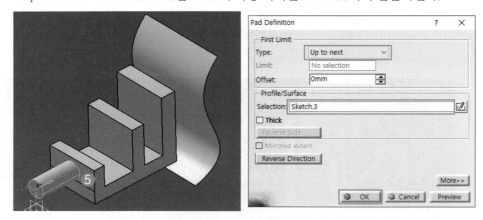

- Up To Last : Sketch(Circle)를 Solid의 맨 끝 Plane까지 돌출시킨다.

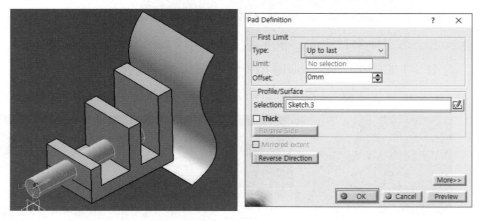

- Up To Plane : Sketch(Circle)를 Solid의 선택한 Plane(6)까지 돌출시킨다.

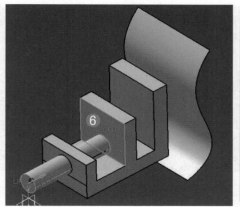

● Up To Surface : Sketch(Circle)를 선택한 Surface(7)까지 돌출시킨다.

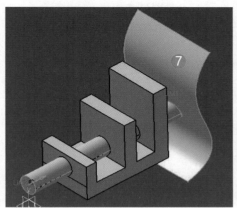
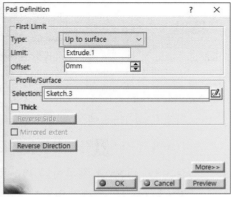

⑦ Thick : Sketch를 기준으로 안쪽과 바깥쪽에 두께를 주어 Solid를 생성

　ⓐ Sketch 아이콘 을 클릭한 후 xy plane을 선택하여 Sketch Mode로 전환한다.

　ⓑ Profile 아이콘 을 선택하여 Sketch한 후 Exit Workbench 아이콘 을 클릭하여 3D Mode 로 전환한다.

　ⓒ Pad 아이콘 을 클릭한 후 Length에 10mm를 입력하고 Profile/Surface 영역의 Thick를 체크 한다.

　ⓓ 대화상자의 오른쪽 창이 펼쳐지며 Thin Pad 영역의 Thickness 1(안쪽)과 Thickness 2(바깥쪽) 에 각각 3mm와 2mm를 입력한다.

　ⓔ Sketch한 Rectangle의 두께가 5mm(안쪽으로 3mm, 바깥쪽으로 2mm)이고 Length(높이)가 10mm인 Solid가 생성된다.

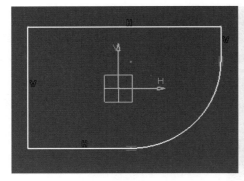
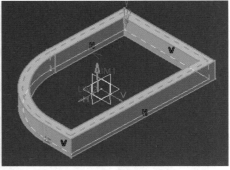

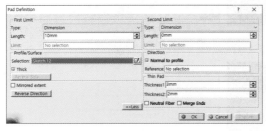

[Second Limit] : 화살표 반대 방향의 두께

[Direction] : 돌출 방향 지정

• Normal to profile : Sketch 평면과 수직한 방향으로 돌출

• Reference : 사용자가 돌출 방향 지정

[Thin Pad]

• Thickness 1 : Sketch 안쪽 두께

• Thickness 2 : Sketch 바깥쪽 두께

• Neutral Fiber

- 과정 ⑦의 Thick에서 생성한 Solid를 이용하여 적용한다.

- Tree에서 Pad 를 더블클릭한다.

- Neutral Fiber를 체크하고 Preview를 클릭하여 미리보기 하면 Sketch를 기준으로 Thickness 1의 두께가 양방향으로 적용되어 Solid가 생성된다(즉, 한 방향으로 1.5mm씩 전체 두께 3mm).

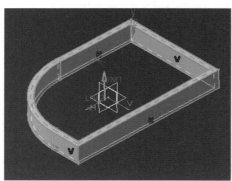
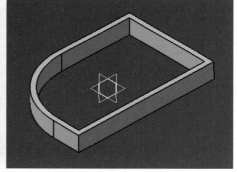

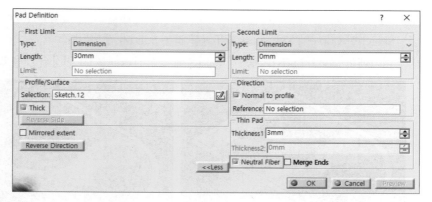

● Merge Ends

  – 위의 Neutral Fiber에서 생성한 Solid에 적용해 본다.

  – Sketch 아이콘 을 클릭한 후 xy plane를 선택하여 Sketch Mode로 전환한다.

  – Spline 아이콘 을 클릭하여 임의의 Curve를 생성한다(이때 Curve의 연장선이 Solid를
    벗어나지 않도록 한다).

  – Exit Workbench 아이콘 을 클릭하여 3D Mode로 전환한다.

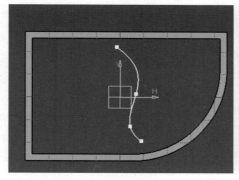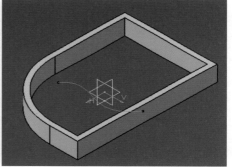

  – Pad 아이콘 을 클릭하고 Thick를 체크하지 않은 상태에서 Preview 버튼을 클릭하면 한
    쪽이 채워지는 Solid가 생성된다.

  – Reverse Side 버튼이나 화살표(8)를 클릭하면 반대 방향으로 채워지는 Solid가 생성된다
    (이때 위쪽 방향 화살표를 클릭하면 Error가 발생한다).

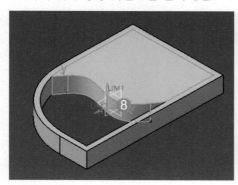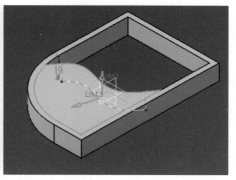

- Thick를 체크한 후 Thin Pad의 Thickness 1에 두께(3mm)를 입력한 후 Preview를 누르면 Sketch한 Curve에 Thickness 1 두께를 갖는 Solid가 생성된다.
- 여기에서 Merge Ends를 체크하면 기존에 생성된 Solid까지 연장된 것을 확인할 수 있다.

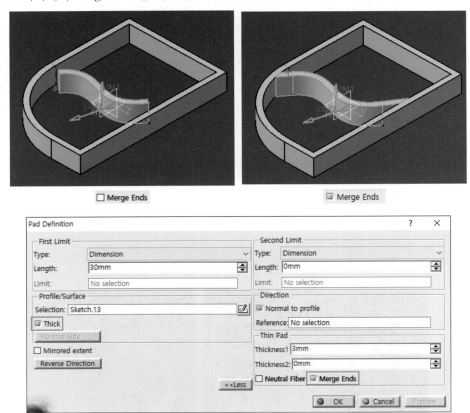

☐ Merge Ends 　　　　 ☑ Merge Ends

⑧ Mirrored extent : Sketch 평면을 기준으로 대칭의 두께를 갖는 Solid를 생성

  ⓐ 앞의 과정 ⑦ Thick에서 생성한 Sketch를 이용하여 적용해 본다.

  ⓑ 즉, Sketch 아이콘 을 클릭한 후 xy plane을 선택하여 Sketch Mode로 전환한 후 Profile 아이콘 을 선택하여 Sketch하고 Exit Workbench 아이콘 을 클릭하여 3D Mode로 전환한다.

  ⓒ Pad 아이콘 을 클릭한다. Sketch 평면을 기준으로 Length에 지정한 길이(10mm)만큼 화살표 방향으로 돌출되지만, Mirrored extent 옵션을 체크하면 Length 길이만큼 반대 방향으로도 돌출되어 20mm 두께의 Solid가 생성된다.

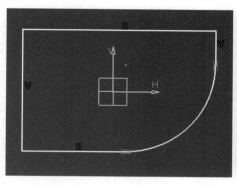

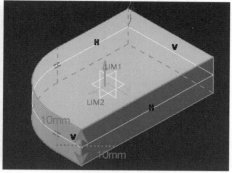

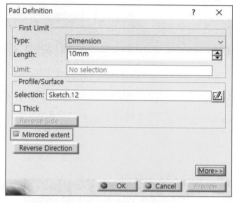

[Length] : Sketch 평면을 기준으로 한쪽 방향의
두께를 지정

⑨ Second Limit : 화살표 반대 방향으로 돌출 Type과 거리를 지정한다.

　ⓐ 과정 ⑧ Mirrored extent의 Sketch를 활용하여 적용해 보기로 한다.

　ⓑ Pad 아이콘 을 클릭한 후 More>> 버튼을 클릭하면 대화상자가 오른쪽으로 펼쳐진다.

　ⓒ Second Limit 영역에서 Type은 앞에서 살펴보았던 내용과 동일하게 적용되며 화살표 반대 방
　　향으로 적용된다.

　ⓓ First Limit 영역의 Length(20mm)는 화살표 방향, Second Limit 영역의 Length(10mm)는 화살
　　표 반대 방향의 돌출 길이로 전체 높이가 30mm인 Solid가 생성된다.

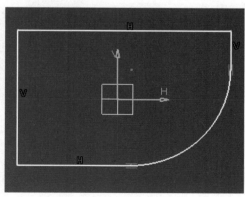

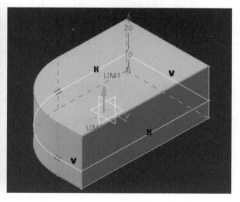

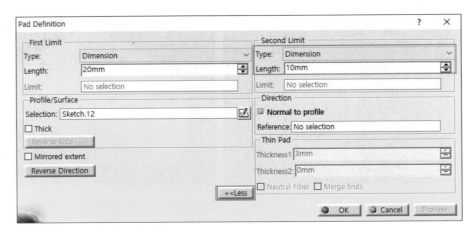

ⓔ Second Limit 영역의 Length 길이를 활용하여 Sketch 평면에서 일정한 거리만큼 떨어진 Solid
를 생성할 수 있다.

ⓕ 앞의 과정을 이용하여 First Limit 영역의 Length에 "50mm"를, Second Limit 영역의 Length에
"−30mm"를 입력하면 Sketch 평면에서 30mm 떨어진 위치에서 20mm 두께의 Solid(9)를 생성
할 수 있다.

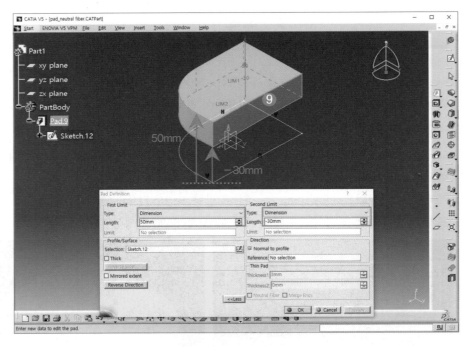

⑩ Direction : Solid의 돌출방향을 사용자가 지정한다.

ⓐ Sketch 아이콘 ☑ 을 클릭한 후 xy plane을 선택하여 Sketch Mode로 전환한다.

ⓑ Rectangle 아이콘 ☐ 을 선택하여 임의의 직사각형을 Sketch한 후 Exit Workbench 아이콘 ⤴
을 클릭하여 3D Mode로 전환한다.

ⓒ Sketch 아이콘 을 클릭한 후 zx plane을 선택하여 Sketch Mode로 전환한다.

ⓓ Line 아이콘 을 클릭한 후 Solid를 돌출시키고자 하는 방향으로 Sketch(10)한 후 Exit Workbench 아이콘 을 클릭하여 3D Mode로 전환한다.

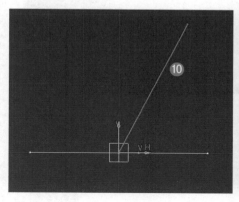 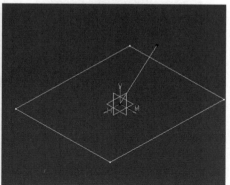

ⓔ Sketch한 직사각형을 선택한 후 Pad 아이콘 을 클릭하면 기본적으로 Sketch 평면에 수직 방향으로 돌출이 적용된다.

ⓕ More>> 버튼을 클릭하면 대화상자가 오른쪽으로 펼쳐진다.

ⓖ Direction 영역에 Normal to profile이 체크되어 있어 수직 방향으로 돌출이 적용된다.

ⓗ Normal to profile 체크를 해제시키면 Reference가 No selection으로 변경되며 돌출 방향을 선택할 수 있다.

ⓘ 앞에서 Sketch한 Line(10)을 선택하면 Line의 방향을 따라서 돌출이 적용되는 것을 확인할 수 있다.

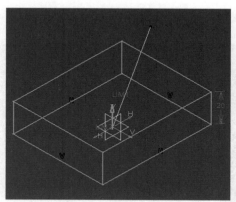 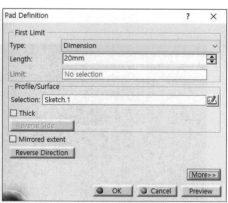

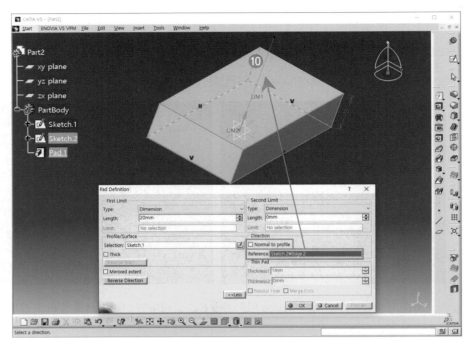

⑪ Pad 고급기능 : 일반적으로 단일 폐곡선으로 Sketch된 경우에만 Solid를 생성할 수 있지만, 옵션을 활용하면 단일 폐곡선이 아닌 경우에도 가능하다.

　ⓐ Sketch 아이콘 을 클릭한 후 xy plane을 선택하여 Sketch Mode로 전환한다.

　ⓑ Spline 아이콘 을 클릭하여 아래 그림과 같이 2개의 Spline(11, 12)을 Sketch한다.

　ⓒ Quick 아이콘 을 클릭한 후 Sketch Tools 도구막대에 나타나는 하부 옵션 중 Break And Keep 아이콘 을 클릭하고 Spline을 선택(11)하면 교차 부분(13, 14)이 잘린다.

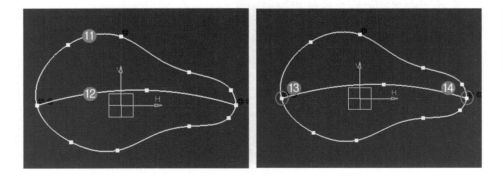

　ⓓ Exit Workbench 아이콘 을 클릭하여 3D Mode로 전환한다.

　ⓔ Pad 아이콘 을 클릭하면 Error(15)가 발생하는데, 아니오(N) 버튼을 클릭한다.

　ⓕ Pad Definition 대화상자에서 Profile/Surface의 Selection에 마우스 포인터를 위치시키고 오른쪽 버튼을 클릭한다.

　ⓖ Go to profile definition을 선택한다.

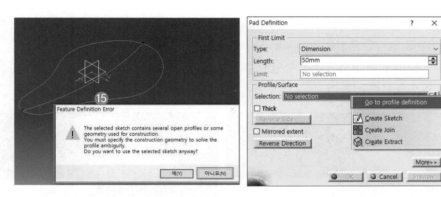

ⓗ Profile Definition 대화상자가 나타나면 Sub‑element를 체크한다.

ⓘ Solid를 생성할 Sketch 부분(16, 17)을 차례로 선택하고 OK 버튼을 클릭한다.

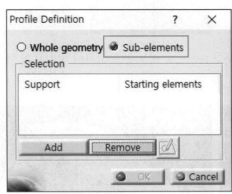

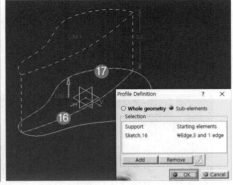

ⓙ Pad 대화상자로 되돌아오면 Profile/Surface의 Selection이 Complex로 변경된 것을 확인할 수 있다.

ⓚ Length 영역에 돌출길이(30mm)를 입력하고 Preview 버튼을 클릭하여 미리보기 한 후 OK 버튼을 클릭하여 Solid를 생성한다.

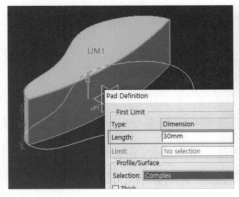

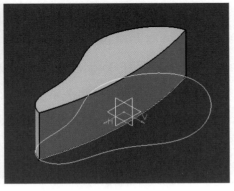

ⓛ 동일한 방법으로 앞쪽 영역도 Solid를 생성해 본다.

ⓜ Sketch를 선택하지 않을 상태에서 Pad 아이콘 ⊕ 을 클릭한다.

ⓝ Pad Definition 대화상자에서 Profile/Surface의 Selection에 마우스 포인터를 위치시키고 오른쪽 버튼을 클릭한 후 Go to profile definition을 선택한다.

ⓞ Sub－element가 선택된 것을 확인한 후 Solid로 생성할 Sketch 영역(18, 19)을 연속 선택한 후 OK 버튼을 클릭한다.

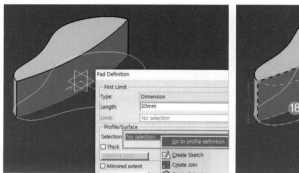 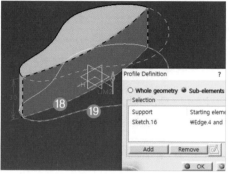

ⓟ Length 영역에 돌출길이(10mm)를 입력하고 Preview 버튼을 클릭하여 미리보기 한 후 OK 버튼을 클릭하여 Solid를 생성한다.

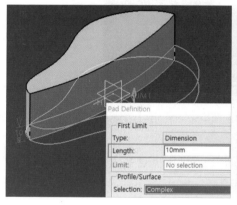 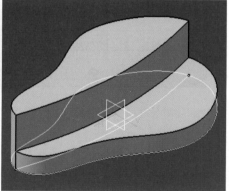

[Drafted Filleted Pad 🔔]

Draft와 Fillet이 적용된 Solid 생성 (※ 자세한 내용은 Draft, Fillet 참조)

① Sketch 아이콘 🖊 을 클릭한 후 xy plane을 선택하여 Sketch Mode로 전환한다. Rectangle 아이콘 ▢ 을 선택하여 Sketch하고 Exit Workbench 아이콘 ⬆ 을 클릭하여 3D Mode로 전환한다.

② Pad 아이콘 🗗 을 클릭한 후 OK 버튼을 클릭하여 직육면체의 Solid를 생성한다.

③ 다시 Sketch 아이콘 🖊 을 클릭한 후 생성한 Solid의 윗면을 선택하여 Sketch Mode로 전환한다. Rectangle 아이콘 ▢ 을 선택한 후 Solid 영역 안쪽에 위치하도록 Sketch(1)한다.

④ Exit Workbench 아이콘 ⬆ 을 클릭하여 3D Mode로 전환한 후 Drafted Filleted Pad 아이콘 🔔 을 클릭한다.

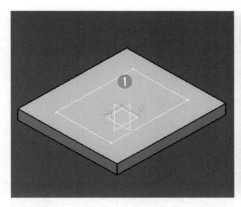 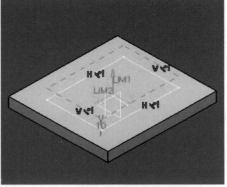

⑤ Drafted Filleted Pad Definition 대화상자에서 First Limit의 Length 영역을 클릭하고 돌출 길이 (50mm)를 입력한 후 Second Limit의 Limit 영역을 클릭하고 직육면체의 윗면을 선택한다.

⑥ Draft의 Angle 영역을 클릭하여 경사각도(10°)를 입력한 후 Fillets 영역을 클릭하여 모서리(아래, 위, 세로)의 라운드 값을 입력하고 OK 버튼을 클릭한다.

⑦ 직육면체 위에서 10°만큼 경사지고 모서리에 Fillet이 적용된 직육면체의 Solid를 생성한다.

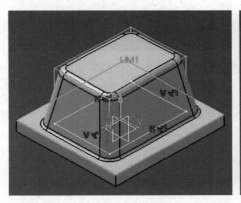 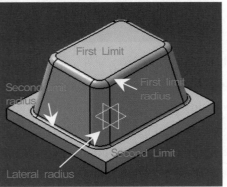

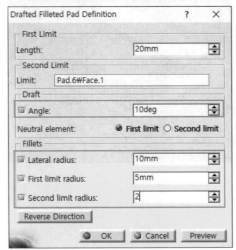

[Second Limit/Length] : 돌출 길이

[Second Limit/Limit] : Draft의 기준면

[Draft/Angle] : Draft 각도

[Fillets]

• Lateral radius : 세로 모서리의 Fillets 값 지정

• First limit radius : 윗부분 모서리의 Fillets 값 지정

• Second limit radius : 아랫부분 모서리의 Fillets 값 지정

[Multi-Pad 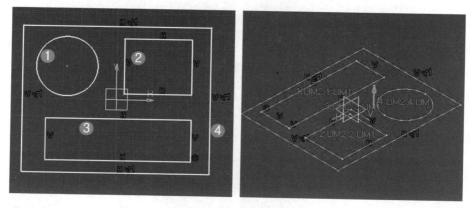]

Sketch 평면에 존재하는 여러 Profile을 서로 다른 두께로 돌출시켜서 Solid 생성

① Sketch 아이콘 ⬜ 을 클릭한 후 xy plane을 선택하여 Sketch Mode로 전환다. Rectangle 아이콘
　⬜과 Circle 아이콘 ⊙ 을 클릭한 후 아래 그림과 같이 Sketch(1~4)하고 Exit Workbench 아이콘
　⬆ 을 클릭하여 3D Mode로 전환한다.

② Multi-Pad 아이콘 ⬛ 을 클릭한다.

③ Multi-Pad Definition 대화상자에서 Domains 영역의 Nr1을 클릭하고 First Limit의 Length에
　돌출시키고자 하는 길이(20mm)를 입력한다.

④ Domains 영역의 Nr2(30mm), Nr3(10mm), Nr4(30mm)와 같이 서로 다른 치수를 적용한 후 OK
　버튼을 클릭한다.

⑤ Sketch한 객체에 서로 다른 돌출 길이의 Solid가 생성된다.

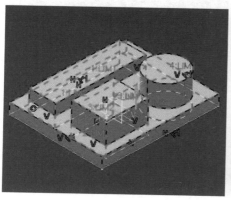
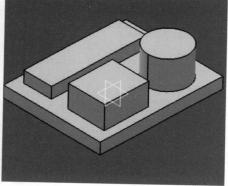

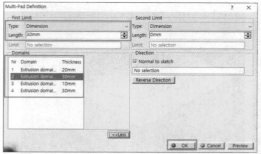

[First Limit/Length] : 화살표 방향 돌출 길이

[Domain]

• Sketch한 각 객체

• 각 Profile의 돌축 길이는 Length 영역에 입력

[Second Limit/Length] : 화살표 반대 방향 돌출 길이

[Direction] : 돌출 방향을 사용자가 설정(자세한 방법은 Pad 기능에서 확인)

[Pocket 🔲]

생성한 Solid에서 Sketch 형상 제거

→ Pad의 Option과 같고 제거하는 역할

① xy plane에 Rectangle 아이콘 □을 클릭하여 Sketch하고 Exit Workbench 아이콘 🔼을 클릭하여 3D Mode로 전환한다.

② Pad 아이콘 🗗 을 적용하여 Solid를 생성한 후 Solid의 윗면을 Sketch 평면으로 선택하고 Circle ⊙을 Sketch(1)한다.

③ Exit Workbench 아이콘 🔼을 클릭하여 3D Mode로 전환한다.

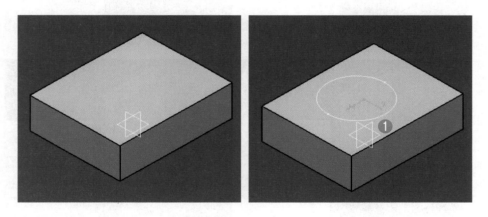

④ Sketch를 선택한 상태에서 Pocket 아이콘 🔲을 클릭한다.

⑤ Pocket Definition 대화상자에서 Type을 Dimension으로 선택하고 Depth 영역을 클릭하여 10mm를 입력한 후 OK 버튼을 클릭한다.

⑥ 직육면체의 Solid에 10mm 깊이의 Hole이 생성된다.

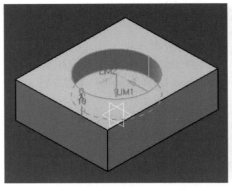
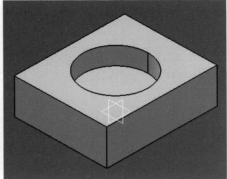

⑦ Pocket 옵션을 Pad와 동일하게 적용할 수 있으며 제거된다.

(※ Pad에서 사용했던 예제로 직접 적용해 보자.)

ⓐ Type

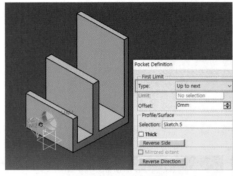
Up to next

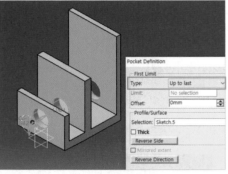
Up to last

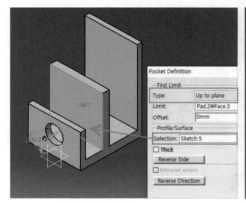
Up to plane

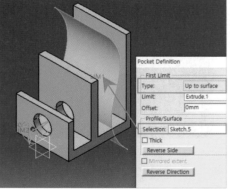
Up to surface

ⓑ Thick

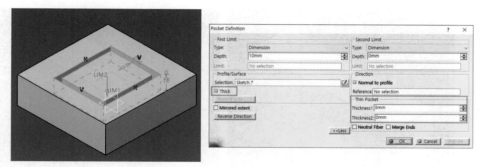

ⓒ Mirrored extent

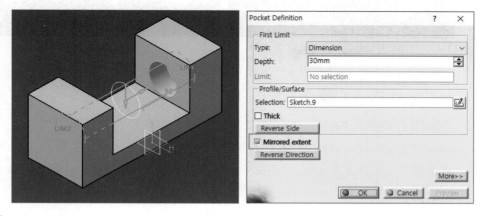

ⓓ Second Limit

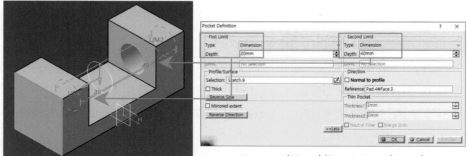

First Limit(20mm)/Second Limit(40mm)

ⓔ Direction

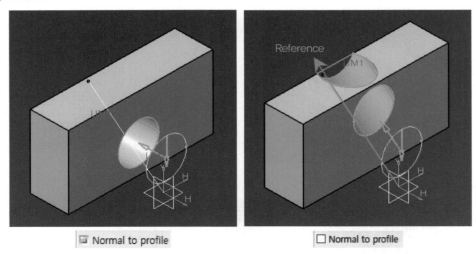

☑ Normal to profile   ☐ Normal to profile

[Drafted Filleted Pocket 🔲]

생성한 Solid에서 Draft와 Fillet을 적용하여 Sketch 형상 제거

→ Drafted Filleted Pad의 Option과 같고 제거하는 역할

① xy plane에 Rectangle ▭ 을 Sketch하고 Exit Workbench 아이콘 ⬆ 을 선택하여 3D Mode로 전환한다.

② Sketch를 Pad ⬛ 시켜 Solid를 생성하고 Solid의 윗면에 Rectangle ▭ 을 Sketch(1)한다.

③ Exit Workbench 아이콘 ⬆ 을 클릭하여 3D Mode로 전환한다.

④ Drafted Filleted Pocket 아이콘 🔲 을 클릭한다.

⑤ Drafted Filleted Pocket Definition 대화상자에서 Depth 영역에 Pocket 깊이(30mm)를 입력하고 Second Limit 영역을 선택한 후 Solid 윗면(2)을 클릭한다.

⑥ Draft의 Angle 영역에 경사각도(10deg)를 입력하고 Fillets 영역을 클릭한 후 모서리(아래, 위, 세로)의 라운드 값을 입력하고 OK 버튼 클릭한다.

⑦ Solid에서 Rectangle의 모서리에 Fillet이 적용되고 10°만큼 경사지도록 제거된다.

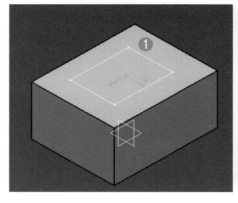
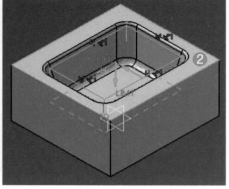

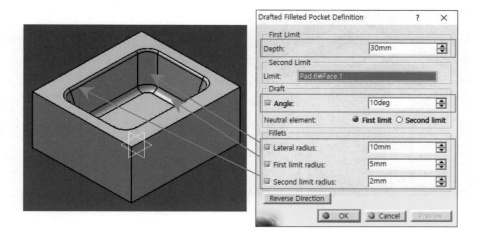

[Multi−Pocket 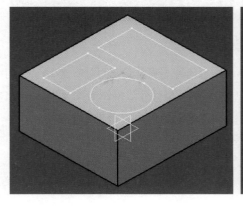]

생성된 Solid에서 여러 객체의 Sketch 형상을 서로 다른 깊이로 제거

→ Multi−Pad의 Option과 같고 삭제하는 역할

① xy plane에 Rectangle □을 Sketch하고 Exit Workbench 아이콘을 선택하여 3D Mode로 전환한 후 Pad 아이콘을 적용하여 Solid를 생성한다.

② Solid의 윗면에 Rectangle 아이콘 □과 Circle 아이콘 ⊙을 Sketch하고 3D Mode로 전환한다.

③ Multi−Pocket 아이콘을 클릭한다.

④ Multi−Pocket Definition 대화상자에서 Domains 영역의 Nr1을 클릭하고 First Limit의 Length 영역에 Pocket 깊이(20mm)를 입력한다.

⑤ Domains 영역의 Nr2(10mm), Nr3(30mm)과 같이 서로 다른 치수를 적용한 후 OK 버튼을 클릭한다.

⑥ Sketch한 객체에 서로 다른 깊이로 Solid에 Pocket이 적용된다.

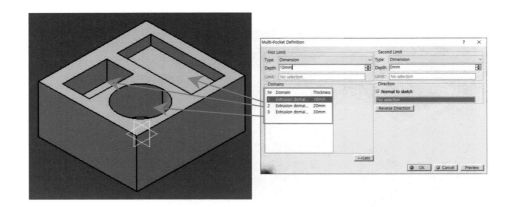

[Shaft 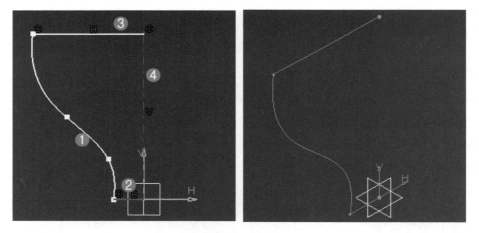]

축을 기준으로 회전시켜 Solid 생성

① zx plane에 회전체를 생성시킬 Spline ∿(1)과 Line ╱(2, 3)을 이용하여 Sketch한다.

② Axis 아이콘 ┃을 클릭하여 회전체의 중심축(4)을 생성하고 Exit Workbench 아이콘 ⬆️을 클릭하여 3D Mode로 전환한다.

③ Sketch를 선택한 상태에서 Shaft 아이콘 ▐▐을 클릭한다.

④ Shaft Definition 대화상자에서 Limits의 First Angle 영역을 클릭하고 회전각도 360deg를 입력한다.

⑤ Profile/Surface의 Selection 영역을 클릭하고 회전체를 생성시킬 Sketch를 선택(Sketch를 선택한 후 Shaft 아이콘을 클릭하면 이 영역에 지정됨)한 후 OK 버튼을 클릭한다.

⑥ Sketch한 객체를 회전축을 중심으로 360° 회전체의 Solid를 생성한다.

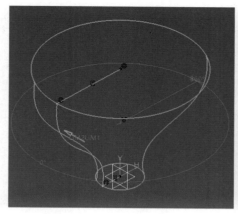

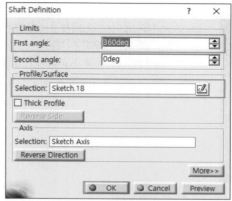

[Limits]
- First angle : 화살표 방향의 회전각도 지정
- Second angle : 화살표 반대 방향의 회전각도 지정
- First angle과 Second angle의 각도는 360°를 초과할 수 없음

[Profile/Surface]
- Thick Profile : Sketch를 기준으로 두께를 주어 회전체 생성

[Axis]
- Selection : 회전 중심선을 선택(Sketch에서 Axis 아이콘으로 생성하면 자동으로 선택)

ⓐ Profile/Surface

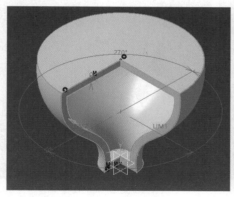

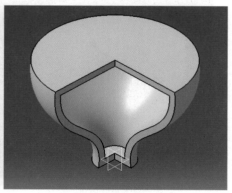

[Selection] : 회전체를 생성할 Sketch 선택
[Thin Shaft]
- Thickness1 : Sketch 안쪽 두께
- Thickness2 : Sketch 바깥쪽 두께

ⓑ Axis

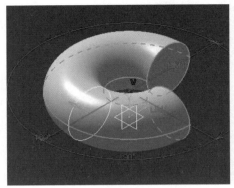
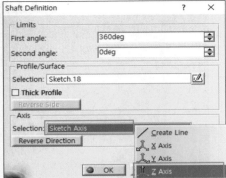

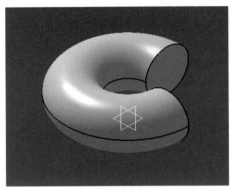

[Axis]

- Selection : Sketch Mode에서 Axis를 생성할 경우 자동으로 회전축으로 지정됨
- Sketch Mode에서 Axis를 생성하지 않았을 경우에는 마우스 오른쪽 버튼을 클릭하여 지정할 수 있음

ⓒ Reverse Direction : First Angle(화살표 방향)(5)을 반대로 전환

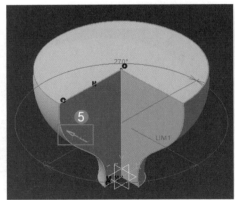

Reverse Direction 클릭 전

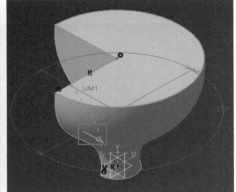

Reverse Direction 클릭 후

[Groove 🗄]

Axis를 기준으로 회전시켜 Solid 제거

→ Shaft의 Option과 같고 제거하는 역할

① zx plane에 Circle ⊙을 Sketch하고 회전 중심에 Axis ┃를 생성(1, 2)한다.

② Exit Workbench 아이콘 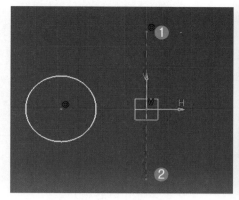 을 클릭하여 3D Mode로 전환하고 Shaft 아이콘 을 클릭하여 360° 회전체의 Solid를 생성한다.

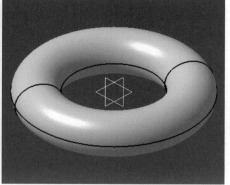

③ zx plane에 Circle 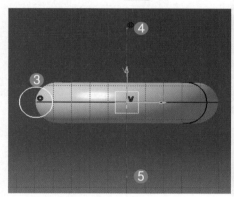 을 Sketch(3)하고 Axis 아이콘 을 클릭하여 회전 중심축(4, 5)을 V축에 생성한다.

④ Exit Workbench 아이콘 을 클릭하여 3D Mode로 전환한다.

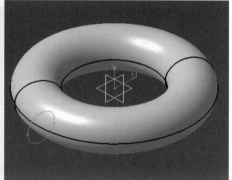

⑤ Groove 아이콘 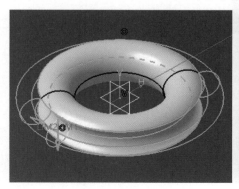 을 클릭한다.

⑥ Groove Definition 대화상자에서 Limits의 First Angle 영역을 클릭한 후 회전각도(360deg)를 입력하고 OK 버튼을 클릭한다.

⑦ 회전체의 Solid를 Circle이 360° 회전하면서 제거한다.

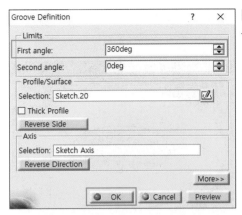 [Thick Profile] : Sketch에 일정한 두께를 주어
두께 부분만 제거함

⑧ Thick Profile

ⓐ 과정 ⑥에서 Thick Profile을 체크하면 대화상자의 우측 영역이 펼쳐진다.

ⓑ Thin Groove의 Thickness 1에 두께(3mm)를 입력한 후 Preview 버튼을 클릭하여 미리보기 한다.

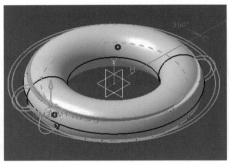

ⓒ OK 버튼을 클릭하면 Sketch에서 안쪽으로 적용한 두께(3mm)만큼만 제거된 것을 확인할 수 있다.

[Hole]

Solid에 구멍 생성

① yz plane에 Profile을 Sketch한 후 치수를 적용하고 Exit Workbench 아이콘 을 클릭하여 3D Mode로 전환한다.

② Pad 아이콘 을 클릭하여 Length에 25mm를 입력하고, Mirrored extent를 체크한 후 OK 버튼을 클릭하여 Solid를 생성한다.

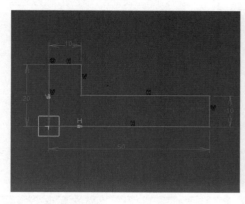
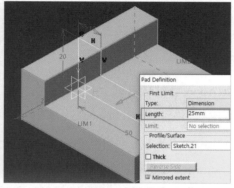

③ Hole 아이콘 을 클릭하고 Hole을 생성시킬 Solid의 윗면(1)을 선택한다.

④ Hole Definition 대화상자에서 Diameter 영역을 클릭하여 Hole의 직경(20mm)을 입력하고 Depth 영역을 클릭하여 Hole의 깊이(5mm)를 입력한 후 Preview 버튼을 클릭하여 미리보기 한다.

⑤ OK 버튼을 클릭하면 Solid의 윗면에 직경 20mm의 Hole이 5mm 깊이로 생성된다.

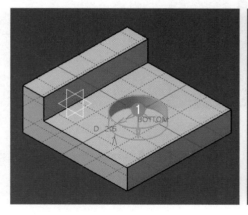
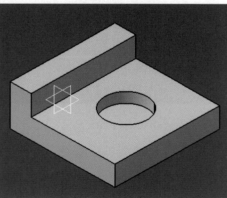

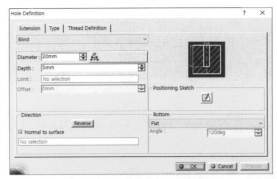

[Extension]

- Hole 생성 옵션(Pad 옵션과 동일)
- Diameter/Depth : Hole 직경/깊이
- Direction : Hole 방향
  – ▣ **Normal to surface** : Sketch를 포함한 평면에 수직 방향으로 Hole 생성
  – ☐ **Normal to surface** : 선택(직선)한 임의의 방향으로 Hole 생성
- Positioning Sketch : Sketch Mode로 이동하여 Hole의 위치를 구속
- Bottom : 구멍 바닥면을 평면(Flat), V형 (V – Bottom)으로 생성

⑥ Extension 탭 세부 옵션

ⓐ zx plane을 Sketch Plane으로 선택한 후 Profile 아이콘 🔏 을 클릭하여 Sketch한다.

ⓑ Exit Workbench 아이콘 🔼 을 클릭하여 3D Mode로 전환한 후 Pad 아이콘 🔗 을 클릭하고 Mirrored extent를 체크한 후 OK 버튼을 클릭하여 Solid를 생성한다.

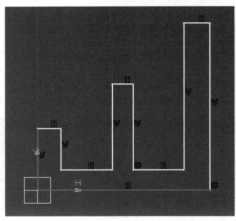
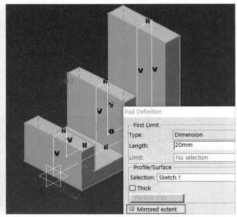

ⓒ zx plane을 Sketch Plane으로 선택한 후 Spline 아이콘 ∿ 을 클릭하여 Sketch한다.

ⓓ Exit Workbench 아이콘 🔼 을 클릭하여 3D Mode로 전환한 후 Workbench 아이콘 ⚙ 을 클릭하고 Wireframe and Surface Design를 선택하여 Surface Mode로 전환한다.

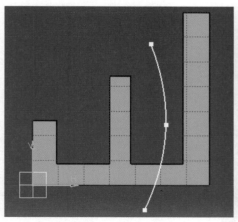
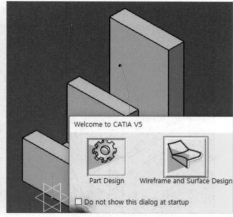

ⓔ Extrude 아이콘 을 클릭한 후 Limit 1과 Limit 2의 화살표를 양쪽으로 드래그하여 Surface를 생성하고 OK 버튼을 클릭한다.

ⓕ Workbench 아이콘 을 클릭한 후 Part Design를 선택하여 Solid Mode로 전환한다.

ⓖ Hole 아이콘 을 클릭하고 Hole을 생성시킬 Solid의 앞면(2)을 선택한다.

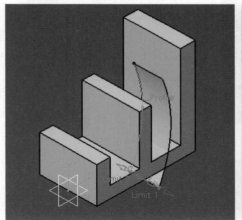
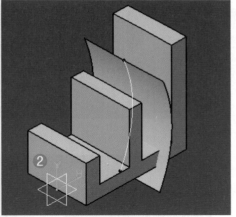

• Up to Next : Sketch를 Solid의 가장 가까운 면까지 Hole을 생성한다.

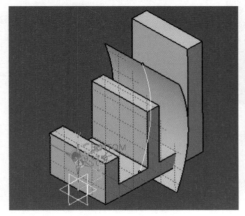
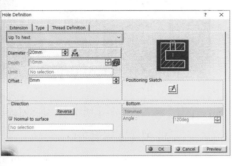

● Up to Last : Sketch를 Solid의 끝 면까지 Hole을 생성한다.

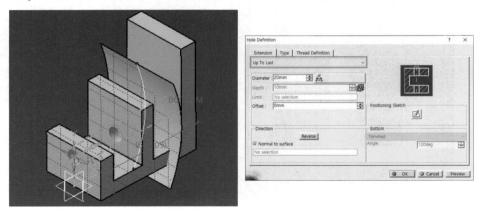

● Up to Plane : Sketch를 Solid의 선택한 면(3)(두번째 기둥 뒷면)까지 Hole을 생성한다.

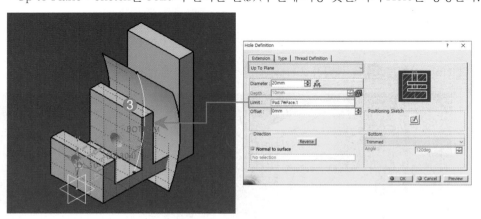

● Up to Surface : Sketch를 선택한 Surface(4)까지 Hole을 생성한다.

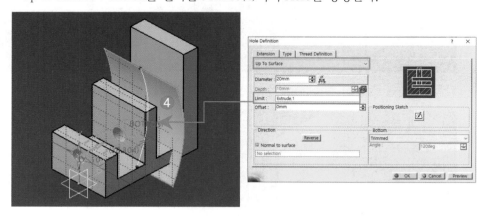

⑦ Direction : Hole의 생성 방향을 사용자가 지정한다.

    ⓐ 과정 ⑥의 예제를 활용한다.

    ⓑ xy plane에 Hole의 생성 방향을 Line(5)으로 Sketch한 후 3D Mode로 전환한다.

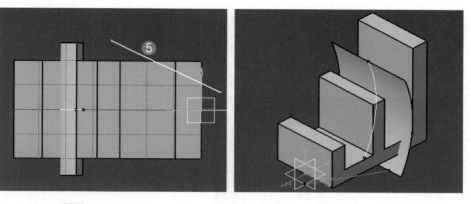

ⓒ Hole 아이콘 ◙ 을 클릭하고 Solid의 앞면(6)을 선택한다.

ⓓ Direction의 Normal to surface를 체크 해제하면 No Selection으로 전환되는데, 앞에서 생성한 Line(5)을 선택한다.

ⓔ Hole이 선택한 평면에 수직 방향(Normal)이 아닌 Line의 방향으로 생성된다.

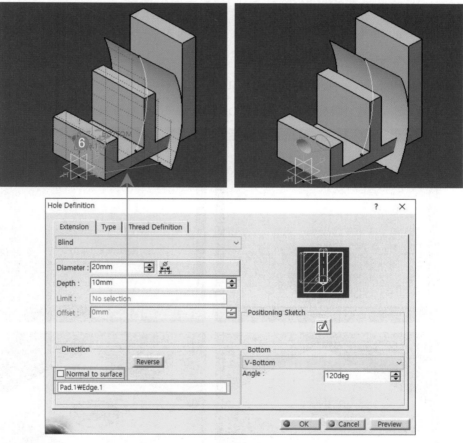

⑧ Positioning Sketch : Hole을 정확한 위치로 구속한다.

　ⓐ xy plane에 Rectangle □ 을 Sketch하고 Exit Workbench 아이콘 ⬆ 을 클릭하여 3D Mode로 전환한다.

ⓑ Pad 아이콘 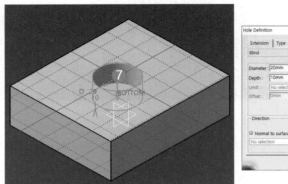 을 클릭하여 직육면체의 Solid를 생성한다.

ⓒ Hole 아이콘 을 클릭한 후 직육면체의 윗면(7)을 선택한다.

ⓓ Positioning Sketch 아이콘 을 클릭한다.

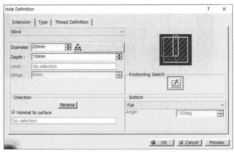

ⓔ Sketch Mode로 전환되며 Hole의 중심점에 좌표계가 생성된다.

ⓕ Constraint 아이콘 을 클릭하고 Hole 중심점에 치수 구속을 적용시킨 후 각 치수를 더블클릭하여 정확한 치수로 수정(8, 9)한다.

ⓖ Exit workbench 아이콘 클릭하여 3D Mode로 전환한다.

ⓗ Hole Definition 대화상자가 나타나면 OK 버튼 클릭하여 Hole을 생성한다.

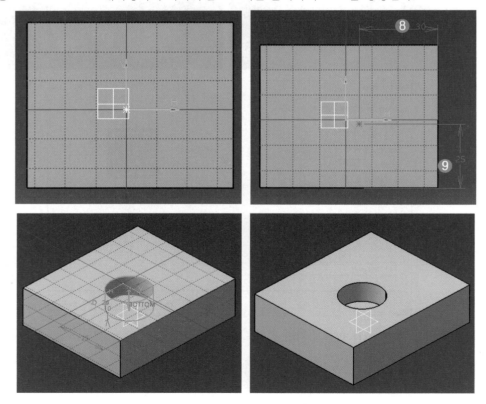

⑨ Bottom : Hole 바닥면의 형상을 지정한다.

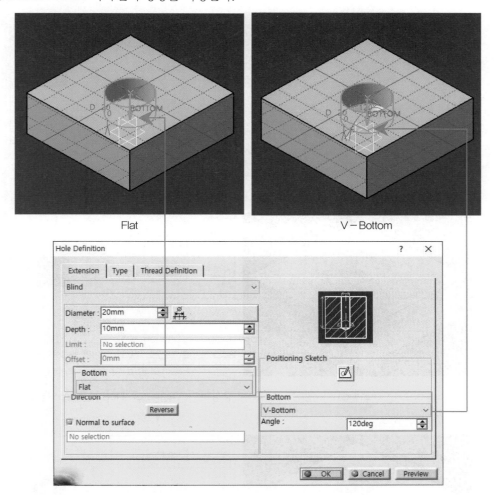

Flat

V－Bottom

⑩ Type 탭 세부 옵션

ⓐ Simple : 바닥면이 평평한 Hole을 생성한다.

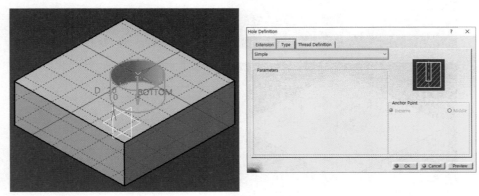

ⓑ Tapered : 테이퍼 형상의 Hole을 생성한다.

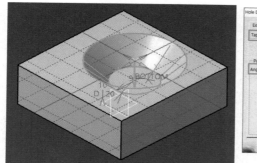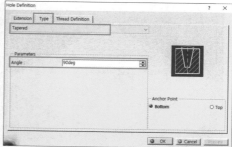

Parameter : Angle

ⓒ Counterbored : Counterbore 형상의 Hole을 생성한다.

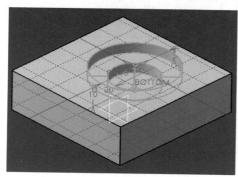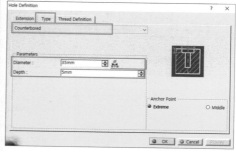

Parameter : Diameter, Depth

ⓓ Countersunk : Countersunk 형상의 Hole을 생성한다(Diameter, Depth, Angle을 변경하여 원하는 형상을 생성).

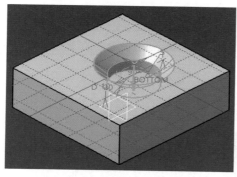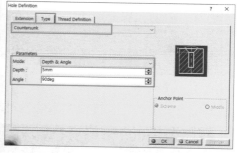

Parameter : Depth, Angle

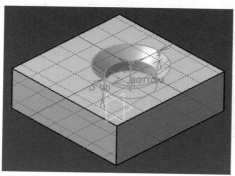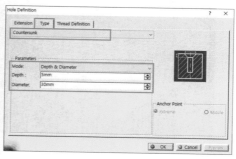

Parameter : Depth, Diameter

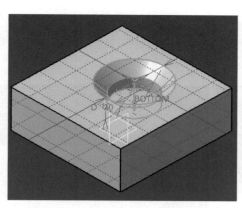
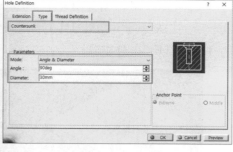

Parameter : Angle, Diameter

ⓔ Counterdrilled : Counterdrilled 형상의 Hole을 생성한다.

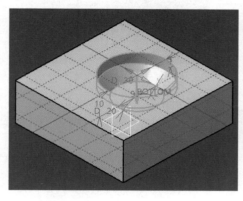

Parameter : Diameter, Depth, Angle

⑪ Thread Definition

ⓐ Hole을 생성하면서 암나사를 적용한다.

ⓑ yz plane에 Profile 아이콘🔧을 이용하여 Sketch한 후 치수를 적용한다.

ⓒ 3D로 빠져나와 Pad시켜 20mm 두께의 Solid를 생성한다.

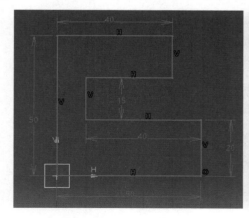
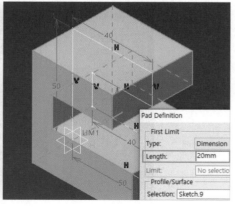

ⓓ Hole 아이콘🔲을 클릭한 후 직육면체의 윗면(10)을 선택한다.

ⓔ Extension 탭에서 Up To Last를 선택하고 Diameter(20mm)를 적용한 후 Preview 버튼을 클릭하여 미리보기 한다.

ⓕ Thread Definition 탭을 선택한 후 Thread를 체크한다.

ⓖ Thread Definition 영역에서 Type을 선택하고 해당 정보를 입력한 후 OK 버튼을 클릭하면 Hole에 나사가 생성된다.

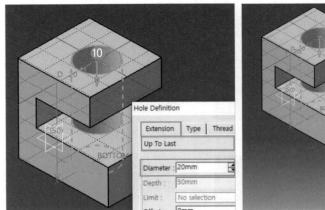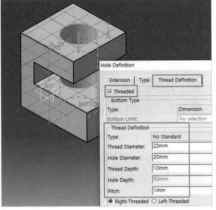

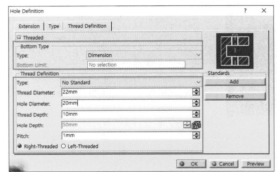

[Bottom Type]
• Dimension : 나사 깊이 지정
• Up-To-Plane : 선택 면까지 나사 생성

[Thread Definition]
• Type : 미터보통나사, 미터가는나사 선택
• Thread Diameter : 나사 직경
• Hole Diameter : 구멍 직경
• Thread Depth : 나사 깊이
• Pitch : 나사 피치
• Right(Left)-Threaded : 오른(왼)나사 선택

ⓗ Thread가 적용된 Hole은 작업창의 Tree와 Drafting Mode에서 확인할 수 있다.

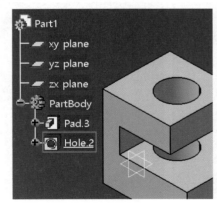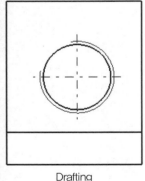

Drafting

• Metric Thin Pitch와 Metric Thick Pitch는 규격 나사를 적용하는 것으로 Thread Description 에서 생성할 나사 치수(M22)를 선택하면 Thread Definition이 자동 선택되고 나사의 깊이만 수정할 수 있다.

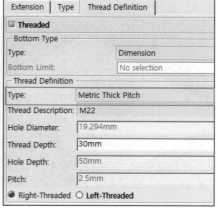

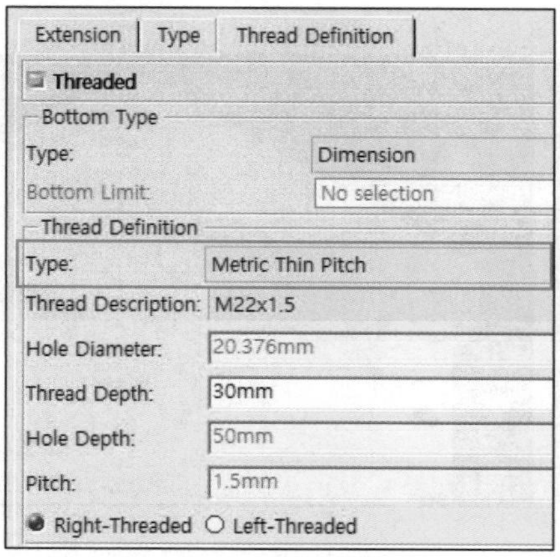

Metric Thin Pitch	Metric Thick Pitch

REFERENCE

Hole을 생성하기 위한 다른 방법

① xy plane에 Rectangle 아이콘 □ 을 선택하여 Sketch하고 Exit Workbench 아이콘 ⤴ 을 클릭하여 3D Mode로 전환한다.
② Pad 아이콘 �𝌆 을 클릭하여 Solid를 생성한다.
③ Ctrl 키를 누른 상태에서 Hole을 생성할 면의 모서리를 선택(1, 2)한다.

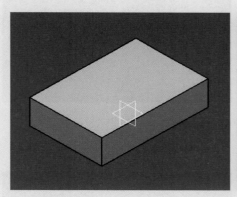
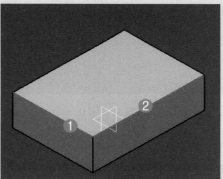

④ Hole 아이콘 ▣ 을 클릭하고 Hole을 생성할 면을 선택(3)한다.
⑤ 선택한 모서리와 Hole의 중심 사이에 치수가 생성되는데 치수(4)를 더블클릭하여 정확한 치수로 수정 (25mm)한다.
⑥ Hole Definition 대화상자에서 OK 버튼을 클릭하여 Hole을 생성한다.

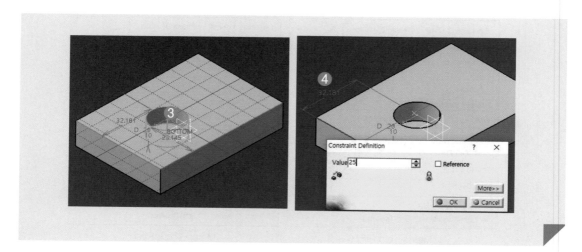

[Rib 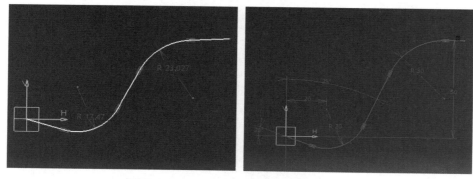]

Sketch가 경로(Center Curve)를 따라 Solid 생성

① zx plane에 생성할 Solid의 경로(Center Curve)를 Profile 아이콘을 클릭하여 생성한 후 Corner 아이콘으로 Round를 적용한다.

② Constraint 아이콘을 더블클릭하여 치수를 구속한다.

③ Exit workbench 아이콘을 클릭하여 3D Mode로 전환한다.

④ Curve를 선택하고 Reference Elements 도구막대의 Plane 아이콘을 클릭한다.

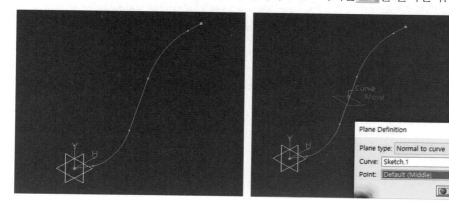

⑤ Plane Definition 대화상자에서 Point 영역을 클릭한 후 Curve의 끝점(1)을 선택하면 Plane type 이 Normal to Curve로 자동으로 선택되고 OK 버튼을 클릭하여 새로운 평면을 생성한다.
(※ Plane은 뒤에서 자세히 설명하므로 참고하도록 하자.)

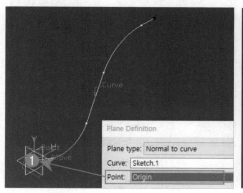 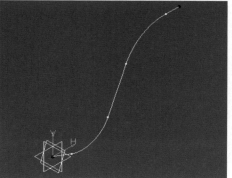

⑥ Tree에서 생성된 Plane을 선택한 후 Sketch 아이콘 을 클릭하여 Sketch Mode로 전환한다.

⑦ Circle 아이콘 을 클릭하여 원을 Sketch한다.

⑧ Constraint 아이콘 을 더블클릭한 후 Circle 중심점(2)과 Curve 끝점(3)을 선택한다.

⑨ 마우스 오른쪽 버튼을 클릭한 후 Coincidence를 선택하여 일치(4)시키고 치수(D15)를 구속시킨다.

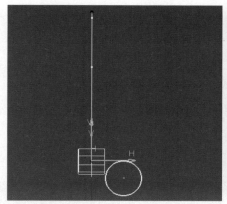 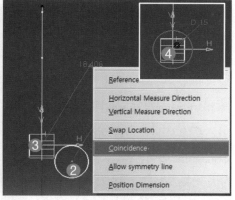

⑩ Exit workbench 아이콘 을 클릭하여 3D Mode로 전환한다.

⑪ Rib 아이콘 을 클릭한다.

⑫ Rib Definition 대화상자에서 Profile 영역을 클릭한 후 Circle(5)을 선택하고, Center curve 영역 을 클릭한 후 Curve(6)를 선택한다.

⑬ Preview를 클릭하여 미리보기 한 후 OK 버튼을 클릭하면 Profile 영역에서 지정한 Sketch 형상 이 Center Curve를 따라가며 Solid를 생성한다.

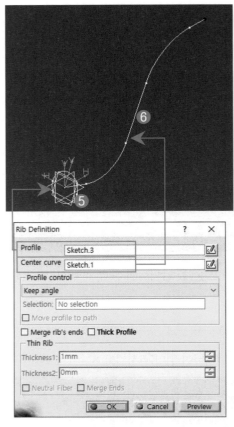

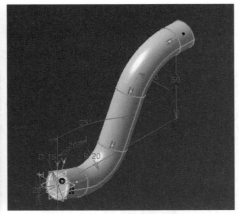

[Profile] : 생성할 Solid의 Sketch선택

[Center curve] : 생성할 Solid의 경로 지정

[Profile control]

- Keep angle : Profile이 Guide와 각을 유지하면서 생성

- Pulling direction : 선택한 경로 방향으로 생성

[Merge rib's ends] : 경계까지 Solid를 연장

[Thick Profile] : Profile에 일정 두께를 주어 생성

⑭ Profile control

ⓐ 앞의 Rib 설명 과정에서 처음 Center Curve를 아래와 같이 생성한다.

ⓑ zx plane에 생성할 Solid의 경로(Profile)를 Profile 아이콘을 클릭하여 생성한 후 Corner 아이콘으로 Round를 적용한다.

ⓒ Constraint 아이콘을 클릭하여 치수를 구속한다.

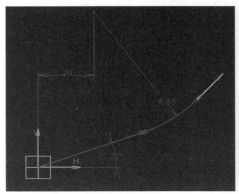

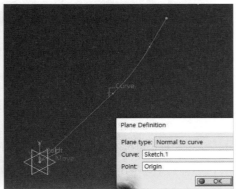

ⓓ 이후 Curve에 수직한 Plane을 생성한 후 생성한 Plane에 Circle을 Sketch하고 Curve 끝점과 Circle의 중심점을 일치시킨다.

ⓔ Rib 아이콘 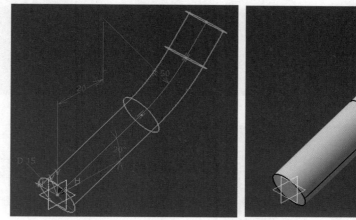 을 클릭한 후 Rib Definition 대화상자에서 Profile 영역을 클릭한 후 Circle을 선택하고, Center curve 영역을 클릭한 후 Curve를 선택한다.

ⓕ Profile control의 옵션에 따라 생성되는 Solid의 형상이 다르다.

Keep angle 선택

Pulling direction 선택(마우스 오른쪽 버튼 클릭 → X Axis 선택)

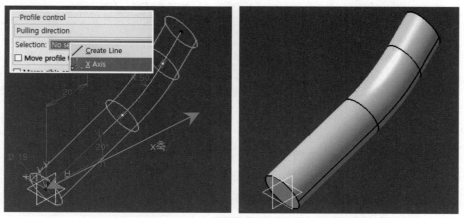

- Move profile to path : Pulling direction 선택 시 Move profile to path를 체크하면 Profile인 Circle이 Selection에서 선택한 경로(x, y, z, 임의)로 이동하여 Rib의 Solid를 생성한다.

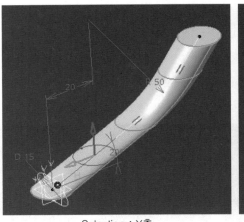

Selection : X축

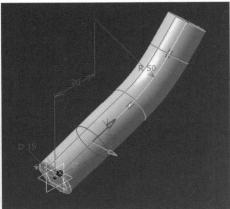

Selection : Y축

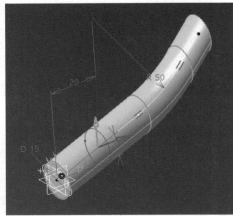

Selection : Z축

⑮ Thick Profile

ⓐ 과정 ⑭의 Profile control 예제로 적용해 본다.

ⓑ Profile인 Circle을 중심으로 안쪽(Thickness 1)과 바깥쪽(Thickness 2)으로 일정한 두께를 주어 구멍이 뚫린 Rib의 Solid를 생성한다.

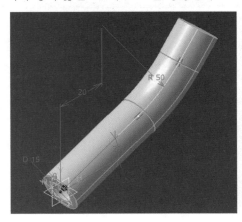

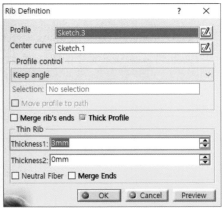

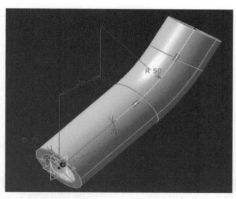

⑯ Merge rib's ends

ⓐ yz plane을 Sketch 평면으로 선택한 후 Sketch Mode로 전환한다.

ⓑ Profile 아이콘 🎣 을 클릭하고 Sketch한 후 Axis 아이콘 ┇ 을 클릭하여 V축 위에 축을 생성하고 치수를 구속한다.

ⓒ 3D Mode에서 Shaft 아이콘 🎡 을 클릭하여 360°의 회전체를 생성한다.

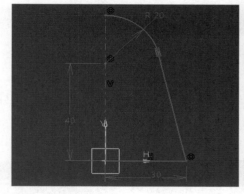
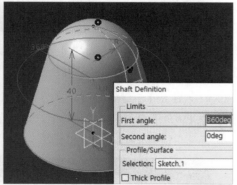

ⓓ yz plane을 Sketch 평면으로 선택한 후 Sketch Mode로 전환하고 Three Point Arc 아이콘 🔿 을 클릭하여 아래 그림과 같이 Sketch한 후 치수를 적용한다.

ⓔ 3D Mode로 나가서 Arc를 선택한 후 Plane 아이콘 ⬭ 을 클릭한다.

ⓕ Arc의 끝점을 선택하면 Plane type이 Normal to curve로 선택되는데, OK 버튼을 클릭하여 Arc에 수직하고 끝점을 지나는 평면을 생성한다.

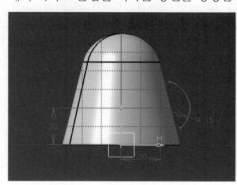
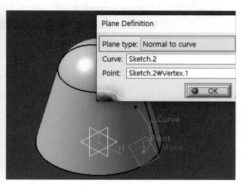

ⓖ 위에서 생성한 Plane을 선택한 후 Sketch 아이콘 🖋을 클릭하여 Sketch Mode로 전환한다.

ⓗ Circle 아이콘 ⊙을 클릭하여 Sketch한 후 Constraint 아이콘 🔲ㅣ을 클릭하고 Circle의 중심점 과 Arc의 끝점을 연속 선택한다.

ⓘ 마우스 오른쪽 버튼을 클릭하고 Coincidence를 선택하여 일치시킨다.

ⓙ 3D Mode로 나간 후 Rib 아이콘 🗀을 클릭한다.

ⓚ Rib Definition 대화상자에서 Profile 영역을 클릭한 후 Circle을 선택하고 Center curve 영역을 선택한 후 Arc를 선택한다.

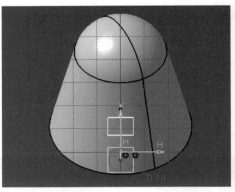 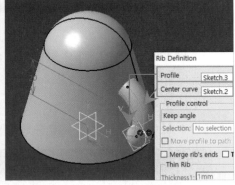

ⓛ Rib Definition 대화상자에서 OK 버튼을 클릭하면 아래 왼쪽 그림처럼 회전체와 Rib으로 생성 한 Solid 사이에 틈새가 발생한다.

ⓜ 이때 발생하는 틈새를 채워줄 필요가 있을 때 Merge rib's ends 옵션을 사용할 수 있다.

ⓝ 즉, Rib으로 생성한 Solid를 더블클릭한 후 Merge rib's ends를 체크하고 OK 버튼을 클릭하면 틈새가 없이 Rib Solid가 생성되는 것을 확인할 수 있다.

 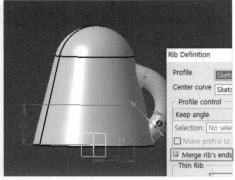

[Slot]

Sketch가 경로를 따라가며 Solid 제거

→ Rib의 Option과 같고 제거하는 역할

① xy plane에 Rectangle 아이콘 ▱을 이용하여 Sketch하고 Exit Workbench 아이콘 🖒을 클릭하여 3D Mode로 전환한다.

② Pad 아이콘 🗗을 클릭하여 직육면체의 Solid를 생성한다.

③ Solid의 윗면을 Sketch 평면으로 선택하여 Sketch Mode로 전환한 후 Spline 아이콘 ⌇을 이용하여 Sketch(1)한다.

④ Exit Workbench 아이콘 🖒을 클릭하여 3D Mode로 전환한다.

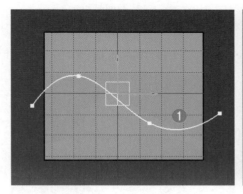
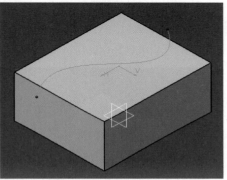

⑤ Sketch를 선택한 후 Plane 아이콘 ▱을 클릭한다.

⑥ Plane Definition 대화상자의 Point 영역을 선택한 후 Curve의 끝점(2)을 선택한다.

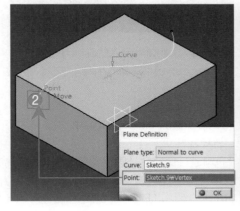
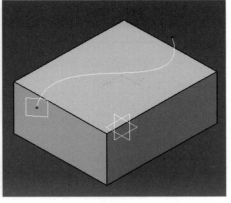

⑦ 위에서 생성한 Plane을 선택하고 Sketch 아이콘 ▨을 클릭하여 Sketch Mode로 전환한다.

⑧ 제거할 Solid의 형상인 Circle을 Sketch한 후 Constraint 아이콘 ▤을 더블클릭한다.

⑨ Circle의 중심(3)과 Curve의 끝점(4)을 선택한 후 마우스 오른쪽 버튼을 클릭하여 Coincidence를 선택하여 일치시키고 Circle의 치수(D20)를 적용한다.

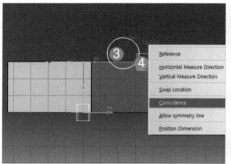 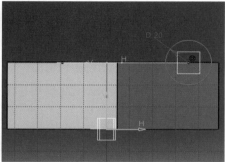

⑩ Exit workbench 아이콘 을 클릭하여 3D Mode로 전환한다.

⑪ Slot 아이콘 을 클릭한다.

⑫ Slot Definition 대화상자에서 Profile 영역을 클릭한 후 Circle을 선택하고 Center curve 영역을 클릭한 후 Spline을 선택한다.

⑬ OK 버튼을 클릭하면 Profile(Circle)이 Curve(Spline)를 따라가며 Solid를 제거한다.

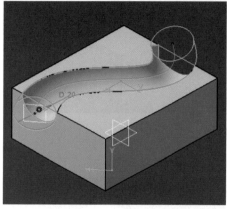 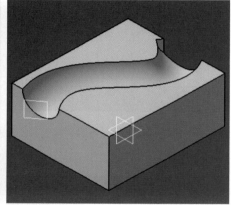

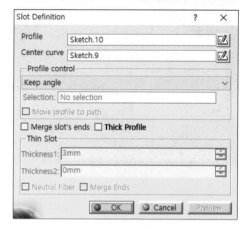

[Profile] : Solid에서 제거할 Sketch 선택

[Center curve] : Sketch가 지나가면서 제거할 경로 지정

[Profile control]

- Keep angle : Profile이 Guide와 각을 유지하면서 제거
- Pulling direction : 선택한 경로 방향으로 제거

[Merge rib's ends] : 경계까지 Solid를 제거

[Thick Profile] : Profile에 일정 두께를 주어 제거

[Stiffener]

두께 또는 높이 방향의 보강재 생성

① Sketch 아이콘을 클릭한 후 zx plane을 선택하여 Sketch Mode로 전환한다.

② Profile 아이콘을 클릭하고 아래와 같이 Sketch한다.

③ Exit workbench 아이콘을 클릭하여 3D Mode로 전환한다.

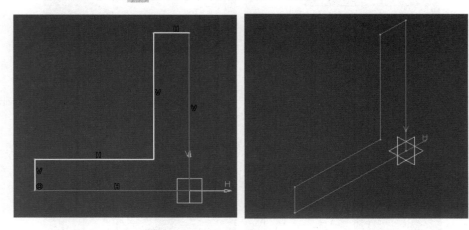

④ 3D Mode에서 Pad 아이콘을 클릭한 후 Mirrored extent를 체크하고 OK 버튼을 클릭하여 Solid를 생성한다.

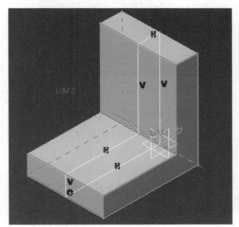

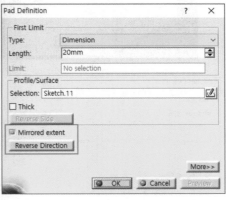

⑤ Sketch 아이콘을 클릭한 후 zx plane을 선택하여 Sketch Mode로 전환한 후 Line 아이콘을 클릭하여 직선(1)을 생성한다(이때 생성한 Line의 연장선이 Solid를 벗어나지 않도록 Sketch 해야만 Stiffener를 적용할 때 Error(2)가 발생하지 않는다).

⑥ Exit workbench 아이콘을 클릭하여 3D Mode로 전환한다.

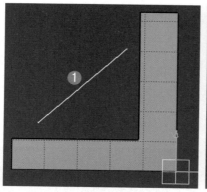
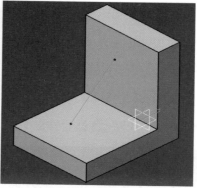

⑦ Stiffener 아이콘을 클릭한다.

⑧ Stiffener Definition 대화상자의 Mode에서 From Side, Thickness 영역에 보강제의 두께(3mm)
를 입력하고 OK 버튼을 클릭한다.

⑨ Line을 기준으로 입력한 두께의 보강재가 생성된다.

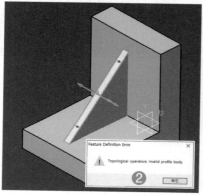
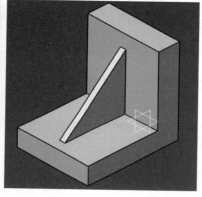

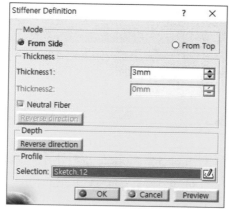

[Mode]
• From Side : 두께 방향으로 돌출
• From Top : 높이 방향으로 돌출
[Thickness]
• Neutral Fiber : 양방향으로 동일한 두께로 돌
출(해제할 경우 좌우 방향으로 두께를 다르게
돌출)

⑩ Mode : From Top

ⓐ 위에서 생성한 예제를 이용한다.

ⓑ Sketch 아이콘을 클릭하고 생성한 Solid의 앞면(3)을 클릭하여 Sketch Mode로 전환한다.

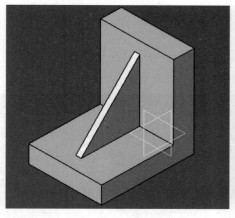
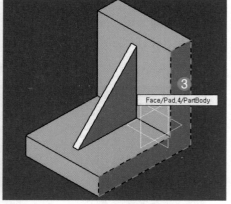

ⓒ Line 아이콘 / 을 클릭하여 Sketch(4)한 후 Exit workbench 아이콘 을 클릭하여 3D Mode로
전환한다.

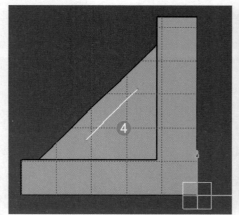
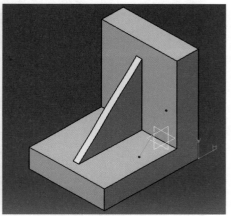

ⓓ Stiffener 아이콘 을 클릭하면 Error 창이 나타나면 확인을 클릭한다.

ⓔ 기본 Mode로 From Side와 Thickness의 Neutral Fiber가 체크되어 있지만, Sketch의 오른쪽 화
살표 방향에 Solid가 없는 공간 상태이기 때문에 Error가 발생한다.

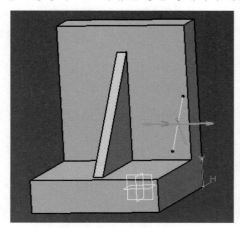

ⓕ Mode의 From Top을 선택하고 OK 버튼을 클릭하면 Sketch를 경계로 상하 방향으로 지정한 두께의 보강재가 생성(5)된다.

ⓖ 이때 생성할 보강재의 화살표 방향이 이미 생성한 Solid의 경계를 벗어나게(6) 되면 에러가 발생한다[Thickness를 적용했을 경우 Solid를 벗어나지 않도록 Sketch를 수정(7)한다].

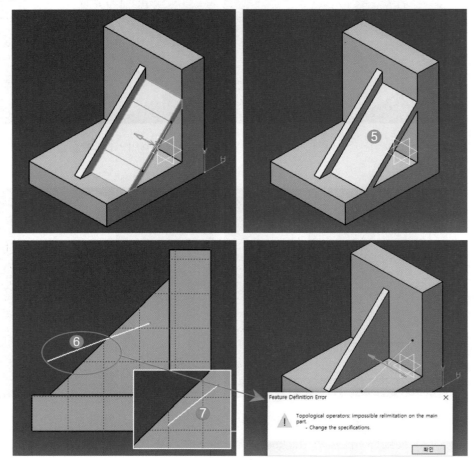

[Solid Combine 📦]

두 Sketch의 교차 영역을 Solid로 생성

① Sketch 아이콘[✐]을 클릭한 후 xy plane을 선택하여 Sketch Mode로 전환한다.

② Circle 아이콘⊙과 Bi-tangent Line 아이콘✗을 클릭하여 Sketch한 후 Quick Trim 아이콘⬯으로 편집한다.

③ Constraint 아이콘[▥]을 클릭한 후 치수를 구속하여 Sketch를 완성한다.

④ Exit workbench 아이콘[⭫]을 클릭하여 3D Mode로 전환한다.

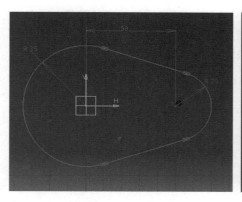
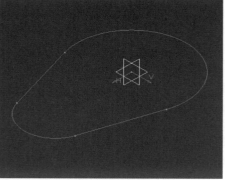

⑤ Sketch 아이콘 을 클릭한 후 zx plane을 선택하여 Sketch Mode로 전환한다.

⑥ Line 아이콘 과 Tree Point Arc 아이콘 을 클릭하여 Sketch한 후 Constraint 아이콘 을
클릭하여 치수를 구속한다.

⑦ Exit workbench 아이콘 을 클릭하여 3D Mode로 전환한다.

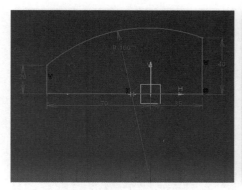
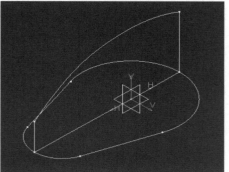

⑧ Solid Combine 아이콘 을 클릭한다.

⑨ Combine Definition 대화상자의 First component의 Profile에 xy plane의 Sketch(1)를 선택하고
Second component의 Profile에 zx plane의 Sketch(2)를 선택한다.

⑩ Preview 버튼을 클릭하여 미리보기 한 후 OK 버튼을 클릭하면 두 Sketch가 수직한 방향으로 돌
출될 때 공통 영역을 Solid로 생성한다.

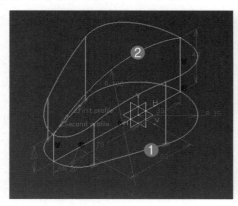
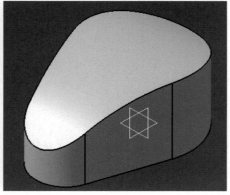

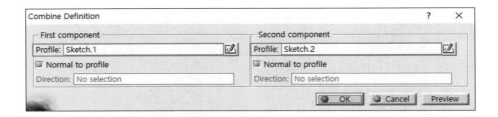

[Multi - sections Solid 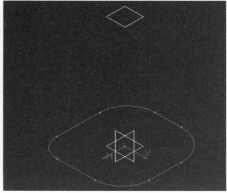]

일정 거리가 떨어진 서로 다른 형상의 Sketch를 연결하여 Solid 생성(형상에 따라 복잡하게 적용될 수 있음)

① xy plane을 선택하고 Plane 아이콘 을 클릭한 후 Offset 영역에 간격(100mm)을 입력하고 OK 버튼을 클릭하여 xy plane에 평행하고 100mm 떨어진 새로운 Plane을 생성한다.

② Plane Definition 대화상자에서 Reverse Direction을 클릭(또는 Plane에 생성된 빨간색 화살표를 클릭)하면 Plane의 방향을 반대로 전환할 수 있다.

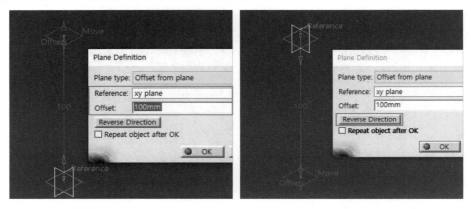

③ Sketch 아이콘 을 클릭한 후 xy plane을 선택하여 Sketch Mode로 전환한다.

④ Centered Rectangle 아이콘 을 클릭한 후 원점에 상하좌우 대칭인 직사각형을 Sketch한다.

⑤ Corner 아이콘 을 클릭하여 모서리에 라운드를 생성한 후 Exit workbench 아이콘 을 클릭 하여 3D Mode로 전환한다.

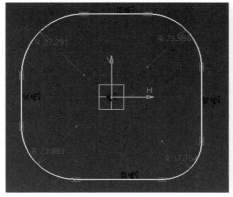

⑥ 새로 생성한 Plane을 선택하고 Sketch 아이콘 을 클릭하여 Sketch Mode로 전환한다.

⑦ Circle 아이콘 을 클릭한 후 중심점을 원점으로 한 임의의 원을 Sketch하고 Exit workbench 아이콘 을 클릭하여 3D Mode로 전환한다.

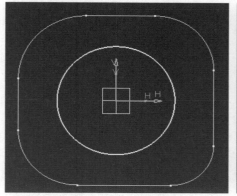 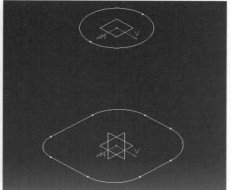

⑧ Multi−sections Solid 아이콘 을 클릭한다.

⑨ Multi−sections Solid Definition 대화상자가 나타나며 앞에서 생성한 Sketch를 차례로 선택(1, 2)하면 Error 대화상자(3)가 나타난다. 이때 확인 버튼을 클릭한다.

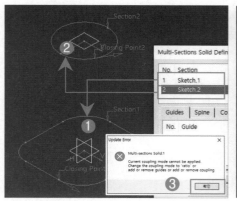 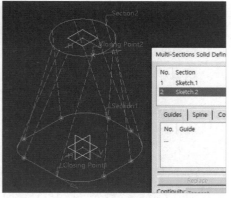

⑩ 두 Sketch의 형태가 달라서 틀어져서 Error가 발생하는데, 보이는 형태 그대로 Solid를 생성하고 싶을 때는 Coupling 탭의 Sections coupling을 Ratio로 선택하고 Preview 버튼을 클릭하면 비틀어진 형상의 Solid를 생성할 수 있다.

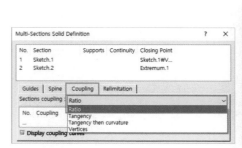 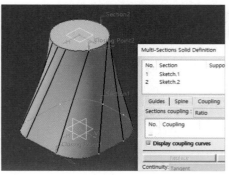

⑪ 이제 여기서 생성되는 Solid를 뒤틀림없이 생성해 보기로 한다.

⑫ Cancel 버튼을 클릭하여 Multi-sections Solid 생성을 취소시키고 Sketch 아이콘 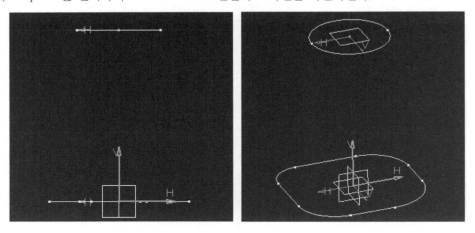을 클릭한 후 zx plane을 선택하여 Sketch Mode로 전환하고 화면을 회전시킨다.

⑬ Intersect 3D Element 아이콘 을 클릭하고 xy plane Sketch의 직선 부분(4), Circle의 임의의 점(5)을 클릭하여 Point를 생성한다(Circle을 선택할 때는 Warning 창(6)이 뜨는데, 확인을 클릭한 후 오른쪽 Point(7)는 삭제한다).

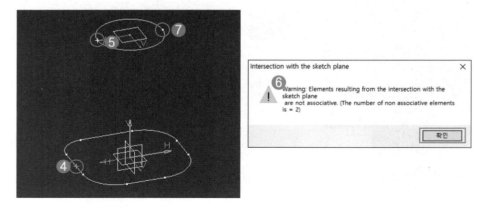

⑭ Exit workbench 아이콘 을 클릭하여 3D Mode로 전환한 후 Reference Elements 도구막대의 Line 아이콘 을 클릭한 후 생성한 Point를 연속 선택하고 OK 버튼을 클릭하여 직선을 생성한다.

⑮ 위 과정 ⑬~⑭를 반복하여 Sketch의 오른쪽에 직선을 생성한다.

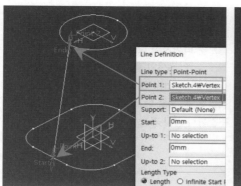
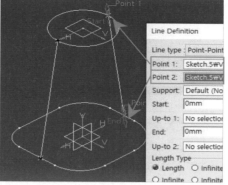

⑯ Multi－sections Solid 아이콘 을 클릭한다.

⑰ Multi－sections Solid Definition 대화상자가 나타나며 앞에서 생성한 Sketch(8, 9)를 차례로 선택하고 각 Sketch에 생성된 Closing Point 1과 Closing Point 2를 앞에서 생성한 Point로 이동시킨다. 즉, Closing Point 1을 마우스 왼쪽 버튼으로 선택하고 다시 오른쪽 버튼을 클릭하여 Replace를 선택한 후 생성된 Point(10)를 선택하여 Closing Point 1을 이동시킨다.

⑱ 과정 ⑰과 같은 방법으로 Circle에 생성된 Closing Point 2를 생성한 Point(11)로 이동시킨다.

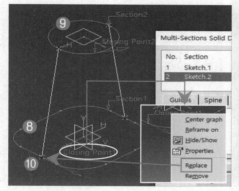
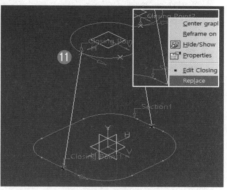

⑲ Guides 탭을 선택한 후 Line(12, 13)을 연속 선택하고 Coupling 탭의 Sections coupling을 Ratio로 선택한 후 Preview 버튼을 클릭하여 미리보기 한 후 OK 버튼을 클릭하여 Solid를 생성한다.

⑳ Closing Point 1과 Closing Point 2가 기준이 되어 틀어지지 않고 반듯한 형상이 생성된 것을 확인할 수 있다.

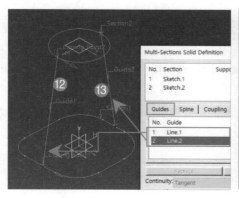
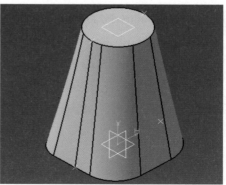

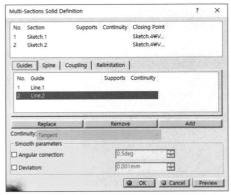

[Section] : 연결할 Sketch를 선택

[Guide] : Sketch를 연결하는 경로를 생성하여 경로를 따라가며 Solid를 생성

[Spine] : 곡선의 경로를 따라 Solid를 생성

[Relimitation] : Guide가 Section을 지난 경우 생성할 Surface를 Guide 끝까지 연장 또는 Section 구간까지 생성 가능

㉑ Spine : 곡선의 경로 생성

   ⓐ Multi−sections Solid의 과정 ①~⑮까지 적용하고 직선을 제거한 상태에서 Sketch 아이콘 을 클릭한 후 zx plane을 선택하여 Sketch Mode로 전환한다.

   ⓑ Spline 아이콘 을 클릭하여 Sketch하고 Exit workbench 아이콘 을 클릭하여 3D Mode로 전환한다.

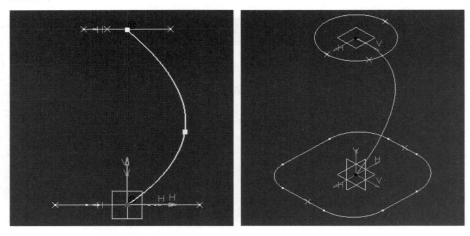

   ⓒ Multi−sections Solid 아이콘 을 클릭한다.

   ⓓ Multi−sections Solid의 과정 ⑰과 같이 Closing Point 1과 Closing Point 2를 생성한 Point로 이동시킨다.

   ⓔ Multi−sections Solid Definition 대화상자에서 Sketch(14, 15)를 선택하고 Coupling 탭의 Section coupling을 Ratio로 선택한다.

   ⓕ Spline 탭을 선택하고 Spline의 No selection이 선택된 상태에서 앞에서 Sketch한 Spline을 선택한 후 Preview 버튼을 클릭한다.

   ⓖ 서로 다른 평면에 있는 형상을 연결하면서 Spline의 경로를 따라가며 Solid가 생성된다.

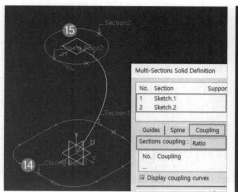
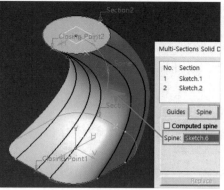

[Removed Multi – sections Solid]

일정 거리만큼 떨어진 다른 형상의 Sketch를 연결하여 Solid 제거

→ Multi – sections Solid의 Option과 같고 제거하는 역할

① yz plane을 선택한 후 Plane 아이콘 을 클릭하고 Offset에 50mm를 입력한다.

② Reverse Direction 버튼을 클릭하여 생성할 Plane을 오른쪽으로 전환한 후 OK 버튼을 클릭하여
  새로운 Plane을 생성한다.

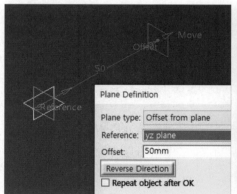
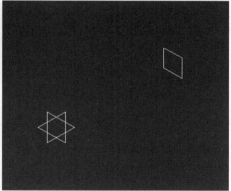

③ yz plane을 선택하여 Sketch Mode로 전환한 후 Arc 와 Line 아이콘 을 이용하여 Sketch한다.

④ Exit workbench 아이콘 을 클릭하여 3D Mode로 전환한다.

⑤ Sketch 아이콘 을 클릭한 후 앞에서 생성한 Plane을 선택하여 Sketch Mode로 전환한다.

⑥ Arc와 Line을 이용하여 다음 그림과 같이 Sketch한다.

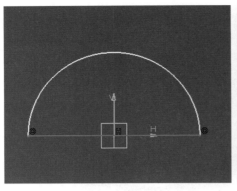 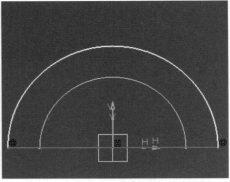

⑦ Exit workbench 아이콘 을 클릭하여 3D Mode로 전환한다.

⑧ Multi – sections Solid 아이콘 을 클릭하고 두 Sketch를 연속 선택한 후 Preview를 클릭하여 미리보기 한 후 OK 버튼을 클릭하여 Solid를 생성한다(이처럼 유사한 형상은 Multi – sections Solid를 적용하면 옵션을 적용하지 않아도 Error가 발생하지 않고 쉽게 Solid가 생성된다).

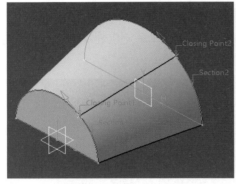 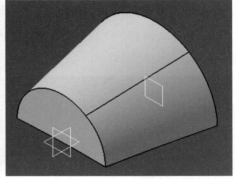

⑨ Sketch 아이콘 을 클릭한 후 Solid의 앞면을 선택하여 Sketch Mode로 전환한다.

⑩ Arc와 Line을 이용하여 Sketch(1)하고 Exit workbench 아이콘 을 클릭하여 3D Mode로 전환한다.

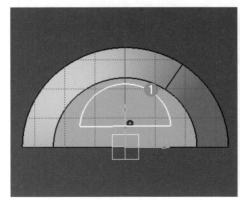 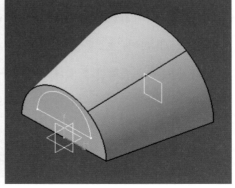

⑪ Sketch 아이콘 을 클릭한 후 Solid의 뒷면(또는 생성한 Plane)을 선택하여 Sketch Mode로 전환한다.

⑫ Profile 아이콘🔧을 클릭하여 Sketch(2)한 후 Exit workbench 아이콘🔼을 클릭하여 3D Mode
로 전환한다.

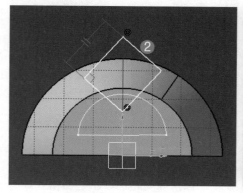 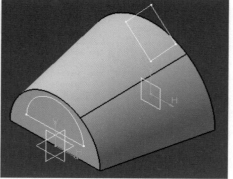

⑬ Sketch 아이콘✏️을 클릭한 후 zx plane을 선택하여 Sketch Mode로 전환하고 Solid를 회전시
킨다.

⑭ Intersect 3D Elements 아이콘🔩을 더블클릭한 후 Arc와 Profile로 생성한 Sketch를 각각 클릭
하여 Point를 추출(3, 4)하고 Exit workbench 아이콘🔼을 클릭하여 3D Mode로 전환한다.

⑮ Line 아이콘╱을 클릭하고 생성한 Point를 선택하여 연결한다.

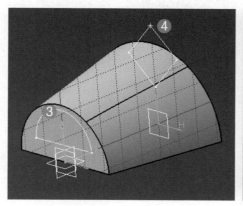 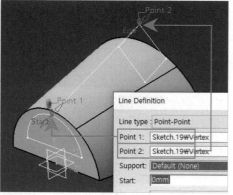

⑯ Removed Multi－sections Solid 아이콘🔷을 클릭한 후 Removed Multi－sections Solid
Definition 대화상자에서 Section 영역을 클릭하고 두 개의 Sketch(5, 6)를 차례로 선택한다.

⑰ Closing Point 1을 선택하고 마우스 오른쪽 버튼을 클릭한 후 Replace를 선택하고 Arc에 생성한
Point를 선택하여 이동시킨다.

⑱ 대화상자에서 Coupling 탭을 클릭한 후 Ratio를 선택하고 Preview를 클릭하여 미리보기 한다.

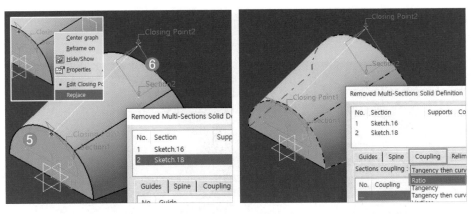

⑲ OK 버튼을 클릭하면 두 Sketch를 이어주면서 Solid가 제거된다.

⑳ Tree에서 숨길 객체를 Ctrl 키를 누른 상태에서 선택한 후 마우스 오른쪽 버튼을 클릭하고 Hide/Show를 선택하여 감춘다.

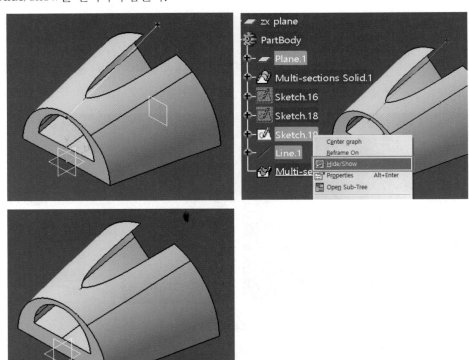

2 Dress−Up Features

[Edge Fillet 🔲.]

Solid의 모서리에 Fillet 생성

① yz plane에 Profile 아이콘🔔을 이용하여 Sketch하고 치수를 적용한 후 3D Mode로 나오고 Pad
아이콘🔲을 클릭하여 두께 50mm의 Solid를 생성한다.

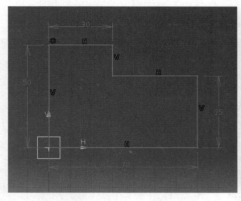
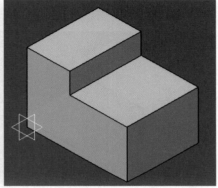

② Edge Fillet 아이콘🔲.을 클릭한다.

③ Edge Fillet Definition 대화상자에서 Radius에 적용할 반경을 입력(10mm)하고 Fillet을 적용할
모서리를 차례로 클릭하면 Object(s) to fillet 영역이 선택된다.

④ OK 버튼을 클릭하면 선택한 모서리에 반경 10mm의 라운드가 생성된다.

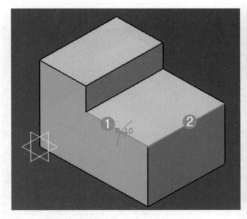
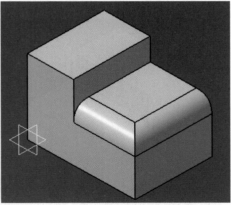

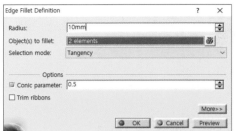

[Radius] : 생성할 라운드 반경

[Object(s) to fillet] : 라운드를 적용할 모서리 선택

[Options]

- Conic Parameter : 라운드 형상(0 초과 1 미만 의 값 지정)
- Trim ribbons : Fillet이 겹치는 경우 그 부분을 직 선 처리

⑤ Fillet을 복사 및 이동하여 적용할 수 있다.

ⓐ Fillet 부분(3)을 선택한 후 복사(Ctrl+c)하여 동일한 라운드의 Fillet을 적용시키고자 하는 모서리(4)를 선택하고 붙여넣기(Ctrl+v) 하면 적용된다.

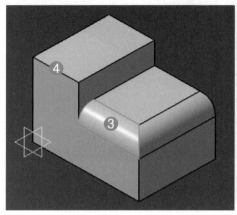
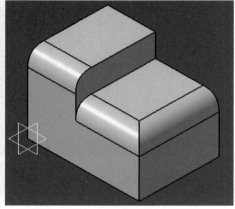

ⓑ Fillet 부분(5)에 마우스를 위치시킨 후 왼쪽 버튼을 클릭하고 드래그하여 이동시킬 모서리(6)를 선택한다.

ⓒ Fillet이 이동된다(5 → 6으로).

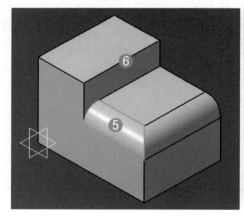
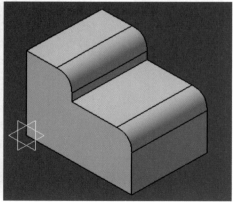

⑥ Options

ⓐ Conic Parameter : 1에 가까울수록 모서리를 유지하는 직각에 가까운 라운드 형상, 0에 가까울수록 모따기(Champer) 형상의 라운드가 생성된다(0.5를 적용하면 일반적인 라운드 형태).

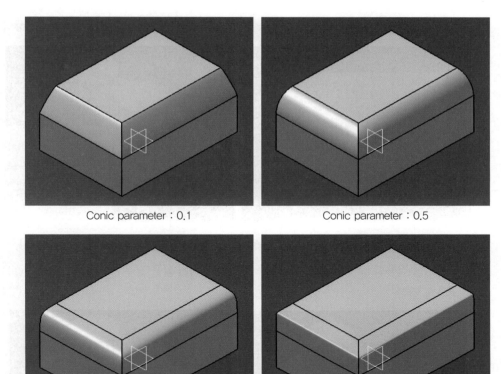

Conic parameter : 0.1

Conic parameter : 0.5

Conic parameter : 0.7

Conic parameter : 0.95

ⓑ Ribbon : Fillet이 교차할 때 교차 영역을 직선으로 생성

- xy plane에 Centered rectangle 아이콘 을 클릭하여 직사각형(7, 8)을 생성한 후 Constraint 아이콘 을 클릭하여 치수를 적용한다.

- 3D Mode로 전환하고 Pad 아이콘 을 클릭하여 높이 20mm의 직육면체를 생성한다.

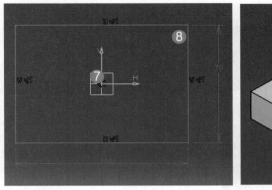

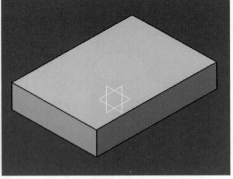

- Sketch 아이콘 을 클릭한 후 직육면체 윗면을 선택하여 2D Sketch로 전환한다.

- Circle 아이콘 을 클릭하여 2개의 Circle을 Sketch한 후 Constraint 아이콘 을 클릭하여 치수를 적용한다.

- 3D Mode로 전환하고 Pad 아이콘 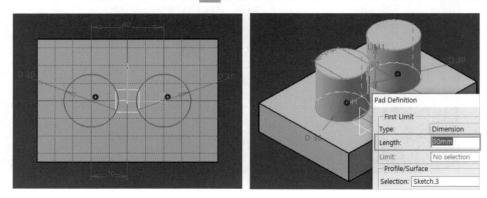을 클릭하여 높이 30mm인 원기둥의 Solid를 생성한다.

- Edge Fillet 아이콘 을 클릭하고 생성한 원기둥 아래의 모서리(9, 10)를 선택한다.
- 모서리에 적용할 Radius 값보다 원기둥 사이의 거리가 짧을 경우 Fillet이 겹쳐 Error(11)가 발생하게 된다.

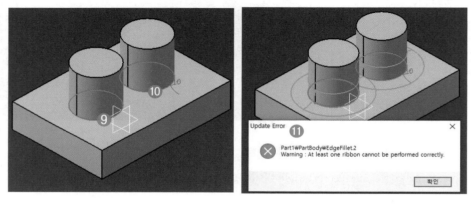

- 이 같은 경우 Options의 Trim ribbon을 체크하면 겹치는 라운드 영역을 직선으로 연결하여 Error를 해결할 수 있다.
- 교차된 라운드 부분을 직선으로 연결하여 Fillet을 생성할 수 있다.

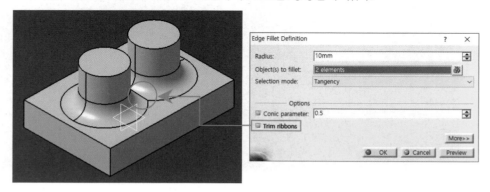

⑦ Edge(s) to keep : Fillet 반경보다 작은 영역을 유지하고 적용

ⓐ 대화상자의 More>> 버튼을 클릭하면 오른쪽으로 펼쳐진다.

ⓑ Fillet을 적용할 모서리를 포함한 면의 거리가 Fillet 반경보다 작을 경우 Error가 발생하게 되는데, 이 옵션을 적용하면 Error가 발생하지 않고 Fillet을 적용할 수 있다.

ⓒ 앞의 Edge Fillet 예제를 활용하기로 한다.

ⓓ Solid의 두 윗면 사이의 거리가 15mm이며 Edge Fillet 아이콘 🗔 을 클릭한 후 모서리(12)를 선택하여 15mm보다 큰 반경(여기서 20mm를 적용)의 Fillet을 적용하면 Error(13)가 발생한다.

ⓔ Feature Definition Error 대화상자의 확인 버튼을 클릭한다.

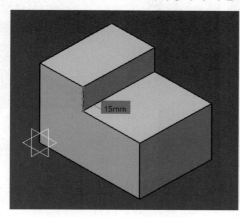
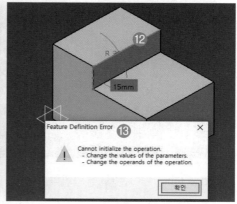

ⓕ Edge Fillet Definition 대화상자에서 Options의 Conic parameter의 체크를 해제한다.

ⓖ Edge(s) to keep 영역을 클릭한 후 모서리(14)를 선택한다.

ⓗ OK 버튼을 클릭하면 Error가 발생하지 않고 Fillet이 적용된다.

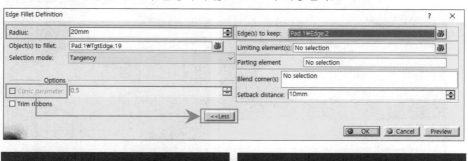

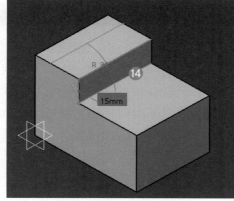
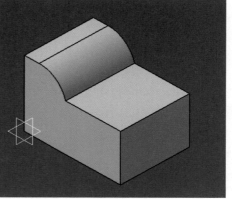

⑧ Limiting element(s) : 선택한 모서리의 일부 영역에만 Fillet을 적용한다.

ⓐ 앞의 Edge Fillet 예제를 활용하기로 한다.

ⓑ Reference elements(Extended) 도구막대의 Plane 아이콘 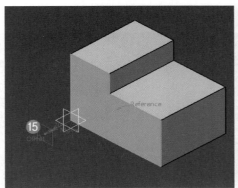 을 클릭하고 Solid의 앞면을 선택
하면 Plane(15)이 보인다.

ⓒ Plane Definition 대화상자의 Reverse Direction 버튼을 클릭하여 Solid 방향으로 Plane을 전환시
키고, Offset 영역에 30mm를 입력한 후 OK 버튼을 클릭하면 Solid를 관통하는 Plane이 생성된다.

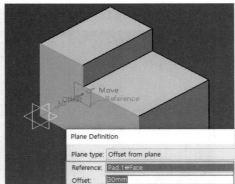

ⓓ Edge Fillet 아이콘 클릭한다.

ⓔ Edge Fillet Definition 대화상자에서 Radius에 10mm를 입력하고 Fillet을 적용시킬 모서리(16)
를 선택한다.

ⓕ Preview 버튼을 클릭하면 선택한 모서리 전체에 Fillet이 적용되는 것을 확인할 수 있다.

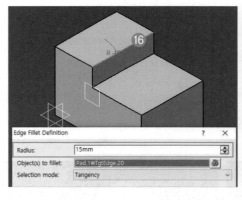
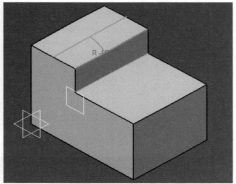

ⓖ 여기서 모서리 전체가 아닌 일정한 구간에만 Fillet을 적용하기 위해 More>> 버튼을 클릭하여
대화상자를 펼친다.

ⓗ Limiting element(s) 영역을 클릭한 후 앞에서 생성한 Plane(17)을 선택한다.

ⓘ 화살표 방향으로 Fillet이 생성되며 방향을 변경하기 위해서는 화살표를 클릭하면 된다.

ⓙ OK 버튼을 클릭하면 화살표 방향으로 선택한 모서리 일부분에 Fillet이 생성된다.

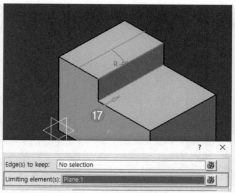
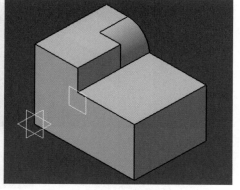

⑨ Blend corner(s) : Solid의 꼭짓점을 이루는 모서리에 Fillet을 적용할 때 꼭짓점에서 각 모서리의
거리를 다르게 지정

ⓐ 앞의 Edge Fillet 예제를 활용하기로 한다.

ⓑ Edge Fillet 아이콘 클릭하고 Edge Fillet Definition 대화상자에서 Radius에 10mm를 입력
한다.

ⓒ 모서리(18~20)를 차례대로 선택하고 OK 버튼을 클릭하면 아래 오른쪽 그림과 같이 Fillet이
생성된다.

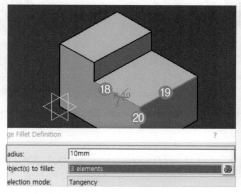
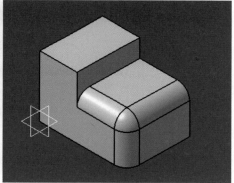

ⓓ 앞에서 생성한 Fillet을 더블클릭한다.

ⓔ Edge Fillet Definition 대화상자에서 More>> 버튼을 클릭하여 대화상자를 펼친 후 Blend
corner(s) 영역을 클릭한다.

ⓕ 마우스 오른쪽 버튼을 클릭한 후 Create by edge를 선택한다.

ⓖ 꼭짓점에서 각 모서리까지의 거리가 표시된다.

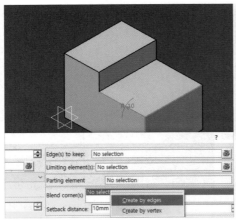
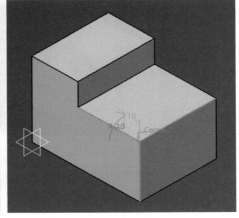

ⓗ 여기에서 Setback distance 영역을 30mm로 수정한 후 OK 버튼을 클릭하면 꼭짓점에서 선택한 모서리에 동일하게 적용되어 Round(21)로 변경된 것을 확인할 수 있다.

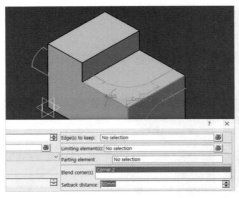
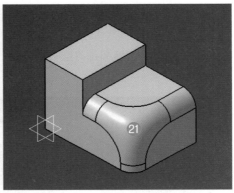

ⓘ 꼭짓점에서 모서리에 서로 다른 거리를 지정할 경우에는 모서리에 나타난 거리를 더블클릭하여 수정할 수 있다.

ⓙ x축 방향의 모서리 거리를 20mm(22), 세로 모서리 거리를 30mm(23)로 각각 수정하고 OK 버튼을 클릭한다.

ⓚ 꼭짓점에서 거리에 따라 Fillet의 모양(24)이 변화된 것을 확인할 수 있다.

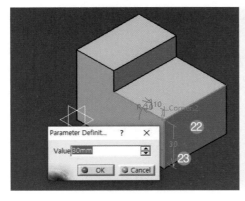
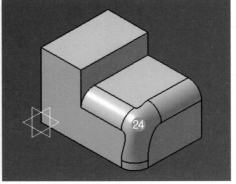

① 다음 그림은 거리의 변화에 따른 결과의 예시를 보여준 것이다.

[Variable Radius Fillet]

선택한 하나의 모서리에 서로 다른 Radius 값을 적용하여 Fillet 생성

① xy plane에 Rectangle☐ 아이콘을 이용하여 Sketch하고 3D Mode에서 Pad ⬚시켜 직육면체의 Solid를 생성한다.

② Variable Radius Fillet 아이콘⬚을 클릭한다.

③ Variable Radius Fillet Definition 대화상자에서 적용할 라운드의 Radius를 10mm로 입력한다.

④ Edge(s) to fillet 영역을 클릭하고 모서리를 선택(1)하면 모서리 양쪽 끝 Point에 Radius 값이 표시(2)된다.

⑤ 변경하고자 하는 Point의 Radius를 더블클릭하여 나타나는 Parameter Definition 대화상자에서 Value 값으로 30mm를 입력하고 OK 버튼을 클릭한다.

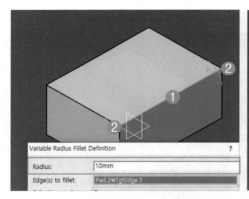
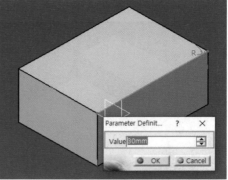

⑥ Variable Radius Fillet Definition 대화상자에서 Preview 버튼을 클릭하여 미리보기 한 후 OK 버튼을 클릭하여 적용한다.

⑦ 선택한 모서리에 서로 다른 Radius의 Fillet이 생성된다.

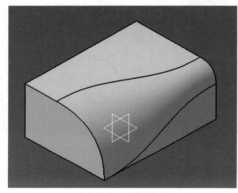

Variation : Cubic

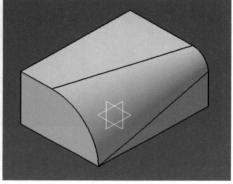

Variation : Linear

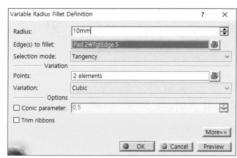

[Radius] : Fillet 반경
[Edge(s) to fillet] : Fillet을 적용할 모서리
[Variation]
• Point : Fillet을 적용할 모서리에 존재하는 Point를 추가 선택
• Variation : Cubic, Linear 형태로 연결하여 Fillet 생성
[Options] : Edge Fillet 기능과 동일

 REFERENCE

모서리에 Point를 추가하여 Variable Radius Fillet 적용하기

① Point 아이콘 • 클릭하고 Point를 생성시킬 모서리(1)를 선택한다.
② OK 버튼을 클릭하면 모서리에 새로운 Point(2)가 생성된다.

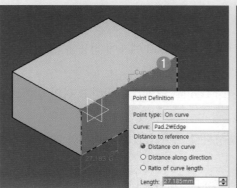
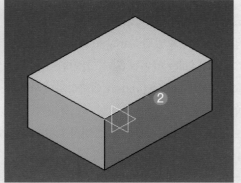

③ Variable Radius Fillet 아이콘 을 클릭한다.

④ Variable Radius Fillet Definition 대화상자에서 적용할 라운드의 Radius를 10mm로 입력한다.

⑤ Edge(s) to fillet 영역을 클릭하고 Point를 생성한 모서리(3)를 선택한다.

⑥ 생성한 Point에 Radius를 적용하기 위해 Variation의 Points 영역을 클릭한 후 생성한 Point(4)를 선택한다.

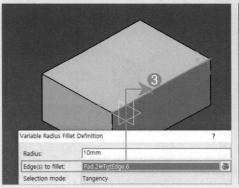
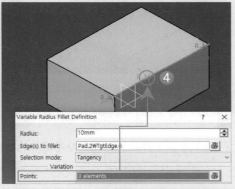

⑦ Point에 표시되는 R10을 더블클릭하여 Parameter Definition 대화상자에서 Value 값을 20mm로 입력하고 OK 버튼을 클릭한다.

⑧ Variable Radius Fillet Definition 대화상자에서 OK 버튼을 클릭하면 모서리에 생성된 Point의 Radius가 다르게 Fillet이 적용되었다.

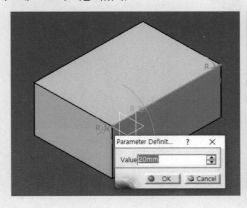
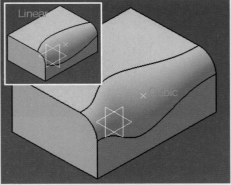

Variation에 따른 Fillet 형상

[Chordal Fillet 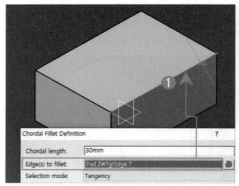]

현(弦)의 치수로 Fillet 생성

① 앞에서 살펴보았던 Variable Radius Fillet의 직육면체의 Solid 예제에 적용해 본다.

② Chordal Fillet 아이콘을 클릭한다.

③ Chordal Fillet Definition 대화상자에서 Chordal Length 영역을 클릭하고 현의 길이로 30mm를 입력한다.

④ Edge(s) to fillet 영역을 클릭하고 Fillet을 생성시킬 모서리(1)를 선택하면 모서리에 존재하는 Point에 현의 값이 표시된다.

⑤ 현의 길이를 변경하고자 할 때는 변경하고자 하는 현의 길이(2)를 더블클릭하고 Parameter Definition 대화상자의 Value 영역에 치수를 입력(20mm)한 후 OK 버튼을 클릭한다.

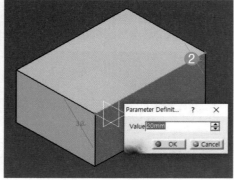

⑥ Chordal Fillet Definition 대화상자에서 OK 버튼을 클릭한다.

⑦ 한 모서리에 다른 현의 길이를 갖는 Fillet이 생성된다.

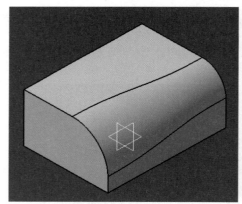
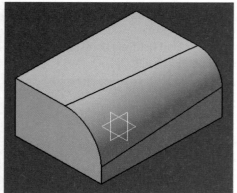

Variation : Cubic   Variation : Linear

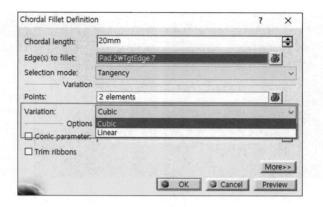

⊕ REFERENCE

Edge Fillet과 Chordal Fillet을 적용한 결과 비교

① 아래 그림은 Edge Fillet Radius 20mm와 Chordal Length 20mm를 적용한 예를 도면으로 표시하여 비교한 것이다.

② Chordal Length는 Fillet의 반경이 아닌 현의 길이이므로 실제로 Radius는 Length보다 작은 값을 갖게 된다.

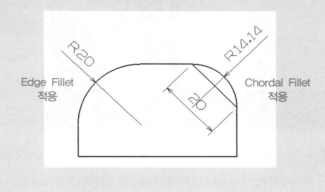

[Face – Face Fillet]

두 객체 사이에 구(Sphere)가 지나가는 형태의 Fillet 생성(치수가 잘 맞지 않으면 Error 발생)

① xy plane을 Sketch 평면으로 선택하고 Centered Rectangle 아이콘 을 클릭하여 Sketch한 후 가로와 세로의 치수를 각각 100mm와 50mm로 적용한다.

② Exit Workbench 아이콘 을 클릭하여 3D Mode로 전환하고 Pad 아이콘 을 클릭하여 10mm의 Solid를 생성한다.

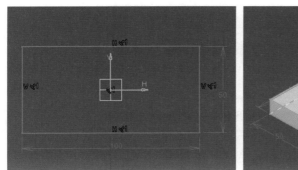
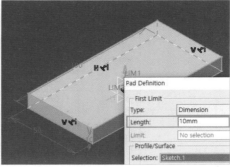

③ Solid의 윗면을 선택하고 Sketch 아이콘 📐 을 클릭하여 Sketch Mode로 전환한다.

④ 직경 30mm인 Circle을 50mm 떨어지도록 Sketch하고 Exit Workbench 아이콘 🔼 을 클릭하여 3D Mode로 전환한다.

⑤ Pad 아이콘 🗗 을 클릭하여 30mm 높이의 Solid를 생성한다.

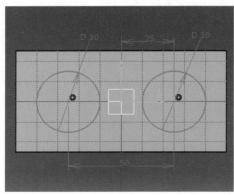
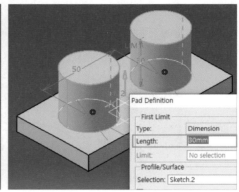

⑥ Draft 아이콘 📦 을 클릭한다. (※ Draft의 구체적 활용방법은 뒤에서 설명하고 있으니 참고하자.)

⑦ Draft Definition 대화상자에서 Angle 영역에 20deg를 입력하고 Face(s) to Draft 영역을 클릭하여 두 개의 원기둥(1, 2)을 선택한다.

⑧ Neutral Element의 Selection 영역을 클릭하여 직육면체의 윗면(3)을 선택한 후 Preview를 클릭한다.

⑨ OK 버튼을 클릭하면 원기둥이 직육면체 윗면을 기준으로 20°만큼 기울어진 원뿔의 Solid(4)가 생성된다.

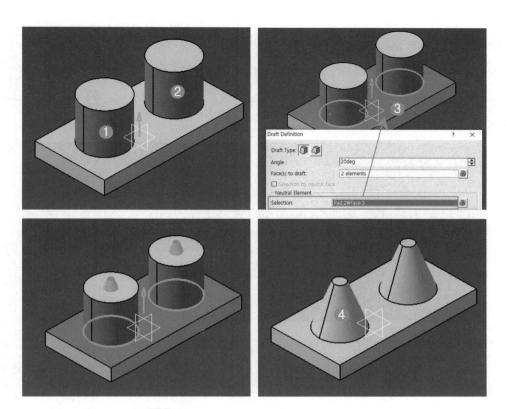

⑩ Face−Face Fillet 아이콘을 클릭한다.

⑪ Face−Face Fillet Definition 대화상자에서 Radius 영역을 클릭하고 20mm를 입력한다.

⑫ Face to fillet 영역을 클릭하고 Draft를 적용한 두 개의 원기둥(5, 6)을 선택한다.

⑬ 구(Sphere)가 Draft를 적용한 두 원기둥 사이를 지나가면서 발생하는 궤적 형태의 Fillet(7)이 생성된다.

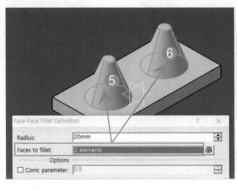

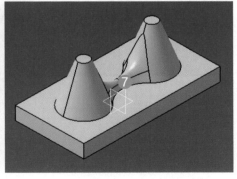

[Radius] : 구 형상의 Fillet 반경
[Faces to fillet] : Fillet을 생성시킬 객체(구가 지나가는 궤적 형태의 Fillet이므로 Draft가 필요)

[Tritangent Fillet]

일정하게 떨어져 있는 면 사이의 거리를 직경으로 하는 Fillet 생성

① yz plane에 Profile 아이콘 을 이용하여 Sketch하고 3D Mode에서 Pad 시켜 20mm 두께의
Solid를 생성한다.

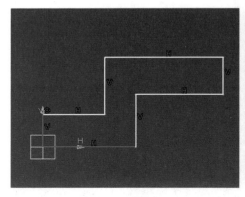
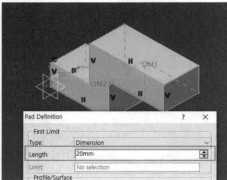

② Tritangent Fillet 아이콘 을 클릭한다.

③ Tritangent Fillet Definition 대화상자에서 Faces to fillet 영역을 선택한 후 Fillet을 생성할 Solid
의 윗면(1)과 아랫면(2)을 연속 선택한다.

④ Face to remove 영역을 선택한 후 라운드시킬 앞면(3)을 선택하고 OK 버튼을 클릭한다.

⑤ 면 사이의 거리를 알지 못해도 Fillet을 생성시킬 수 있다(아래 예제는 Sketch에서 치수를 적용하
지 않아 R6.855의 Fillet이 생성되었다).

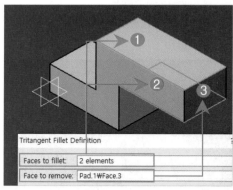

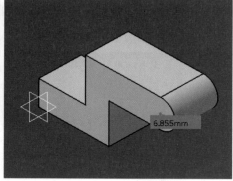

[Face to fillet] : Fillet을 적용할 면
[Face to remove] : 라운드 처리할 면

[Chamfer 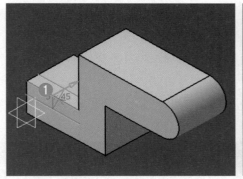]

Solid의 모서리에 모따기 생성

① Tritangent Fillet 예제를 이용하여 적용하기로 한다.

② Chamfer 아이콘 을 클릭한다.

③ Chamfer Definition 대화상자에서 Object(s) to chamfer 영역을 클릭하고 모따기를 적용할 모서리(1)를 선택한다.

④ Mode는 Length 1/Angle, Length 1 영역에 모따기 길이(5mm), Angle 영역에 각도(45deg)를 입력하고 OK 버튼을 클릭한다.

⑤ 선택한 모서리에 C5(5mm × 45°)의 모따기가 생성되었다.

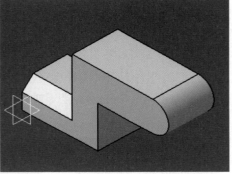

[Mode]

• Length 1/Angle : 길이와 각도를 지정하여 모따기 생성

• Length 1/Length 2 : 길이가 서로 다른 모따기 생성

[Object(s) to chamfer] : 모따기를 적용할 모서리

[Reverse] : 모따기 방향을 반대로 전환

⑥ Mode

ⓐ Length 1/Angle : 길이와 각도로 모따기를 생성한다.

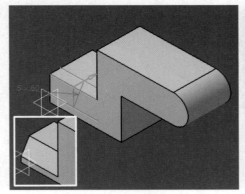

Length 1(5mm), Angle(60deg) 적용

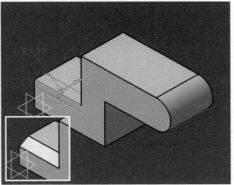

Length 1(5mm), Angle(30deg) 적용

ⓑ Length 1/Length 2 : 모서리를 이루고 있는 면 방향의 길이를 서로 다르게 주어 모따기를 생성한다.

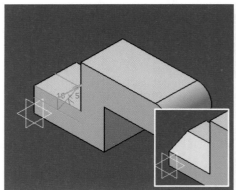
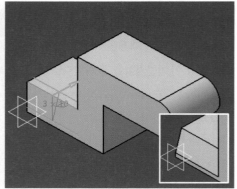

Length 1(10mm)/Length 2(5mm) 적용   Length 1(3mm)/Length 2(15mm) 적용

⑦ Propagation

　ⓐ Tangency : 모따기를 적용할 모서리와 접하는 모서리에 모따기를 생성한다.

　　● 라운드가 있는 모서리(2)를 선택한다.

　　● Propagation을 Tangency로 선택하면 선택한 모서리와 접하는 모든 모서리에 Fillet이 생성
된다.

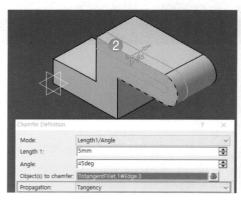
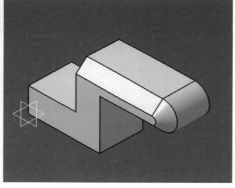

　ⓑ Minimal : 접하는 모서리가 있더라도 최소한의 선택한 모서리에만 모따기를 생성한다.

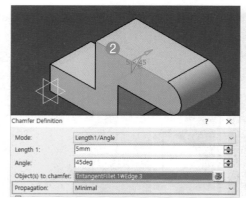
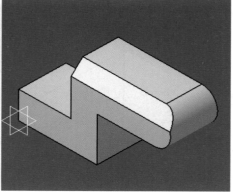

[Draft Angle 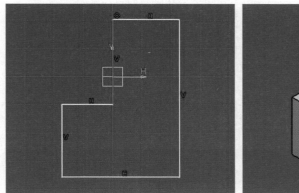]

선택한 면에 일정한 각도를 주어 생성/제거

① zx plane에 Profile 아이콘 을 클릭하여 Sketch하고 3D Mode에서 Pad 시켜 Solid를 생성한다.

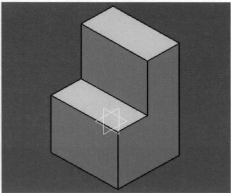

② Draft Angle 아이콘 을 클릭한다.

③ Draft Definition 대화상자에서 Angle 영역을 클릭하여 20deg를 입력하고 Face(s) to draft 영역을 클릭하여 Draft할 면(1)을 선택한다.

④ Neutral Element/Selection 영역을 클릭하여 Solid의 바닥면을 선택하고 OK 버튼을 클릭한다.

⑤ Solid의 바닥면을 기준으로 20°만큼 기울어지게 제거된다.

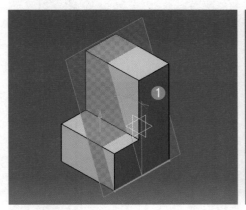
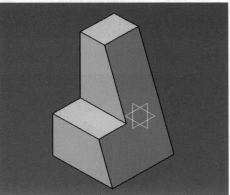

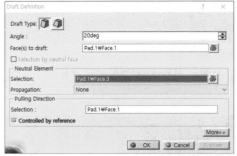

[Draft Type] : Draft 유형 선택
- Constant : Face(s) to draft에서 선택한 면을 일정한 각도로 Draft
- Variable : Face(s) to draft에서 선택한 면을 다른 각도로 Draft

[Angle] : Draft 각도

[Face(s) to draft] : Draft시킬 면

[Neutral Element]
- Selection : Draft 기준면

[Pulling Direction]
- Selection : Draft 방향

⑥ Draft Direction(화살표 방향) : 화살표를 클릭하면 방향이 전환된다.

ⓐ Up : Solid의 선택한 면을 제거한다.

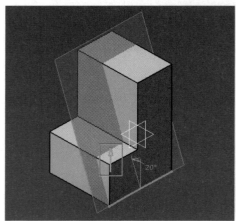
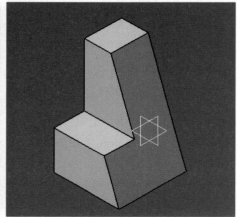

ⓑ Down : Solid의 선택한 면이 생성된다.

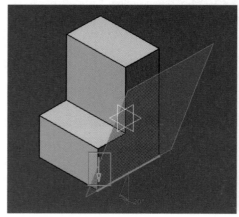
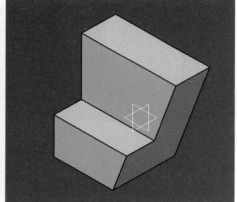

⑦ Pulling Direction

    ⓐ Draft 아이콘 을 클릭한다.

    ⓑ Face(s) to draft 영역을 클릭하고 앞면(2)을 선택한다.

    ⓒ Neutral Element/Selection 영역을 클릭하고 옆면(3)을 선택한다.

    ⓓ Neutral Element/Selection 영역에서 선택한 면을 기준으로 Face(s) to draft 영역에서 선택한 면이 Angle에서 지정한 각도만큼 Draft가 적용된다.

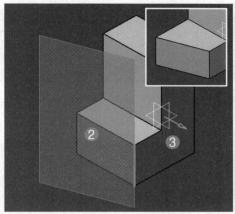 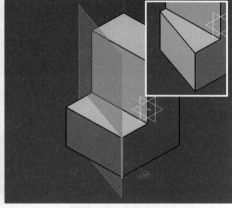

선택 면(2)이 생성됨   선택 면(2)이 제거됨

    ⓔ 여기에서 Pulling Direction 영역을 선택한 후 Draft 방향으로 Solid의 바닥면을 선택하면 다음 그림과 같이 Error가 발생한다.

    ⓕ 즉, Pulling Direction(화살표 방향)이 Neutral Element/Selection 영역에서 선택한 면과 수직이고 Face(s) to draft 영역에서 선택한 면과 평행하지 않으면 Draft를 생성할 수 없다.

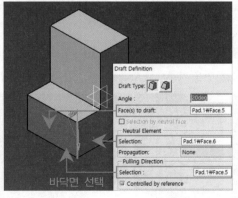 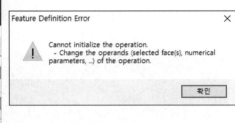

⑧ Parting Element(Parting = Neutral)

    ⓐ Draft Angle 아이콘 을 클릭한 후 Draft Definition 대화상자에서 Face(s) to draft 영역을 클릭하고 Draft시킬 옆면(4)을 선택한다.

    ⓑ Neutral Element/Selection 영역을 클릭하고 Draft 기준면으로 중간 면(5)을 선택한다.

    ⓒ More>> 버튼을 클릭한다.

ⓓ Parting＝Neutral을 체크하면 선택한 기준면에서 화살표 방향 한쪽 영역에만 Draft가 적용된다.

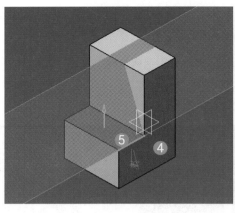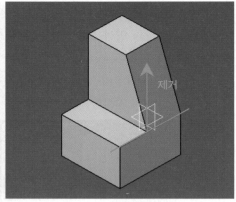

ⓔ Parting＝Neutral을 체크 해제하면 기준면에서 화살표 방향은 제거, 화살표 반대 방향은 생성되는 양방향으로 Draft가 적용된다.

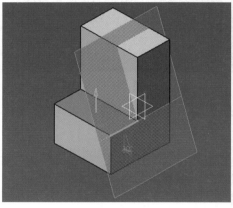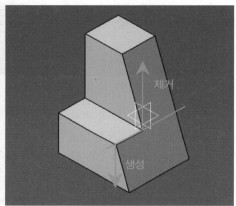

⑨ Parting Element(Draft both sides)

ⓐ 위 과정 ⑧의 Parting Element(Parting＝Neutral)를 적용한 예제에서 Draft both sides를 체크한다.

ⓑ Neutral Element/Selection 영역에서 선택한 기준면을 기준으로 Angle 각도만큼 대칭되어 제거된다.

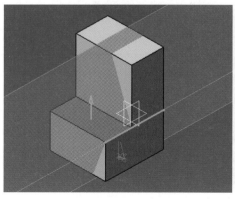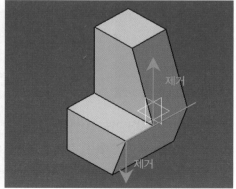

⑩ Limiting Element(s)

  ⓐ Draft Angle 예제에서 옵션을 적용하기로 한다.

  ⓑ Draft가 적용될 한계를 지정하여 선택한 면의 부분만 경사지도록 할 수 있다.

  ⓒ Face(s) to draft 영역을 클릭한 후 Solid의 옆면(6), Neutral Element의 Selection 영역을 클릭한 후 중간 면(7)을 선택한다.

  ⓓ More>> 버튼을 클릭하여 오른쪽을 펼친다.

  ⓔ Limiting Element(s) 영역을 클릭하고 xy plane을 선택한 후 xy plane에 생성되는 화살표(8)를 클릭하여 아래 방향으로 전환한다(화살표 방향이 위쪽으로 향하면 Error(9)가 발생한다).

  ⓕ Preview 버튼을 클릭하여 미리보기 한 후 OK 버튼을 클릭한다.

  ⓖ Face(s) to draft 영역에서 선택한 면 전체에 Draft가 적용되는 것이 아니라 일부 영역(xy plane 의 아래쪽)에만 적용된 것을 확인할 수 있다.

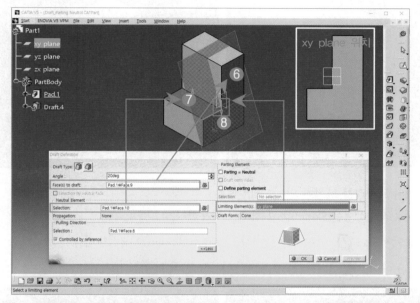

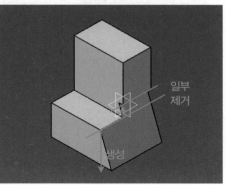

ⓗ Error가 발생하는 (9)에서 Parting = Neutral을 체크하면 xy plane을 기준으로 화살표 위 방향 (10)과 아래 방향(11)으로 일부분에 Draft가 적용된다.

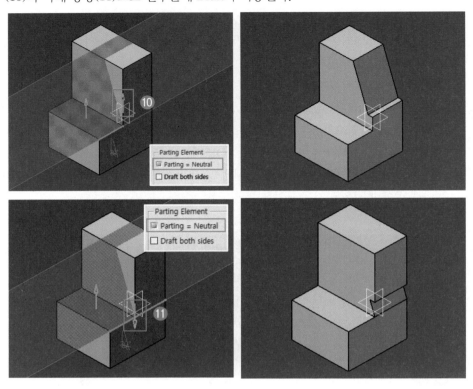

⑪ Fillet이 적용된 모서리를 포함한 면에 Draft 적용

ⓐ xy plane에 직사각형을 Sketch하고 치수를 적용한다.

ⓑ 3D Mode에서 Pad ⬚ 아이콘을 클릭하고 50mm의 Solid를 생성한다.

ⓒ Edge Fillet 아이콘⬚을 클릭한 후 세로 모서리(12)에 Radius 10mm인 Fillet을 생성한다.

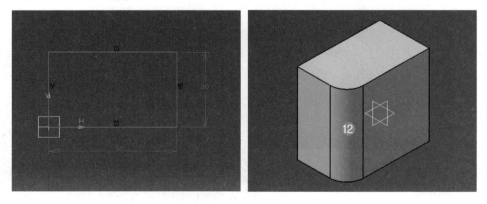

ⓓ Draft Angle 아이콘 을 클릭한다.

ⓔ Draft Definition 대화상자에서 Angle에 10deg를 입력하고 Face(s) to draft 영역을 클릭한 후 Solid의 앞면(13)을 선택한다.

ⓕ Neutral Element의 Selection 영역을 클릭한 후 Solid를 회전시켜 바닥면을 선택한다.

ⓖ 화살표(Direction)가 위쪽으로 향하도록 화살표를 클릭하고 OK 버튼을 클릭한다.

ⓗ Fillet이 포함된 면에 Draft를 적용하면 Fillet에도 Draft가 적용된다.

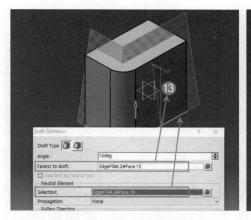
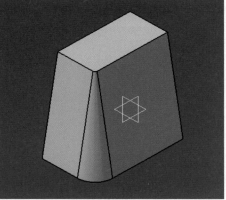

ⓘ Fillet에 Draft를 적용하지 않기 위해서는 Draft(14)를 먼저 적용한 후 Fillet(15)을 적용하면 된다.

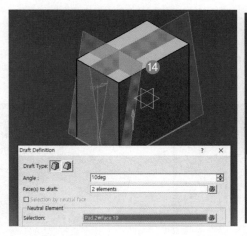
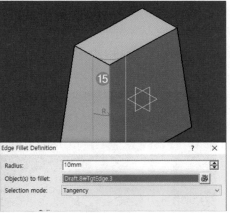

[Draft Reflect Line 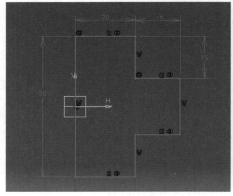]

Fillet에 접하는 Draft 생성

① yz plane을 Sketch 평면으로 선택한 후 Profile 아이콘 을 클릭하여 Sketch하고 Constraint 아이콘 을 클릭하여 치수를 적용한다.

② 3D Mode로 나와서 Pad 아이콘 을 클릭한 후 30mm 두께의 Solid를 생성한다.

③ Edge Fillet 아이콘 을 클릭하고 모서리에 반경 5mm의 Fillet을 생성한다.

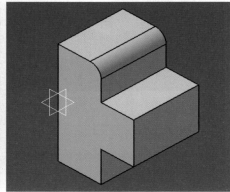

④ Draft Reflect Line 아이콘 을 클릭한다.

⑤ Draft Reflect Line 대화상자에서 Face(s) to draft 영역을 클릭하고 Fillet(1)을 선택한다.

⑥ Draft Angle 영역에 Draft 각도(20deg)를 입력하고 OK 버튼을 클릭한다.

⑦ Solid의 Fillet에 접하면서 20°만큼 기울어진 Draft가 생성된다.

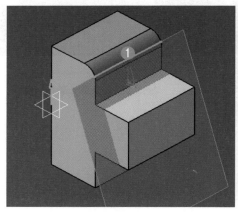
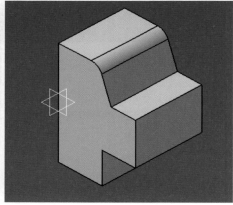

[Angle] : Draft 각도
[Face(s) to draft] : Draft를 적용할 Fillet
[Pulling Direction]
• Selection : Draft 방향

⑧ Limiting Element(s)

  ⓐ Draft를 일정 구간만 지정하여 생성할 수 있다.

  ⓑ Plane 아이콘 ▱ 을 클릭한 후 Solid의 앞면(2)을 선택한다.

  ⓒ Offset 영역에 사이 띄우기 거리(20mm)를 입력하고 Reverse Direction 버튼 Reverse Direction 을 클릭하여 Solid 방향으로 전환시킨다.

  ⓓ OK 버튼을 클릭하여 plane(3)을 생성한다.

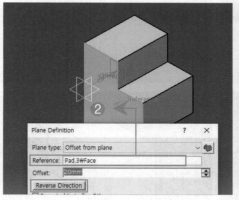 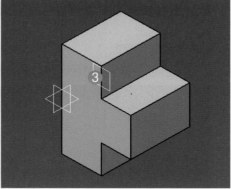

  ⓔ Edge Fillet 아이콘 🔲 을 클릭하고 모서리에 반경 5mm의 Fillet을 생성한다.

  ⓕ Draft Reflect Line 아이콘 🔲 을 클릭한다.

  ⓖ Draft Reflect Line 대화상자에서 Face(s) to draft 영역을 클릭하고 Fillet(4)을 선택한다.

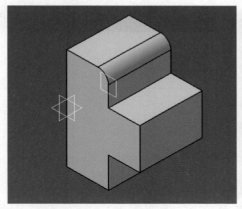 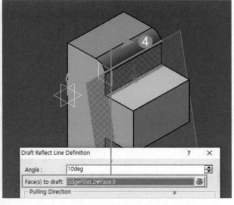

  ⓗ More>> 버튼을 클릭하여 대화상자를 펼친다.

  ⓘ Limiting Element(s) 영역을 클릭한 후 앞에서 생성한 Plane(5)을 선택한다.

  ⓙ OK 버튼을 클릭하면 Fillet 모서리 전체에 Draft가 생성되는 것이 아니라, 화살표 방향의 일정 구간에만 Draft가 적용된다.

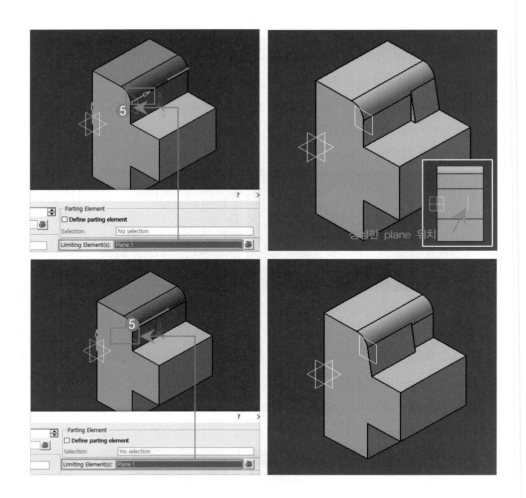

생성한 plane 위치

⊕ REFERENCE

Fillet된 객체와 떨어져 있는 Solid 사이에 Draft 적용

① yz plane에 Rectangle 아이콘 ☐ 을 클릭하여 Sketch하고 치수를 적용한 후 3D Mode에서 Pad 아이콘 ⬜ 을 클릭하여 80mm의 직육면체 Solid를 생성한다.

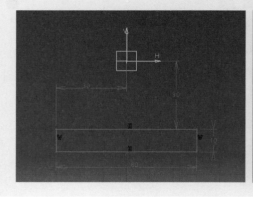
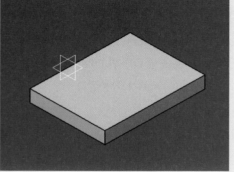

② 다시 yz plane에 Circle 아이콘 ⊙ 을 이용하여 Sketch하고 3D Mode에서 Pad 아이콘 🔗 을 클릭하여 80mm의 원기둥 Solid를 생성한다.

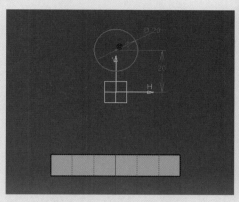

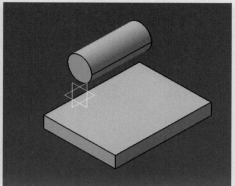

③ Draft Reflect Line 아이콘 🗿 을 클릭한다.

④ Draft Reflect Line Definition 대화상자에서 Face(s) to draft 영역을 클릭한 후 원기둥을 선택(1)하고 Angle에 10deg를 입력한다.

⑤ OK 버튼을 클릭하면 Draft를 생성시킬 한계 영역을 지정하지 않아 Error(2)가 발생하는데, 확인 버튼을 클릭한다.

⑥ Feature Definition Error 대화상자가 나타났을 때 아니오(N)(3)를 클릭하면 Draft Reflect Line Definition 대화상자로 돌아온다.

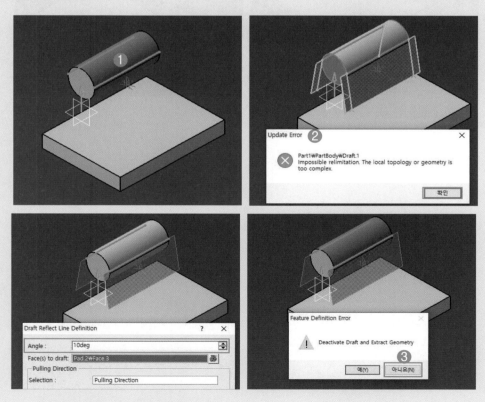

⑦ More>> 버튼을 클릭하여 대화상자를 펼친 후 Parting Element의 Define Parting Element를 체크한다.
⑧ Selection 영역을 선택하고 Draft시켜 Solid로 채우고자 하는 영역을 선택(4, 5)하고 OK 버튼을 클릭한다.
   [(4) : 직육면체 윗면, (5) : xy plane]
⑨ 선택한 영역까지 원기둥에 접하는 Draft가 생성된다.

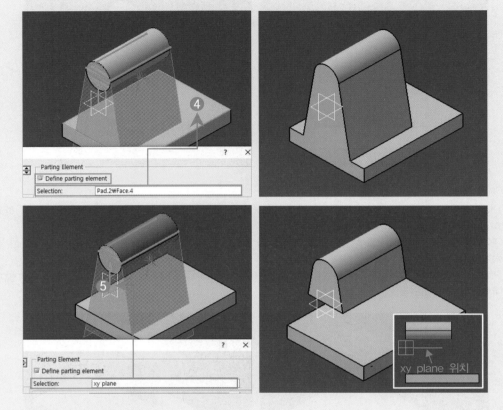

[Variable Angle Draft]

Solid의 한 모서리에 서로 다른 각도의 Draft 생성

① xy plane에 Centered Rectangle 아이콘 ▭을 클릭하여 Sketch하고 Constraint 아이콘 ▣을 클릭하여 치수를 적용한다.

② 3D Mode로 나가서 Pad 아이콘 ▤을 클릭하여 50mm의 Solid를 생성한다.

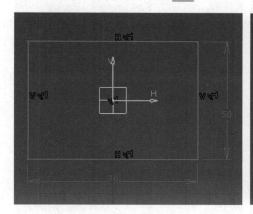
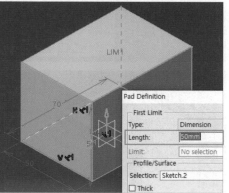

③ Variable Angle Draft 아이콘 을 클릭한다.

④ Draft Definition 대화상자에서 Angle 영역을 클릭하여 10deg를 입력하고 Face(s) to draft 영역을 클릭하여 Draft할 면(1)을 선택한다.

⑤ Neutral Element/Selection 영역을 클릭하고 Solid를 회전시켜 바닥면(2)을 선택한다.

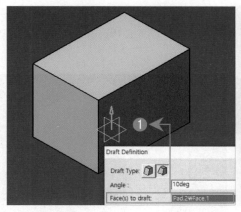
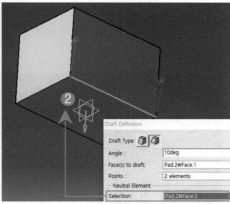

⑥ 모서리의 끝점에 Draft Angle deg가 표시되는데, 변경하고자 하는 부분의 Angle을 더블클릭한다.

⑦ Parameter Definition 대화상자에서 Value 영역을 클릭한 후 적용하고자 하는 각도를 20deg로 입력하고 OK 버튼을 클릭한다.

⑧ Preview 버튼을 클릭하여 변경된 Angle이 적용되는 모습을 확인하고 OK 버튼을 클릭한다.

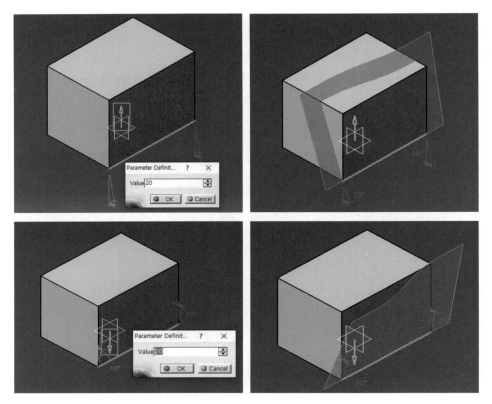

⑨ Point를 추가하여 Variable Angle Draft를 적용해 본다.

   ⓐ Reference elements 도구막대의 Point 아이콘 ▪ 을 클릭한다.

   ⓑ Solid의 모서리(3)를 클릭하면 Point type이 On curve로 선택되고 Point가 모서리에 보인다.

   ⓒ Point Definition 대화상자에서 Middle point 버튼을 클릭한 후 OK 버튼을 클릭하여 모서리의 중앙에 Point(4)를 생성한다.

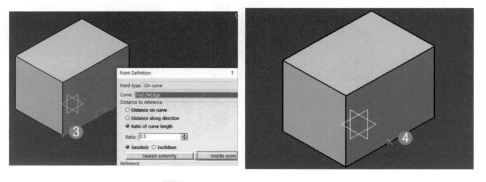

   ⓓ Variable Angle Draft 아이콘 을 클릭한다.

   ⓔ Draft Definition 대화상자에서 Angle 영역을 클릭하여 5deg를 입력하고 Face(s) to draft 영역을 클릭하여 Draft할 면(5)을 선택한다.

   ⓕ Neutral Element/Selection 영역을 클릭하고 Solid를 회전시켜 바닥면(6)을 선택한다.

   ⓖ Points 영역을 클릭한 후 생성한 Point(7)를 선택한다.

ⓗ Point에 생성된 각도를 더블클릭하여 각각 10deg, 20deg로 수정한다.

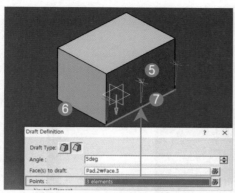 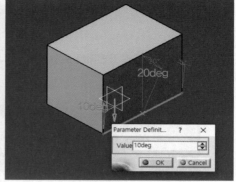

ⓘ OK 버튼을 클릭하면 모서리에 서로 다른 각도로 Draft가 적용된다.

ⓙ Draft 방향을 변경하기 위해서는 화살표(8)를 클릭한다.

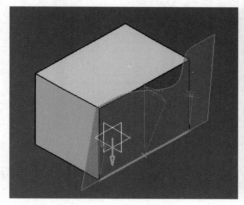 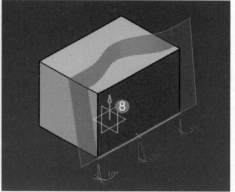

⑩ Parting Element 옵션은 앞에서 익혔던 Draft Definition을 참조한다.

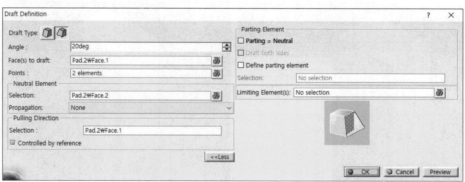

Advanced Dress – up Features 익히기

① 도구막대 빈 곳에 마우스 포인터를 위치(1)시키고 오른쪽 버튼을 클릭하여 Advanced Dress – up Features를 선택한다.

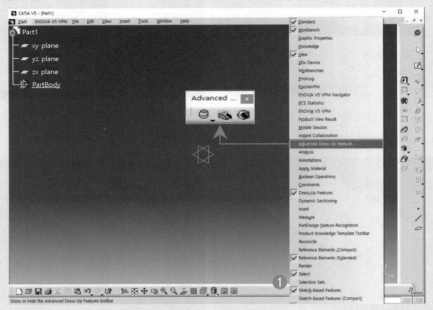

② xy plane에 Rectangle 아이콘☐을 이용하여 70×50의 크기로 Sketch한 후 3D Mode에서 Pad⤵시켜 130mm 직육면체의 Solid를 생성한다.

③ Solid의 앞면을 Sketch 면으로 선택(2)한 후 Sketch Mode로 전환한다.

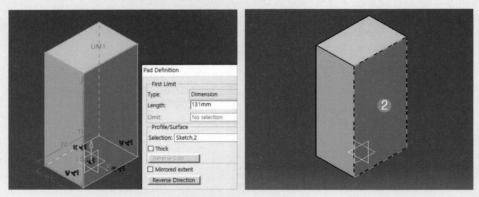

④ Spline 아이콘∿을 클릭하여 Solid를 감싸도록 임의의 곡선을 Sketch한 후 3D Mode로 전환한다.

⑤ Workbench 아이콘⚙을 클릭하고 Welcome to CATIA V5 대화상자에서 Wireframe and Surface Design 아이콘◈을 선택하여 Surface로 전환한다.

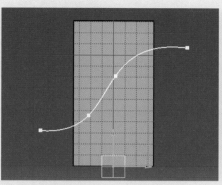
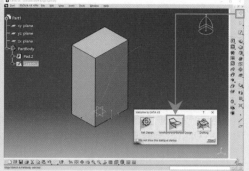

⑥ Spline의 Sketch를 선택한 상태에서 Surfaces 도구막대의 Extrude 아이콘을 클릭한다.

⑦ Limit 1과 Limit 2의 초록색 화살표에 마우스 포인터를 위치시키고 드래그하여 Solid가 감싸지도록 한 후
OK 버튼을 클릭하여 Surface를 생성한다. (※ Surface는 제4편에서 자세하게 설명하므로 여기는 천천히
따라해 보자.)

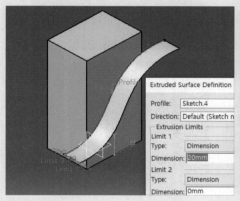
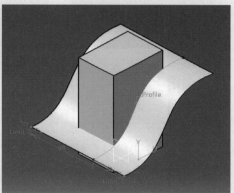

⑧ Workbench 아이콘을 클릭하고 Welcome to CATIA V5 대화상자에서 Part Design 아이콘을 선
택하여 Solid로 전환한다.

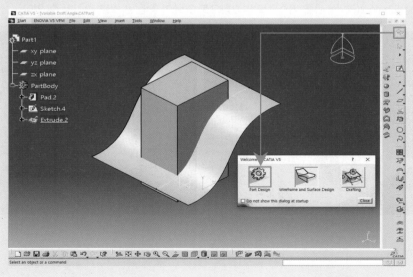

⑨ Draft Both Sides 🛢 : 기준면에서 양방향으로 동일 각도의 Draft 생성

ⓐ Draft Both Sides 아이콘 🛢 을 클릭한다.

ⓑ Draft Both Sides 대화상자에서 Mode를 Neutral/Neutral로 선택하고 Angle 영역에 10deg Draft 각도 를 입력한다.

ⓒ Parting Element 영역을 클릭한 후 Surface(3)를 선택한다.

ⓓ Neutral Element(s) 1st Side 영역을 클릭한 후 Solid의 윗면(4), Neutral Element(s) 2nd Side 영역을 클릭한 후 Solid를 회전시켜 바닥면(5)을 각각 선택한다.

ⓔ Face to Draft 영역을 클릭한 후 Draft를 적용할 Solid의 앞면(6)을 선택한다.

ⓕ OK 버튼을 클릭한다.

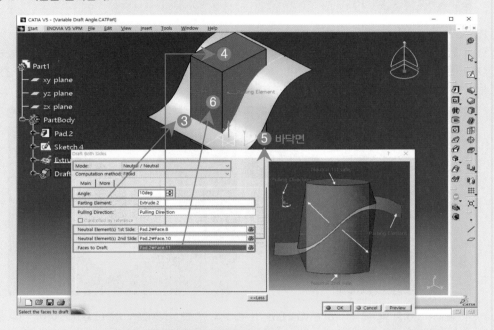

ⓖ Surface에 마우스 포인터를 위치(7)시킨 후 오른쪽 버튼을 클릭하여 Hide/Show를 선택하여 숨긴다.

ⓗ Parting Element(Surface)를 기준으로 양방향으로 Draft가 적용된 것을 확인할 수 있다.

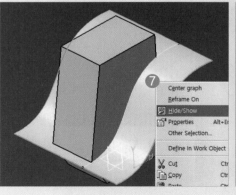
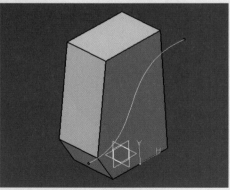

ⓘ 위의 과정에서 Face to Draft 영역을 선택한 후 Draft를 적용할 면으로 Solid의 옆면(8)을 선택했을 때의 결과는 아래 그림에서 확인할 수 있다.

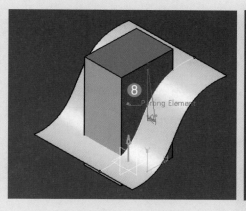 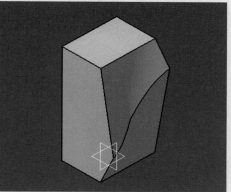

⑩-1 Advanced Draft : 기준면에서 일정한 각도의 Draft 생성

ⓐ Draft Both Sides 예제를 이용하여 적용한다.

ⓑ Advanced Draft 아이콘을 클릭한 후 Draft Definition(Advanced) 대화상자에서 Standard Draft (1st Side) 아이콘을 클릭하여 체크한다.

ⓒ 1st Side 탭에서 Draft 각도를 10deg로 입력하고 Face to draft 영역을 클릭한 후 Draft를 적용할 Solid의 앞면(9)을 선택한다.

ⓓ Neutral Element/Selection 영역을 클릭한 후 Solid의 윗면(10)을 선택한다.

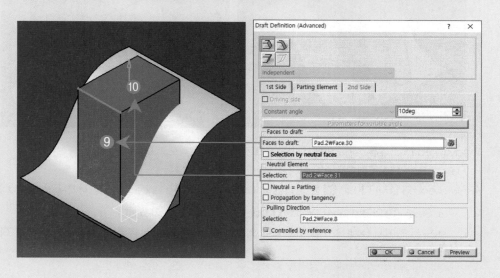

ⓔ Parting Element 탭에서 Use parting element 영역을 클릭한 후 Surface(11)를 선택하고 OK 버튼을
클릭한다.

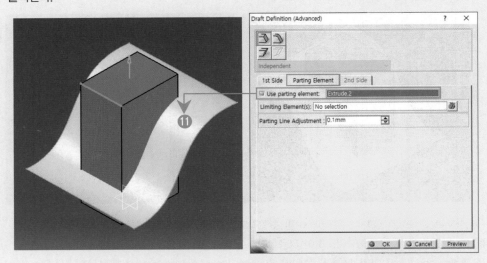

ⓕ Surface를 기준으로 Neutral Element 영역으로 Draft가 생성된다.

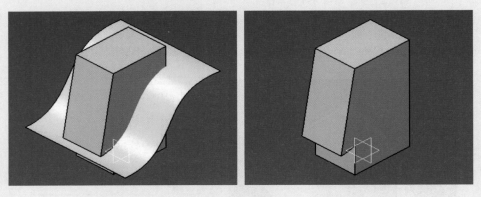

⑩ − 2 Advanced Draft ⬚ : 기준면에서 양방향으로 서로 다른 각도의 Draft 생성

　ⓐ Draft Both Sides 예제를 이용하여 적용한다.

　ⓑ Advanced Draft 아이콘 ⬚ 을 클릭한 후 Draft Definition(Advanced) 대화상자에서 Standard Draft
　　(1st Side) ⬚ 와 Standard Draft(2nd Side) ⬚ 을 클릭하여 체크한다.

　ⓒ 1st Side 탭에서 Draft 각도를 10deg로 입력하고 Face to draft 영역을 클릭한 후 Draft를 적용할
　　면(12)을 선택한다.

　ⓓ Neutral Element/Selection 영역을 클릭한 후 Solid의 윗면(13)을 선택한다.

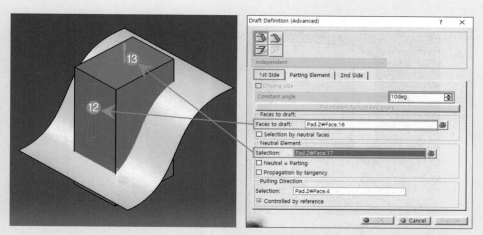

ⓔ Parting Element 탭에서 Use parting element 영역을 클릭한 후 Surface(14)를 선택한다.

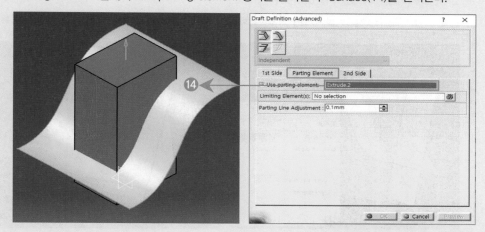

ⓕ 2nd Side 탭에서 Draft 각도로 20deg를 입력하고 Neutral Element/Selection 영역을 클릭한 후 Solid를 회전시켜 아랫면(15)을 선택하고 OK 버튼을 클릭한다.

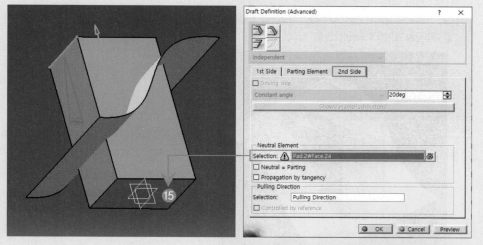

ⓖ Parting Element 탭에서 선택한 Surface를 기준으로 1st Side 탭과 2nd Side 탭에서 선택한 Neutral Element 면에서 서로 다른 각도의 Draft(16)가 생성된다.

ⓗ Face to draft 영역으로 Solid의 옆면(17)을 선택할 때 결과는 아래 그림과 같다.

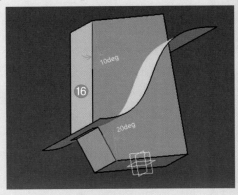 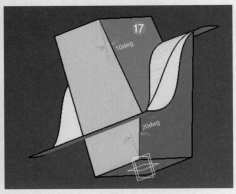

⑪-1 Advanced Draft : 기준면에서 Fillet에 접하면서 일정한 각도의 Draft 생성(Draft Reflect Line 적용)

ⓐ Draft Both Sides 예제를 이용하여 적용한다.

ⓑ Edge Fillet 아이콘 을 클릭하여 Solid의 윗면 모서리와 아랫면 모서리에 R10의 Fillet을 생성한다.

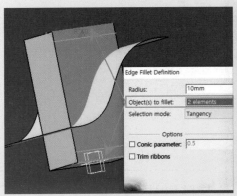 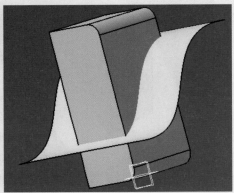

ⓒ Advanced Draft 아이콘 을 클릭한 후 Draft Definition(Advanced) 대화상자에서 Draft Reflect Line (1st Side) 아이콘 을 클릭하여 체크한다.

ⓓ 1st Side 탭에서 Draft 각도로 10deg를 입력하고 Neutral Element/Selection 영역을 클릭한 후 Draft 를 적용할 윗면의 Fillet(18)을 선택한다.

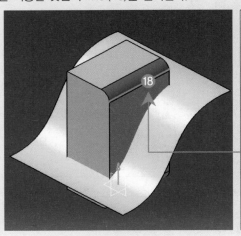 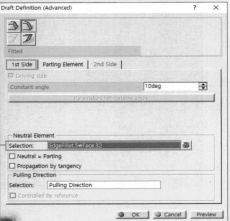

ⓔ Parting Element 탭에서 Use parting element 영역을 클릭한 후 Surface(19)를 선택한다.

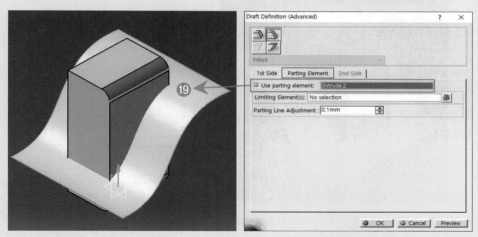

ⓕ Surface를 기준으로 Fillet에 접하면서 1st Side 탭에서 적용한 각도(10deg)만큼 기울어진 Draft가 생성된다.

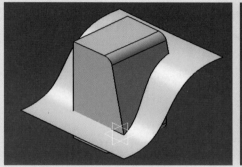 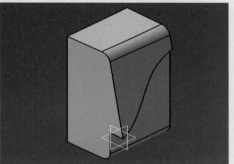

⑪-2 Advanced Draft : 기준면에서 Fillet에 접하면서 양방향으로 서로 다른 각도의 Draft를 생성(Draft Reflect Line 적용)

ⓐ Draft Both Sides 예제를 이용하여 적용한다.

ⓑ Advanced Draft 아이콘을 클릭한 후 Draft Definition(Advanced) 대화상자에서 Draft Reflect Line(1st Side) 아이콘과 Draft Reflect Line(1nd Side) 아이콘을 클릭하여 체크한다.

ⓒ 1st Side 탭에서 Draft 각도로 10deg를 입력하고 Neutral Element/Selection 영역을 클릭한 후 Draft를 적용할 윗면의 Fillet(20)을 선택한다.

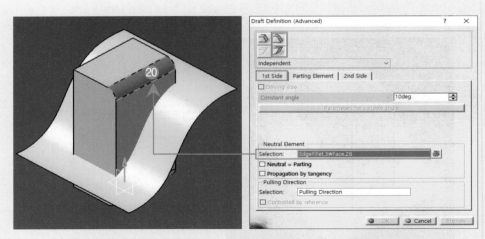

ⓓ Parting Element 탭에서 Use parting element 영역을 클릭한 후 Surface(21)를 선택한다.

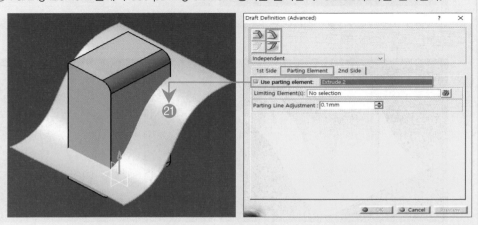

ⓔ 2nd Side 탭에서 Draft 각도로 20deg를 입력하고 Neutral Element/Selection 영역을 클릭한 후 Solid의 아랫면의 Fillet(22)을 선택하고 OK 버튼을 클릭한다.

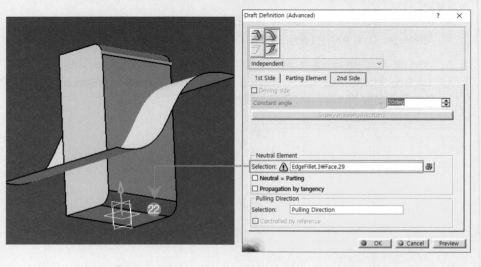

ⓕ Surface를 기준으로 Fillet에 접하면서 1st Side 탭과 2nd Side 탭에서 적용한 각도(deg)만큼 기울어진 Draft가 생성된다.

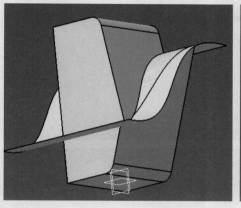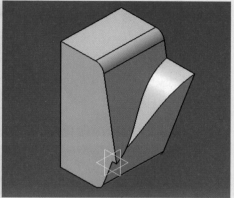

⑫ Automatic Draft 🪨 : 선택한 면을 제외한 다른 면에 Draft를 일괄 적용

ⓐ Draft Both Sides 예제를 이용하여 적용한다.

ⓑ Automatic Draft 아이콘🪨을 클릭한다.

ⓒ Automatic Draft Definition 대화상자가 나타나면 Mode(Add material), Angle(10deg), Parting element 영역을 클릭한 후 Surface(23)를 선택한다.

ⓓ Functional faces 영역을 클릭하고 Solid의 앞면(24)을 선택한 후 Pulling Direction 영역을 클릭하고 마우스 오른쪽 버튼을 클릭하여 z Axis를 선택한다.

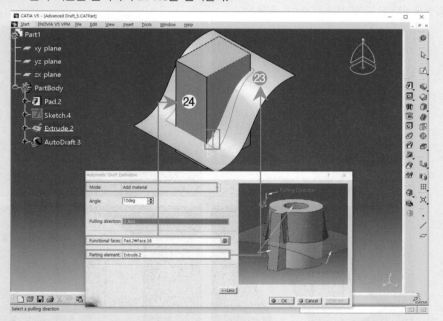

ⓔ OK 버튼을 클릭하면 Surface를 기준으로 화살표 방향으로 Functional faces 영역에서 선택한 면을 제외한 모든 면에 Draft가 생성된다.

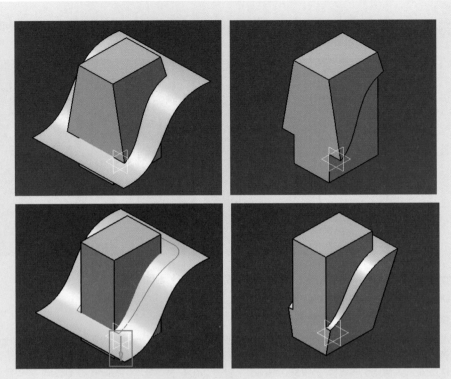

ⓕ 위의 Automatic Draft Definition 대화상자에서 Mode를 Remove material로 선택하면 아래 그림과 같이
화살표 방향으로 제거되는 Draft가 적용된다.

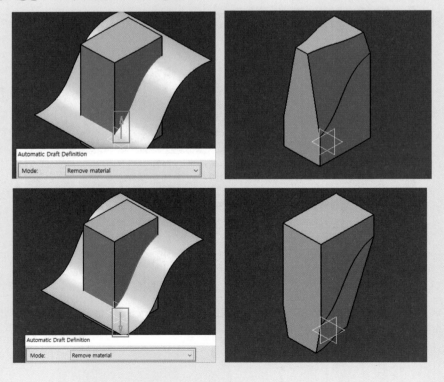

[Shell 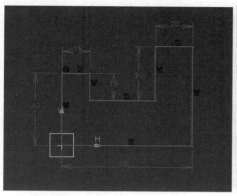]

Solid의 내부를 일정 두께만 남기고 제거

① zx plane에 아래와 같이 Sketch하고 3D Mode에서 Pad 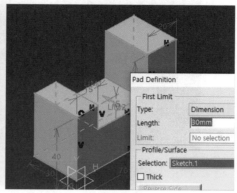 시켜 30mm 두께의 Solid를 생성한다.

② Shell 아이콘 을 클릭한다.

③ Shell Definition 대화상자에서 Face to remove 영역을 클릭하고 제거할 면(1~3)을 선택한다.

④ Default inside thickness 영역을 클릭하고 남은 면의 안쪽 두께를 입력(3mm)한 후 OK 버튼을 클릭한다.

⑤ Solid 안쪽으로 3mm를 남기고 선택한 면을 제거한다.

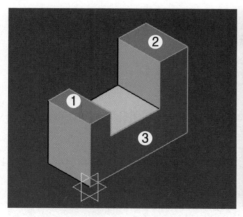
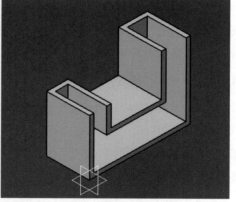

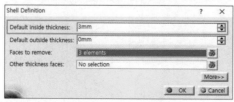

[Default Inside thickness] : Solid 안쪽 두께
[Default outside thickness] : Solid 바깥쪽 두께
[Face to remove] : 제거할 면
[Other thickness faces] : 두께를 다르게 할 면

⑥ 위의 과정 ④에서 Other thickness faces 영역을 클릭한 후 Solid의 안쪽 두께를 다르게 지정할 면(4)을 선택하고 Default inside thickness 영역에 안쪽 두께(10mm)를 입력한 후 OK 버튼을 클릭한다.

⑦ 두께를 전체적으로 적용하지 않고 일부 면에 다른 두께를 적용하고자 할 때 선택한 면(4)에 두께 (10mm)를 적용한 결과(5)는 아래 그림과 같다.

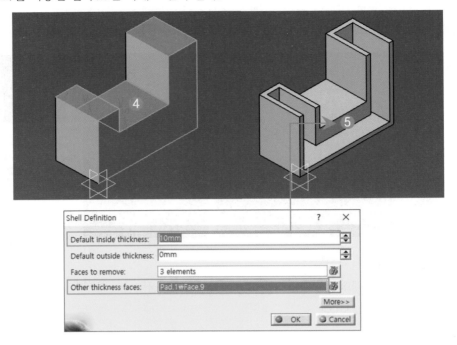

[Thickness 🔲]

Solid의 선택 면을 일정 두께만큼 연장 또는 축소

① Shell 예제를 활용하여 적용해 보기로 한다.

② Thickness 아이콘🔲 을 클릭한다.

③ Thickness Definition 대화상자에서 Default thickness faces 영역을 클릭하고 연장 또는 축소할 면(1)을 선택한다.

④ Default thickness 영역을 선택하고 연장할 길이(20mm)를 입력한 후 OK 버튼을 클릭한다.

⑤ Solid의 선택한 면이 20mm 연장된다.

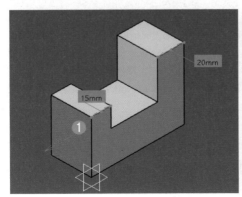
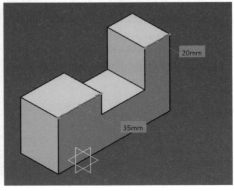

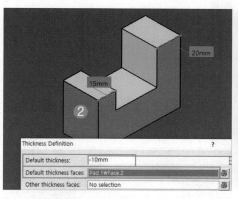

[Default thickness] : 연장(＋값) 또는 축소(－값)
할 치수

[Default thickness face] : 연장 또는 축소할 면

[Other thickness faces] : 다른 두께로 연장/축
소시킬 면

⑥ Default thickness 영역에 "－"를 입력했을 경우 선택한 면이 입력한 길이만큼 축소(2)된다.

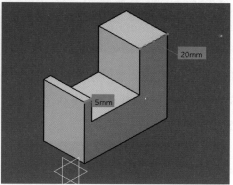

⑦ 앞의 과정 ④에서 Default thickness 영역을 선택하고 연장할 길이(20mm)를 입력한 후 Other thickness faces 영역을 클릭하고 두께를 다르게 연장 또는 축소시키기 위해 해당 면(3)을 선택한다.

⑧ Other thickness 영역을 클릭하고 10mm를 입력한 후 OK 버튼을 클릭한다. 두 면의 연장되는 두께가 서로 다르게 적용된다.

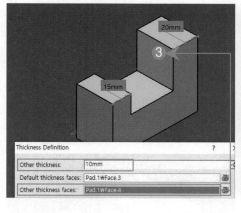
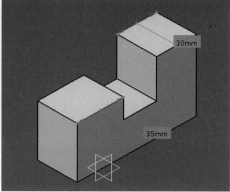

[Remove Face]

Solid에 적용된 편집(Pocket, Edge Fillet 등) 기능 제거

① yz plane에 Sketch하고 Exit Workbench 아이콘 을 클릭하여 3D Mode로 전환한다.

② Pad 시켜 30mm의 Solid를 생성한다.

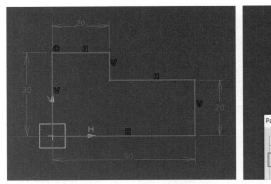
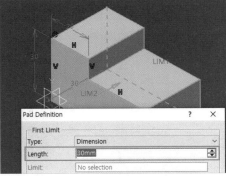

③ Sketch 아이콘 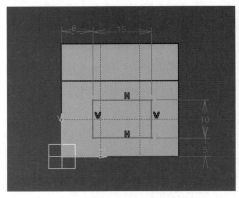을 클릭한 후 Solid의 앞면을 선택하여 Sketch로 전환한다.

④ Rectangle을 Sketch하고 3D Mode로 전환한 후 Pocket 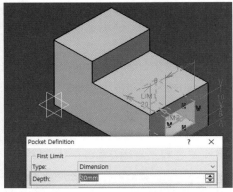을 적용하여 20mm 깊이의 구멍을 생성한다.

⑤ Remove Face 아이콘 을 클릭한다.

⑥ Remove Face Definition 대화상자에서 Face to remove 영역을 클릭하고 Pocket으로 생성된 구멍의 면(1)을 선택한다.

⑦ Face to keep 영역을 클릭하고 제거된 영역의 복구할 경계면(2)을 선택한 후 OK 버튼을 클릭한다.

⑧ Pocket 영역이 제거되고 Solid로 채워진다.

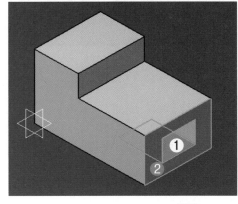
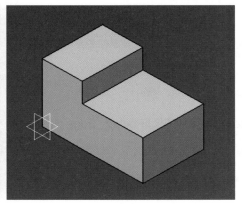

⑨ 위의 예제에서 Edge Fillet 아이콘 을 클릭한 후 세 모서리를 선택하여 라운드를 생성한다.

⑩ Remove Face 아이콘 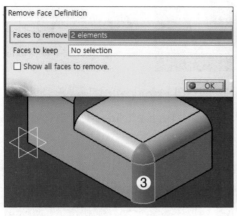을 클릭한다.

⑪ Remove Face Definition 대화상자에서 Face to remove 영역을 클릭하고 제거할 Fillet(3)을 선택한다.

⑫ Fillet이 적용된 부분에서 선택한 부분만 Fillet이 제거된 것을 확인할 수 있다.

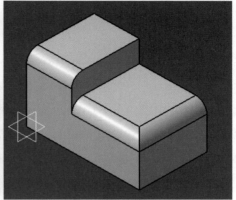

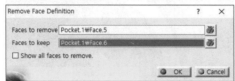

[Faces to remove] : Pocket 등으로 제거된 영역 선택
[Face to keep] : 제거된 영역의 복구할 경계면 선택

[Replace Face 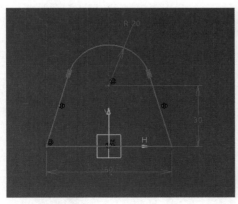]

Solid의 선택한 면을 Surface까지 연장 또는 제거

① yz plane에 아래와 같이 Sketch하고 3D Mode에서 Pad 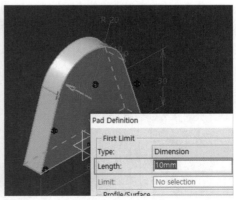시켜 10mm의 Solid를 생성한다.

② zx plane을 선택하여 Sketch로 전환한 후 Spline 아이콘↷을 클릭하여 다음 그림과 같이 Sketch하고 3D Mode로 전환한다.

③ Workbench 아이콘◎을 클릭한 후 Wireframe & Surface 아이콘➪을 클릭하여 Surface Mode로 전환한다.

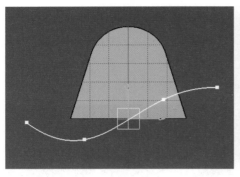
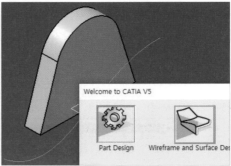

④ Spline의 Sketch를 선택한 상태에서 Surfaces 도구막대의 Extrude 아이콘 을 클릭한다.

⑤ Solid가 감싸지도록 Limit 1/Dimension 영역에 10mm, Limit 2/Dimension 영역에 20mm를 입력하고 OK 버튼을 클릭하여 Surface를 생성한다.

⑥ Workbench 아이콘 을 클릭하고 Part Design 아이콘 을 선택하여 Solid Mode로 전환한다.

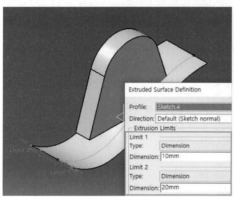
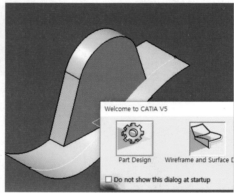

⑦ Replace Face 아이콘 을 클릭한다.

⑧ Replace Face Definition 대화상자에서 Replacing surface 영역을 클릭한 후 생성한 Surface(1)를 선택하고 화살표를 클릭하여 Solid의 바닥면을 향하도록 한다.

⑨ Face to remove 영역을 클릭한 후 Solid를 회전시켜 바닥면(2)을 선택한다.

⑩ OK 버튼을 클릭하면 Solid의 바닥면이 Surface까지 연장 또는 제거되어 변경된다.

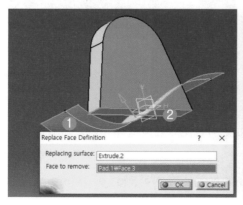
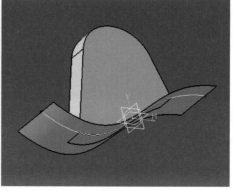

⑪ 또 다른 예제에 Replace Face를 적용해 보자.

ⓐ xy plane에 직사각형을 Sketch한 후 3D Mode에서 Pad 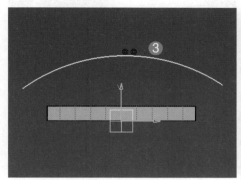 시켜 Solid를 생성한다.

ⓑ zx plane에 Arc를 Sketch(3)한 후 3D Mode로 전환하고, yz plane에 Arc를 Sketch(4)한 후 3D Mode로 전환한다.

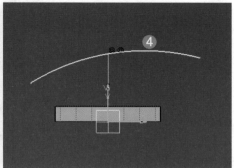

ⓒ Workbench 아이콘 을 클릭한 후 Wireframe & Surface 아이콘 을 클릭하여 Surface Mode로 전환한다.

ⓓ Sweep 아이콘 을 클릭한 후 앞에서 Sketch한 Arc(5, 6)를 차례로 선택하고 OK 버튼을 클릭하여 Surface를 생성한다.

ⓔ Workbench 아이콘 을 클릭하고 Part Design 아이콘 을 선택하여 Solid Mode로 전환한다.

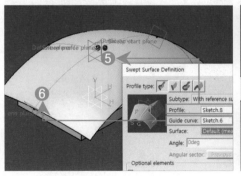
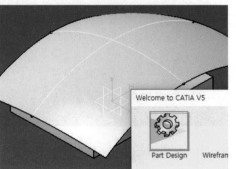

ⓕ Replace Face 아이콘 을 클릭한다.

ⓖ Replace Face Definition 대화상자에서 Replacing surface 영역을 클릭한 후 생성한 Surface(7)를 선택하고 화살표를 클릭하여 Solid로 향하도록 한다.

ⓗ Face to remove 영역을 클릭한 후 Solid의 윗면(8)을 선택한다.

ⓘ OK 버튼을 클릭하면 Solid의 윗면이 Surface까지 연장된다.

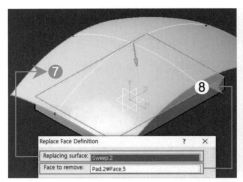

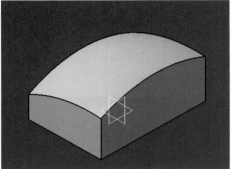

3 Transformation Features

[Translation 🔧]

Solid를 공간에서 이동(선 방향 또는 면에 수직 방향)

① yz plane에 Profile 아이콘🔧을 클릭하여 Sketch하고 3D Mode에서 Pad 🔧 시켜 30mm 두께
의 Solid를 생성한다.

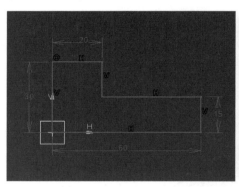

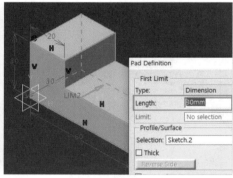

② Translation 아이콘🔧을 클릭한다.

③ Translation Definition 대화상자에서 Direction 영역을 클릭하고 Solid의 앞면(1)을 선택한다.

④ Distance 영역에 이동하고자 하는 거리(20mm)를 입력하고 OK 버튼을 클릭한다.

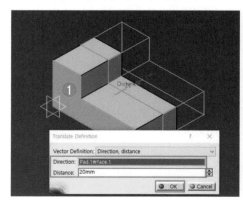

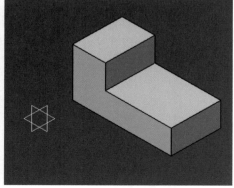

⑤ 반대 방향으로 이동하고자 할 때는 Distance 영역에 "-거리"로 입력한다. 즉, -20mm로 입력 하면 반대 방향으로 20mm 이동한다.

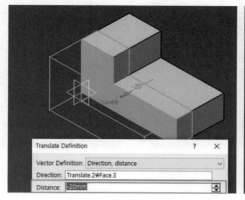
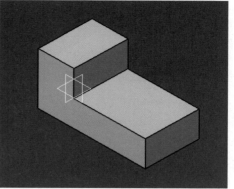

⑥ Translation Definition 대화상자에서 Direction 영역을 클릭하고 Solid의 모서리(2)를 선택하면 모서리 방향으로 이동한다.

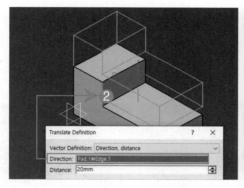
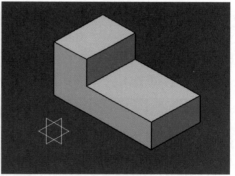

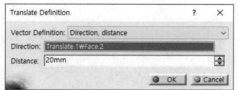

[Vector Definition]
• Direction, distance : 방향과 거리를 지정하여 이동
• Point to Point : 점과 점을 지정하여 이동(Start point, End point)
• Coordinate : 좌표계를 이용하여 이동(x, y, z축 과 Axis System 지정)

[하부 Option]
• 면을 선택하면 선택한 면에 수직 방향으로 이동
• 선을 선택하면 선택한 선에 수평 방향으로 이동

⑦ Vector Definition(Point to Point)
　ⓐ Start point 영역을 클릭한 후 모서리 점(3)을 선택한다.
　ⓑ End point 영역을 클릭한 후 다른 모서리 점(4)을 선택한다.
　ⓒ Start point 영역에서 선택한 모서리 점(3)이 End point 영역에서 선택한 모서리 점(4)으로 이동 한다.

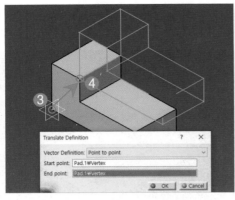

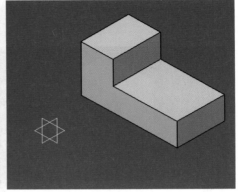

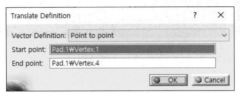

[Start point] : 이동 기준점 지정
[End point]
• 이동할 점 지정
• Start point가 End point 위치로 Solid를 이동

⑧ Vector Definition(Coordinate)

    ⓐ X, Y, Z 영역에 이동시킬 좌표를 각각 입력(X : −10mm, Y : 20mm, Z : 30mm)한다.

    ⓑ Solid가 Default 축을 기준으로 X축 방향으로 −10mm, Y축 방향으로 20mm, Z축 방향으로 30mm 이동하였다.

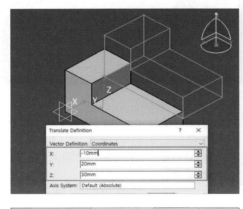

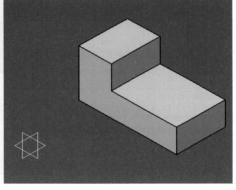

[X, Y, Z] : 좌표축을 기준으로 각 방향으로 이동할 거리
[Axis System] : 기준 좌표축

[Rotation 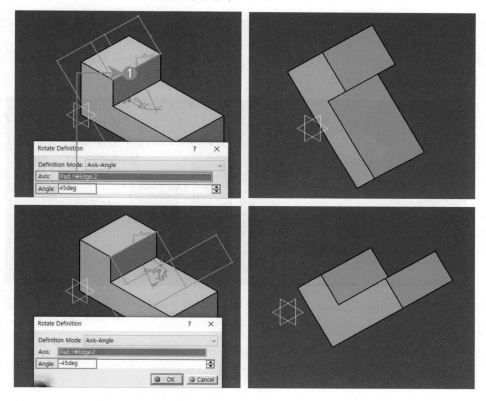]

Solid를 공간에서 회전

① Translation 예제를 활용하기로 한다.

② Rotation 아이콘을 클릭한다.

③ Rotation Definition 대화상자에서 Axis 영역을 클릭하고 회전축으로 Solid의 모서리(1)를 선택한다.

④ Angle 영역을 클릭하여 45deg를 입력하고 OK 버튼을 클릭한다.

⑤ Solid가 Axis를 중심으로 45°만큼 회전한다.

⑥ Definition Mode(Axis-Two Elements)

    ⓐ Axis 영역을 클릭하고 Solid를 회전시킬 축으로 모서리(2)를 지정한다.

    ⓑ First element 영역을 클릭하고 Point(3)를 선택한다.

    ⓒ Second element 영역을 클릭하고 Point(4)를 선택한다.

    ⓓ Axis를 중심으로 First element에서 선택한 점이 Second element에서 선택한 점의 위치로 회전한다.

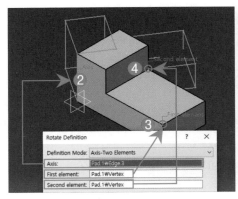
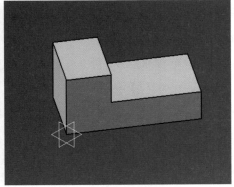

ⓔ First element 영역(5)과 Second element 영역(6)에서 모서리를 선택하였을 때도 유사한 형태로 회전한다.

ⓕ 즉, 회전축(Axis)을 중심으로 First element에서 선택한 모서리가 Second element에서 선택한 모서리의 위치로 회전한다.

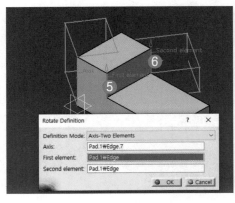
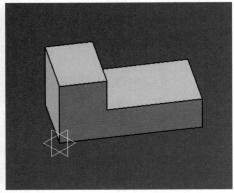

⑦ Definition Mode(Three Points)

　ⓐ First point 영역을 클릭하고 첫 번째 꼭짓점(7)을 선택한다.

　ⓑ Second point 영역을 클릭하고 두 번째 꼭짓점(8)을 선택한다.

　ⓒ Third point 영역을 클릭하고 세 번째 꼭짓점(9)을 선택한다.

　ⓓ Solid의 First point가 Second point를 중심으로 Third point로 회전한다.

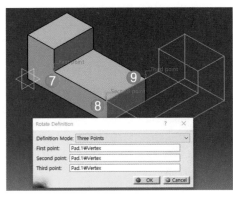
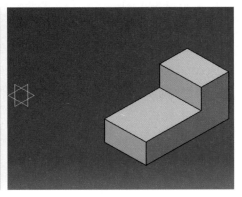

[Symmetry 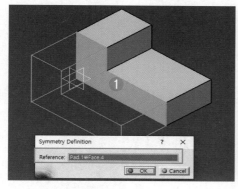]

Solid를 공간에서 대칭 이동

① Translation 예제를 활용하기로 한다.

② Symmetry 아이콘 을 클릭한다.

③ Symmetry Definition 대화상자에서 Reference 영역을 클릭하고 대칭시킬 기준면(1)을 선택한 후 OK 버튼을 클릭한다.

④ Solid가 선택한 면을 기준으로 대칭 이동된다.

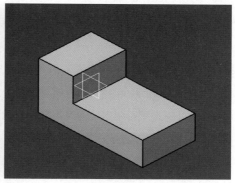

[Reference] : 대칭 이동시킬 기준면

[Axis to Axis 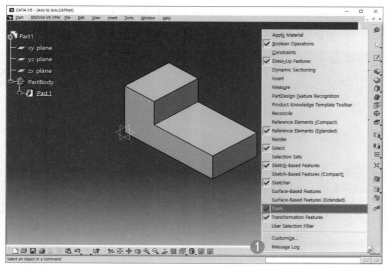]

Solid를 공간에서 좌표계를 통해 이동

① Translation 예제를 활용하기로 한다.

② 도구막대 빈 공간에 마우스 포인터를 위치(1)시킨 후 오른쪽 버튼을 클릭하여 Tools를 체크한다.

③ Axis 아이콘 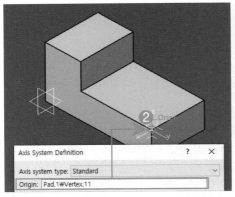을 클릭한 후 모서리 점(2)을 선택하고 그대로 OK 버튼을 클릭하여 Axis를 생성한다.

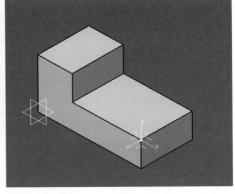

④ 다시 한 번 Axis 아이콘 을 클릭한 후 모서리 점(3)을 선택한다.

⑤ Axis System Definition 대화상자에서 X axis, Y axis, Z axis 영역을 클릭한 후 아래 그림과 같이 각각 모서리를 선택하여 X축과 Y축이 서로 바뀌도록 Axis를 생성한다.

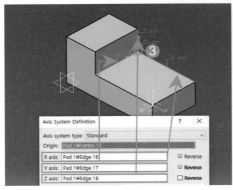
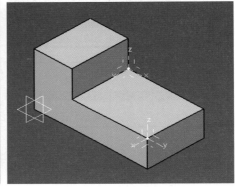

⑥ Axis to Axis 아이콘 을 클릭한다.

⑦ Axis to Axis Definition 대화상자에서 Reference 영역을 클릭한 후 먼저 생성한 Axis System. 2 를 선택(4)하고 Target 영역을 클릭한 다음 나중에 생성한 Axis System. 3을 선택(5)한다.

⑧ OK 버튼을 클릭하면 Solid가 Axis System. 2 좌표계에서 Axis System. 3 좌표계로 이동된다.

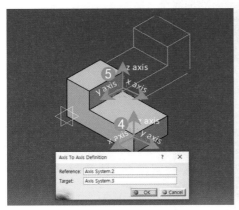
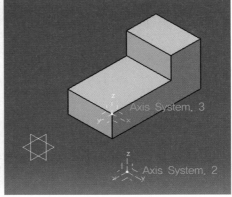

[Mirror]

Solid를 공간에서 대칭 복사

① Translation 예제를 활용하기로 한다.

② Mirror 아이콘 을 클릭한 후 대칭 면(1)을 선택한다.

③ Mirror Definition 대화상자에서 Mirroring element 영역에 대칭 면이 선택되면 OK 버튼을 클릭한다.

④ Solid가 선택한 대칭 면을 기준으로 대칭 복사된다.

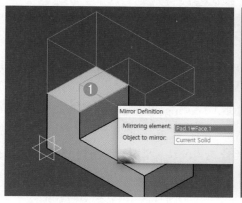
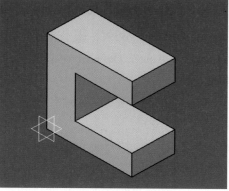

[Mirroring element] : 대칭시킬 기준면

[Rectangular Pattern]

직사각형 형상으로 배열

① xy plane에 Rectangle 을 Sketch하고 3D Mode에서 Pad 시켜 10mm 두께의 Solid를 생성한다.

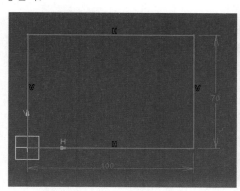
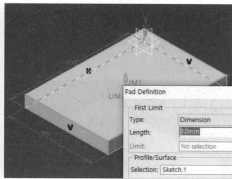

② Solid의 윗면에 Rectangle 을 Sketch하고 3D Mode에서 Pad 시켜 5mm 두께의 직육면체 Solid를 생성한다.

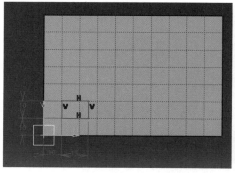 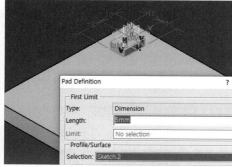

③ Rectangular Pattern 아이콘▦을 클릭한다.

④ Rectangular Pattern Definition 대화상자의 First Direction 탭에서 Instance(s) & Spacing을 선택한다.

⑤ Instance(s) 영역에 배열시킬 수로 3을 입력하고 Spacing 영역에 생성할 Solid 사이의 거리로 30mm를 입력한다.

⑥ Reference Direction/Reference element 영역을 클릭하고 배열시킬 방향인 가로 방향 모서리(1)를 선택한다.

⑦ Object 영역을 클릭하고 배열시키고자 하는 작은 직육면체의 Solid(2)를 선택한다.

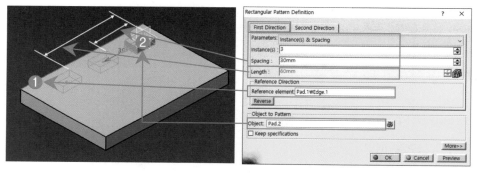

⑧ Second Direction 탭을 선택한 후 Parameters 영역에서 Instance(s) & Spacing을 선택한다.

⑨ Instance(s) 영역에 배열시킬 개수(여기서는 3)를 입력하고 Spacing 영역에 생성할 Solid 사이의 거리(20mm)를 입력한다.

⑩ Reference element 영역을 클릭한 후 배열시킬 방향으로 세로 방향 모서리(3)를 선택하고 OK 버튼을 클릭한다.

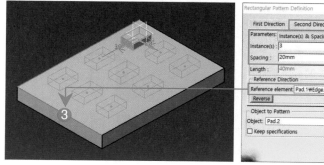

⑪ 가로 방향 30mm 간격으로 3개, 세로 방향 20mm 간격으로 3개의 직사각형 Solid가 생성된다.

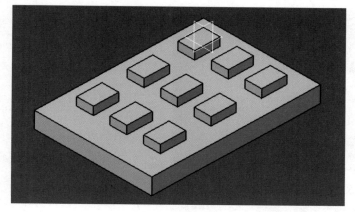

⑫ 과정 ⑩의 대화상자에서 Reverse를 체크하면 Pattern의 방향이 반대로 전환된다(아래 그림은 First Direction 탭과 Second Direction 탭에서 각각 Reverse를 체크했을 경우의 Pattern 결과이다).

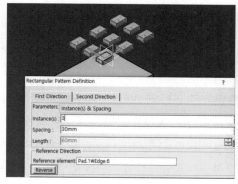
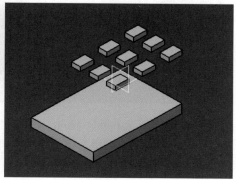

⑬ Parameters

ⓐ Instance(s) & Length : 전체 길이(length)와 개수(Instance) 지정

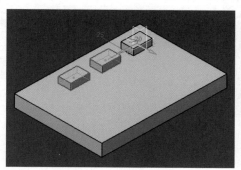
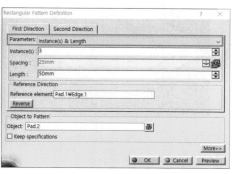

ⓑ Instance(s) & Spacing : 개수(Instance)와 동일 간격(Spacing) 지정

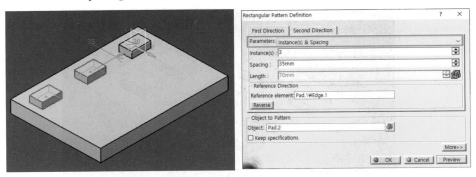

ⓒ Spacing & Length : 동일 간격(Spacing)과 전체 길이(Length) 지정

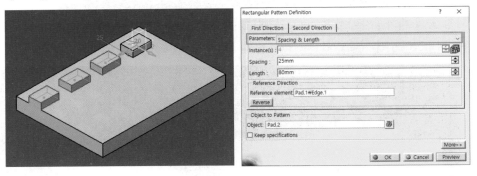

ⓓ Instance(s) & Unequal Spacing : 개수(Instance)와 서로 다른 간격(Spacing) 지정
   ● Instance에 지정한 개수를 서로 다른 간격으로 배열할 수 있다(Spacing 영역에 사이 간격을 입
     력한 후 간격을 변경하고자 하는 위치의 숫자를 더블클릭하여 치수를 변경하여 적용).

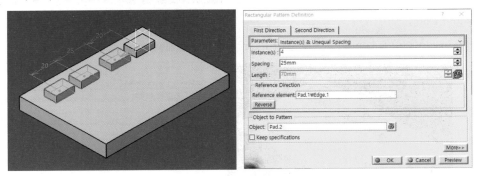

⑭ More>> 버튼 클릭(Position of Object in Pattern)

   ⓐ First Direction에서 Instance(3), Spacing(25mm), Second Direction에서 Instance(2), Spacing
     (30mm)의 Rectangular Pattern을 적용한다.

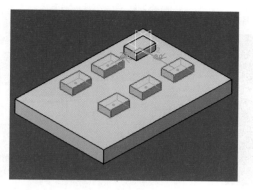

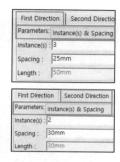

ⓑ More>> 버튼을 클릭하면 대화상자의 오른쪽 영역을 펼친다.

ⓒ 1을 기준으로 −방향의 값은 화살표 방향으로 생성되고 +방향의 값은 화살표 반대 방향으로 이동되어 Pattern이 적용된다.

ⓓ Row in direction 1 영역에 2를 입력하면 First Direction에서 선택한 모서리에서 화살표 반대 방향으로 이동하여 Pattern이 적용된다.

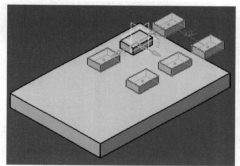

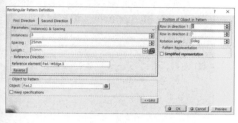

ⓔ Row in direction 2 영역에 −2를 입력하면 Second Direction에서 선택한 모서리에서 화살표 반대 방향으로 이동하여 Pattern이 적용된다.

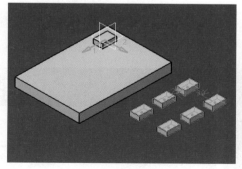

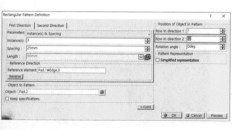

ⓕ Rotation angle 영역에 회전 각도(30deg)를 입력하여 Pattern을 적용할 수 있다.

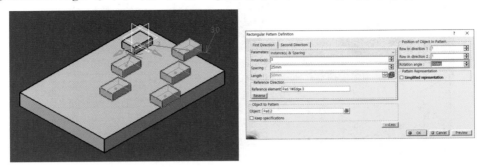

⑮ Keep specifications : 구속조건을 유지하면서 Pattern을 적용한다.

ⓐ yz plane에 Profile 아이콘을 클릭하여 아래와 같이 Sketch한다.

ⓑ 3D Mode로 나가서 Pad 아이콘 을 클릭한 후 30mm 두께(Mirrored extent를 체크하고 Length 영역에 15mm 입력)의 Solid를 생성한다.

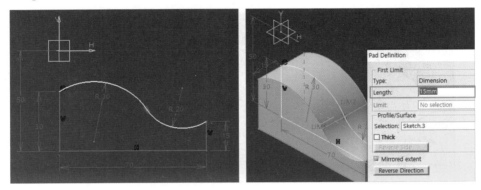

ⓒ xy plane을 선택하여 Sketch로 전환한 후 Circle 아이콘을 클릭하여 Sketch하고 치수를 적용한다.

ⓓ 3D Mode로 나온 후 Pad 아이콘 을 클릭하고 Type을 Up to next로 선택한 후 OK 버튼을 클릭하여 원기둥의 Solid를 생성한다.

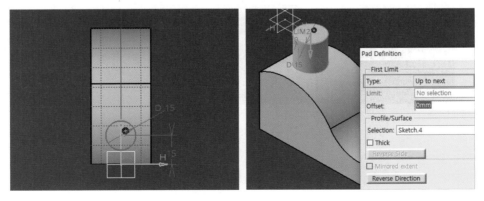

ⓔ Rectangular Pattern 아이콘을 클릭한다.

ⓕ Rectangular Pattern Definition 대화상자의 First Direction 탭에서 Instance(s) & Spacing을 선택한다.

ⓖ Instance(s) 영역에 배열시킬 수로 3을 입력하고 Spacing 영역에 생성할 Solid 사이의 거리로 20mm를 입력한다.

ⓗ Reference Direction/Reference element 영역을 클릭하고 배열시킬 방향인 가로 방향 모서리를 선택한다.

ⓘ 원기둥에 적용된 Type(Up to next)이 적용되지 않은 상태에서 Pattern이 적용된다.

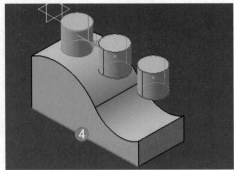 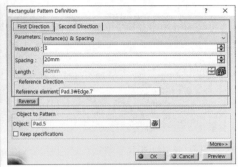

ⓙ 여기서, Keep specifications를 체크하면 원기둥에 Type(Up to next)이 적용된 상태에서 Pattern이 생성된다.

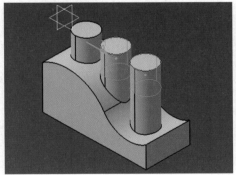 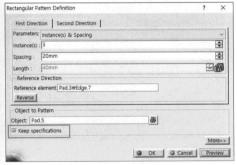

ⓚ Pattern으로 생성될 객체는 기존의 Solid를 벗어나면 아래와 같이 Error가 발생하게 되는데, Solid를 벗어나지 않도록 Spacing의 값을 지정해 주어야 한다.

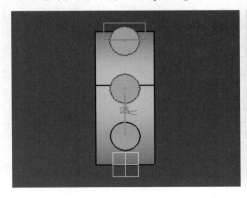 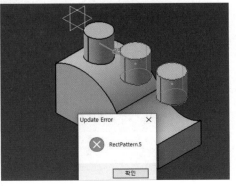

Pattern으로 생성된 Solid 중에서 일부분 제거하기

① 앞의 Rectangular Pattern 예제 과정 ⑪에서 적용하기 위해 Tree에서 RectPattern.3을 더블클릭한다.

② Pattern을 적용할 때 숨기고자 하는 Solid의 점을 클릭하면 선택이 해제된다.

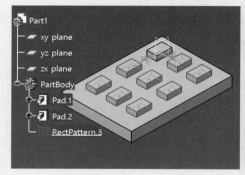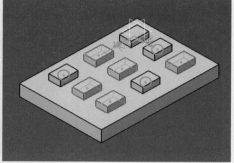

③ OK 버튼을 클릭하면 검은색으로 변경된 Solid는 생성되지 않는다. 즉, 직사각형의 Pattern에서 선택한 항목을 제외하고 Solid가 생성된다.

④ 숨겼던 Solid를 다시 생성시키고자 할 때는 Tree의 RectPattern.3 또는 Pattern이 적용된 Solid를 더블클릭한다.

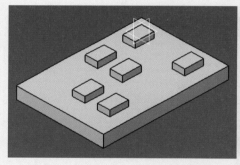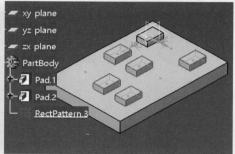

⑤ 숨겨진 Solid의 위치가 점으로 표시되는데, 생성시키고자 하는 점을 선택한다.

⑥ OK 버튼을 클릭하면 Pattern 적용 시 숨겨졌던 Solid가 생성된다.

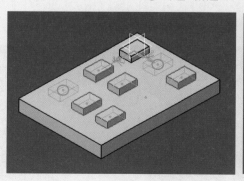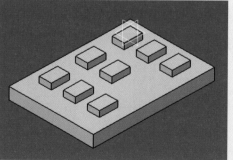

[Circular Pattern ]

원형으로 배열

① xy plane에 Circle 아이콘⊙을 클릭하여 Sketch하고 3D Mode에서 Pad ⑤ 시켜 10mm 두께를 갖는 원기둥의 Solid를 생성한다.

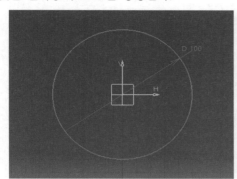 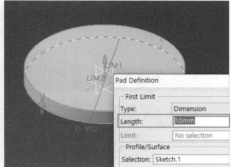

② Rectangle 아이콘□을 클릭하여 Solid의 윗면에 Sketch하고 3D Mode에서 Pad ⑤ 시켜 10mm 두께의 직육면체 Solid를 생성한다.

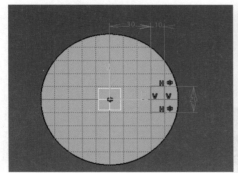 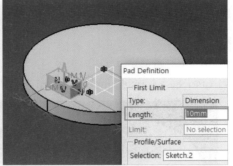

③ Circular Pattern 아이콘◈을 클릭한다.

④ Circular Pattern Definition 대화상자에서 Axial Reference 탭의 Parameters를 Instance(s) & angular spacing으로 선택한다.

⑤ Instance(s) 영역에 배열시킬 개수로 6을 입력하고 Angular spacing 영역에 배열 사이 각도로 60deg를 입력한다.

⑥ Reference element 영역을 클릭하고 배열시킬 방향으로 원기둥의 Solid 윗면(1)을 선택한다.

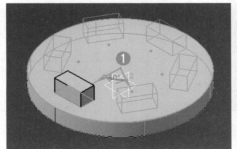 

⑦ Object 영역을 클릭하고 배열시킬 직육면체의 Solid(2)를 선택한다.

⑧ OK 버튼을 클릭하면 총 6개의 직육면체의 Solid가 사이각도 60° 간격으로 생성된다.

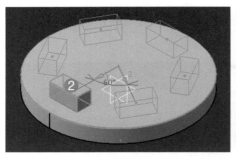 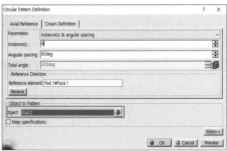

[Parameters]
• Instance(s) & angular spacing
• Instance(s) & total angle
• angular spacing & total angle
• Complete crown
• Instance(s) & unequal angular spacing
[Reference Direction]
• Reference element : 회전 기준
[Object to Pattern]
• Object : 회전시킬 객체

⑨ Parameters

ⓐ Instance(s) & total angle : Pattern 개수와 전체 각도(객체 사이의 각도는 동일)

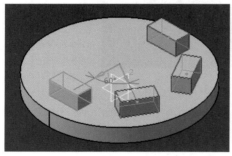 

ⓑ Instance(s) & angular spacing : Pattern 개수와 객체 사이의 동일한 각도

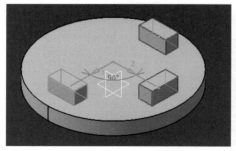 

ⓒ angular spacing & total angle : 객체 사이의 동일한 각도와 전체 각도

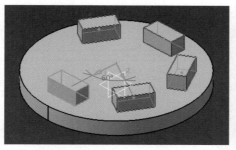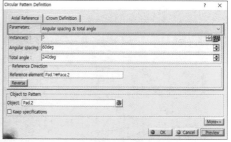

ⓓ Complete crown : 360° 이내에 생성할 객체 개수(객체 사이의 각도는 동일)

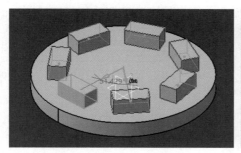

ⓔ Instance(s) & unequal angular spacing : Pattern 개수와 객체 사이의 각도를 서로 다르게 지정
- 객체 사이에 생성되는 각도를 더블클릭하여 각각의 객체 사이의 각도를 수정할 수 있다.

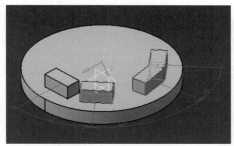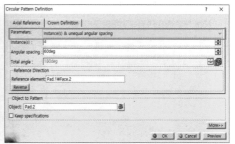

⑩ Crown Definition 탭 `Crown Definition`

ⓐ Axial Reference 탭은 다음과 같이 지정한 후 Crown Definition 탭을 적용한다.
- Parameter : Instance(s) & angular spacing
- Instance(s) : 6
- angular spacing : 60deg

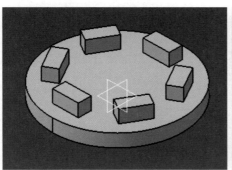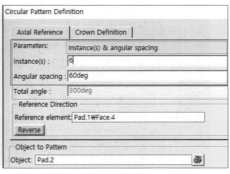

ⓑ Parameters(Circle & circle spacing) : 원의 개수와 반경 방향으로 인접하는 원 사이의 거리

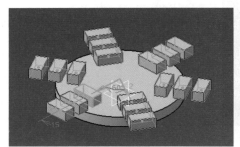

ⓒ Parameters(Circle & crown thickness) : 원의 개수와 반경 방향으로 인접하는 전체 원 사이의 거리

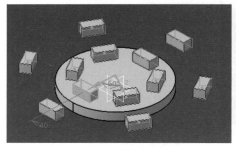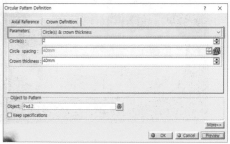

ⓓ Parameters(Circle spacing & crown thickness) : 반경 방향으로 인접하는 원 사이의 거리와 전체 원 사이의 거리

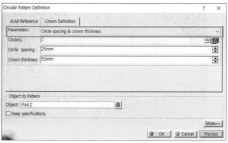

⑪ Position of Object in Pattern

  ⓐ Axial Reference 탭은 다음과 같이 지정한 후 Position of Object in Pattern을 적용한다.

    ● Parameter : Instance(s) & angular spacing

    ● Instance(s) : 4

    ● angular spacing : 60deg

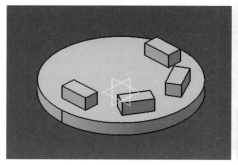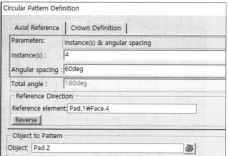

ⓑ More>> 버튼을 클릭하여 대화상자의 오른쪽 영역을 펼친다.

ⓒ Row in angular direction 영역에 2를 입력한다(1보다 큰 숫자를 입력해야 Error가 발생하지 않는다).

ⓓ 원주 방향으로 이동되어 Pattern이 적용된다.

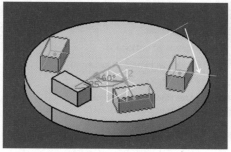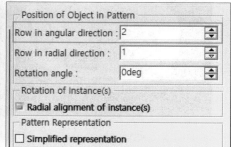

ⓔ Row in radial direction 영역에 2를 입력한다(1보다 큰 숫자를 입력해야 Error가 발생하지 않는다).

ⓕ 반경 방향으로 이동되어 Pattern이 적용된다.

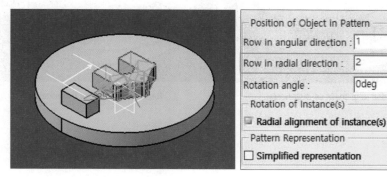

ⓖ Rotation angle 영역을 클릭하고 회전 각도로 30deg를 입력한다.

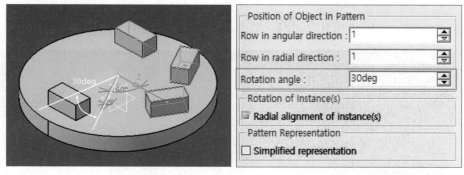

⑫ Rotation of Instance(s)

ⓐ 위 과정 ⑪의 Position of Object in Pattern 예제에서 다음 그림과 같이 적용해 본다.

ⓑ 기본적으로 Radial alignment of instance(s)이 체크되어 중심점을 기준으로 Solid가 회전되면서 Pattern이 적용된다.

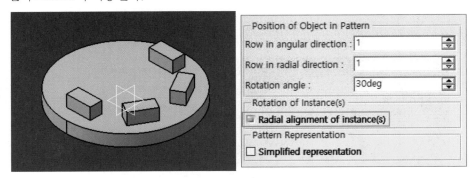

ⓒ Radial alignment of instance(s)의 체크를 해제하면 Solid가 회전되지 않고 Pattern이 적용된다.

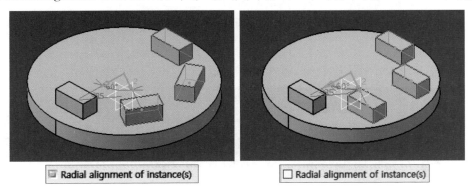

[User Pattern 📍]

설계자가 원하는 위치에 Pattern 적용

① xy plane에 Centered Rectangle 아이콘 ▭을 클릭하여 원점에 상하좌우 대칭인 직사각형을 Sketch하고, 3D Mode에서 Pad 🗗 시켜 10mm 두께의 Solid를 생성한다.

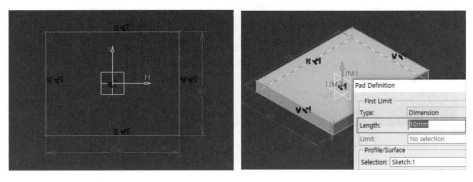

② Sketch 아이콘 ☑️을 클릭한 후 Solid 윗면을 선택하여 2D Sketch로 전환한다.

③ Circle 아이콘 ◉을 클릭하여 Sketch하고 치수를 적용한다.

④ Exit workbench 아이콘 을 클릭하여 3D Mode로 전환한 후 Pad 아이콘 을 클릭하여 10mm의 원기둥 Solid를 생성한다.

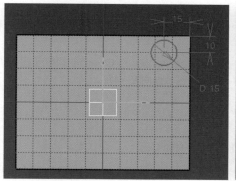 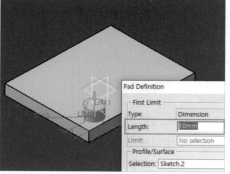

⑤ Sketch 아이콘 을 클릭한 후 직육면체의 윗면을 선택하여 Sketch Mode로 전환한다.

⑥ Point 아이콘 을 더블클릭한 후 Pattern을 적용할 위치에 Point를 생성하고 치수를 적용한다.

⑦ Exit Workbench 아이콘 을 클릭하여 3D Mode로 전환한다.

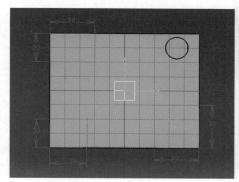 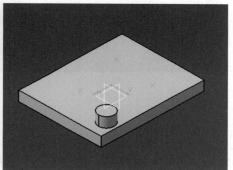

⑧ User Pattern 아이콘 을 클릭한다.

⑨ User Pattern Definition 대화상자에서 Instance Position 영역을 클릭하고 생성한 Point(1)를 선택한다.

⑩ Object 영역을 클릭하고 Pattern을 적용할 원기둥을 선택한 후 OK 버튼을 클릭한다.

⑪ 원기둥이 Point의 위치에 배열되어 생성된다.

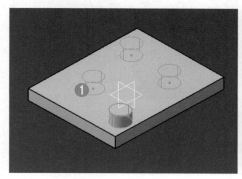 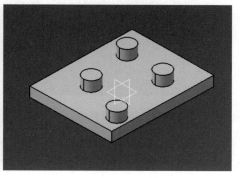

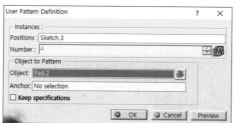

[Instance]
• Positions : 배열을 적용할 위치인 Point
[Object to Pattern]
• Object : Pattern을 적용할 Solid
• Anchor : Object에서 일정 거리만큼 떨어진 기
  준점
• Keep specifications : Object에 적용된 옵션을
  Pattern된 Solid에도 적용

⑫ Anchor

ⓐ User Pattern의 예제를 더블클릭한다.

ⓑ Anchor 영역을 클릭하고 기준점으로 꼭짓점(2)을 선택한다.

ⓒ 선택한 꼭짓점과 Solid의 중심 사이의 거리가 Pattern으로 생성되는 Solid에도 동일하게 적용되
며 OK 버튼을 클릭한다.

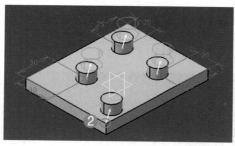
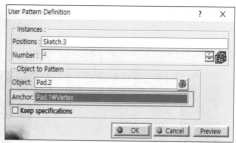

[Scaling]

Solid를 확대 또는 축소[Reference로 Point(점)를 선택하면 X, Y, Z 모든 방향으로 적용되고 Plane(면)
을 선택하면 선택한 면에 수직 방향으로 Scale이 적용됨]

① yz plane에 Profile 아이콘 을 클릭하여 Sketch한 후 치수를 적용하고 3D Mode에서 Pad
시켜 20mm 두께의 Solid를 생성한다.

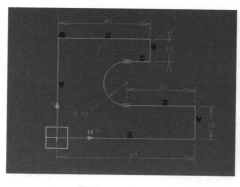
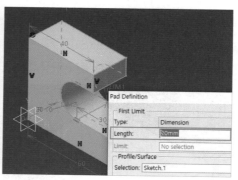

② Scaling 아이콘 을 클릭한다.

③ Scaling Definition 대화상자에서 Reference 영역을 클릭하고 Solid의 앞면(1)을 선택한다.

④ Ratio 영역을 클릭한 후 3을 입력하고 OK 버튼을 클릭한다.

⑤ Solid가 선택한 면에 수직 방향으로 3배 확대된다.

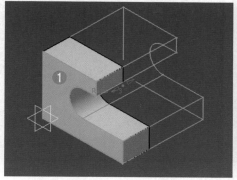 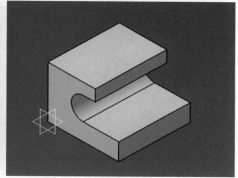

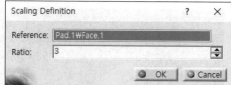

[Reference]
• 확대/축소 기준면
  – 면(plane) 선택 : 선택한 면과 수직 방향으로
    확대/축소
  – 점(Point) 선택 : 선택한 점에서 X, Y, Z 모든
    방향으로 같은 Ratio로 확대/축소
[Ratio]
• 확대/축소 비율
• 1을 기준으로 1보다 크면 확대되고 1보다 작으
  면 축소

⑥ Ratio를 1보다 작은 값을 적용하면 축소된다. 아래 그림은 Reference로 선택한 면(2)을 기준으로
  Ratio를 0.5를 적용하여 선택 면에 수직 방향으로 0.5배 축소된 결과이다.

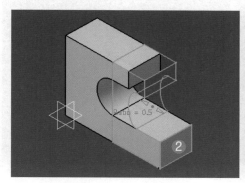 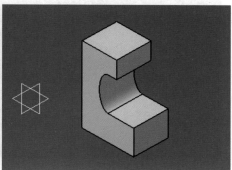

⑦ Reference를 Point(점)로 선택한 경우 Scaling 적용 결과에 대해 알아보자.
  ⓐ Scaling Definition 대화상자에서 Reference 영역을 클릭하고 Solid의 꼭짓점(3)을 선택한다.
  ⓑ Ratio 영역을 클릭하고 1.5를 입력한 후 OK 버튼을 클릭한다.
  ⓒ Solid의 꼭짓점을 기준으로 X, Y, Z 모든 방향으로 1.5배 확대된다.

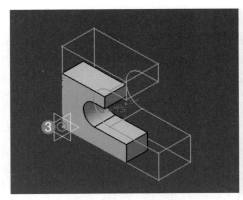 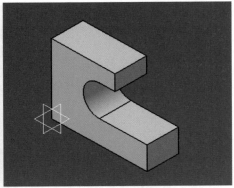

ⓓ 축소하기 위해서는 Ratio 영역에 1보다 작은 값을 입력하면 된다.

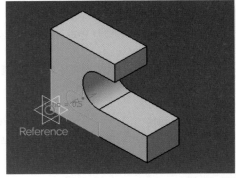 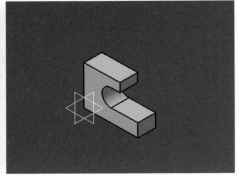

Ratio : 0.5 적용 예 1

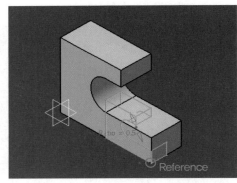 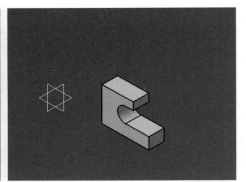

Ratio : 0.5 적용 예 2

[Affinity]

Solid를 X, Y, Z축 방향으로 서로 다른 비율로 확대 또는 축소

① Scaling을 적용한 예제를 활용하기로 한다.

② Affinity 아이콘 을 클릭한다.

③ Affinity Definition 대화상자에서 Axis system/Origin 영역을 클릭하고 확대 또는 축소 기준점
(1)을 선택한다. 별도로 선택하지 않으면 Solid를 모델링할 때 기준 좌표축(2)이 선택된다.

④ Ratios 영역의 각 방향(X : 2, Y : 0.5, Z : 1)으로 비율을 입력하고 OK 버튼을 클릭한다.

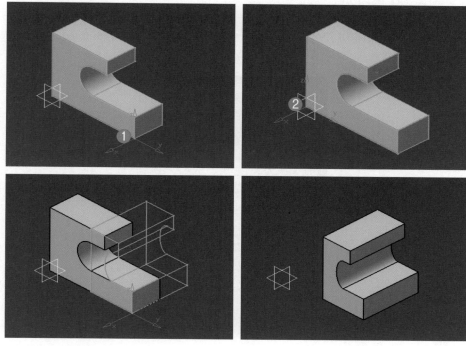

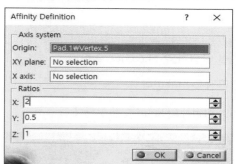

[Axis System]
• Origin : Scale을 적용할 기준 좌표축
• XY plane : 좌표축에서 XY 평면
• X axis : 좌표축에서 X축 설정
[Ratios]
• X, Y, Z : 축 방향 비율(1을 기준으로 크면 확대,
  작으면 축소)

⑤ Axis system 지정

　ⓐ 위의 과정 ④에서 xy plane 영역을 클릭한 후 Soild의 옆면(3)을 선택한다.

　ⓑ X axis 영역을 클릭하고 X축으로 지정할 Solid의 모서리(4)를 선택한다.

　ⓒ 새롭게 지정한 Axis system에 의한 Ratios(X : 2, Y : 0.5, Z : 1)가 적용되어 확대/축소된다.

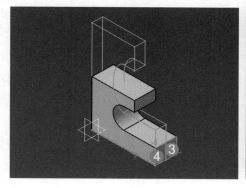

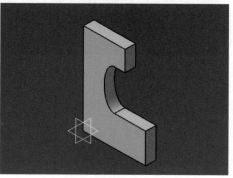

4 Surface－Based Features

마우스 포인터를 도구막대 빈 곳에 위치시키고 오른쪽 버튼을 클릭한 후 Surface－Based Features 를 선택한다.

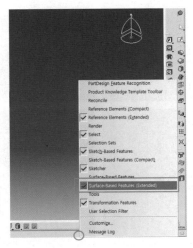

[Split]

Solid를 요소(Plane, Surface 등) 경계로 자름

① yz plane에 Spline 아이콘과 Line 아이콘을 클릭한 후 Sketch(1, 2)한다.

② Axis 아이콘 을 클릭한 후 원점과 Line(2)의 끝점을 선택한다.

③ 3D Mode에서 Shaft 아이콘 을 클릭하여 360° 회전체의 Solid를 생성한다.

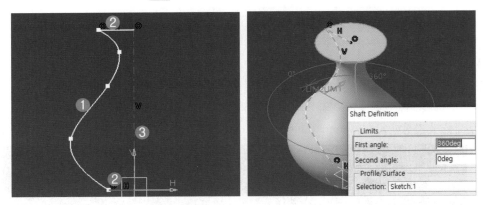

④ Workbench 아이콘을 클릭한 후 Wireframe and Surface Design 아이콘을 클릭한다.

⑤ Sketch 아이콘을 클릭한 후 zx plane을 선택하여 Sketch Mode로 전환한다.

⑥ Spline 아이콘을 클릭한 후 Solid가 감싸지도록 Sketch한다.

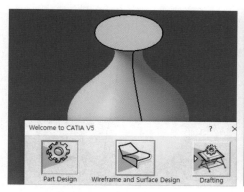
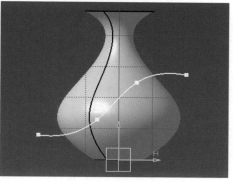

⑦ Exit Workbench 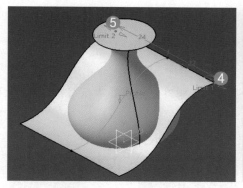 아이콘을 클릭하여 3D Mode로 전환한다.

⑧ Surfaces 도구막대의 Extrude 아이콘 을 클릭한 후 Limt 1(4)과 Limt 2(5)에 마우스 포인터를 위치시키고 드래그시켜 Solid를 완전히 감싸도록 조정한다.

⑨ OK 버튼을 클릭하여 Surface를 생성한다.

⑩ Workbench 아이콘 을 클릭한 후 Part Design 아이콘 을 클릭하여 Solid Mode로 전환한다.

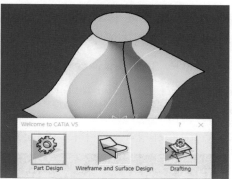

⑪ Split 아이콘 을 클릭한다.

⑫ Split Definition 대화상자에서 Splitting Element 영역을 클릭하고 Surface(6)를 선택한다.

⑬ 화살표 방향은 Solid의 남기고자 하는 쪽으로 화살표 방향이 향하도록 클릭하여 조정하고 OK 버튼을 클릭한다.

⑭ Surface와 Spline을 선택하고 마우스 오른쪽 버튼 클릭한 후 Hide/Show를 선택하여 숨긴다.

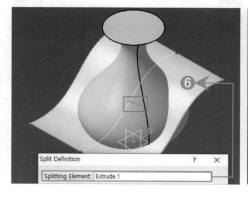
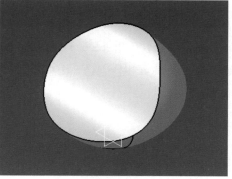

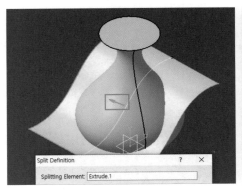 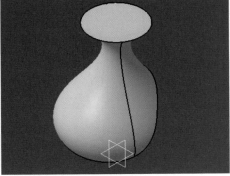

[Split Definition]
• Splitting Element : Split 기준
[화살표 방향]
• Solid의 남길 방향

[Thick Surface]

Surface에 두께를 주어 Solid 생성

① Split의 과정 ⑨까지 진행하여 Surface를 생성한 예제를 이용한다.

② Thick Surface 아이콘을 클릭한다.

③ Thick Surface Definition 대화상자에서 First Offset 영역을 클릭하고 생성할 Solid의 두께로
3mm를 입력한다.

④ Object to offset 영역을 클릭하고 Surface를 선택한 후 OK 버튼을 클릭한다.

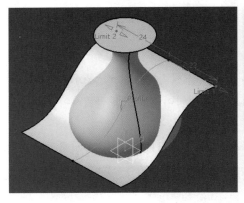 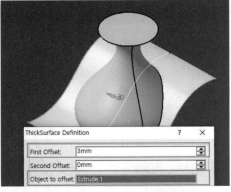

⑤ Surface 위의 화살표 방향으로 First Offset 영역에서 입력한 3mm만큼 Solid(1)가 생성된다.

⑥ Reverse Direction 버튼을 클릭하여 화살표 방향을 반대로 전환하면 Surface 아래쪽으로 Solid(2)
가 생성된다.

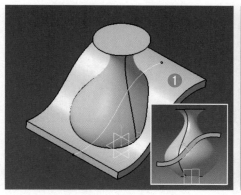
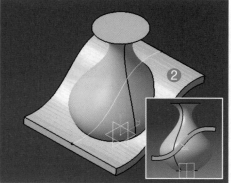

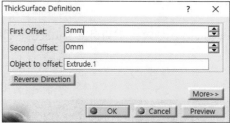

[First Offset] : 화살표 방향 Solid 두께
[Second Offset] : 화살표 반대 방향 Solid 두께
[Object to offset] : Solid를 생성시킨 Surface 선택
[Reverse Direction] : First Offset 방향을 변경

[Close Surface 　]

Surface 안쪽을 Solid로 채움

① Sketch 아이콘　을 클릭한 후 xy plane을 선택하여 Sketch Mode로 전환하고 Spline 아이콘　을 클릭하여 임의의 Sketch를 생성(1)한다.

② 3D Mode로 전환한 후 Workbench 아이콘　을 클릭하고 Wireframe and Surface Design 아이콘　을 선택하여 Surface Mode로 전환한다.

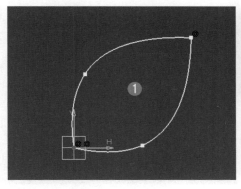
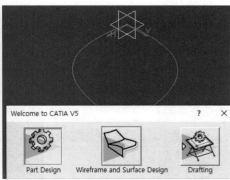

③ Extrude 아이콘　을 클릭하여 20mm 높이의 Surface를 생성한다.

④ Workbench 아이콘　을 클릭한 후 Part Design 아이콘　을 클릭하여 Solid Mode로 전환한다.

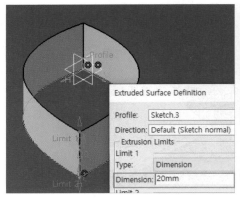
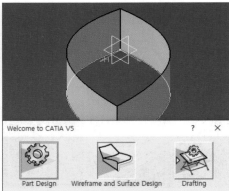

⑤ Close Surface 아이콘 을 클릭한다.

⑥ Close Surface Definition 대화상자에서 Object to close 영역을 클릭하고 Surface를 선택한 후
OK 버튼을 클릭한다.

⑦ Surface의 안쪽 영역을 채운 Solid가 생성(2)된다.

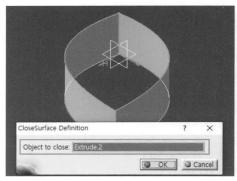
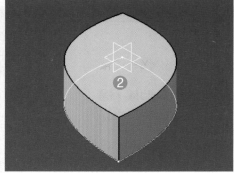

⑧ Tree 영역에서 Sketch와 Surface를 선택한 후 마우스 오른쪽 버튼을 클릭하여 Hide/Show를 선
택하여 숨긴다.

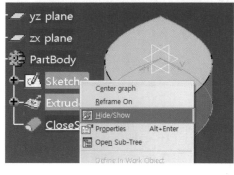
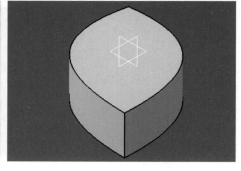

[Object to close] : Solid로 채울 Surface 선택

[Sew Surface 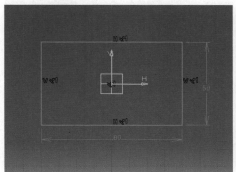]

Surface와 교차된 Solid의 한쪽 영역 제거

① xy plane에 Centered Rectangle 아이콘을 클릭하여 Sketch하고 3D Mode에서 Pad 시켜 Solid를 생성한다.

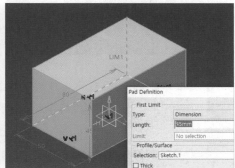

② Shell 아이콘을 클릭한 후 제거할 면으로 Solid의 앞면(1)을 선택하고 OK 버튼을 클릭하여 적용한다.

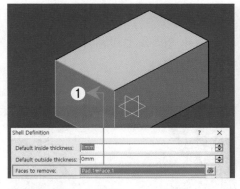

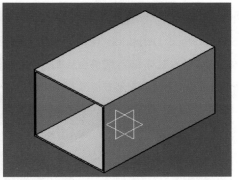

③ Workbench 아이콘을 클릭한 후 Wireframe and Surface Design 아이콘을 선택하여 Surface Mode로 전환한다.

④ Sketch 아이콘을 클릭한 후 Solid의 옆면(2)을 선택하여 Sketch Mode로 전환한다.

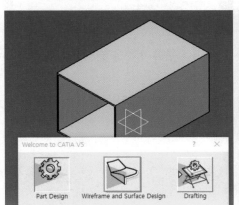

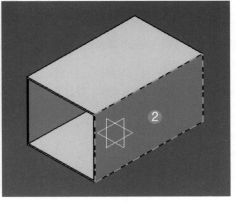

⑤ Surface를 생성하기 위해 Curve 아이콘 ⌒을 클릭한 후 Solid를 벗어나도록 Sketch(3)하고 3D Mode로 전환한다.

⑥ Extrude 아이콘 ⬚을 클릭하고 Limit 1과 Limit 2에 마우스 포인터를 위치시킨 후 드래그하여 Solid를 관통하도록 Surface를 생성한다.

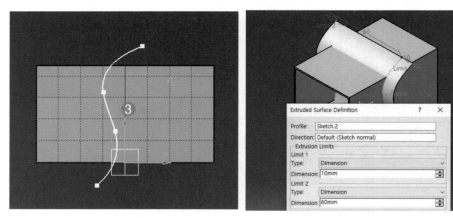

⑦ Workbench 아이콘 ⬦을 클릭한 후 Part Design 아이콘 ⚙ 을 클릭하여 Solid Mode로 전환한다.

⑧ Sew Surface 아이콘 ▮을 클릭한다.

⑨ Sew Surface Definition 대화상자에서 Object to sew 영역을 클릭한 후 Surface를 선택하고 Solid의 남기고자 하는 방향으로 화살표를 클릭하여 전환한다.

⑩ Intersection Body를 체크하고 OK 버튼을 클릭한다.

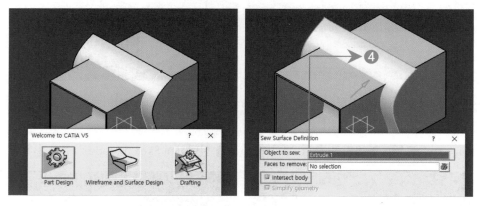

⑪ Tree 영역에서 Sketch와 Surface를 선택한 후 마우스 오른쪽 버튼을 클릭하고 Hide/Show를 선택하여 숨긴다.

⑫ Surface를 기준으로 Solid의 화살표 방향으로 남기고 Shell로 제거된 공간이 채워진다.

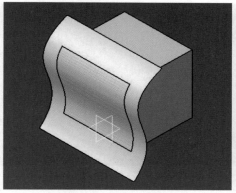
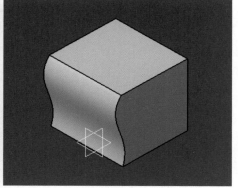

⑬ 위의 과정 ⑩에서 Face to remove 영역을 클릭한 후 Solid의 앞면(5)을 선택하고 OK 버튼을 클릭한다.

⑭ Surface를 숨기면 Surface를 기준으로 화살표 방향으로 Solid의 구멍이 채워지지 않은 상태에서 제거된 것을 확인할 수 있다.

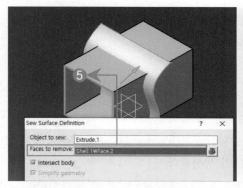
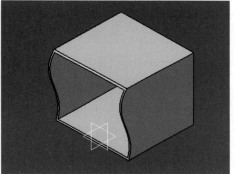

5 Reference Elements(Extended)

[Point ▪]

3D 공간에서 Point 생성

① Point 아이콘 ▪ 을 클릭한다.

② Point Definition 대화상자에서 Point type을 선택하고 그에 적합한 조건을 지정하여 Point를 생성한다.

③ Point type 옵션

③-1 Coordinate : 좌표계를 이용하여 Point를 생성한다.

　　ⓐ X, Y, Z 영역에 원점에서 Point의 위치를 입력하고 OK 버튼을 클릭한다.

　　ⓑ 원점에서 Z축으로 50mm 위치에 Point가 생성된다.

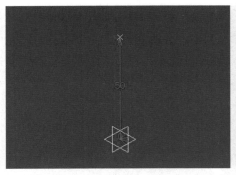

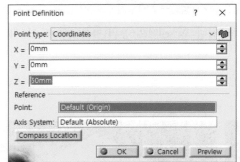

[X, Y, Z] : Reference Point를 기준으로 생성할 Point의 좌표

[Reference] : 좌표의 기준 선택

- Point : 이미 생성된 점을 기준으로 X, Y, Z축의 거리만큼 떨어진 위치에 Point 생성
- Axis System : 좌표계 지정

ⓒ Reference : 생성할 Point의 기준점을 지정한다.

- Point 아이콘 ▪ 을 클릭하여 Point Definition 대화상자에서 Reference/Point 영역을 클릭한 후 앞에서 생성한 Point(1)를 선택한다.
- Z＝50mm를 입력하고 OK 버튼을 클릭하면 Reference Point를 기준으로 Z 방향으로 50mm 떨어진 위치에 새로운 Point(2)가 생성된다.

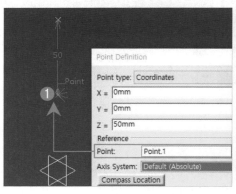
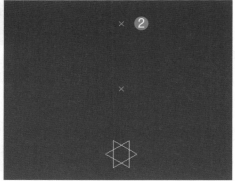

③－2 On Curve : Curve 위에 Point를 생성한다.

ⓐ zx plane에서 Spline 아이콘 ∿을 클릭하여 Curve를 생성하고 3D Mode로 전환한다.

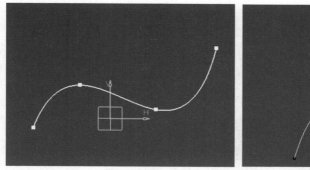
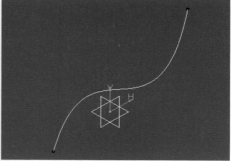

ⓑ Spline을 선택한 상태에서 Point 아이콘 ▪을 클릭한다.

ⓒ Point Definition 대화상자에서 Point type으로 On curve를 선택한다.

ⓓ Distance to reference/Distance On Curve를 선택하고 Length에 100mm를 입력한다.

ⓔ Curve의 기준점에서 곡선(Geodesic) 또는 직선(Euclidean)거리로 100mm 위치에 Point
   가 생성된다.

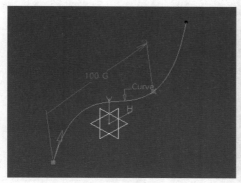

Geodesic 체크

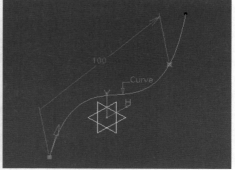

Euclidean 체크

[Curve] : Point를 생성할 Sketch 선택

[Distance to reference] : 기준점에서 거리 또는
비율로 Point 위치 지정

• Geodesic : 기준점에서 곡선거리

• Euclidean : 기준점에서 직선거리

• Nearest extremity : Curve의 끝에 Point 생성

• Middle Point : Curve의 중앙에 Point 생성

[Reference]

• Point : 생성할 Point의 기준(Curve의 끝점이 아
   닌 임의 점으로 변경 가능)

[Repeat object after OK] : 반복해서 Point 생성

ⓕ Distance to reference
- Distance along direction : 지정한 방향으로 일정 거리를 주어 Point를 생성
  - Distance along direction을 체크한 후 Direction 영역을 클릭하고 마우스 오른쪽 버튼을 클릭하여 축을 선택한다.
  - 선택한 축의 붉은색 화살표 방향으로 30mm 떨어진 위치에 Point가 생성된다.

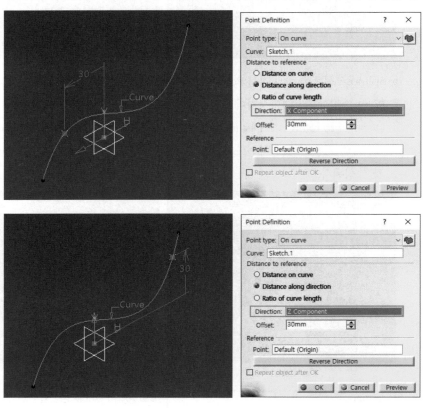

- Ratio of curve length : 비율로 Point 위치를 지정하여 생성
  - Curve의 전체 길이를 1로 보고 Ratio 영역에 Point를 위치시킬 비율을 입력하여 해당 지점에 Point를 생성한다.

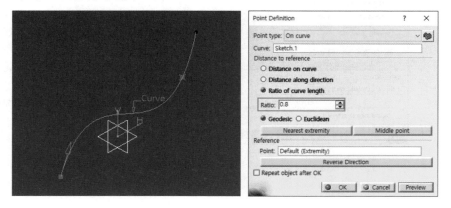

- **Nearest extremity** : 가장 가까운 끝점에 Point 생성
  - Nearest extremity 버튼을 클릭하면 Point 위치가 Curve의 중간 이전에 존재하면 Ratio가 0 위치인 시작점(3), Curve의 중간 이후에 존재하면 Ratio가 1 위치인 끝점(4)에 Point가 생성된다.

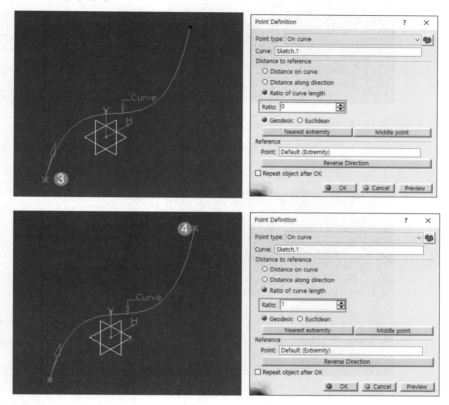

- **Middle point** : Curve의 가운데 지점에 Point 생성
  - Middle point 버튼을 클릭하면 Curve의 중앙 위치인 Ratio가 0.5인 위치(5)에 Point가 생성된다.

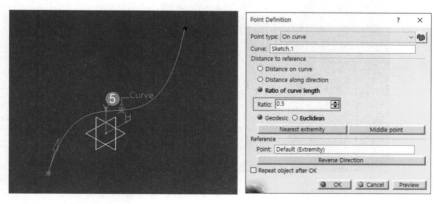

ⓖ Reference/Point : 새로 생성한 Point의 기준점
- Curve 위 Ratio(0.2) 위치에 Point(6)를 생성한다.

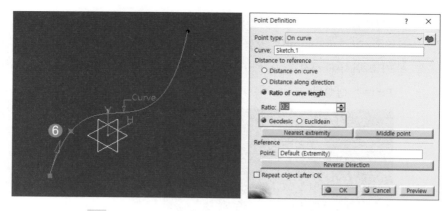

- Point 아이콘 ▪ 을 클릭하고 Curve를 선택한다.
- Point Definition 대화상자에서 Reference의 Point 영역을 Default 상태로 두고 Length에 100mm를 입력하면 Curve의 끝점에서 Length만큼 떨어진 위치에 Point(7)가 생성된다.

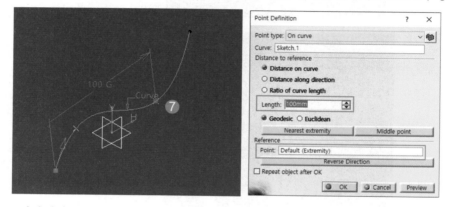

- 여기에서 Reference의 Point 영역을 클릭한 후 Ratio(0.2) 위치에 생성된 Point를 선택(8)한다.
- Point의 기준 위치가 Reference의 Point 영역에서 선택한 지점으로 변경되어 생성된다.

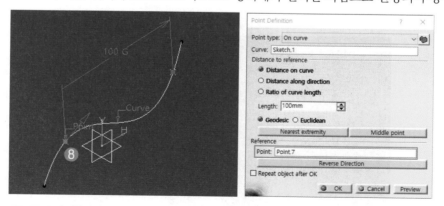

ⓗ Reverse Direction : 기준 위치에서 Point가 생성될 방향 전환
- Curve 위 Ratio(0.3) 위치에 Point를 생성한다.
- 여기에서 Reverse Direction 버튼을 클릭하면 기준이 반대 끝점(9)으로 변경된다.

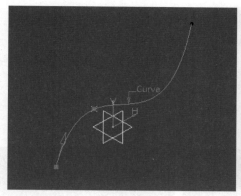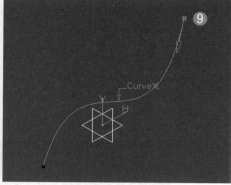

ⓘ Repeat object after OK : Point를 여러 개 생성

● Distance on curve를 선택하고 Length 영역에 30mm를 입력한다.

● Repeat object after OK를 체크하고 OK 버튼을 클릭한다.

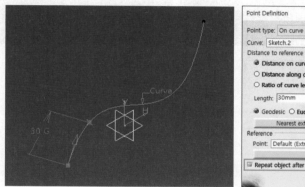

● Point & Planes Repetition 대화상자에서 First Point 영역을 클릭한 후 생성한 Point를 선택한다.

● Parameter에서 Instances 또는 Instances & Spacing을 선택한 후 각 영역에 값을 입력한다(여기에서는 Instances에 3개를 입력한다).

● OK 버튼을 클릭하면 기준점(10)에서 30mm 위치에 Point가 생성된 후 3개가 연속하여 추가로 생성된다.

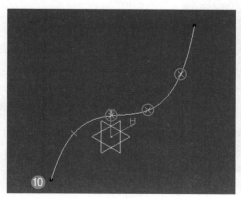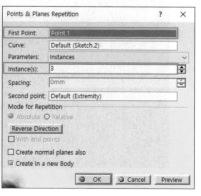

③-3 On Plane : Plane 위에 Point를 생성한다.

ⓐ Point 아이콘 ■ 을 클릭하고 Point type으로 On plane을 선택한다.

ⓑ Point Definition 대화상자에서 Plane 영역을 선택하고 마우스 오른쪽 버튼을 클릭하여
xy plane을 선택한다.

ⓒ H 영역을 클릭하여 35mm, V 영역을 클릭하여 25mm를 각각 입력한다.

ⓓ xy plane의 H(35mm), V(25mm) 위치에 Point가 생성된다.

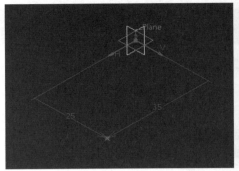 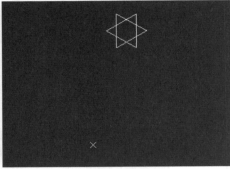

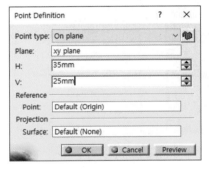

[Plane] : Point를 생성할 Plane
[H, V] : Plane 위의 좌표
[Reference]
• Point : 생성할 Point 기준점
[Projection]
• Surface : Point를 투영시킬 Surface

ⓔ Reference : 생성할 Point의 기준을 지정한다.

• Point 영역을 클릭한 후 앞에서 생성한 Point(11)를 선택한다.

• H, V에 각각 30mm, 20mm를 입력하고 OK 버튼을 클릭하면 Point 영역에서 선택한 점을
기준으로 H, V에 입력한 거리만큼 떨어진 위치에 새로운 Point(12)가 생성된다.

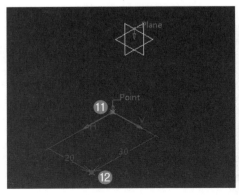 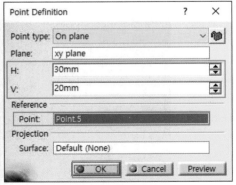

ⓕ Projection/Surface : Point가 Surface에 투영되어 생성된다.

- yz plane에 Spline 아이콘 ∿ 을 클릭하여 아래와 같이 Sketch한다.
- 3D Mode로 나온 후 Workbench 아이콘 ⚙ 을 클릭하고 Wireframe and Surface Design 아이콘 ▱ 을 클릭하여 Surface Mode로 전환한다.

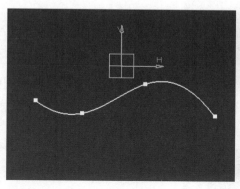
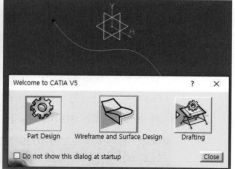

- Sketch를 선택한 상태에서 Extrude 아이콘 ⤢ 을 클릭한다.
- Limit 1/Dimension 영역에 20mm를 입력하고 Mirrored Extent를 체크한 후 OK 버튼을 클릭하여 Surface를 생성한다.

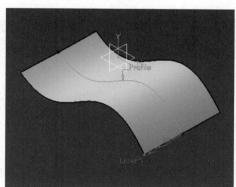
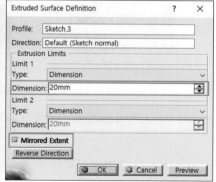

- Workbench 아이콘 ▱ 을 클릭하고 Part Design을 클릭하여 Solid Mode로 전환한다.
- Point 아이콘 ▪ 을 클릭하고 Point type으로 On plane을 선택한다.
- Plane 영역을 클릭한 후 마우스 오른쪽 버튼을 클릭하여 xy plane을 선택하고 H(15mm), V(30mm)를 입력하면 xy plane 위에 Point(13)가 생성된다.

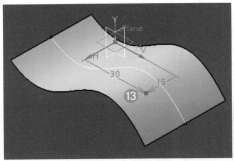

- 여기에서 Projection/Surface 영역을 클릭한 후 앞에서 생성한 Surface를 선택한다.
- Plane에서 선택한 xy plane 위에 Point가 생성되는 것이 아니라 Projection 영역에서 선택한 Surface로 투영되어 Point(14)가 생성된다.

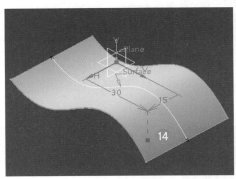
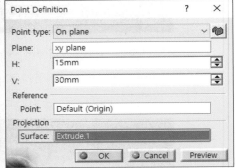

③－4 On Surface : Surface 위에 Point를 생성한다.

ⓐ 과정 ③－3 On Plane의 Projection/Surface 예제를 이용한다.

ⓑ Point 아이콘 ▪ 을 클릭하고 Point Definition 대화상자에서 Point type을 On Surface로 선택한다.

ⓒ Surface 영역을 클릭한 후 생성한 Surface를 선택하고 Direction 영역을 클릭한 후 Point를 생성할 방향으로 마우스 오른쪽 버튼을 클릭하여 Y축을 선택한다.

ⓓ Distance 영역에 기준 위치에 따른 거리를 입력하고 OK 버튼을 클릭하면 Surface의 중심에서 입력한 거리만큼 떨어진 위치에 Point가 생성된다.

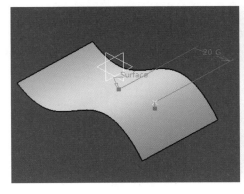
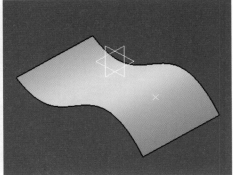

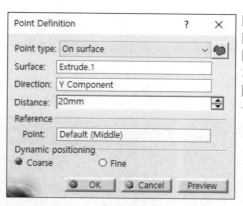

[Surface] : Point를 생성할 Surface
[Direction] : 생성할 Point 방향
[Distance] : Reference 점에서 생성할 Point의 거리
[Reference]
• Point : 기준점 선택

ⓔ Direction : Point를 생성할 방향을 임의로 지정할 수 있다.

• xy plane에 Line을 아래와 같이 Sketch한 후 3D Mode로 나간다.

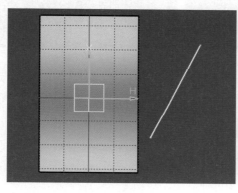
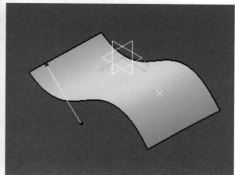

• Point 아이콘 █ 을 클릭하고 Point Definition 대화상자에서 Point type을 On Surface로 선택한다.

• Surface 영역을 클릭한 후 생성한 Surface를 선택하고 Direction 영역을 클릭한 후 Point를 생성할 방향으로 Line을 선택한다.

• Reference/Point 영역을 선택하고 생성할 Point의 기준으로 Surface의 꼭짓점(15)을 선택한다.

• Reference/Point를 기준으로 Direction 방향으로 Distance 거리만큼 떨어진 위치에 Point가 생성된다.

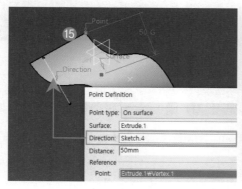
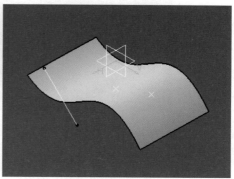

③-5 Circle/Sphere/Ellipse center : Circle/Sphere/Ellipse의 중심에 Point를 생성한다.

ⓐ xy plane에 Circle 아이콘⊙을 이용하여 Sketch하고 3D Mode로 전환한다.

ⓑ Point 아이콘▪을 클릭하고 Point type을 Circle/Sphere/Ellipse center로 선택한다.

ⓒ Circle/Sphere/Ellipse 영역에서 Circle을 선택하면 중심에 Point가 생성된다.

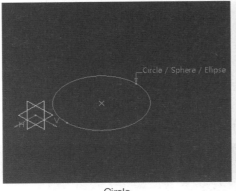

Circle

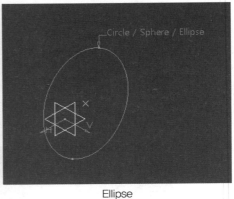

Ellipse

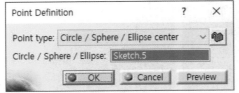

[Circle/Sphere/Ellipse] : Point를 생성할 객체 선택

ⓓ Sphere : 구의 중앙에 Point를 생성한다.

● yz plane에 Profile 아이콘과 Three point Arc 아이콘을 클릭하여 Sketch한 후 치수를 구속한다.

● Axis 아이콘▮을 클릭하여 V축 위에 Sketch한 후 3D Mode로 나간다.

● Shaft 아이콘을 클릭하여 회전체를 생성한다.

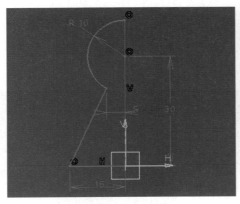

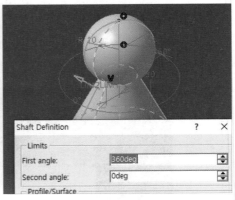

● Point 아이콘▪을 클릭하고 Point type을 Circle/Sphere/Ellipse center로 선택한 후 Sphere(16)를 클릭한다.

● OK 버튼을 클릭하면 선택한 구의 중심에 Point(17)가 생성된다.

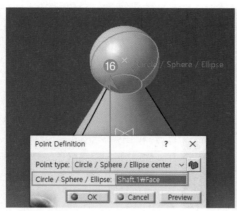
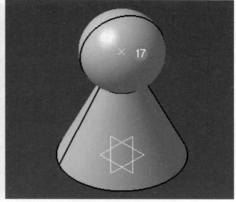

③-6 Tangent on curve : Curve에 접하는 위치에 Point를 생성한다.

ⓐ yz plane에 Spline 아이콘 을 클릭하여 Curve를 Sketch하고 3D Mode로 전환한다.

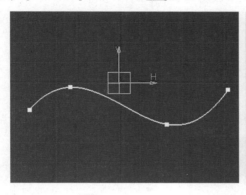
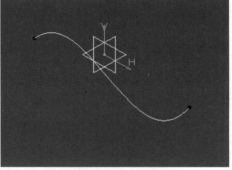

ⓑ Point 아이콘 을 클릭하고 Point type을 Tangent on curve로 선택한다.

ⓒ Point Definition 대화상자에서 Curve 영역을 클릭하고 Spline을 선택한다.

ⓓ Direction 영역에서 마우스 오른쪽 버튼을 클릭한 후 Y Component를 선택하고 OK 버튼을 클릭한다.

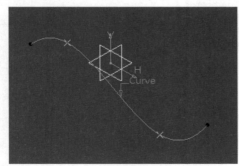
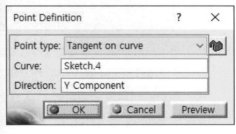

ⓔ Multi-Result Management 대화상자가 나타나면 Keep all the sub-elements 옵션을 선택한 후 OK 버튼을 클릭한다.

ⓕ Curve에 접하는 Y축 방향의 Point가 모두 생성된다.

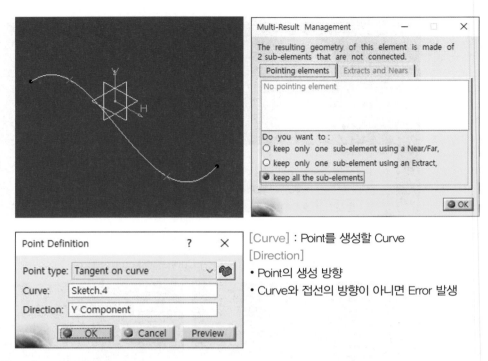

[Curve] : Point를 생성할 Curve
[Direction]
• Point의 생성 방향
• Curve와 접선의 방향이 아니면 Error 발생

ⓖ Multi−Result Management

• Keep only sub−element using a Near/Far를 선택하고 OK 버튼을 클릭한다.

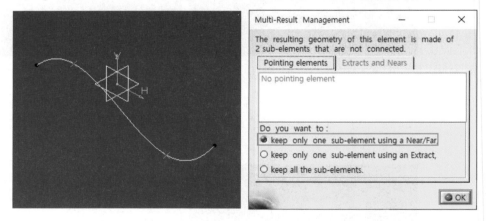

• Near Definition 대화상자가 나타나며 Reference Element 영역을 클릭하고 Curve에 접한
2개의 Point(18, 19) 중 생성하고자 하는 Point와 가까운 Curve의 끝점(20)을 선택한다.

• OK 버튼을 클릭하면 Curve에 접하는 2개의 Point 중 Reference Element에서 가까운
Point만 생성된다.

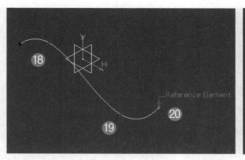

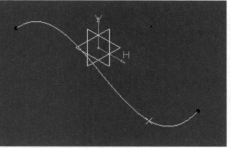

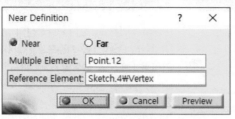

[Near] : Reference Element와 가까운 Point만 생성

[Far] : Reference Element와 멀리 떨어진 Point만 생성

- Near Definition 대화상자에서 Far를 선택할 경우에는 Reference Element에서 멀리 떨어진 Point(21)가 생성된다.

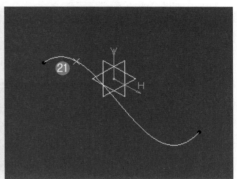

③-7 Between : 점과 점 사이에 Point를 생성한다.

ⓐ 과정 ③-6의 Tangent on curve 예제에 적용하기로 한다.

ⓑ Point 아이콘 ▪ 을 클릭하고 Point type을 Between으로 선택한다.

ⓒ Point Definition 대화상자에서 Point 1과 Point 2 영역을 클릭하여 Curve의 끝점을 각각 선택한다.

ⓓ Ratio 영역을 클릭한 후 선택한 Curve의 끝점 사이에 생성할 새로운 Point 위치를 Point 1을 기준으로 한 비율로 입력한다(다음 그림은 비율로 0.3을 입력한 결과이다).

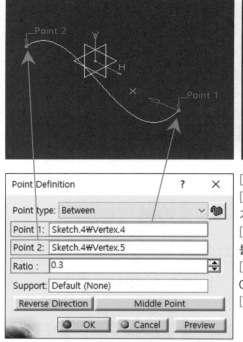

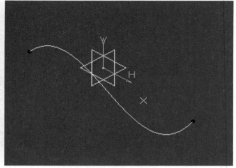

[Point 1]/[Point 2] : Point 선택
[Ratio] : Point 1을 기준으로 Point 2까지의 전체
거리를 1로 보고 생성할 Point 위치의 비율을 지정
[Reverse Direction] : Ratio를 적용할 기준 Point
를 변경
[Middle Point] : Point 1과 2의 중앙 위치(Ratio
0.5)에 Point 생성
[Support] : 생성할 Point가 위치할 평면 선택

ⓔ Reverse Direction

• Ratio를 적용할 기준 Point를 변경한다.

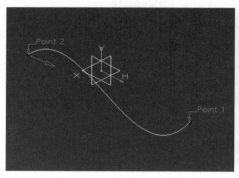

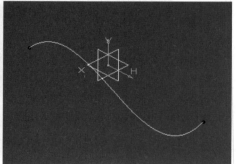

ⓕ Middle Point

• 선택한 Point 1과 Point 2의 중앙 위치에 Point를 생성한다(Ratio : 0.5).

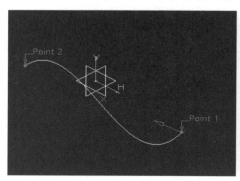

[Line 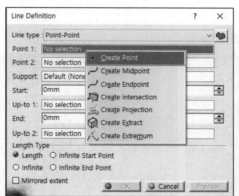]

3D 공간에서 직선 생성

① Line 아이콘 ✏️을 클릭한다.

② Line Definition 대화상자에서 Line type을 선택하고 그에 적합한 조건을 지정하여 Line을 생성
한다.

③ Line type

③-1 Point-Point : 두 Point를 연결하는 Line을 생성한다.

　　ⓐ Line 아이콘 ✏️을 클릭한다(미리 생성한 Point가 있다면 선택하면 된다).

　　ⓑ Line Definition 대화상자에서 Point 1영역에 마우스 포인터를 위치시킨 후 오른쪽 버튼
　　　을 클릭한다.

　　ⓒ Create Point를 선택하면 Point Definition 대화상자가 나타나고 앞에서 학습한 내용을 참
　　　고하여 Point를 생성한다(여기서는 Point type을 Coordinates로 선택한 후 X=0mm, Y
　　　=50mm, Z=0mm를 입력하고 OK 버튼을 클릭한다).

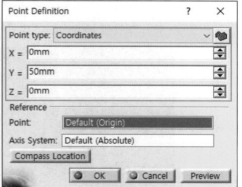

　　ⓓ Point 2 영역을 클릭하고 같은 방법으로 X=0, Y=50, Z=50을 입력한 후 OK 버튼을 클
　　　릭한다.

　　ⓔ 두 개의 Point를 연결하는 Line이 생성된다.

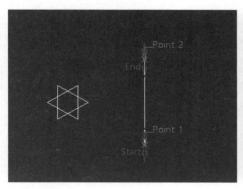
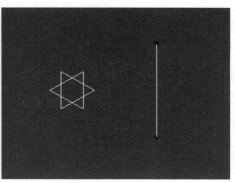

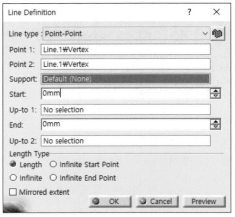

[Point 1]/[Point 2] : Line으로 연결할 Point 선택

[Start] : Point 1에서 반대 방향 길이

• Up-to 1 : Point 1에서 선택한 영역까지 반대
  방향으로 연장

[End] : Point 2에서 반대 방향 길이

• Up-to 2 : Point 2에서 선택한 영역까지 반대
  방향으로 연장

[Length Type]

• Length : Line 길이 지정

• Infinite Start/End Point : 생성할 Line의 시작/끝
  부분이 무한하게 연장

[Mirrored extent] : End 길이를 Start 길이에 적
용하여 Line 생성

ⓕ Start/End : Point 1과 Point 2를 연결하여 생성되는 직선의 반대 방향으로 길이를 주어
Line을 생성한다.

• Point 아이콘 ▪ 을 클릭하여 원점에 Point(1)를 추가로 생성한다.

• Line 아이콘 ╱ 을 클릭한 후 두 개의 Point(2, 3)를 차례로 선택한다.

• Start 영역에 20mm, End 영역에 10mm를 입력하고 OK 버튼을 클릭한다.

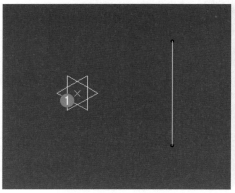
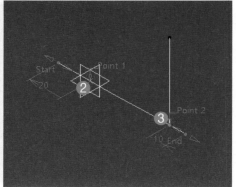

ⓖ Up-to 1/Up-to 2 : 선택한 영역까지 Point 1과 Point 2에서 반대 방향으로 연장하여
Line을 생성한다.

• Plane 아이콘 ▱ 을 클릭한 후 xy plane을 선택하고 Offset 영역에 50mm를 입력하여 새
  로운 Plane을 생성한다.

• 다시 Plane 아이콘 ▱ 을 클릭한 후 xy plane을 선택하고 Offset 영역에 30mm를 입력한
  후 Reverse Direction 버튼을 클릭하여 반대 방향으로 Plane을 생성한다.

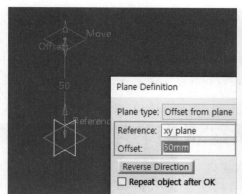
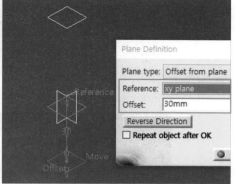

- Point 아이콘 ▪ 을 클릭하여 X＝0mm, Y＝30mm, Z＝0mm과 X＝0mm, Y＝30mm, Z＝30mm 위치에 Point를 차례로 생성한다.

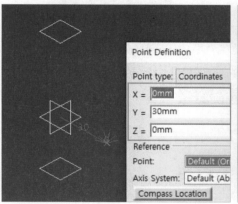
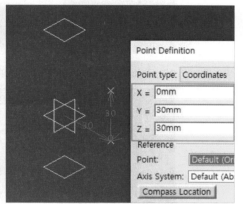

- Line 아이콘 ╱ 을 클릭하고 생성한 두 개의 Point(4, 5)를 차례로 선택한다.
- Up－to 1 영역을 클릭한 후 50mm 위치에 생성한 Plane을 선택하고, Up－to 2 영역을 클릭한 후 30mm 위치에 생성한 Plane을 선택한다.
- Point 1과 Point 2이 Line으로 연결되고 Up－to 1과 Up－to 2에서 선택한 Plane까지 연장된다.

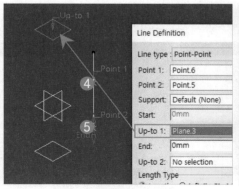
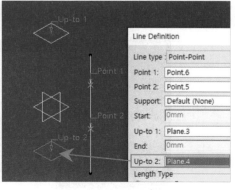

ⓗ Length Type

- 과정 ⓖ의 Up−to 1/Up−to 2 예제에 적용해 보기로 한다.
- Line 아이콘╱을 클릭하고 Point를 차례로 선택한 후 Length type에서 Infinite Start Point를 체크하면 Point 1에서 반대 방향으로 무한선(6)이 생성된다.
- Infinite End Point를 체크하면 Point 2에서 반대 방향으로 무한선(7)이 생성된다.

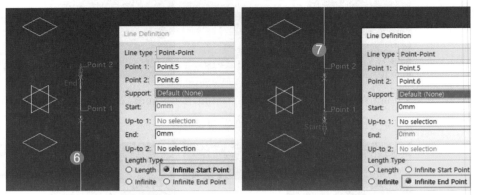

- Infinite를 체크하면 Point 1과 Point 2 방향 모두 무한선이 생성된다.

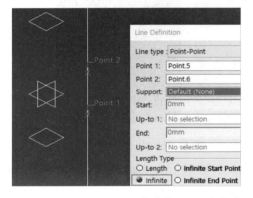

ⓘ Mirrored extent : End 길이가 Start 길이에도 적용되어 대칭 Line이 생성된다.

- Line 아이콘╱을 클릭하고 Point를 차례로 선택한 후 Start 영역에 10mm, End 영역에 30mm를 입력한 후 Mirrored extent를 체크한다.
- End 영역의 길이가 Start 영역에 적용되어 Line이 생성된다.

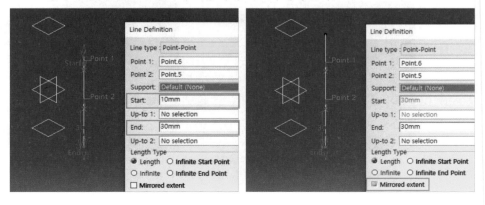

③－2 Point－Direction : Point를 지나 방향을 지정하여 Line을 생성한다.

ⓐ Point 아이콘 ▪ 을 클릭하고 Point type으로 Coordinates를 선택한 후 X＝0mm, Y＝20mm,
Z＝0mm 위치에 Point를 생성한다.

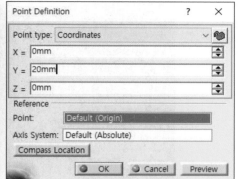

ⓑ Line 아이콘 ╱ 을 클릭하고 Line Type을 Point－Direction으로 선택한다.

ⓒ Line Definition 대화상자에서 Point 영역을 클릭하여 생성한 Point를 선택한다.

ⓓ Direction 영역을 클릭하고 xy plane(5)을 선택한다.

ⓔ xy plane에 수직하게 화살표 방향으로 End 길이(30mm)의 Line이 생성된다.

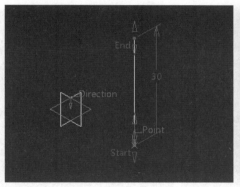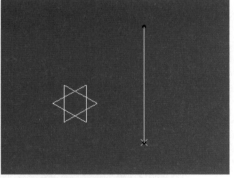

[Point] : 생성할 Line의 시작점

[Direction] : Line의 방향지정

• 직선 : 직선 방향으로 Line 생성

• 평면 : 평면에 수직 방향으로 Line 생성

[Start]/[End]/[Length Type] : Point－Point
Type 참조

ⓕ Direction
- zx plane을 선택한 후 Sketch Mode로 전환한다.
- Line을 Sketch하고 각도를 적용한 후 3D Mode로 나간다.

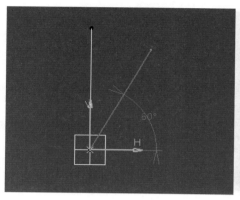 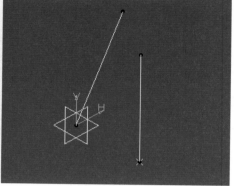

- Line 아이콘 ╱을 클릭하고 Line Type를 Point−Direction으로 선택한다.
- Point 영역을 클릭하여 Line을 생성할 Point를 선택(8)한다.
- Direction 영역을 클릭하고 zx plane에 생성한 Line(9)을 선택한 후 OK 버튼을 클릭하면 Direction 영역에서 선택한 Line 방향으로 새로운 Line(10)이 생성된다.

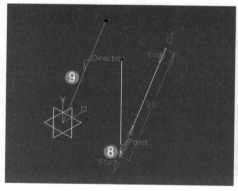 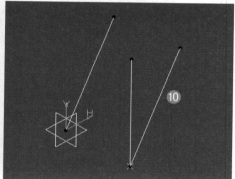

③−3 Angle/Normal to Curve : Curve에 일정한 각도 또는 직각인 Line을 생성한다.

ⓐ yz plane에 Spline 아이콘 ∿을 클릭하여 Curve를 Sketch한다.

ⓑ Point 아이콘 ▪을 클릭하고 Point type을 On Curve로 선택하여 Curve의 임의의 위에 Point(11)를 생성한다.

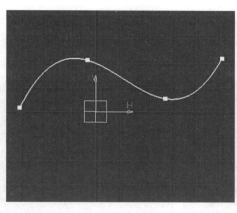
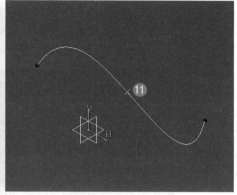

ⓒ Line 아이콘 을 클릭한다.

ⓓ Line Definition 대화상자에서 Curve 영역과 Point 영역을 클릭하여 Curve와 Point를 각각 선택한다.

ⓔ Angle 영역을 클릭하여 Curve와 이루는 Line의 각도를 45deg로 입력하고 End 영역에 30mm를 입력한다.

ⓕ Curve 위의 Point에서 Curve와 45°의 각을 이루는 Line(12)이 생성된다.

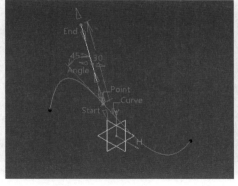
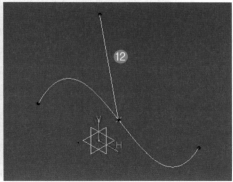

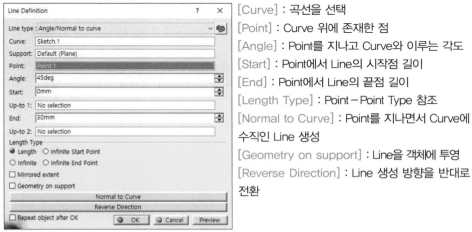

[Curve] : 곡선을 선택
[Point] : Curve 위에 존재한 점
[Angle] : Point를 지나고 Curve와 이루는 각도
[Start] : Point에서 Line의 시작점 길이
[End] : Point에서 Line의 끝점 길이
[Length Type] : Point – Point Type 참조
[Normal to Curve] : Point를 지나면서 Curve에 수직인 Line 생성
[Geometry on support] : Line을 객체에 투영
[Reverse Direction] : Line 생성 방향을 반대로 전환

ⓖ Normal to Curve : 곡선에 수직한 Line을 생성

- Normal to curve 버튼을 클릭하면 Angle 영역에 90deg가 적용되어 Curve에 수직한 Line이 생성된다.

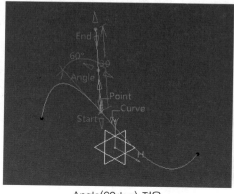

Angle(60deg) 적용

Normal to curve 버튼 체크

ⓗ Reverse Direction : Line의 생성 방향이 반대로 전환된다.

- Reverse Direction 버튼을 클릭하면 Point에서 반대 방향으로 Line이 전환되어 생성된다.

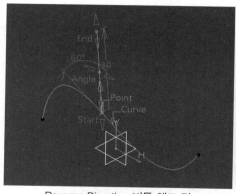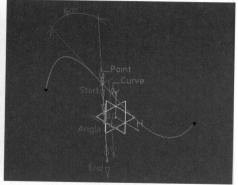

Reverse Direction 버튼 체크 전

Reverse Direction 버튼 체크 후

ⓘ Geometry on Support : Line이 객체에 투영되어 생성된다.

- xy plane에 직경 20mm의 Circle을 Sketch하고 3D Mode에서 Pad 🗗 시켜 100mm 높이의 원기둥을 생성한다.
- Point 아이콘 ▪ 을 클릭하고 원기둥의 위쪽 모서리를 선택하여 임의의 위치에 Point(13)를 생성한다.

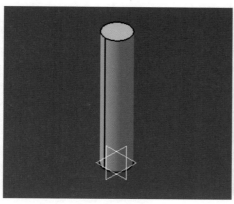

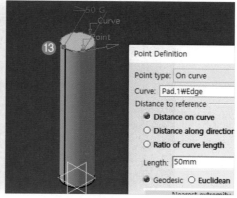

- Line 아이콘 을 클릭하고 Line type을 Angle/Normal to Curve로 선택한다.
- Curve 영역을 클릭하여 원기둥 위쪽 모서리를 선택하고, Point 영역을 클릭하여 생성한 Point를 선택한다.
- Angle 영역에 5deg, End 영역에 600mm를 입력한다.

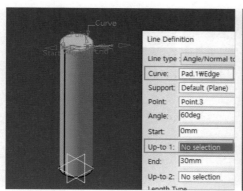

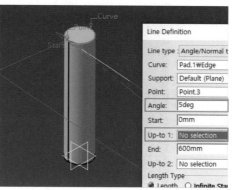

- Geometry on Support를 체크하고 Support 영역을 클릭한 후 원기둥(14)을 선택한다(만약 다음 그림과 같은 Update Error 메시지(15)가 나타나면 Reverse Direction 버튼을 체크한다).
- Support 영역에서 선택한 원기둥에 투영되어 Line이 생성된다.

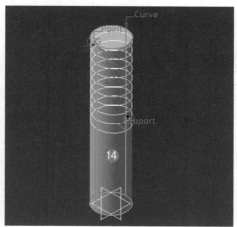

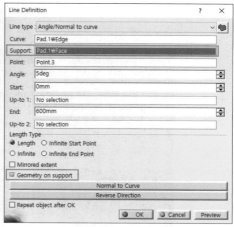

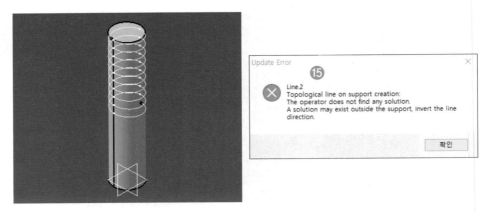

③-4 Tangent to Curve : Curve에 접하는 Line을 생성한다.

ⓐ yz plane에 Spline 아이콘 을 클릭하여 Curve를 Sketch하고 3D Mode로 전환한다.

ⓑ Point 아이콘 을 클릭하고 Type을 On curve로 선택한다.

ⓒ Length 영역에 거리를 입력한 후 OK 버튼을 클릭하여 Curve 위에 Point를 생성한다.

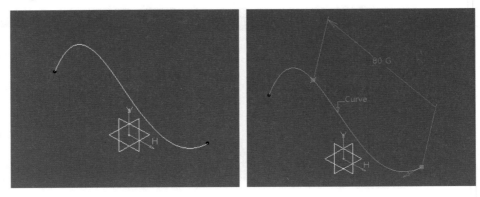

ⓓ Line 아이콘 을 클릭한다.

ⓔ Line Definition 대화상자에서 Curve 영역을 클릭한 후 생성한 Curve를 선택한다.

ⓕ Element 2 영역을 클릭하고 Curve 위의 Point를 선택한다.

ⓖ Start 영역에 −30mm, End 영역에 30mm를 입력하고 OK 버튼을 클릭한다.

ⓗ Curve에 접하면서 Point 기준 양방향으로 30mm씩 총 60mm의 Line이 생성된다.

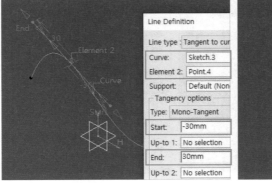
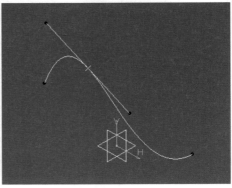

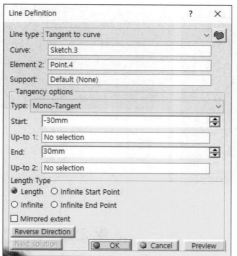

[Curve] : Line이 접할 곡선

[Element 2] : Curve 위의 Point

[Tangency options]

- Type(Mono – Tangent) : Element 2 지점에서 Curve에 접하는 Line 생성
- Type(BiTangent) : Element 2 지점을 지나면서 Curve의 반대쪽에 접하는 Line 생성
- Start : Point를 기준으로 한 시작 지점
- End : Line의 끝 지점

[Length Type] : 앞 내용 참조

ⓘ Tangency options : 생성할 Line의 접선 형태를 지정한다.

- 앞의 과정에서 Tangency options의 Type을 BiTangent로 선택한다.
- Start, End 영역의 길이와 무관하게 Element 2에서 지정한 Point를 지나면서 Curve의 반대 영역에 접하는 Line(16)이 생성된다.

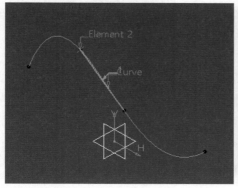
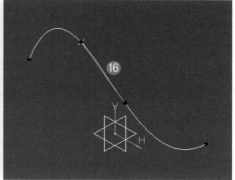

③-5 Normal to Surface : Surface에 수직한 Line을 생성한다.

ⓐ yz plane에 Spline 아이콘 을 클릭하여 Curve를 Sketch하고 3D Mode로 전환한다.

ⓑ Workbench 아이콘 을 클릭하고 Wireframe and Surface Design 아이콘 을 선택하여 Surface Mode로 전환한다.

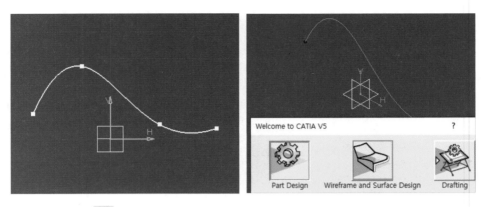

ⓒ Extrude 아이콘 을 클릭하여 Surface를 생성한다.

ⓓ Workbench 아이콘 을 클릭하고 Part Design 아이콘 을 선택하여 Solid Mode로 전
환한다.

ⓔ Point 아이콘 을 클릭한 후 Point type을 On Surface로 선택한다.

ⓕ Surface를 선택한 후 Reference/Point 영역을 선택하고 Surface의 꼭짓점(17)을 선택한
후 임의의 위치에 Point를 생성한다.

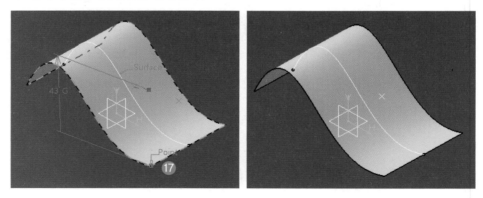

ⓖ Line 아이콘 을 클릭하고 Line type을 Normal to surface로 선택한다.

ⓗ Line Definition 대화상자에서 Surface 영역을 클릭하여 생성한 Surface를 선택한다.

ⓘ Point 영역을 클릭하여 Surface 위에 생성한 Point(18)를 선택한다.

ⓙ Surface에 수직하고 Point를 지나는 Line(19)이 생성된다.

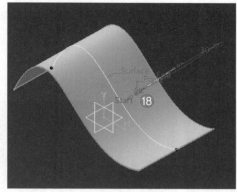 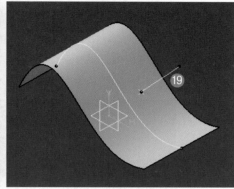

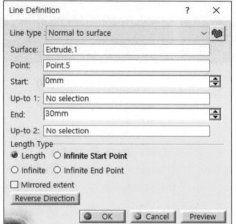

[Surface] : 생성할 Line에 수직한 Surface
[Point] : Surface 위에 존재하는 Point
[Start]/[End]
• Start : Point를 기준으로 한 시작 지점
• End : Line의 끝 지점
[Length Type] : 앞의 내용 참조

③-6 Bisecting : 두 Line을 이등분하는 새로운 Line을 생성한다.

ⓐ Point 아이콘 ▪ 을 더블클릭하고 Coordinate type을 선택하여 (0, 0, 0), (0, 20, 0), (20, 0, 0) 위치에 각각 Point를 생성한다.

ⓑ Line 아이콘 ╱ 을 클릭한 후 Line type을 Point−Point로 선택하고 두 Point를 선택하여 Line(20, 21)을 생성한다.

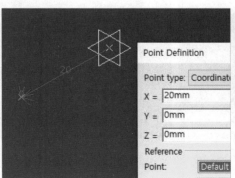 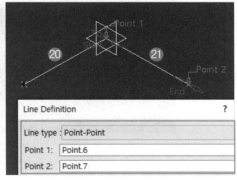

ⓒ Line 아이콘 ╱ 을 클릭한 후 Line type을 Bisecting로 선택한다.

ⓓ Line Definition 대화상자에서 Line 1 영역과 Line 2 영역을 클릭하여 생성한 Line을 각각 선택한다.

ⓔ Start 영역에 −10mm, End 영역에 20mm를 입력한다.

ⓕ OK 버튼을 클릭하면 선택한 두 개의 Line을 이등분하는 Line이 생성된다.

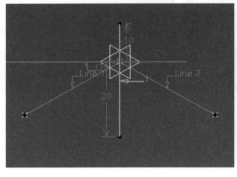 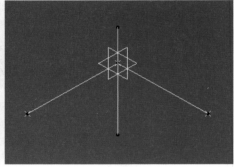

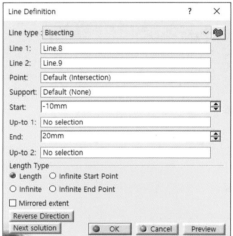

[Line 1] : 첫 번째 Line 선택
[Line 2] : 두 번째 Line 선택
[Start]/[End]
• Start : Point를 기준으로 하는 시작 지점
• End : Line의 끝 지점
[Reverse Direction] : Line의 Start 방향을 변경
[Next solution] : 2개의 이등분선에서 다른 Line을 선택

ⓖ Mirrored extent : End 길이가 대칭이 되도록 Line이 생성된다.

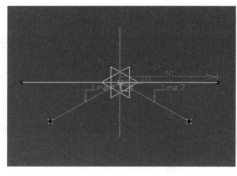 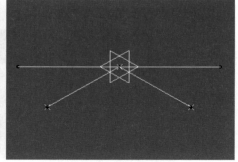

ⓗ Next Solution : 선택한 두 Line을 이등분하는 Line이 2개 보이는데, 원하는 Line을 선택할 때 사용한다.

• 두 개의 Line을 이등분하는 두 개의 직선이 주황색과 파란색으로 보이며, OK 버튼을 클릭하면 주황색 Line이 생성된다.

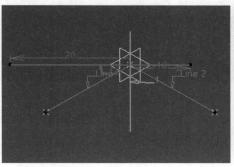
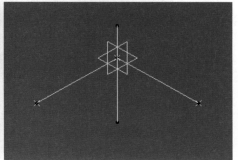

• 대화상자 아랫부분의 Next solution 버튼을 클릭하면 주황색과 파란색 Line이 변경되는 것을 확인할 수 있으며, OK 버튼을 클릭한다.

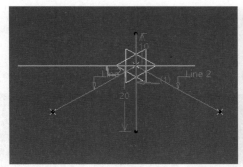
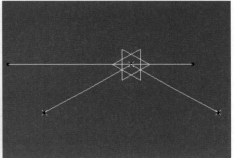

Next Solution 버튼 클릭 시

[Plane ▱]

3D Mode에서 평면 생성

① Plane 아이콘 ▱ 을 클릭한다.

② Plane Definition 대화상자에서 Plane type을 선택하고 알맞은 조건을 지정하여 Plane을 생성한다.

③ Plane type

③-1 Offset from Plane : Plane과 평행하게 일정한 거리만큼 떨어진 위치에 새로운 Plane을 생성한다.

ⓐ Plane Definition 대화상자에서 Reference 영역을 클릭하고 기준평면으로 xy plane을 선택한다.

ⓑ Offset 영역을 클릭하고 사이 띄울 간격으로 50mm를 입력한다.

ⓒ xy plane에 평행하고 50mm만큼 떨어진 위치에 새로운 Plane이 생성된다.

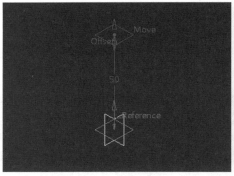
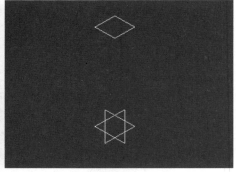

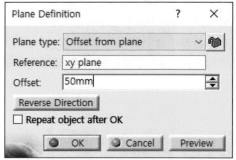

[Reference] : 기준 평면 선택

[Offset] : 기준 평면에서 평행하게 생성시킬 평면과의 거리

[Reverse Direction] : 생성시킬 Plane을 반대 방향으로 전환

[Repeat object after OK] : Offset 거리만큼 여러 개의 Plane을 생성

ⓓ Reverse Direction : 생성시킬 Plane을 반대 방향으로 전환한다.

• Reverse Direction 버튼을 클릭하면 화살표 방향이 반대로 전환되어 Plane이 생성된다.

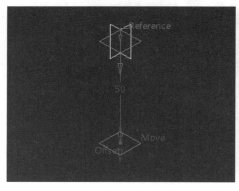
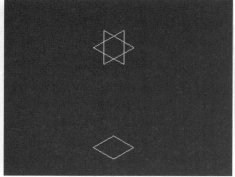

ⓔ Repeat object after OK

• Repeat object after OK에 체크하고 OK 버튼을 클릭한다.

• Object Repetition 대화상자에서 Instance(s) 영역을 클릭하고 추가시킬 Plane의 항목으로 3을 입력한 후 OK 버튼을 클릭한다.

• 3개의 Plane이 50mm 간격으로 추가로 생성된다.

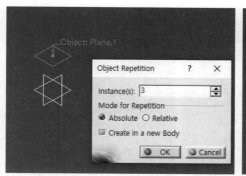

③-2 Parallel through Point : 기존의 평면과 평행하고 Point를 지나는 Plane을 생성한다.

ⓐ xy plane에 Rectangle 아이콘 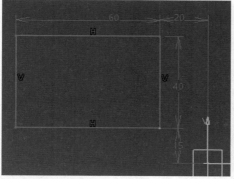을 이용하여 Sketch하고 3D Mode로 전환한 후 Pad 🗗 시켜 20mm의 Solid를 생성한다.

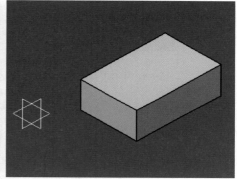

ⓑ Rotate 아이콘 🔩을 클릭하고 모서리를 축(1)으로 선택한 후 Angle 영역에 30deg를 입력하여 회전시킨다.

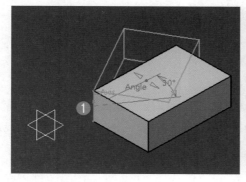
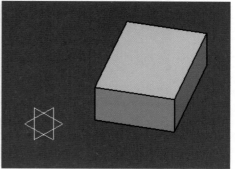

ⓒ Plane 아이콘 ⬭을 클릭하고 Plane type을 Parallel through Point로 선택한다.

ⓓ Plane Definition 대화상자에서 Reference 영역을 클릭하고 기준 Plane으로 zx plane을 선택한다.

ⓔ Point 영역을 클릭하고 기준 Plane이 지나갈 Solid의 꼭짓점(2)을 선택한다.

ⓕ Reference 영역에서 선택한 zx plane에 평행하면서 Solid의 선택한 꼭짓점을 지나는 Plane(3)이 생성된다.

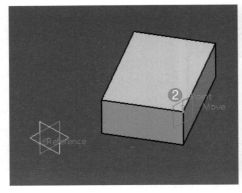

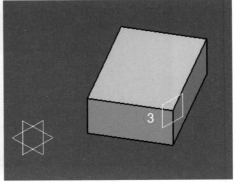

[Reference] : 기준 평면 선택
[Point] : 생성할 Plane이 지나는 점

Plane Definition   ? ×

Plane type: Parallel through point ▼ 📖
Reference: zx plane
Point: Rotate.1\Vertex

● OK ● Cancel Preview

ⓖ Sketch 아이콘 ✎ 을 클릭한 후 생성한 Plane을 선택하여 Sketch Mode로 전환한다.

ⓗ Circle 아이콘 ⊙ 을 클릭한 후 Sketch하고 치수를 적용한다.

ⓘ Exit Workbench 아이콘 ⬆ 을 클릭하여 3D Mode로 전환한 후 Pad 아이콘 🗗 을 클릭하여 10mm 두께의 Solid를 생성한다.

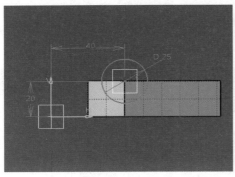

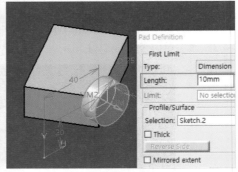

③−3 Angle/Normal to Plane : 기존의 평면과 일정한 각도 또는 수직인 Plane을 생성한다.

ⓐ Parallel through Point type의 예제(Rotate 적용)를 활용한다.

ⓑ Plane 아이콘 ▱ 을 클릭하고 Plane type을 Angle/Normal to Plane으로 선택한다.

ⓒ Plane Definition 대화상자에서 Rotation axis 영역을 클릭하고 Solid의 모서리(4)를 선택한다.

ⓓ Reference 영역을 클릭하고 회전 기준평면(5)을 선택한 후 Angle 영역을 클릭하고 30deg를 입력한다.

ⓔ Rotation axis를 중심으로 Solid의 Reference 평면에서 30° 기울어진 Plane이 생성된다.

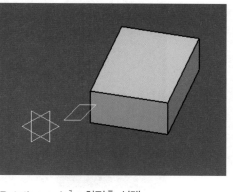

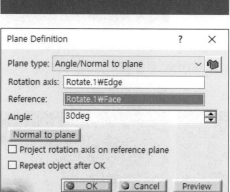

[Rotation axis] : 회전축 선택
[Reference] : 기준평면 선택
[Angle] : 기준 평면과의 회전 각도
[Normal to plane] : 기준평면과 수직한 Plane 생성
[Repeat object after OK] : 여러 개의 Plane 생성

ⓕ Sketch 아이콘 을 클릭한 후 생성한 Plane을 선택하여 Sketch Mode로 전환한다.

ⓖ Rectangle을 Sketch한 후 치수를 적용하고 3D Mode로 나온다.

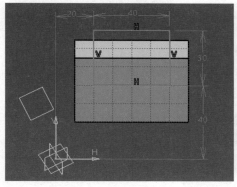

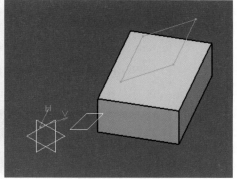

ⓗ Pad 아이콘 을 클릭한 후 First Limit/Type을 Up to plane으로 선택한다.

ⓘ Limit 영역에서 Solid의 윗면을 선택하고 OK 버튼을 클릭한다.

ⓙ 직육면체의 Solid와 30° 기울어진 Sketch 평면에 생성한 Rectangle이 Solid의 윗면까지 Pad되어 Solid가 생성되었다.

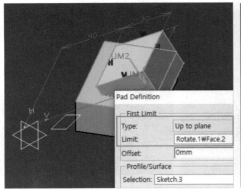

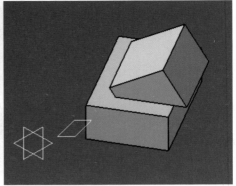

ⓚ Normal to plane : 선택한 Reference 평면에 수직한 Plane을 생성한다.

- 앞의 과정 ⓓ에서 Normal to plane 버튼을 클릭하면 Angle 영역에 90deg가 입력되고 Reference 영역에서 선택한 평면과 수직한 Plane(6)이 생성된다.

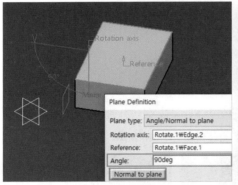

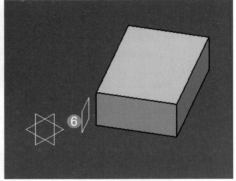

ⓛ Repeat object after OK : 여러 개의 Plane을 추가로 생성한다.

- 아래와 같이 Rotation axis와 Reference를 선택한 후 Repeat object after OK를 체크하고 OK 버튼을 클릭한다.

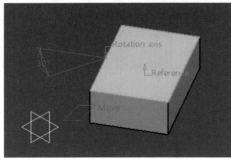

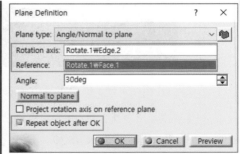

- Object Repetition 대화상자에서 Instance 영역을 클릭한 후 추가로 생성시킬 Plane의 개수를 2로 입력한다.
- OK 버튼을 클릭하면 2개의 Plane(7)이 추가로 생성된다.

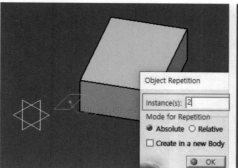
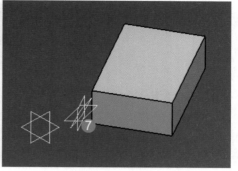

③-4 Through Tree Points : 세 개의 Point를 지나는 Plane을 생성한다.

   ⓐ Parallel through Point type의 예제(Rotate 적용)를 활용한다.

   ⓑ Plane 아이콘 ⬦ 을 클릭하고 Plane type을 Through Tree Points로 선택한다.

   ⓒ Plane Definition 대화상자에서 Point 1, Point 2, Point 3영역을 클릭하고 각각 Plane이 지나갈 Point로 Solid의 꼭짓점(8~10)을 선택한다.

   ⓓ 선택한 세 개의 꼭짓점을 지나는 Plane이 생성된다.

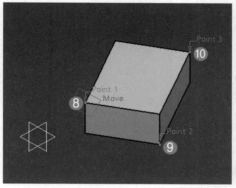
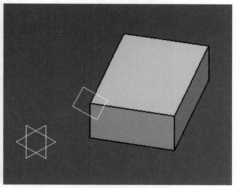

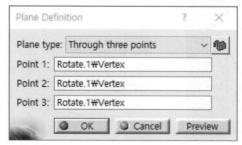

[Point 1] : Plane이 지날 첫 번째 Point
[Point 2] : Plane이 지날 두 번째 Point
[Point 3] : Plane이 지날 세 번째 Point

   ⓔ Sketch 아이콘 ⬦ 을 클릭한 후 생성한 Plane을 선택하여 Sketch Mode로 전환한다.

   ⓕ 앞에서 선택한 세 개의 Point를 포함하도록 Rectangle을 Sketch하고 3D Mode로 나간다.

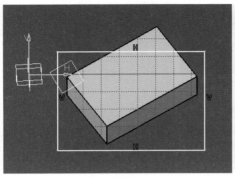 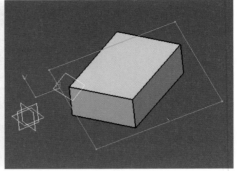

ⓖ Pocket 아이콘 을 클릭한 후 First Limit/Type을 Up to next로 선택한다.

ⓗ Pocket 방향이 아래쪽으로 향하면 화살표(11)를 클릭하여 제거할 방향인 위쪽으로 전환한다.

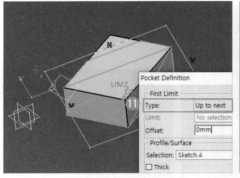 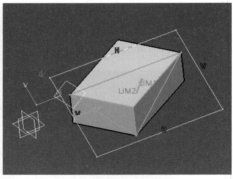

ⓘ OK 버튼을 클릭하면 Solid의 세 꼭짓점을 지나는 평면에서 Sketch한 영역이 제거된 것을 볼 수 있다.

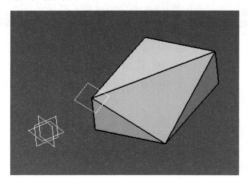

③-5 Through Two Lines : 두 Line을 지나는 Plane을 생성한다.

　　ⓐ Parallel through Point type의 예제(Rotate 적용)를 활용한다.

　　ⓑ Plane 아이콘 을 클릭하고 Plane type을 Through Two Lines로 선택한다.

　　ⓒ Plane Definition 대화상자에서 Line 1, Line 2 영역을 클릭하고 Solid의 모서리(12, 13)를 선택한다.

　　ⓓ 선택한 두 개의 Line을 지나는 Plane이 생성된다.

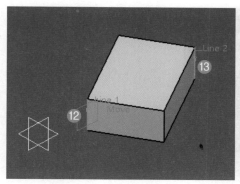
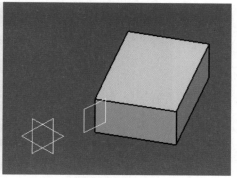

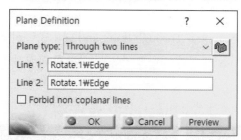

[Line 1] : Plane이 지날 Line
[Line 2] : Plane이 지날 Line

ⓔ Sketch 아이콘을 클릭한 후 생성한 Plane을 선택하여 Sketch Mode로 전환한다.

ⓕ Solid를 포함하도록 Rectangle을 Sketch하고 3D Mode로 나간다.

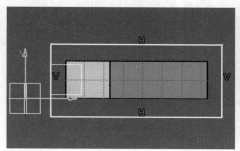
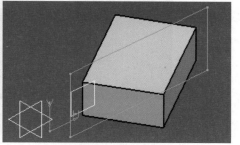

ⓖ Pocket 아이콘을 클릭한 후 First Limit/Type을 Up to next로 선택한다.

ⓗ Pocket 방향이 뒤쪽으로 향하면 화살표(14)를 클릭하여 제거할 방향인 앞쪽으로 전환한다.

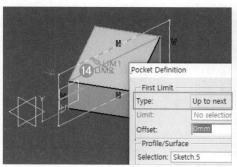
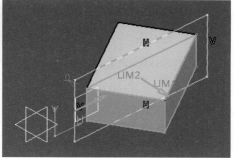

ⓘ OK 버튼을 클릭하면 Solid의 두 모서리를 지나는 평면에서 Sketch한 영역이 제거된 것을 볼 수 있다.

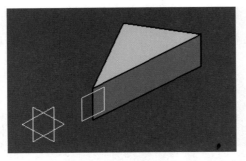

③-6 Through Point and Line : 한 개의 Line과 Point를 지나는 Plane을 생성한다.

   ⓐ 과정 ③-4 Through Tree Points 예제를 활용한다.

   ⓑ Plane 아이콘을 클릭하고 Plane type을 Through Point and Line으로 선택한다.

   ⓒ Plane Definition 대화상자에서 Point 영역과 Line 영역을 클릭한 후 꼭짓점(15)과 모서리 (16)를 선택한다.

   ⓓ 선택한 Point와 Line을 지나는 Plane이 생성된다.

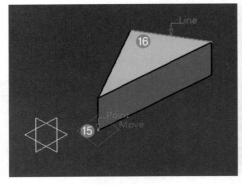
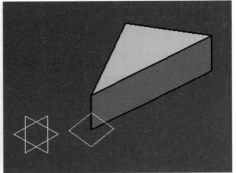

[Point] : Plane이 지나갈 Point
[Line] : Plane이 지나갈 Line

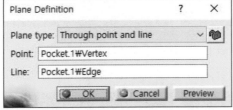

   ⓔ Sketch 아이콘을 클릭한 후 생성한 Plane을 선택하여 Sketch Mode로 전환한다.

   ⓕ Solid를 포함하도록 Rectangle을 Sketch하고 3D Mode로 나간다.

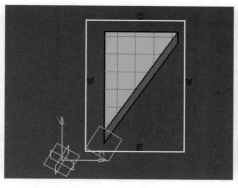
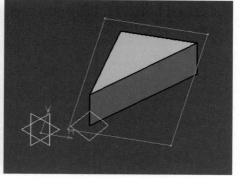

ⓖ Pocket 아이콘 🔲을 클릭한 후 First Limit/Type을 Up to next로 선택한다.

ⓗ Pocket 방향이 아래쪽으로 향하면 화살표(17)를 클릭하여 제거할 방향인 위쪽으로 전환한다.

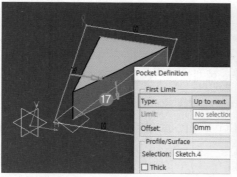
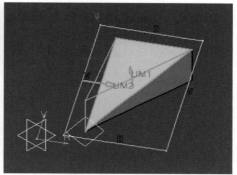

ⓘ OK 버튼을 클릭하면 Solid의 꼭짓점과 모서리를 지나는 평면에서 Sketch한 영역이 제거된 것을 볼 수 있다.

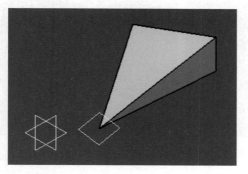

③-7 Through Planar Curve : Curve를 포함한 Plane을 생성한다.

　　ⓐ zx plane에서 Spline 아이콘 〰️을 클릭하여 Curve를 생성하고 3D Mode로 전환한다.

　　ⓑ Plane 아이콘 ▱을 클릭하고 Plane type을 Through Planar Curve로 선택한다.

　　ⓒ Plane Definition 대화상자에서 Curve 영역을 클릭하고 생성한 Curve를 선택한다.

　　ⓓ 선택한 Curve를 포함하는 Plane이 생성된다.

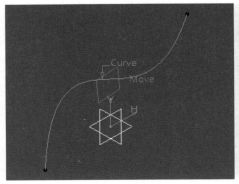
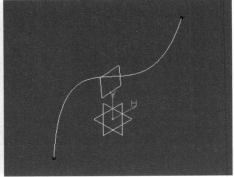

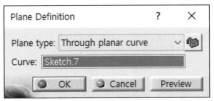

[Curve] : 공간상에 존재하는 Curve

③-8 Normal to Curve : Curve에 수직하고 Point를 지나는 Plane을 생성한다.

ⓐ 과정 ③-7 Through Planar Curve 예제의 Curve를 활용한다.

ⓑ Plane 아이콘 ⬛을 클릭하고 Plane type을 Normal to Curve로 선택한다.

ⓒ Plane Definition 대화상자에서 Curve와 Point 영역을 클릭하고 Curve(18)와 Point(19)를 각각 선택한다.

ⓓ Point를 지나면서 Curve에 수직한 Plane이 생성된다.

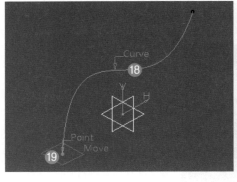
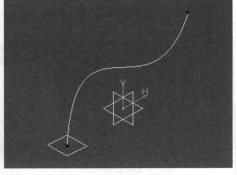

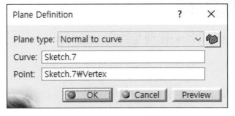

[Curve] : 생성할 Plane과 수직한 Curve
[Point] : Plane이 지나는 Curve 위의 Point

ⓔ Sketch 아이콘 ⬛을 클릭한 후 생성한 Plane을 선택하여 Sketch Mode로 전환한다.

ⓕ Circle을 Sketch한 후 Circle의 중심점과 Curve의 끝점을 일치시키고 3D Mode로 나간다.

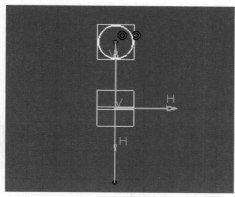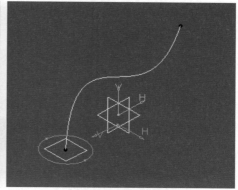

ⓖ Rib 아이콘을 클릭한다.

ⓗ Profile 영역을 클릭한 후 Circle을 선택하고, Center curve 영역을 클릭한 후 Spline Curve 를 선택한다.

ⓘ OK 버튼을 클릭하면 Circle이 Spline Curve를 따라가며 원통형의 Solid를 생성한다.

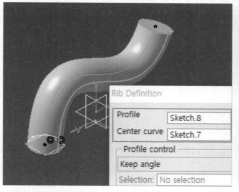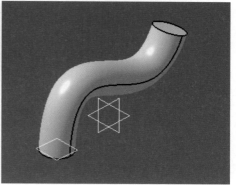

③-9 Tangent to Surface : Surface에 접하는 Plane을 생성한다.

ⓐ 과정 ③-8 Normal to Curve 예제에서 생성한 Curve를 이용한다.

ⓑ Surface Mode로 전환한 후 Extrude 아이콘을 클릭하여 Surface를 생성한다.

ⓒ Point 아이콘을 클릭하고 On Surface type을 선택하여 Surface 위에 Point를 생성한다.

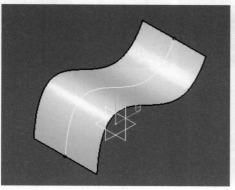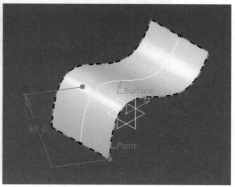

ⓓ Solid Mode로 전환한 후 Plane 아이콘 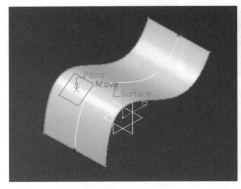을 클릭하고 Plane type을 Tangent to Surface
로 선택한다.

ⓔ Plane Definition 대화상자에서 Surface와 Point 영역을 클릭하고 Surface와 Point를 각각
선택한다.

ⓕ Point를 지나면서 Surface에 접하는 Plane이 생성된다.

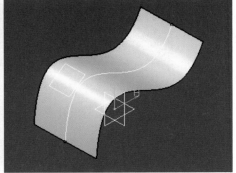

[Surface] : 생성할 Plane에 접하는 Surface
[Point] : Surface 위의 Point

ⓖ Sketch 아이콘 을 클릭한 후 생성한 Plane을 선택하여 Sketch Mode로 전환한다.

ⓗ Circle을 Sketch한 후 3D Mode로 나간다.

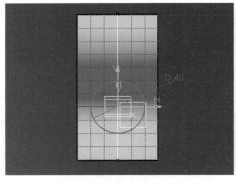
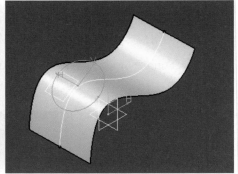

ⓘ Pad 아이콘 을 클릭한 후 First Limit/Type을 Dimension으로 선택하고 Length 영역에
20mm를 입력한다.

ⓙ Solid의 생성 방향(화살표)이 아래로 향하고 있으면 Reverse Direction 버튼을 클릭하여
위쪽으로 변경한다.

ⓚ OK 버튼을 클릭하면 Surface에 접하고 선택한 Point를 중심으로 하는 원기둥의 Solid가
생성된다.

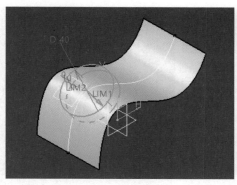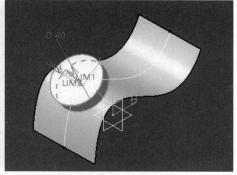

③-10 Equation : 방정식에 만족하는 Plane을 생성한다.

    ⓐ Plane 아이콘 ⟋ 을 클릭하고 Plane type을 Equation으로 선택한다.

    ⓑ Plane Definition 대화상자에서 방정식 $Ax+By+Cz=D$의 상수를 각각 입력하고 OK 버튼을 클릭한다.

    ⓒ 입력한 방정식을 만족하는 Plane이 생성된다.

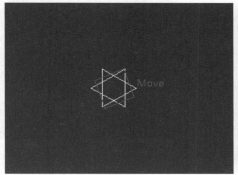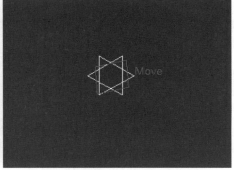

A : 5, B : 10, C : 5, D : 20mm 입력   A : 5, B : 10, C : 1, D : 20mm 입력

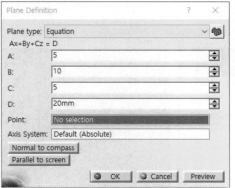

[$Ax+By+Cz=D$] : 방정식의 A, B, C, D를 입력
[Point] : 생성할 Plane이 지나는 점
[Normal to compass] : 원점에서 일정한 거리 만큼 떨어지고 Z축과 수직한 Plane을 생성
[Parallel to screen] : 화면과 평행한 Plane을 생성

    ⓓ Point : Point를 지나고 방정식을 만족하는 Plane을 생성한다.

        • Point 아이콘 ▪ 을 클릭한 후 Point type을 Coordinates로 선택한다.

        • X=0mm, Y=30mm, Z=50mm를 입력하고 OK 버튼을 클릭하여 Point를 생성한다.

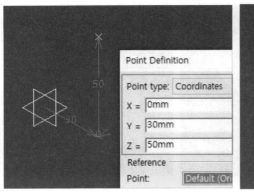
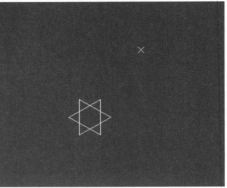

- Plane 아이콘 을 클릭하고 Plane type을 Equation으로 선택한다.
- Point 영역을 클릭한 후 생성한 Point(20)를 선택한다.
- 방정식의 계수를 입력한 후 OK 버튼을 클릭하여 Point를 생성한다.

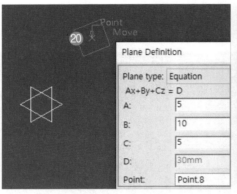
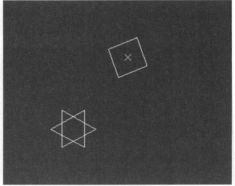

ⓔ Normal to compass : 방정식 D 영역의 위치에서 Z축과 수직한 Plane을 생성한다.

- Point 아이콘 ■ 을 클릭한 후 Point type을 Coordinate로 선택한다.
- X = 0mm, Y = 0mm, Z = 50mm를 입력하고 OK 버튼을 클릭하여 원점에서 Z축 방향으로 50mm 위치에 Point를 생성한다.

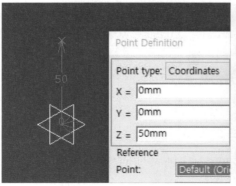

- Plane 아이콘 을 클릭한다.
- D : 50mm를 입력한 후 Normal to compass 버튼을 클릭한다.

● 원점에서 Z축 방향으로 50mm 위치에서 수직한 Plane이 생성된다.

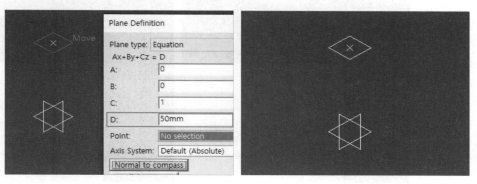

● D : 30mm를 입력한 경우 원점에서 Z축 방향으로 30mm 위치에서 수직한 Plane이 생성된다.

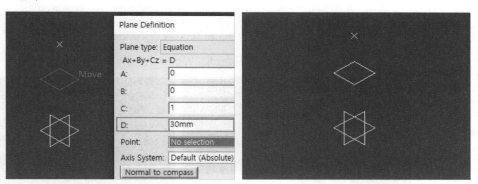

ⓕ Parallel to screen : 화면과 평행하도록 방정식의 상수가 결정되어 Plane이 생성된다.

● 화면을 임의로 회전시킨다.

● Parallel to screen 버튼을 클릭하면 화면에 평행하도록 방정식의 계수가 정해지고 Plane이 생성된다.

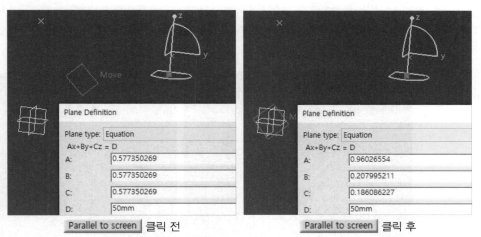

Parallel to screen 클릭 전   Parallel to screen 클릭 후

● Point를 선택한 후 Parallel to screen 버튼을 클릭하면 Point를 지나면서 화면에 평행한 Plane이 생성된다.

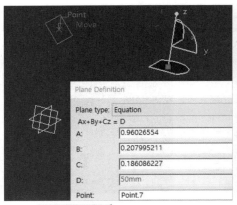
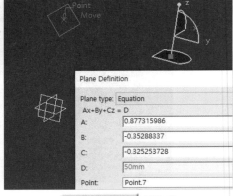

Parallel to screen 클릭 전(Point 선택)	Parallel to screen 클릭 후

③-11 Mean through Points : 3개 이상의 Point 중간 위치에 Plane을 생성한다.

  ⓐ Point 아이콘 ■ 을 더블클릭하고 Point type을 Coordinate로 선택한 후 여러 개, 즉 (0, 0, 0), (30, 0, 0), (30, 50, 20), (-20, -30, 10), (0, 50, 50)의 위치에 Point를 생성한다.

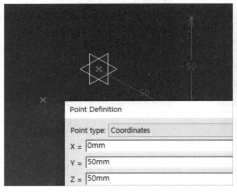
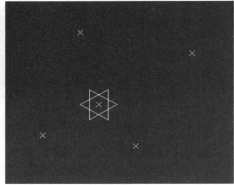

  ⓑ Plane 아이콘 ⟋ 을 클릭하고 Plane type을 Mean through Points로 선택한다.

  ⓒ Plane Definition 대화상자에서 Points 영역을 클릭한 후 생성한 Point를 차례로 선택한다.

  ⓓ 선택한 Point의 중간 위치에 Plane이 생성된다.

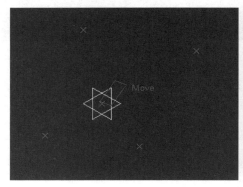
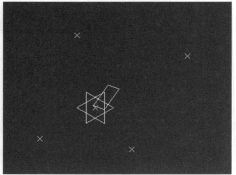

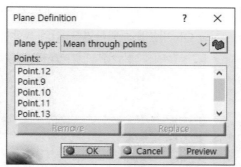 [Points] : 생성할 Plane의 Point

6 Insert

[Body]

Specifications Tree 영역에 새로운 Body 생성

① Insert 도구막대의 Body 아이콘 을 클릭하거나 Insert → Body를 선택하면 PartBody 아래에 새로운 Body가 생성된다.

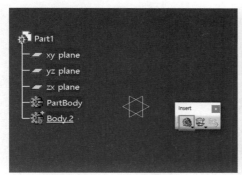
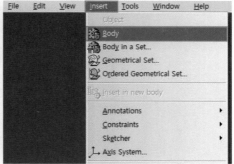

② 생성한 Body의 Name을 변경하기 위해 Body.2를 선택하고 마우스 오른쪽 버튼을 클릭하여 Properties를 선택한다.

③ Properties 대화상자의 Feature Properties 탭을 선택한다.

④ Feature Name 영역의 내용을 수정하고 OK 버튼을 클릭한다.

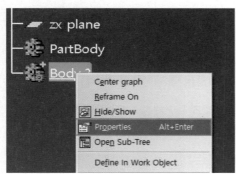
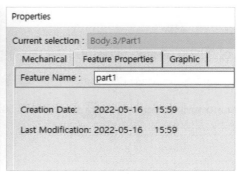

⑤ 생성한 Solid의 Graphic을 변경하기 위해 Properties 대화상자의 Graphic 탭을 선택한다.

⑥ Fill 영역에서 변경하고자 하는 색상을 선택하고 OK 버튼을 클릭하면 Solid의 색상이 변경된다.

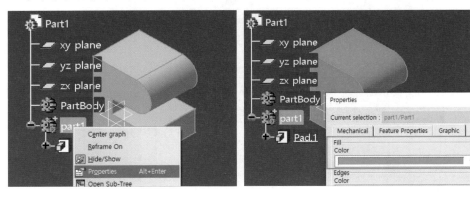

7 Boolean Operations

마우스 포인터를 도구막대 빈 곳(1)에 위치시키고 오른쪽 버튼을 클릭한 후 Boolean Operations를 선택한다.

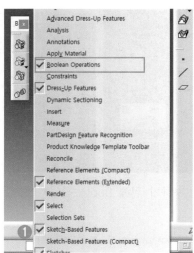

[Assemble 🔧]

Body에 적용된 속성을 유지하면서 하나로 합함

① xy plane에 Centered Rectangle 아이콘 ⊡을 클릭하여 Sketch하고 치수를 적용한다.

② 3D Mode에서 Pad 아이콘 ⬛을 클릭하고 50mm의 직육면체 Solid를 생성한다.

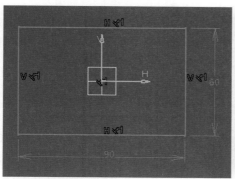
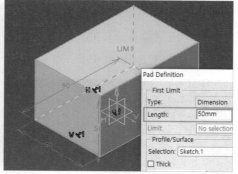

③ Insert → Body를 클릭하여 새로운 Body.2(1)를 생성하면 Work object(작업한 내용이 저장되는 Body)로 정의된다.

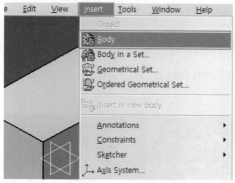
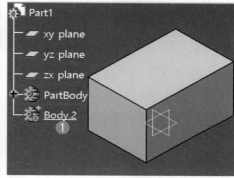

④ Sketch 아이콘 을 클릭한 후 zx plane을 선택하여 Sketch Mode로 전환한다.

⑤ Profile 아이콘 을 클릭한 후 Sketch하고 치수를 적용한다.

⑥ Axis 아이콘 을 클릭한 후 Profile의 양 끝점(2, 3)을 연결하도록 V축 위에 Sketch한다.

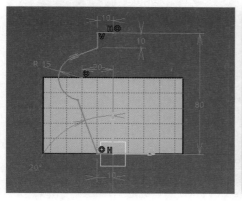
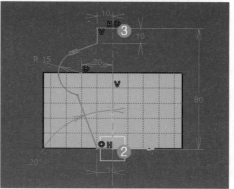

⑦ Exit Workbench 아이콘 ⬆️을 클릭하여 3D Mode로 전환한다.

⑧ Groove 아이콘 🔩을 클릭하고 First angle 영역에 360deg를 입력한 후 OK 버튼을 클릭한다.

⑨ 직육면체는 생성(Pad), 회전체는 제거(Groove)의 속성을 갖는다.

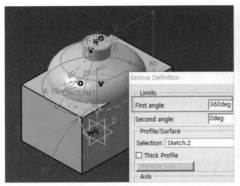 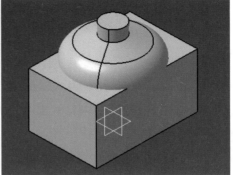

⑩ Body.2를 선택하고 Assemble 아이콘 🔩을 클릭한다.

⑪ 두 Solid의 속성인 Pad(생성)와 Groove(제거)가 적용되어 Body.2가 PartBody 밑으로 삽입되면서 하나로 합해진다.

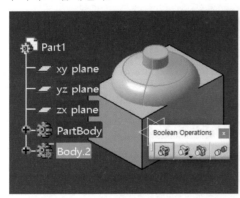 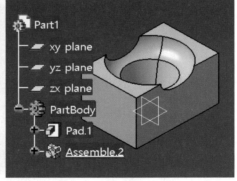

⊕ REFERENCE

다른 방법으로 Assemble 적용하기

① Assemble의 과정 ⑨의 예제를 활용하여 적용한다.
② Tree에서 Assemble을 적용하고자 하는 Body를 마우스로 선택하고 마우스 오른쪽 버튼을 클릭한다.
③ Body.2 object ▶ Assemble...을 선택한다.
④ 두 Solid의 속성인 Pad(생성)와 Groove(제거)가 적용되어 Body.2가 PartBody 밑으로 삽입되면서 하나로 합해진다.

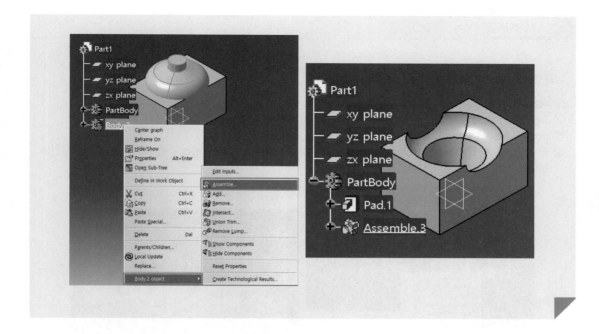

[Add 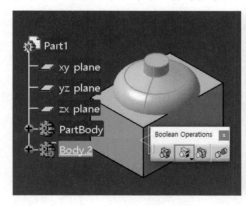]

Body의 속성을 무시하고 화면에 보이는 대로 합함

① Assemble의 과정 ⑨의 예제를 활용하여 적용한다.

② Body.2를 선택하고 Add 아이콘 을 클릭한다.

③ 두 Solid의 속성인 Pad(생성)와 Groove(제거)가 무시되고 Body.2가 PartBody 밑으로 삽입되면서 화면에 보이는 대로 하나로 합해진다.

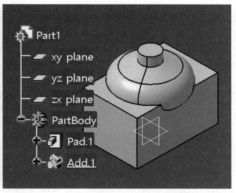

다른 방법으로 Add 적용하기

① Assemble의 과정 ⑨의 예제를 활용하여 적용한다.
② Tree에서 Add를 적용하고자 하는 Body를 마우스로 선택하고 마우스 오른쪽 버튼을 클릭한다.
③ Body.2 object ▶ Add…를 선택한다.
④ 두 Solid의 속성인 Pad(생성)와 Groove(제거)가 무시되고 Body.2가 PartBody 밑으로 삽입되면서 화면에
   보이는 대로 하나로 합해진다.

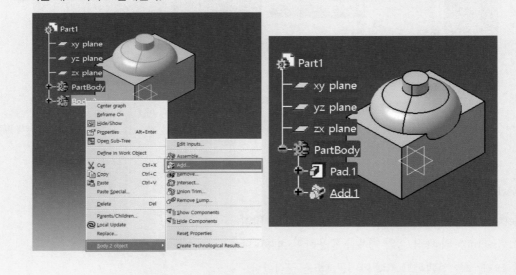

[Remove]

서로 겹친 Body가 있을 때 한 Body에서 다른 Body 제거

① Assemble의 과정 ⑨의 예제를 활용하여 적용한다.

② Body.2를 선택하고 Remove 아이콘 을 클릭한다.

③ 두 Solid의 속성인 Pad(생성)와 Groove(제거)가 무시되고 PartBody에서 Body.2를 제거하여 하
   나로 합해진다.

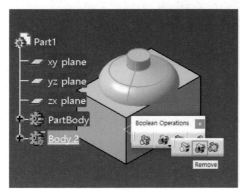
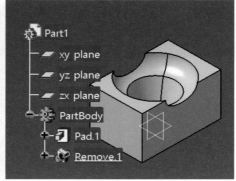

다른 방법으로 Remove 적용하기

① Assemble의 과정 ⑨의 예제를 활용하여 적용한다.
② Specifications Tree에서 Remove를 적용하고자 하는 Body를 마우스로 선택하고 마우스 오른쪽 버튼을 클릭한다.
③ Body.2 object ▶ Remove...를 선택한다.
④ 두 Solid의 속성인 Pad(생성)와 Groove(제거)가 무시되고 PartBody에서 Body.2를 제거하여 하나로 합해진다.

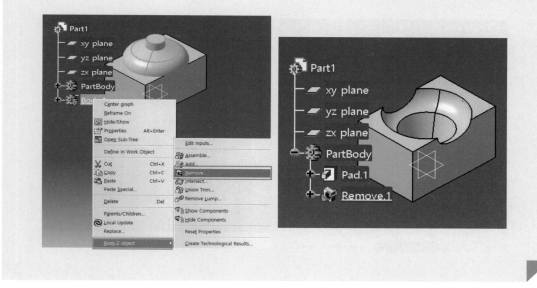

[Intersect 🌑]

서로 겹친 Body가 있을 때 교차한 부분만 남기고 다른 부분은 제거

① Assemble의 과정 ⑨의 예제를 활용하여 적용한다.

② Body.2를 선택하고 Intersect 아이콘 🌑 을 클릭한다.

③ 두 Solid의 속성인 Pad(생성)와 Groove(제거)가 무시되고 PartBody와 Body.2의 교차된 영역만 남기고 합해진다.

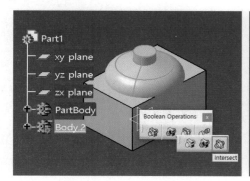
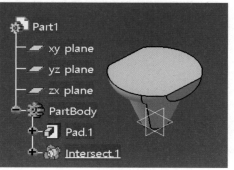

다른 방법으로 Intersect 적용하기

① Assemble의 과정 ⑨의 예제를 활용하여 적용한다.
② Specifications Tree에서 Intersect를 적용하고자 하는 Body를 마우스로 선택하고 마우스 오른쪽 버튼을 클릭한다.
③ Body.2 object ▶ Intersect...를 선택한다.
④ 두 Solid의 속성인 Pad(생성)와 Groove(제거)가 무시되고 PartBody와 Body.2의 교차 영역만 남기고 합해진다.

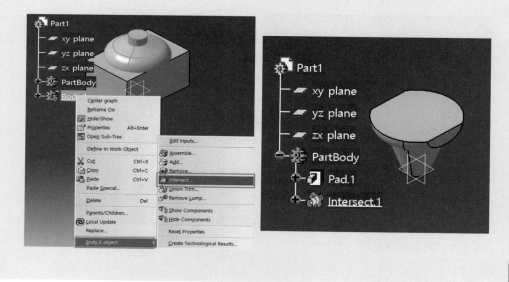

[Union Trim 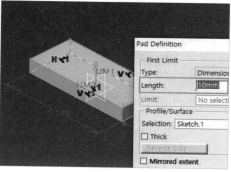]

서로 겹친 Body가 있을 때 일부분을 제거하면서 합함

① xy plane을 Sketch 평면으로 선택하고 Centered Rectangle 아이콘 ▣을 클릭한 후 Sketch하여 치수를 적용한다.

② 3D Mode로 전환한 후 Pad 아이콘 ▣을 클릭하여 10mm 높이의 Solid를 생성한다.

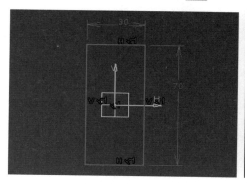

③ Insert Body 아이콘 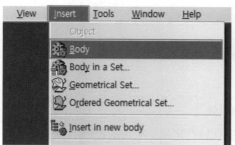을 클릭하여 Tree에 새로운 Body를 생성한다.

④ Body.2를 work object(Body.2에 밑줄 표시)로 지정한 상태에서 Sketch 아이콘 을 클릭한 후 xy plane을 선택하여 Sketch Mode로 전환한다.

⑤ Centered Rectangle 아이콘 을 클릭한 후 Sketch하고 치수를 적용한다.

⑥ Exit Workbench 아이콘 을 클릭하여 3D Mode로 전환하고 Pad 아이콘 을 클릭하여 10mm 높이의 Solid를 생성한다.

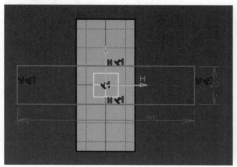 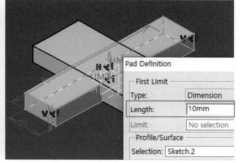

⑦ Union Trim 아이콘 을 클릭한 후 Body.2를 선택한다.

⑧ Trim Definition 대화상자에서 Trim 영역에 앞에서 선택한 Body.2가 입력된다.

⑨ Faces to remove 영역을 선택한 후 제거할 면(1)을 선택하고, Faces to keep 영역을 선택한 후 남길 면(2)을 선택한다.

⑩ Faces to keep 영역에서 선택한 기준면에서 Faces to remove 영역에서 선택한 부분을 제거하면 서 두 Body를 합한다.

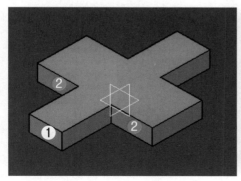 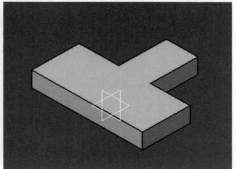

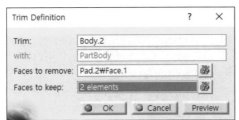

[Trim] : 제거할 Body
[Faces to remove] : 제거할 영역
[Faces to keep] : 남길 기준면

⑪ Faces to keep : 남기고자 하는 기준면을 선택한다.

　앞의 과정 ⑨에서 Faces to keep 영역을 선택한 후 남길 면을 한쪽 부분(3)만 선택하면 아래 그림과
같이 Trim이 된다.

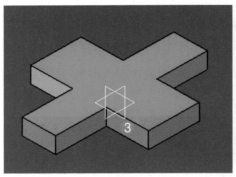
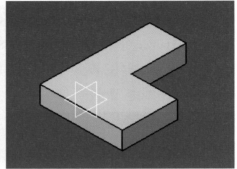

[Remove Lump]

제거된 Body에서 기하학적으로 불필요한 부분 제거

① Sketch 아이콘을 클릭한 후 zx plane을 선택하여 Sketch Mode로 전환한다.

② Profile 아이콘을 클릭한 후 Sketch하고 치수를 적용한다.

③ Axis 아이콘 을 클릭한 후 V축 위에 Sketch하고 3D Mode로 나간다.

④ Shaft 아이콘을 클릭한 후 360°의 회전체를 생성한다.

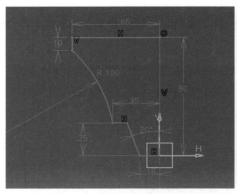
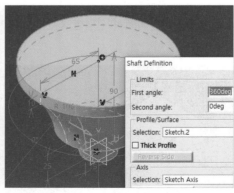

⑤ Insert Body 아이콘을 클릭하여 새로운 Body를 생성한다.

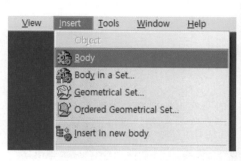
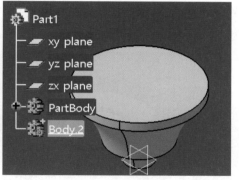

⑥ Body.2를 work object(Body.2에 밑줄 표시)로 지정한 상태에서 Sketch 아이콘 🖊을 클릭한 후 zx plane을 선택하여 Sketch Mode로 전환한다.

⑦ Profile 아이콘 🖊을 클릭한 후 Sketch하고 치수를 적용한다.

⑧ Axis 아이콘 ┃을 클릭한 후 V축 위에 Sketch하고 3D Mode로 나간다.

⑨ Shaft 아이콘 🏭을 클릭한 후 360°의 회전체를 생성한다.

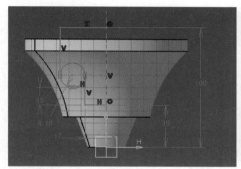
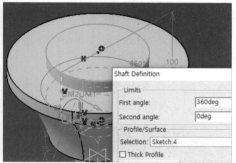

⑩ Shell 아이콘 🖊을 클릭한 후 Face to remove 영역을 선택하고 Body.2에 생성된 회전체의 윗면 (1)을 클릭한다.

⑪ Default inside thickness 영역에 5mm를 입력하고 OK 버튼을 클릭하여 Shell을 적용한다.

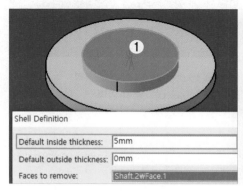
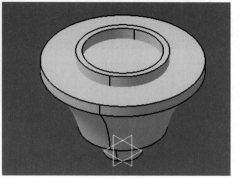

⑫ Body.2를 선택한 후 Remove 아이콘 🖊을 클릭하여 PartBody에서 Body.2를 제거한다.

⑬ Sketch 아이콘 🖊을 클릭한 후 zx plane을 선택하여 Sketch Mode로 전환한다.

⑭ Visualization 도구막대의 Cut part by Sketch 아이콘 을 클릭하면 Solid와 분리되어 존재하는 형체(2)를 확인할 수 있다.

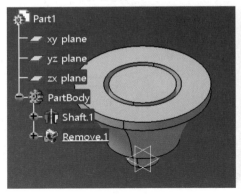

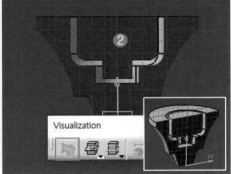

⑮ Solid의 가운데 영역은 기하학적으로 불필요한 부분이어서 제거해야 하는데, 이를 Remove Lump를 이용하여 실행한다.

⑯ Exit workbench 아이콘 을 클릭하여 3D Mode로 나온다.

⑰ Remove Lump 아이콘 을 클릭하고 Solid의 임의의 점을 선택한다.

⑱ Remove Lump Definition(Trim) 대화상자에서 Face to remove 영역을 클릭하고 제거할 영역인 안쪽 Solid(3)를 선택한다.

⑲ Face to keep 영역을 클릭하고 남길 영역인 바깥쪽 Solid(4)를 선택한 후 OK 버튼을 클릭한다.

⑳ 서로 다른 Body에 존재하는 Solid를 Remove로 제거했을 때 남게 되는 불필요한 부분이 제거된다.

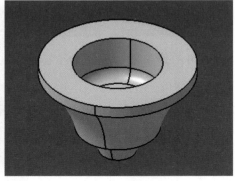

[Faces to remove] : 제거할 영역
[Faces to keep] : 남길 영역

03 Part Design 예제 따라하기

1 따라하기 예제 1

1-1) 도면

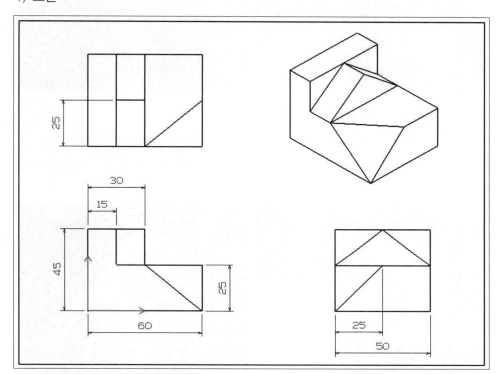

1-2) 예제 따라하기

① yz plane을 Sketch 평면으로 선택하고 Profile 아이콘 을 클릭한 후 Sketch한다.

② Constraint 아이콘 을 더블클릭하여 치수를 적용한다.

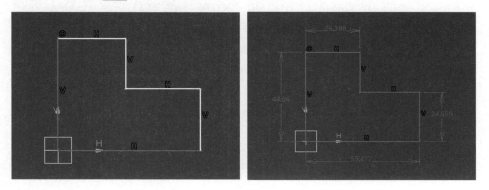

③ 생성한 치수를 더블클릭하여 변경하고자 하는 치수로 수정한다.

④ Exit Workbench 아이콘 을 클릭하여 3D Mode로 전환한다.

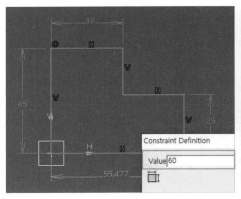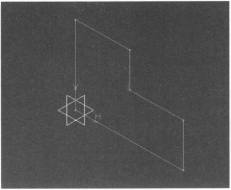

⑤ Pad 아이콘 [7]을 클릭한다.

⑥ First Limit/Type을 Dimension으로 선택하고 Length 영역에 50mm를 입력한다.

⑦ Reverse Direction 버튼을 클릭하여 Solid 생성 방향이 뒤쪽으로 향하도록 하고 OK 버튼을 클릭한다.

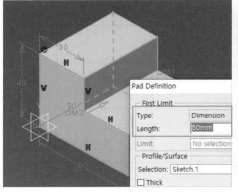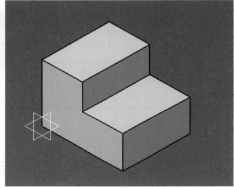

⑧ Sketch 아이콘 [A]을 클릭한 후 Solid의 면(1)을 선택하여 Sketch Mode로 전환한다.

⑨ Line 아이콘 [/]을 클릭하고 아래와 같이 V축 위에 Line의 끝점이 위치하도록 Sketch한다.

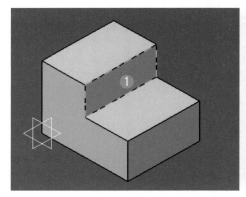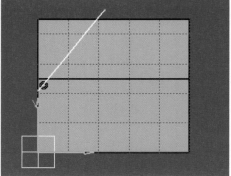

⑩ Constraint 아이콘 [□]을 더블클릭한 후 Line의 위쪽 끝점과 Solid의 윗면을 선택하고 마우스 오른쪽 버튼을 클릭한다.

⑪ Coincidence를 선택하여 Line의 끝점을 Solid의 윗면에 일치시킨다.

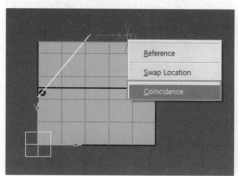
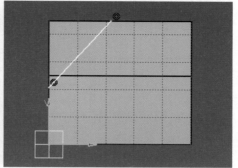

⑫ Line의 아래쪽 끝점과 Solid의 중간 면을 선택하고 마우스 오른쪽 버튼을 클릭한 후 Coincidence
를 선택하여 일치시킨다.

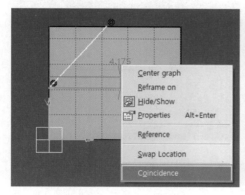
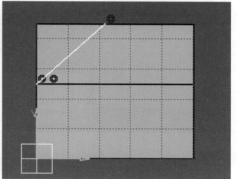

⑬ Line의 위쪽 끝점과 Solid의 옆면을 클릭하여 치수를 적용하고 생성한 치수를 더블클릭하여
25mm로 수정한다.

⑭ Line 아이콘 ✏ 을 클릭한 후 앞에서 생성한 Line의 끝점과 일치하는 임의의 직선을 생성한다.

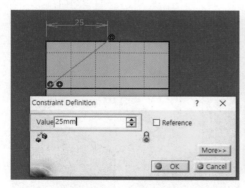
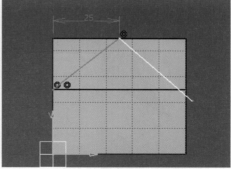

⑮ Constraint 아이콘 🔲 을 더블클릭한 후 Line의 아래쪽 끝점과 Solid의 옆면을 선택하고 마우스
오른쪽 버튼을 클릭한다.

⑯ Coincidence를 선택하여 Line의 끝점을 Solid의 옆면에 일치시킨다.

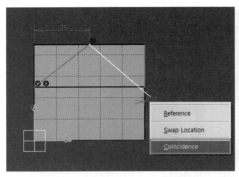
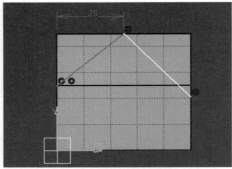

⑰ Line의 아래쪽 끝점과 Solid의 중간 면을 선택하고 마우스 오른쪽 버튼을 클릭한다.

⑱ Coincidence를 선택하여 Line의 끝점을 Solid의 중간 면에 일치시킨다.

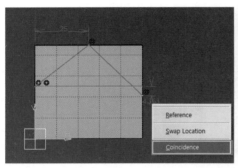
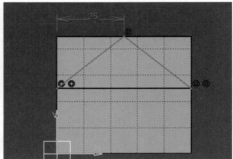

⑲ Exit Workbench 아이콘 ⬆️ 을 클릭하여 3D Mode로 전환한다.

⑳ Pocket 아이콘 📭 을 클릭한 후 First Limit/Type을 Dimension으로 선택하고 Depth 영역에 15mm를 입력한 후 OK 버튼을 클릭한다.

㉑ Reverse Side 버튼을 클릭하여 제거할 영역을 바깥쪽으로 선택한 후 Preview 버튼을 클릭한다.

㉒ 아래와 같이 제거할 영역의 방향이 올바르게 선택되었다면 OK 버튼을 클릭한다.

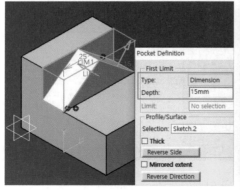
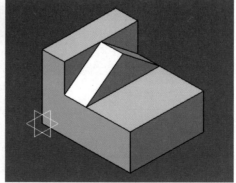

㉓ Sketch 아이콘 📝 을 클릭한 후 Solid의 윗면(2)을 선택하여 Sketch Mode로 전환한다.

㉔ Line 아이콘 ╱ 을 클릭하고 다음 그림과 같이 V축 위에 Line의 끝점이 위치하도록 Sketch한 후 Constraint 아이콘 📐 을 더블클릭한다.

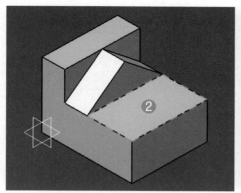
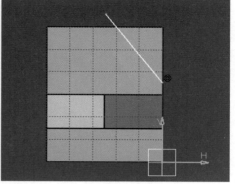

㉕ Line의 위쪽 끝점과 Solid의 윗면을 선택하고 마우스 오른쪽 버튼을 클릭한다.

㉖ Coincidence를 선택하여 Line의 끝점을 Solid의 윗면에 일치시킨다.

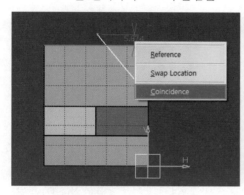
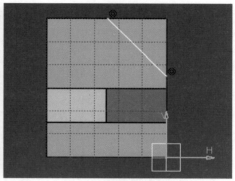

㉗ Line의 아래쪽 끝점과 Solid의 중간 면을 선택하고 마우스 오른쪽 버튼을 클릭한 후 Coincidence 를 선택하여 일치시킨다.

㉘ Line의 위쪽 끝점과 Solid의 오른쪽 면을 선택하여 치수를 적용하고 생성한 치수를 더블클릭하 여 25mm로 수정한다.

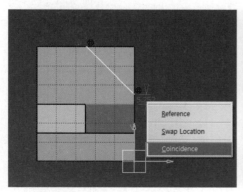
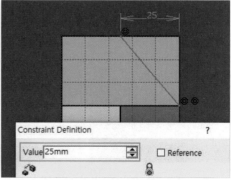

㉙ Exit Workbench 아이콘 을 클릭하여 3D Mode로 전환한다.

㉚ Sketch 아이콘 을 클릭한 후 Solid의 옆면(3)을 선택하여 Sketch Mode로 전환한다.

㉛ Line 아이콘 을 클릭하고 V축 위에 Line의 끝점이 위치하도록 Sketch한다.

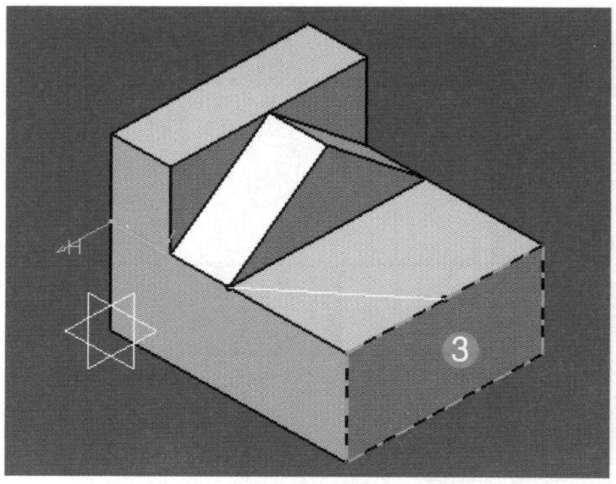

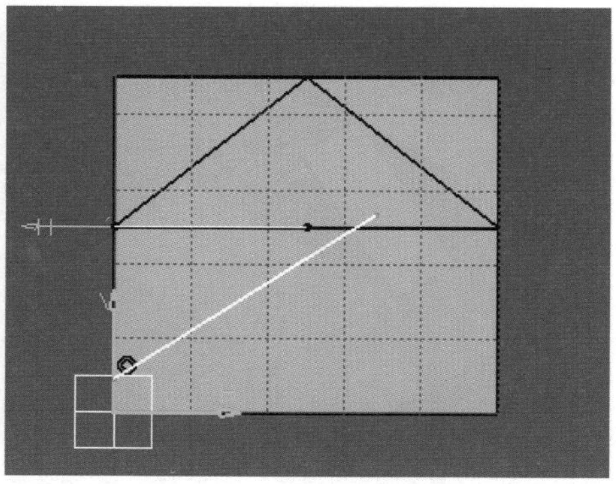

㉜ Constraint 아이콘 을 더블클릭한 후 Line의 위쪽 끝점과 Solid의 중간 면을 선택하고 마우스 오른쪽 버튼을 클릭한다.

㉝ Coincidence를 선택하여 Line을 Solid의 중간 면과 일치시킨다.

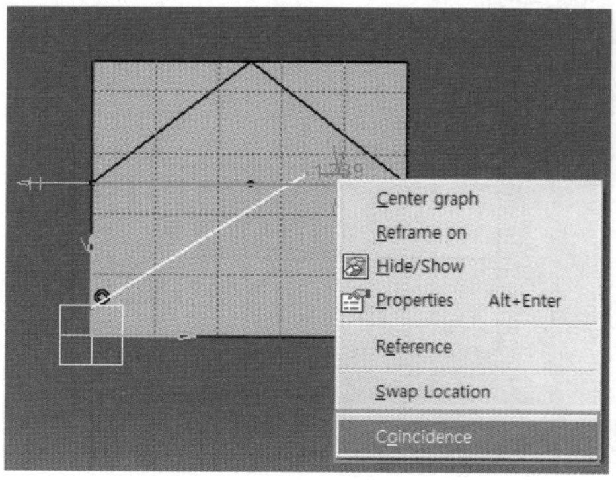

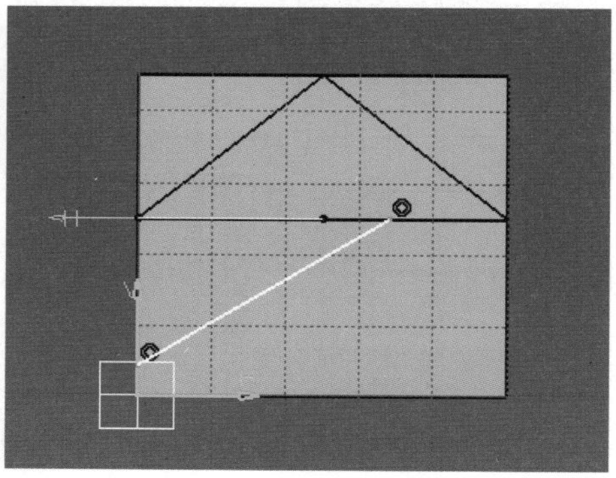

㉞ Line의 위쪽 끝점과 앞에서 생성한 Line의 끝점을 선택하고 마우스 오른쪽 버튼을 클릭한 후 Coincidence를 선택하여 일치시킨다.

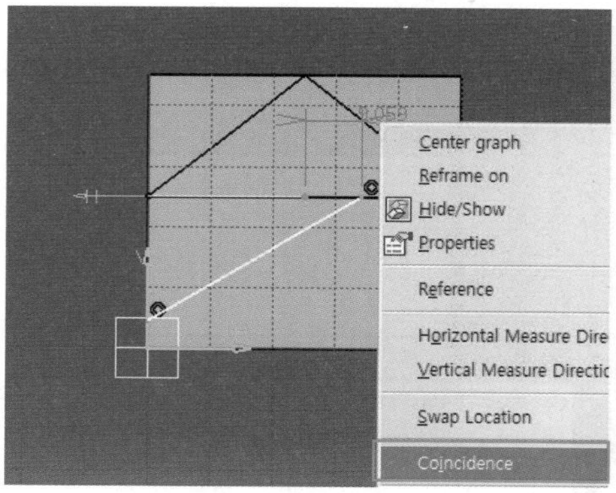

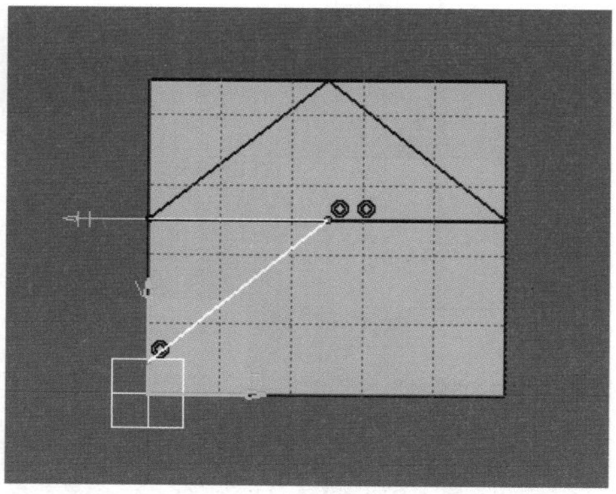

㉟ Line의 아래쪽 끝점과 Solid의 아랫면(H축)을 선택한 후 마우스 오른쪽 버튼을 클릭하고 Coincidence를 선택하여 일치시킨다.

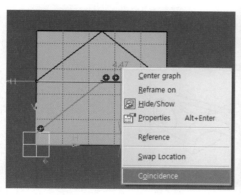
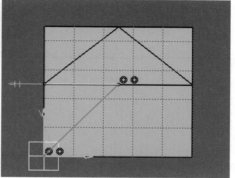

㊱ Exit Workbench 아이콘 🔼 을 클릭하여 3D Mode로 전환한다.

㊲ Pocket 아이콘 🔲 을 클릭한 후 First Limit/Type을 Up to Next로 선택하고 Profile/Surface의
   Selection 영역을 클릭한 후 Solid 윗면에 Sketch한 Line을 선택한다.

㊳ Reverse Side 버튼을 클릭하여 제거할 영역을 앞쪽으로 변경한다.

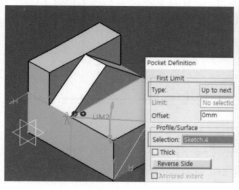
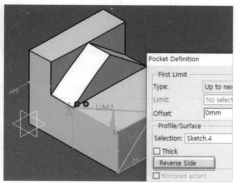

㊴ Pocket Definition 대화상자의 오른쪽 아래의 More>> 버튼을 클릭하여 오른쪽 영역을 펼친다.

㊵ Direction의 Normal to profile의 체크를 해제하고 Reference 영역을 클릭한 후 Solid의 옆면에
   생성한 Line을 선택한다.

㊶ 선택한 Profile이 지정한 경로를 따라 Pocket이 실행된다.

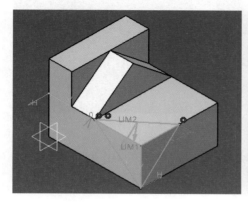
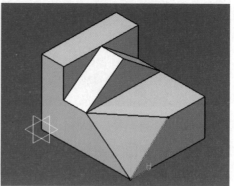

2-1) 도면

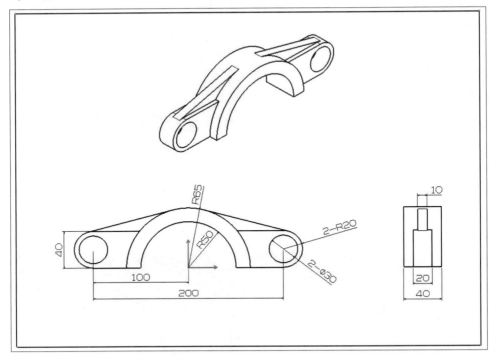

2-2) 예제 따라하기

① zx plane을 Sketch 평면으로 선택하고 Arc 아이콘 ⎛⎞ 을 클릭하여 중심점을 원점으로 Sketch한다.

② Offset 아이콘 ⎙ 을 클릭하고 Arc를 평행하게 임의의 거리가 떨어지도록 Offset시킨다.

③ Line 아이콘 ╱ 을 클릭하고 Arc의 끝점을 연결한다.

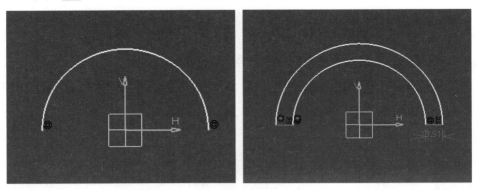

④ Arc 사이의 치수를 더블클릭하여 15mm로 수정한다.

⑤ Constraint 아이콘 ⎙ 을 클릭하고 작은 Arc의 치수를 구속시킨 후 치수를 더블클릭하여 50mm로 수정한다.

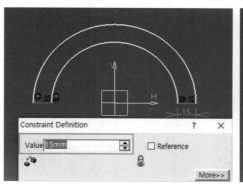

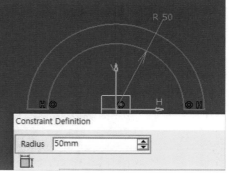

⑥ Exit Workbench 아이콘 🖓을 클릭하여 3D Mode로 전환한다.

⑦ Pad 아이콘 🗗 을 클릭한 후 First Limit/Type을 Dimension으로 선택하고 Length 영역에 20mm 를 입력한다.

⑧ Mirrored extent를 체크하고 OK 버튼을 클릭하여 두께 40mm의 Solid를 생성한다.

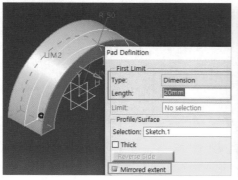

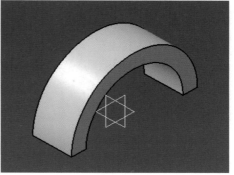

⑨ zx plane을 Sketch 평면으로 선택하고 Profile 아이콘 🖓을 클릭하여 아래와 같이 Sketch하고 회전시킨다.

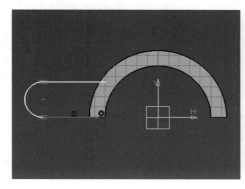

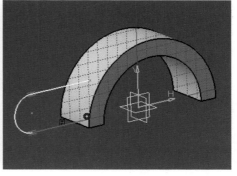

⑩ 3D Geometry 도구막대의 Project 3D Elements 아이콘 🖫을 클릭한 후 Solid의 모서리(1)를 선택하여 Solid의 모서리인 Arc를 Sketch하지 않고 투영(2)시킨다.

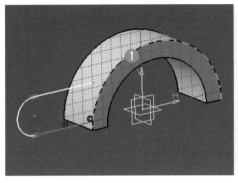
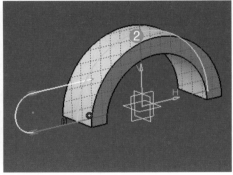

⑪ View 도구막대의 Normal View 아이콘 을 클릭한다.

⑫ Quick Trim 아이콘 을 더블클릭하고 불필요한 부분을 선택하여 제거한다.

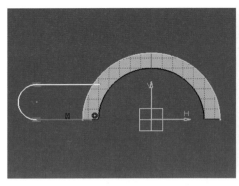
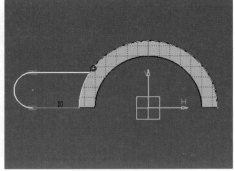

⑬ Constraint 아이콘 을 더블클릭하고 치수를 구속한다.

⑭ 생성된 치수를 각각 더블클릭하여 Arc의 반경 R20, V축과 Arc의 중심과의 거리 100mm을 적용한다.

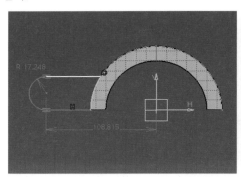
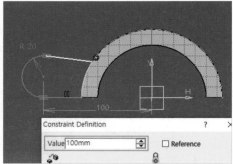

⑮ 흰색 직선을 선택하고 마우스 오른쪽 버튼을 클릭한 후 Horizontal을 선택하여 수평하도록 구속을 적용한다.

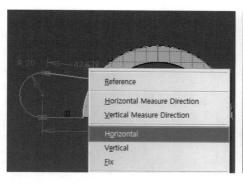
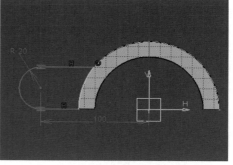

⑯ Exit Workbench 아이콘 🛆을 클릭하여 3D Mode로 전환한다.

⑰ Pad 아이콘 🗗을 클릭한 후 Length 영역에 10mm를 입력한다.

⑱ Mirrored extent를 체크하여 두께 20mm의 Solid를 생성한다.

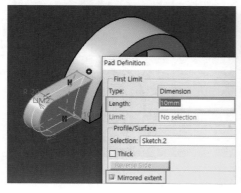
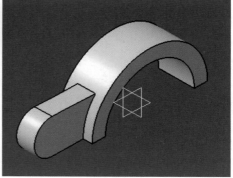

⑲ zx plane을 Sketch 평면으로 선택하여 Sketch Mode로 전환한 후 Project 3D Elements 아이콘 🔁을 더블클릭한다.

⑳ Sketch를 회전시키고 Solid의 모서리를 선택하여 Sketch 평면에 투영시킨다.

㉑ View 도구막대의 Normal View 아이콘 🔼을 클릭한다.

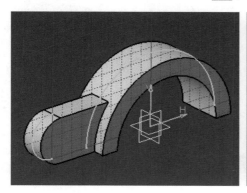
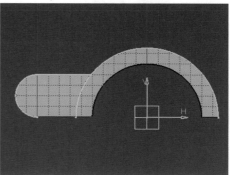

㉒ Bi－Tangent Line 아이콘 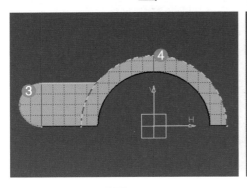 을 클릭하고 Arc(3, 4)를 차례로 선택하여 접선을 생성한다.

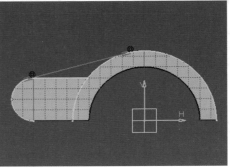

㉓ Quick Trim 아이콘 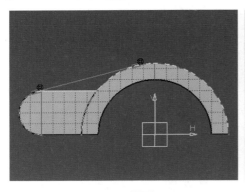 을 더블클릭하고 불필요한 부분을 제거한다.

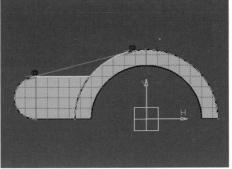

㉔ Exit Workbench 아이콘 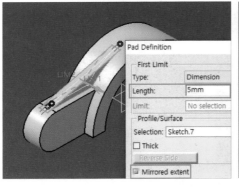 을 클릭하여 3D Mode로 전환한다.

㉕ Pad 아이콘 을 클릭한 후 Length 영역에 5mm를 입력하고 Mirrored extent를 체크한다.

㉖ OK 버튼을 클릭하면 두께 10mm의 Solid가 생성된다.

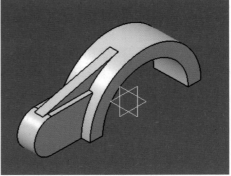

㉗ Solid의 모서리(5)를 선택한 후 Hole 아이콘 을 클릭한다.

㉘ Hole을 생성시킬 Solid의 면(6)을 클릭한다.

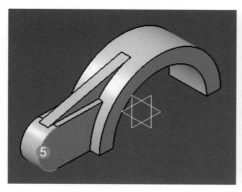
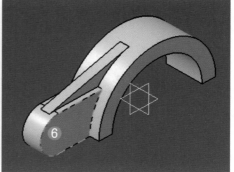

㉙ Hole Definition 대화상자에서 Extension 탭에서 Up To Next를 선택하고 Diameter 영역을 클릭하여 30mm를 입력한 후 OK 버튼을 클릭한다.

㉚ Solid의 라운드된 중심과 일치된 Hole이 생성된다.

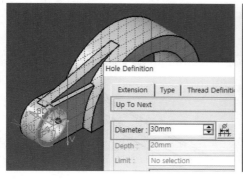
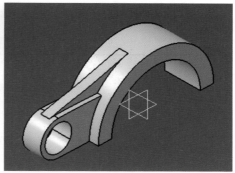

㉛ Specifications Tree에서 [Ctrl] 키를 누른 상태에서 대칭시킬 객체를 선택한다.

㉜ Mirror 아이콘 을 클릭한다.

㉝ Mirror Definition 대화상자에서 Mirroring Element 영역을 클릭한 후 yz plane을 선택하고 OK 버튼을 클릭한다.

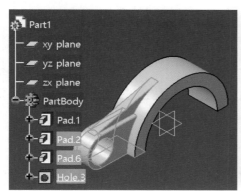
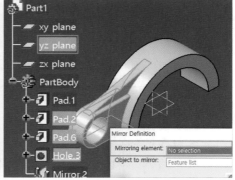

㉞ 선택한 작업영역이 yz plane에 대칭하여 생성된다.

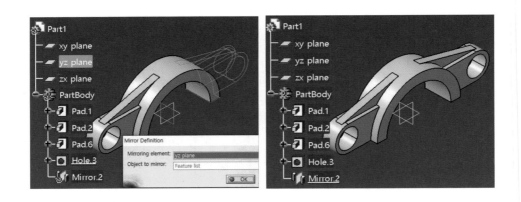

③ 따라하기 예제 3

3-1) 도면

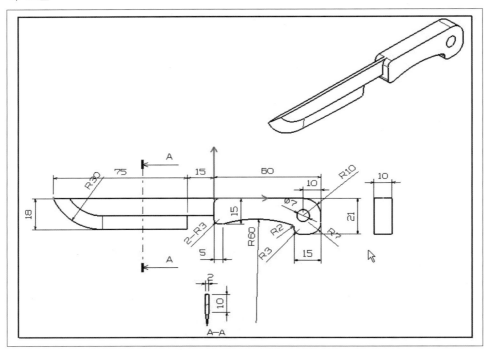

3-2) 예제 따라하기

① 먼저, 손잡이 부분을 모델링하기로 한다.

② Sketch 아이콘 을 클릭한 후 zx plane을 선택하여 Sketch Mode로 전환한다.

③ Profile 아이콘 을 클릭한 후 Sketch한다. Profile을 생성하는 과정에서 Arc는 Sketch tools 도구막대의 하부 옵션에서 Three Point Arc 를 선택한 후 생성한다.

④ Constraint 아이콘 을 더블클릭하여 치수를 적용한다.

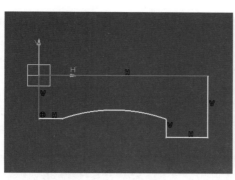
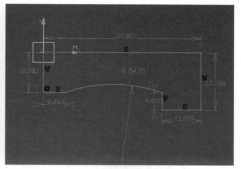

⑤ 생성한 치수를 각각 더블클릭한 후 도면을 참고하여 정확한 치수로 수정한다.

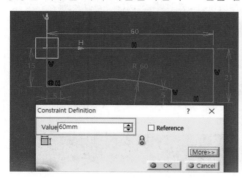
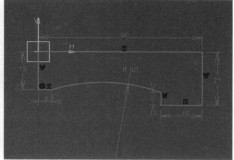

⑥ Corner 아이콘 을 클릭하여 왼쪽 모서리 부분에 라운드를 적용하고 치수를 더블클릭하여 R3
   으로 수정한다(라운드를 생성하는 과정에 대화상자가 나타나면 예(y)를 클릭하고 진행한다).

⑦ 오른쪽 모서리 부분에도 라운드를 적용하고 R 치수를 더블클릭하여 정확한 값으로 수정한다.

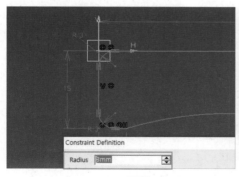
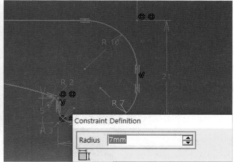

⑧ Exit Workbench 아이콘 을 클릭하여 3D Mode로 전환한다.

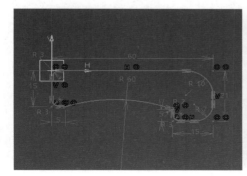
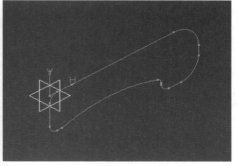

⑨ Pad 아이콘 을 클릭한 후 Dimension Type을 선택하고 Length 영역을 선택하여 5mm를 입력한다.

⑩ Mirrored Extended를 체크하고 OK 버튼을 클릭하면 두께 10mm의 Solid를 생성시킨다.

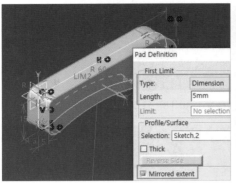
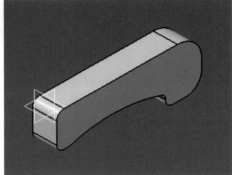

⑪ Solid의 모서리(1)를 선택한 후 Hole 아이콘 을 클릭한다.

⑫ Hole을 생성시킬 Solid의 면(2)을 클릭한다.

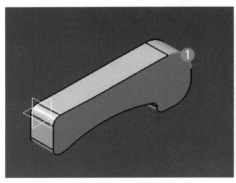
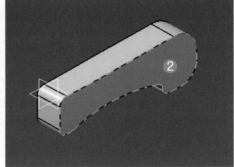

⑬ Hole Definition 대화상자에서 Extension 탭의 Type을 Up to Next로 선택한 후 Diameter 영역에 7mm를 입력하고 OK 버튼을 클릭한다.

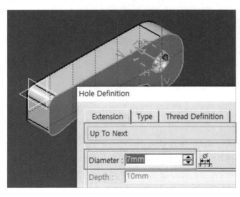
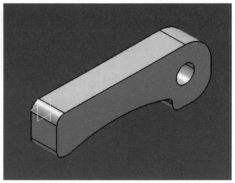

⑭ Sketch 아이콘 을 클릭한 후 zx plane을 선택하여 Sketch Mode로 전환한다.

⑮ Profile 아이콘 을 클릭한 후 Sketch한다. Arc는 Sketch tools 도구막대의 하부 옵션에서 Three Point Arc 를 선택한 후 생성한다.

⑯ Constraint 아이콘 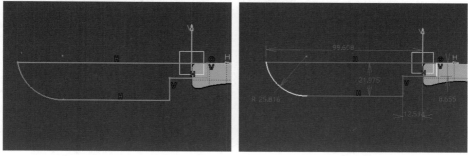을 더블클릭하여 치수를 적용한다.

⑰ Arc와 아래쪽 직선을 선택한 후 마우스 오른쪽 버튼을 클릭하고 Tangency를 선택하여 접선의 구속을 적용한다.

⑱ 생성된 치수를 더블클릭하여 정확한 값으로 수정한다.

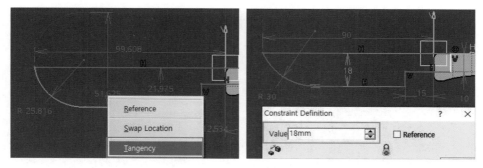

⑲ Exit Workbench 아이콘 을 클릭하여 3D Mode로 전환한다.

⑳ Pad 아이콘 을 클릭한 후 Dimension Type을 선택하고 Length 영역에 1mm를 입력한다.

㉑ Mirrored Extended를 체크하고 OK 버튼을 클릭하여 두께 2mm의 Solid를 생성한다.

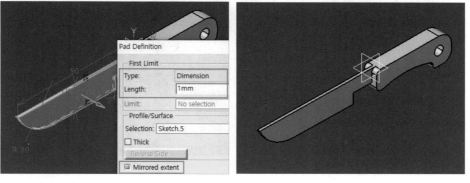

㉒ Insert – Body를 선택하여 Tree에 새로운 Body를 생성시킨다.

㉓ zx plane을 Sketch 평면으로 선택하고 Sketch Mode로 전환한다.

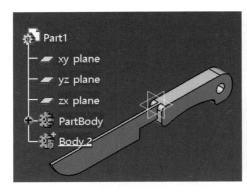
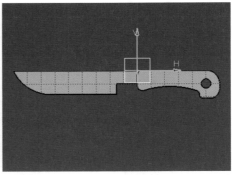

㉔ 화면을 회전시킨 후 Project 3D Elements 아이콘 을 더블클릭한다.

㉕ 투영시키고자 하는 모서리 부분(칼날)을 선택하여 Curve를 Sketch 평면에 투영시킨다.

㉖ View 도구막대의 Normal View 아이콘 을 클릭한다.

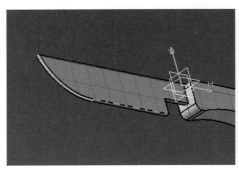
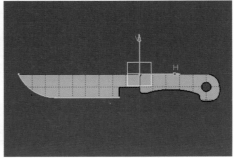

㉗ Line 아이콘 을 클릭하여 투영된 Curve의 끝점에서 원점까지 이어지는 직선을 생성한다.

㉘ Exit Workbench 아이콘 을 클릭하여 3D Mode로 전환한다.

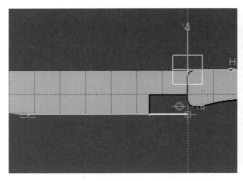
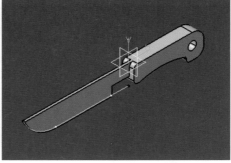

㉙ yz plane을 Sketch 평면으로 선택하고 Sketch Mode로 전환한다.

㉚ Project 3D Elements 아이콘 을 더블클릭한다.

㉛ 2mm 두께의 칼날 부분의 양쪽 모서리를 클릭하여 직선을 투영시킨다.

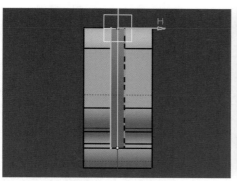
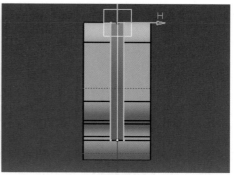

㉜ Line 아이콘 을 클릭하여 Sketch한 후 Quick Trim 아이콘 을 클릭하여 불필요한 부분을 제거한다.

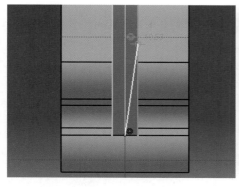
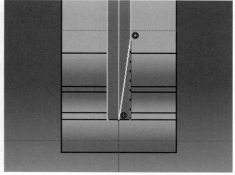

㉝ Constraint 아이콘 을 클릭하여 치수를 구속하고 각 치수를 더블클릭하여 정확하게 수정한다.

㉞ 8mm 길이의 직선을 선택한 후 Mirror 아이콘 을 클릭하고 대칭축으로 V축을 선택하여 대칭시킨다.

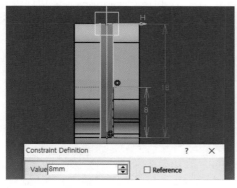
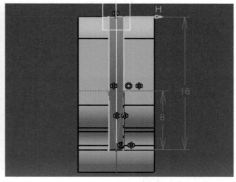

㉟ Quick Trim 아이콘 을 클릭하여 불필요한 부분을 제거한다.

㊱ Profile 아이콘 을 클릭한 후 앞에서 생성한 Sketch를 감싸도록 바깥쪽으로 Sketch한다(이때 별도로 치수를 구속시키지 않아도 된다).

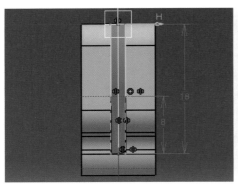
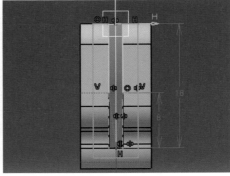

㊲ Exit Workbench 아이콘 ![icon]을 클릭하여 3D Mode로 전환한다.

㊳ Rib 아이콘 ![icon]을 클릭한다.

㊴ Profile 영역과 Center Curve 영역을 클릭한 후 각각 앞에서 생성한 Sketch를 선택하면 Profile(3)
이 Center Curve(4)를 따라가며 Solid를 생성한다.

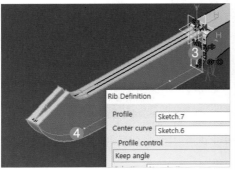
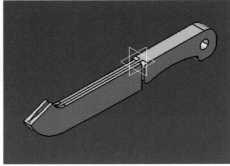

㊵ PartBody에서 새로 생성한 Body.2를 제거하기 위해서 Body.2를 선택한 후 마우스 오른쪽 버튼을
클릭하여 Body.2 Object → Remove…를 클릭하거나 Boolean Operations 도구막대의 Remove
아이콘 ![icon]을 클릭한다.

㊶ Pad ![icon] 시켜 생성한 Solid에서 Rib ![icon] 시켜 생성한 Solid를 제거하여 칼날 부분이 생성된다.

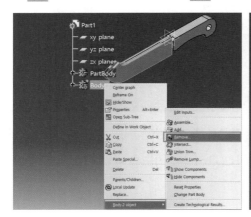
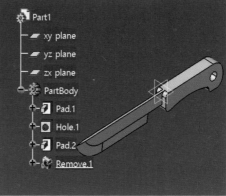

1 실습예제 1

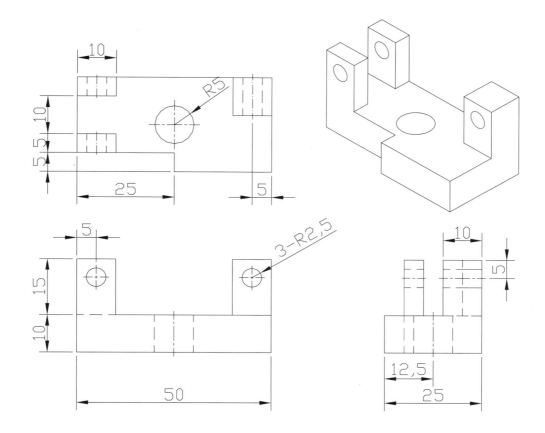

※ 활용 명령어
Pad, Hole, Pocket, RectPattern 등

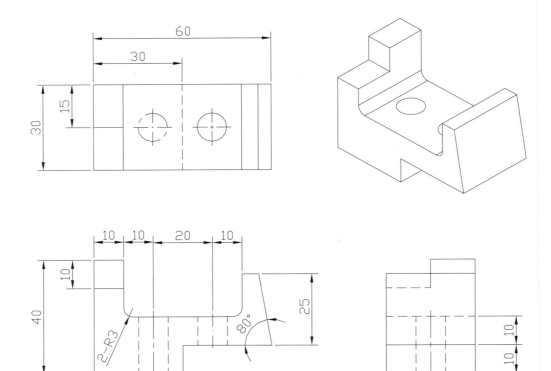

⊕ REFERENCE

※ 활용 명령어
Pad, Hole, RectPattern, Draft, Pocket, EdgeFillet 등

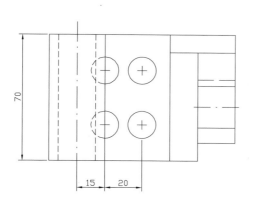

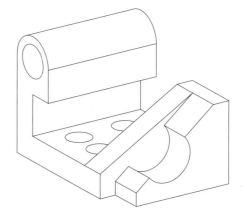

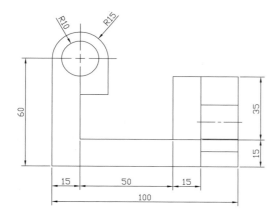

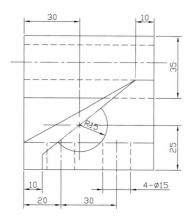

REFERENCE

※ 활용 명령어
Pad, Pocket, Hole, RectPattern 등

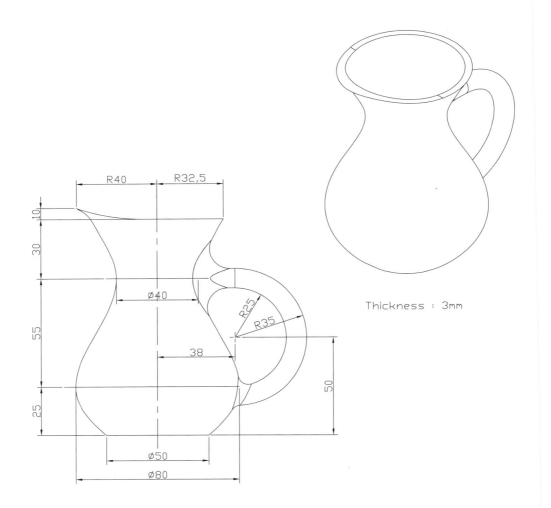

Thickness : 3mm

⊕ REFERENCE

※ 활용 명령어
Plane, Multi–Section Solid, Split, Shell, Rib, EdgeFillet, Extrude(Wireframe and Surface Desing 명령어) 등

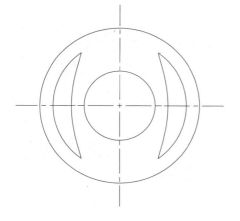

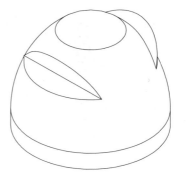

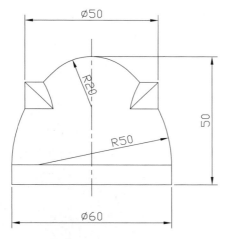

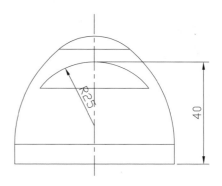

REFERENCE

※ 활용 명령어
Pad, Body(Insert – Body), Intersect(Boolean Operations), Shaft 등

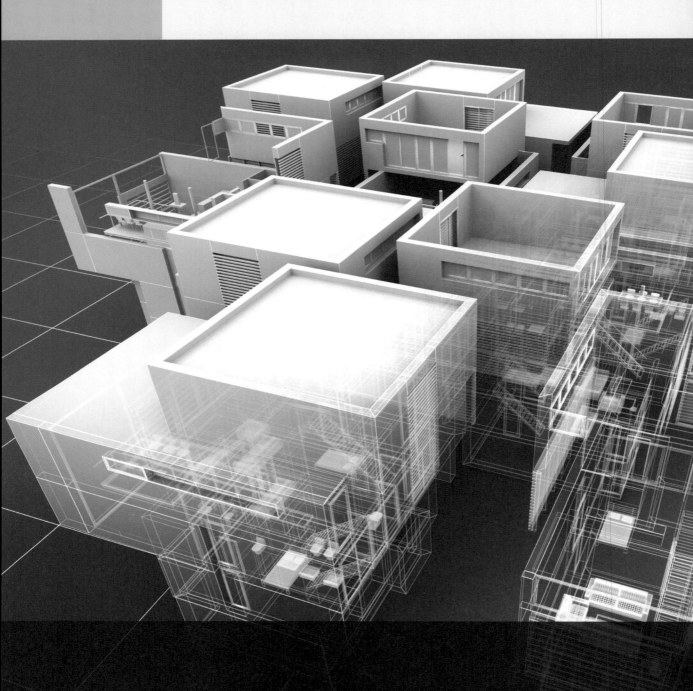

CATIA V5 따라잡기

PART 04

혼자서 따라하며 쉽게 익히는 CATIA V5 따라잡기

Surface Design 따라잡기

01 Surface Design 실행하기

1 CATIA를 실행하면 Assembly Mode가 실행되는데, ✖ 버튼을 눌러 창을 닫고 초기화시킨다.

2 Workbench 도구막대의 All general Options 아이콘 ■을 클릭한 후 Welcome to CATIA V5 대화상 자에서 Wireframe and surface Design 아이콘 ➣을 클릭한다.

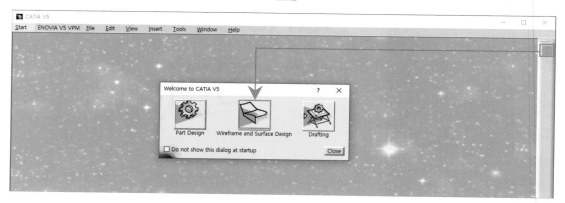

3 Wireframe and surface Design 아이콘 ➣이 나타나지 않을 경우에는 Tools → Customize…을 선택 한 후 Start Menu 탭의 왼쪽 영역에서 Wireframe and surface Design을 선택하고 ➡ 버튼을 클릭 하여 오른쪽 영역으로 이동시키고 재실행한다.

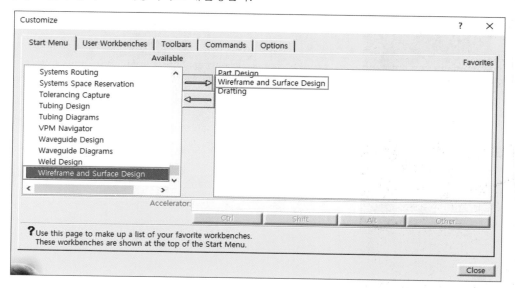

4 다른 방법으로 Start → Mechanical Design → Wireframe and surface Design을 실행한다.
New Part 대화상자가 나타나면 OK 버튼을 클릭한다.

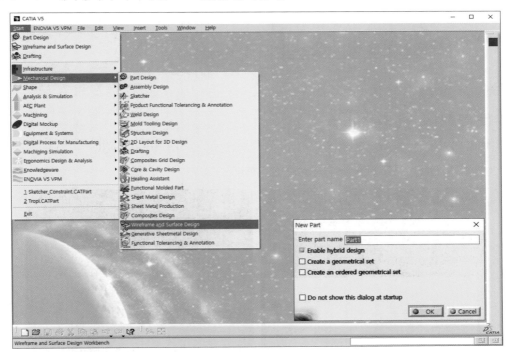

5 도구막대 영역의 빈 공간(1)에 마우스 포인터를 위치시키고 오른쪽 버튼을 클릭하여 Wireframe and surface Design Mode의 도구막대를 아래와 같이 배열시킨다.

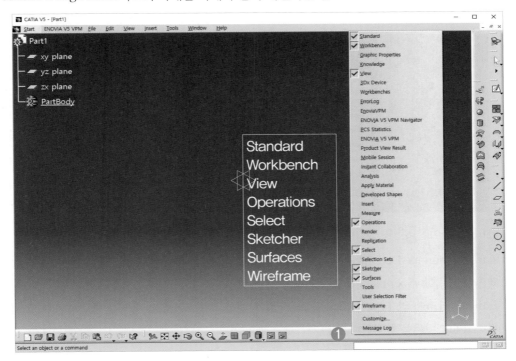

1 Surfaces

[Extrude]

객체를 돌출시켜 Surface를 생성

① Point 아이콘 ▪ 을 클릭한 후 Point type을 Coordinates로 선택하고 원점(X＝0, Y＝0, Z＝0)을 선택한 후 OK 버튼을 클릭하여 Point를 생성한다.

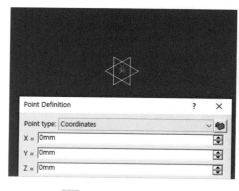

② Line 아이콘 ╱ 을 클릭한 후 Line type을 Point－Direction로 선택한다.

③ Point 영역을 클릭한 후 원점에 생성한 Point를 선택하고 Direction 영역을 클릭한 후 zx plane을 선택하여 End 영역에 50mm를 입력하고 원점을 지나고 ZX 평면에 수직한 50mm 직선을 생성한다.

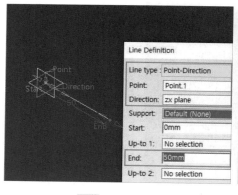
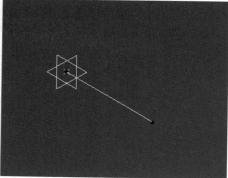

④ Extrude 아이콘 을 클릭한다.

⑤ Extruded Surface Definition 대화상자에서 Profile 영역을 클릭한 후 Line을 선택하고 Direction 영역을 클릭한 후 xy plane을 선택한다.

⑥ Extrusion Limits의 Type을 Dimension으로 지정하고 Dimension 영역을 클릭하여 20mm를 입력하고 OK 버튼을 클릭한다.

⑦ 화살표 방향으로 20mm 길이의 Surface가 생성된다.

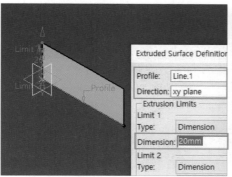
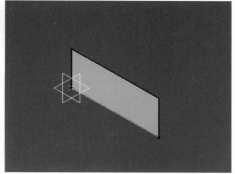

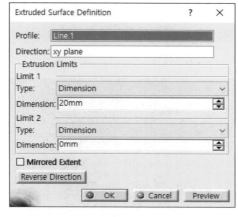

[Profile] : Surface를 생성시킬 객체
[Direction] : Surface를 생성시킬 방향
• 면 선택 : 선택 면과 수직한 방향
• Line이나 Axis 선택 : Line이나 Axis 방향
[Extrusion Limits]
• Limit 1 : Surface의 화살표 방향
• Limit 2 : Surface의 화살표 반대 방향
• Dimension : 생성할 Surface의 길이
• Up – to Element : 생성할 Surface가 연장될 객체
[Mirrored Extent] : Limit 1 Dimension 영역의
길이를 양방향으로 Surface 생성
[Reverse Direction] : Surface의 생성 방향을
전환

⑧ Extrude 아이콘 을 클릭한 후 Profile 영역을 클릭하고, 생성한 Surface의 아래쪽 모서리를 선택하여 Direction 영역을 클릭한 후 Surface를 선택한다.

⑨ Limit 1의 Dimension 영역에 50mm를 입력하고 OK 버튼을 클릭하여 Surface를 생성한다.

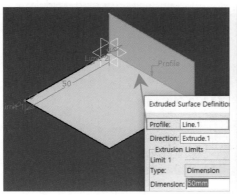
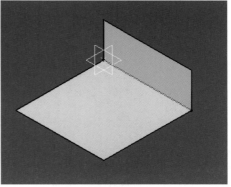

⑩ 이 같은 방법을 연속하여 적용하면 아래 그림과 같이 직육면체의 Surface를 완성할 수 있다.

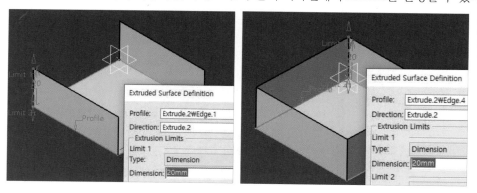

⑪ Direction

ⓐ yz plane을 Sketch 평면으로 선택한 후 Spline 아이콘〰을 클릭하여 임의의 곡선을 생성한다.

ⓑ Exit workbench 아이콘⬆을 클릭하여 3D Mode로 나간다.

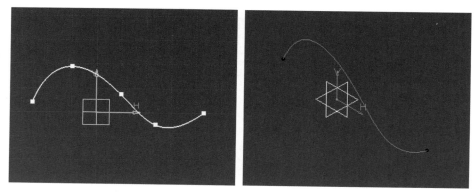

ⓒ zx plane을 Sketch 평면으로 선택한 후 Line 아이콘╱을 클릭하여 임의의 방향으로 직선을 생성한 후 3D Mode로 나간다.

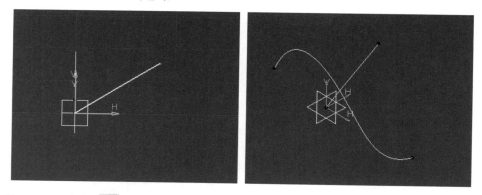

ⓓ Extrude 아이콘을 클릭한 후 Profile 영역에서 Spline을 선택하면 Spline이 포함된 평면에 수직한 방향으로 Surface가 생성된다.

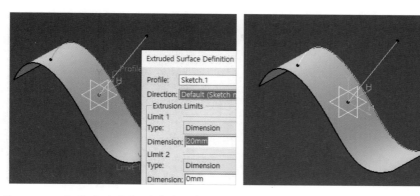

ⓔ Surface의 생성 방향을 변경하고자 할 때에는 Direction 영역을 클릭한 후 방향을 선택한다.

ⓕ Direction 영역에서 앞에서 생성한 Line(1)을 선택한다.

ⓖ Spline 곡선이 Line 방향으로 Surface가 생성된 것을 확인할 수 있다.

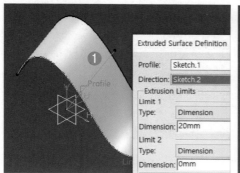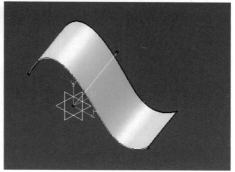

ⓗ Direction 영역을 클릭한 후 마우스 오른쪽 버튼을 클릭하고 Surface의 생성 방향으로 Z Component를 선택하면 아래 그림과 같이 Z축 방향으로 Surface가 생성된다.

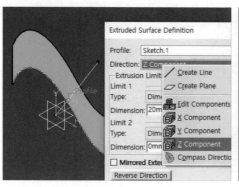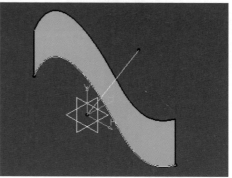

⑫ Extrusion Limits/Type(Up−to element) : 선택한 요소까지 Extrude시킨다.

ⓐ yz plane에 Spline 아이콘을 클릭하여 임의 곡선을 Sketch하고 3D Mode로 전환한다.

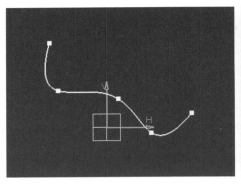
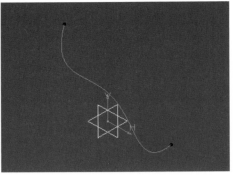

ⓑ zx plane에 Profile 아이콘을 클릭하여 아래와 같이 Sketch한 후 3D Mode로 전환한다.

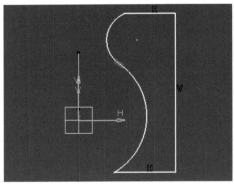
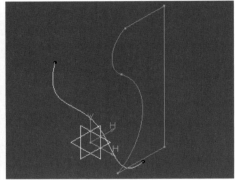

ⓒ Extrude 아이콘을 클릭한 후 Profile 영역을 선택하고 zx plane에 Sketch한 객체를 선택한다.

ⓓ Limit 1의 Dimension 영역에 30mm를 입력한 후 Mirrored Extent를 체크하고 OK 버튼을 클릭 하여 양쪽 방향으로 60mm의 Surface를 생성한다.

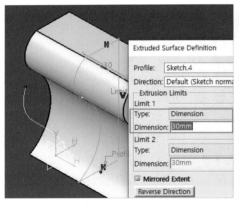
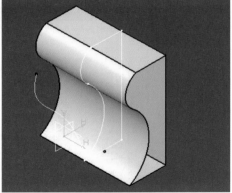

ⓔ Extrude 아이콘을 클릭한다.

ⓕ Profile 영역을 클릭한 후 Spline 곡선을 선택하고 Limit 1의 Type을 Up-to element를 선택한다.

ⓖ Up-to element를 클릭한 후 앞에서 생성한 Surface를 선택하고 Profile 끝점의 화살표를 클릭 하여 Surface를 향하도록 전환한다.

ⓗ Limit 2의 Dimension 영역을 0mm로 수정하고 OK 버튼을 클릭하여 Surface를 생성한다.

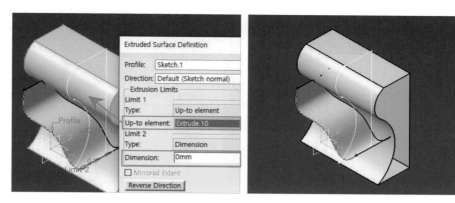

ⓘ Up－to element Type을 적용하는데, 아래와 같은 Error가 발생하는 경우는 아래와 같이 Profile 이 Up－to element 영역에서 선택한 Surface를 벗어난 경우(2)이다.

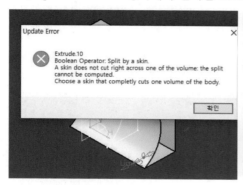
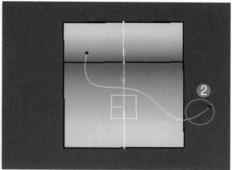

ⓙ 이 경우에는 Surface의 폭을 넓혀주거나 Spline을 Surface를 벗어나지 않도록 Sketch를 수정해 주어야 한다.

ⓚ 여기에서는 Surface를 더블클릭하여 Dimension을 50mm로 수정한 후 Up－to element Type 을 적용하면 정상적으로 적용된다.

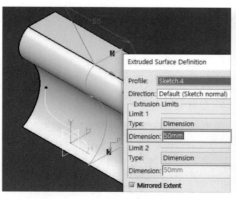
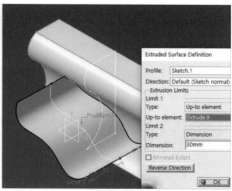

⑬ Mirrored Extent : 선택한 요소를 양쪽 방향으로 Surface를 생성한다.

　ⓐ 과정 ⑫의 Spline 곡선에 적용해 보기로 한다.

　ⓑ Limit 1의 Dimension 영역에 10mm를 입력하면 한쪽 방향으로 10mm의 Surface가 생성된다.

　ⓒ Mirrored Extent를 체크하면 양쪽 방향으로 10mm씩 20mm의 Surface가 생성된다.

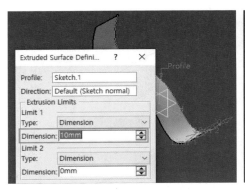
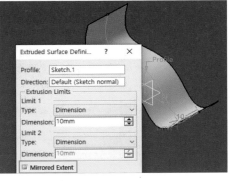

⑭ Reverse Direction : Surface의 생성 방향을 변경한다.

    ⓐ 과정 ⑬의 Mirrored Extent 예제를 이용한다.

    ⓑ Profile 영역에 곡선을 선택하고 Limit 1의 Dimension 영역에 30mm를 입력하면 화살표 방향으로 Surface(3)가 생성된다.

    ⓒ Surface의 생성 방향을 전환하기 위해 Reverse Direction 버튼을 클릭하면 화살표 방향이 반대로 전환되고 Surface(4)가 반대 방향으로 생성된다.

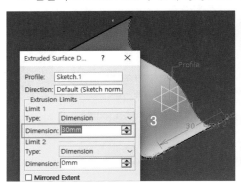
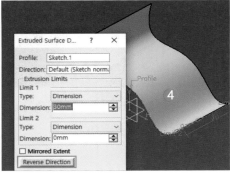

[Revolve]

Axis를 중심으로 회전시켜 Surface를 생성

① zx plane에 Profile 아이콘 을 클릭하여 Sketch(1)하고 V축에 Axis(2)를 생성한 후 Exit Workbench 아이콘을 클릭하여 3D Mode로 전환한다.

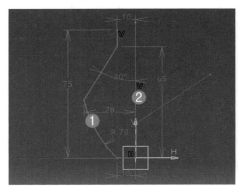
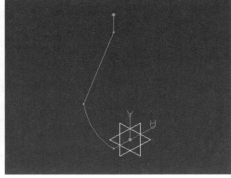

② Revolve 아이콘 🧶을 클릭한다.

③ Revolution Surface Definition 대화상자에서 Revolution axis는 Sketch Mode의 Axis가 자동으로 지정된다.

④ Angular Limits/Angle 1 영역을 클릭하여 360deg를 입력하고 OK 버튼을 클릭한다.

⑤ 360° 회전체의 Surface가 생성된다.

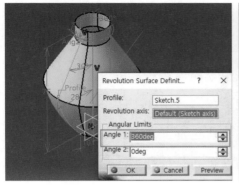 

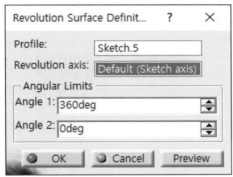

[Profile] : 회전체의 Surface를 생성시킬 객체
[Revolution axis] : 회전축
[Angular Limits]
• Angle 1 : 반시계 방향 각도
• Angle 2 : 시계 방향 각도
• Angle 1과 2의 합이 360°를 넘으면 Error 발생

[Sphere 🔵]

Point를 중심으로 Surface 형상의 완전한 구 또는 구의 일부를 생성

① Point 아이콘 ▪ 을 클릭하여 Y축으로 30mm 떨어진 위치에 Point를 생성하고 Exit Workbench 아이콘 ⏏을 클릭하여 3D Mode로 전환한다.

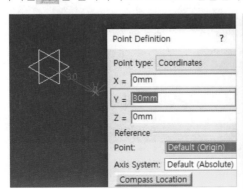 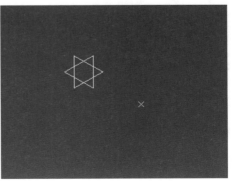

② Sphere 아이콘 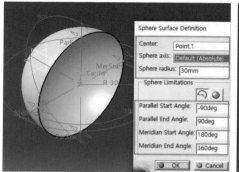을 클릭한다.

③ Sphere Surface Definition 대화상자에서 Center 영역을 클릭하고 생성한 Point를 선택한다.

④ Sphere radius 영역을 클릭하고 30mm를 입력한다.

⑤ Sphere Limitations에 생성하고자 하는 구의 각도를 지정하고 OK 버튼을 클릭한다.

⑥ Center Point를 중심으로 각 방향으로 지정한 각도의 구의 일부 Surface가 생성된다.

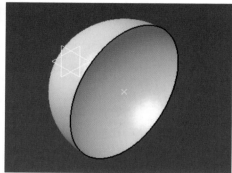

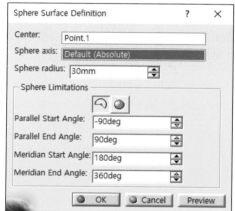

[Center] : 생성할 구의 중심

[Sphere radius] : 구의 반지름

[Sphere Limitations]

• Parallel Start Angle : Z축 방향의 아래쪽 각도

• Parallel End Angle : Z축 방향의 위쪽 각도

• Meridian Start Angle : X축 방향의 시계 방향 각도

• Meridian End Angle : X축 방향의 반시계 방향 각도

[Create the whole sphere] : 완전한 구를 생성

⑦ Create the whole sphere 아이콘 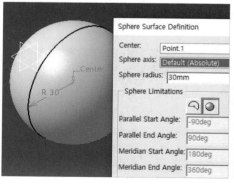을 클릭하면 완전한 구(Sphere)가 생성된다.

[Cylinder 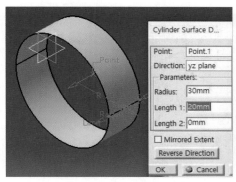]

Point를 중심으로 원기둥의 Surface 생성

① Sphere ● 예제에서 생성한 Point(X0, Y30, Z0)를 활용한다.

② Cylinder 아이콘 🗋 을 클릭한다.

③ Cylinder Surface Definition 대화상자에서 Point 영역을 클릭하고 생성한 Point를 선택한다.

④ Direction 영역을 클릭하고 yz plane을 선택한다.

⑤ Radius 영역을 클릭하고 Cylinder의 반경으로 20mm, Length 1 영역에 20mm, Length 1 영역에
0mm를 입력한 후 OK 버튼을 클릭한다.

⑥ Point를 중심으로 yz plane에 수직한 방향으로 반경 30mm, 화살표 방향으로 Length 1 영역에
입력한 20mm만큼 돌출된 원통형의 Surface를 생성한다.

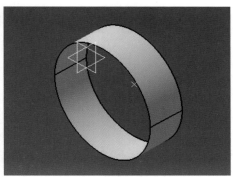

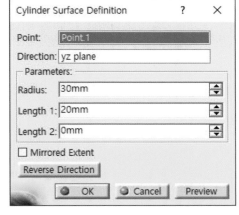

[Point] : Cylinder의 중심
[Direction] : Plane이나 좌표축을 선택하여 방향
지정
• Plane : 평면에 수직한 방향으로 생성
• 좌표축 : 축 방향으로 생성
[Parameters]
• Radius : Cylinder 반경
• Length 1 : 화살표 방향으로 Cylinder 거리
• Length 2 : 화살표 반대 방향으로 Cylinder 거리
[Mirrored Extent] : Length 1 영역에 입력한 거
리만큼 반대 방향으로도 돌출
[Reverse Direction] : Length 1 방향(화살표)을
반대로 전환

⑦ Mirrored Extent : 양방향으로 Surface를 생성

ⓐ 앞에서 생성한 Cylinder를 더블클릭하여 Cylinder Surface Definition 대화상자를 연다.

ⓑ Mirrored Extent를 체크한다.

ⓒ Length 1 영역에 입력한 20mm의 길이가 화살표 반대 방향에도 적용되어 40mm 길이의
Cylinder Surface를 생성한다.

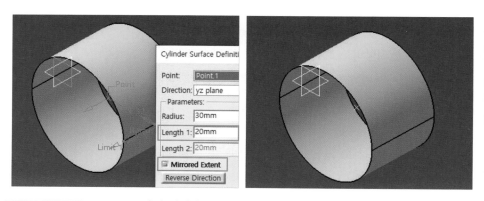

⑧ <u>Reverse Direction</u> : Surface 생성 방향을 반대 방향으로 전환한다.

Reverse Direction 버튼을 클릭하면 Length 1 영역에 입력한 거리만큼 반대 방향(1)으로 Surface가 생성된다.

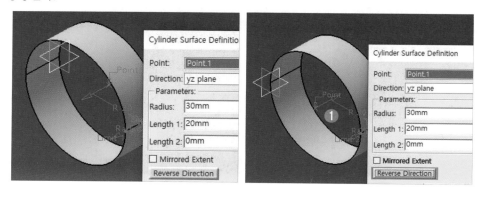

[Offset]

Surface를 일정한 거리만큼 평행 이동시켜 생성

① zx plane에 Profile 아이콘 을 클릭하여 Sketch한 후 Corner 아이콘 을 적용하고 Exit Workbench 아이콘 을 클릭하여 3D Mode로 전환한다.

② Sketch를 선택하고 Extrude 아이콘 을 클릭한다.

③ Dimension 영역에 30mm를 입력하고 Mirrored Extent를 체크한 후 OK 버튼을 클릭하여 60mm 의 Surface를 생성한다.

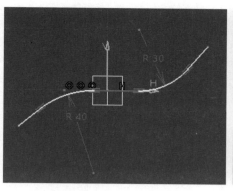 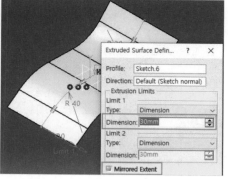

④ Offset 아이콘 🐾 을 클릭한다.

⑤ Offset Surface Definition 대화상자에서 Surface 영역을 클릭한 후 Extrude로 생성한 Surface를 선택하고 Offset 영역에 20mm를 입력한 후 OK 버튼을 클릭한다.

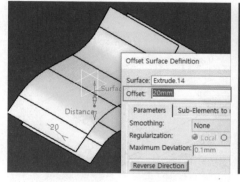 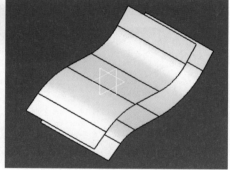

[Surface] : Offset시킬 Surface 선택
[Offset] : 사이 띄울 거리 입력
[Sub-Element to remove] : Offset을 적용하지 않을 영역 선택
[Reverse Direction] : Offset 방향 전환
[Both sides] : 양쪽 방향으로 Offset 적용
[Repeat object after OK] : Offset 거리만큼 여러 개의 Surface 생성

⑥ Sub-Element to remove : Offset이 적용되는 Surface에서 제외할 영역을 선택할 수 있다.

　ⓐ 앞에서 생성한 Offset 평면을 더블클릭한다.

　ⓑ Sub-Element to remove 탭을 클릭한 후 Offset을 적용하지 않고 제외할 Surface 영역을 클릭 (1, 2)하고 OK 버튼을 클릭한다.

　ⓒ 선택한 부분은 Offset이 적용되지 않은 것을 확인할 수 있다.

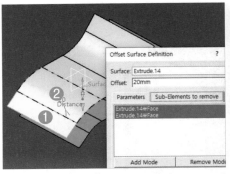 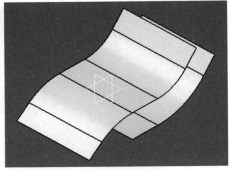

⑦ Both sides : 양쪽으로 Offset이 적용된다.

    ⓐ Offset 🦇 예제의 과정 ③까지 적용하여 생성한 60mm의 Surface에 적용해 보기로 한다.

    ⓑ Offset 대화상자에서 Surface 영역에 위에서 생성한 Surface를 선택한다.

    ⓒ Offset 영역에 사이 띄울 간격으로 30mm를 입력하고 Both sides를 체크한 후 OK 버튼을 클릭하면 양쪽 방향으로 Surface가 생성된 것을 볼 수 있다.

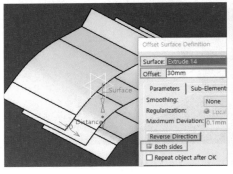 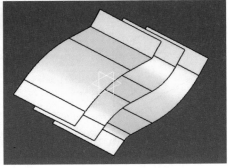

⑧ Repeat object after OK : Surface를 생성 후 원하는 만큼 추가로 Surface를 생성한다.

    ⓐ Offset 🦇 예제의 과정 ③까지 적용하여 생성한 60mm의 Surface에 적용해 보기로 한다.

    ⓑ Offset 대화상자에서 Surface 영역에 위에서 생성한 Surface를 선택한다.

    ⓒ Offset 영역에 사이 띄울 간격으로 10mm를 입력하고 Repeat object after OK를 체크한 후 OK 버튼을 클릭한다.

    ⓓ Object Repetition 대화상자가 나타나면 Instance 영역에 추가로 Offset시킬 Surface의 수량(여기서는 4개를 적용)을 입력하고 OK 버튼을 클릭한다.

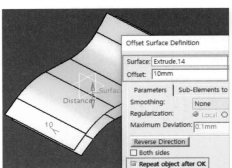 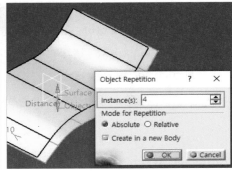

ⓔ 10mm 간격의 Offset Surface가 생성된 후 추가로 생성할 Instance 영역에 입력한 4개까지 총 5개의 Offset Surface가 생성되었다.

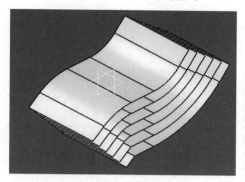

ⓕ Object Repetition 대화상자에서 Create in a new Body의 체크 여부에 따라 Offset Surface가 Tree에 생성되는 형식에 아래 그림과 같이 차이가 있다.

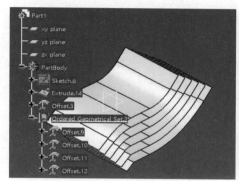

Create in a new Body 체크   Create in a new Body 체크 해제

⑨ [Reverse Direction] : Surface의 생성 방향을 반대로 전환한다.

ⓐ Offset 〔〕 예제의 과정 ③까지 적용하여 생성한 60mm의 Surface에 적용해 보기로 한다.

ⓑ Offset 대화상자에서 Surface 영역에 위에서 생성한 Surface를 선택한다.

ⓒ Offset 영역에 사이 띄울 간격으로 30mm를 입력하고 Preview 버튼을 클릭한다.

ⓓ 화살표 방향이 아래로 향하고 있어 Offset Surface가 아래쪽으로 생성된다.

ⓔ Reverse Direction 버튼을 클릭하면 화살표 방향이 반대(3)로 전환되어 위쪽으로 Offset Surface가 생성된다.

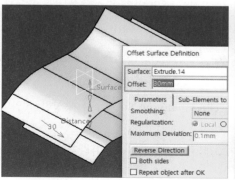
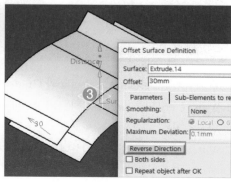

[Sweep]

임의의 객체(Profile)가 경로(Guide curve)를 따라 Surface 생성

① yz plane과 zx plane에 각각 Spline 아이콘 을 클릭하여 아래 그림과 같이 임의의 곡선을 Sketch하고 3D Mode로 전환한다.

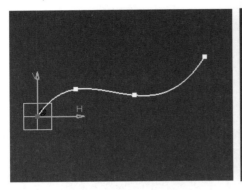 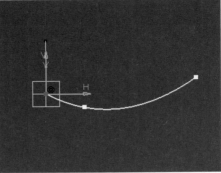

② Sweep 아이콘 을 클릭한다.

③ Sweep Surface Definition 대화상자에서 Profile 영역을 클릭한 후 Sketch(1)를 선택한다.

④ Guide curve 영역을 클릭한 후 경로로 적용할 Sketch(2)를 선택하면 Profile이 Guide Curve를 따라가며 Surface를 생성한다.

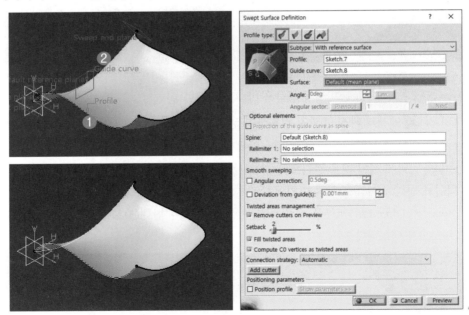

⑤ Profile Type : Explicit (Profile과 Guide curve로 Surface를 생성한다.)

⑤-1 With reference surface : 하나의 Profile과 Guide curve로 Surface를 생성한다(위의 예제를 참고하자).

⑤-2 With two guide curves : 하나의 Profile이 2개의 Guide curve를 따라가면서 Surface를 생성한다.

ⓐ zx plane에 R50인 Arc를 Sketch하고 3D Mode로 전환한다.

ⓑ Point 아이콘 █ 을 더블클릭한 후 Point type을 Coordinate로 선택하고 X = −50mm, Y = −50mm, Z = 10mm와 X = 50mm, Y = −50mm, Z = 30mm 위치에 Point를 생성한다.

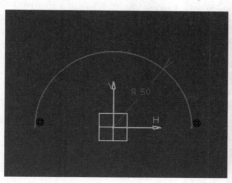 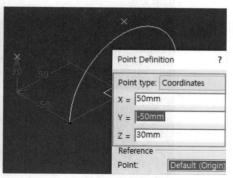

ⓒ Line 아이콘 ╱ 을 더블클릭한 후 생성한 Point와 Arc의 끝점을 연속 선택하여 연결하는 Line(3)을 생성한다.

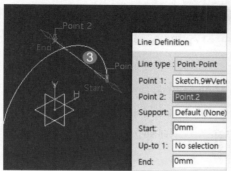 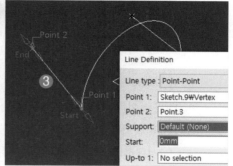

ⓓ Sweep 아이콘 🥢 을 클릭한다.

ⓔ Subtype을 With two guide curves로 선택한다.

ⓕ Profile 영역을 클릭한 후 Arc(4)를 선택하고 Guide curve 1, 2 영역을 클릭한 후 Line(5, 6)을 선택하고 OK 버튼을 클릭한다.

ⓖ Arc가 경로인 두 Line을 따라가며 Surface를 생성한다.

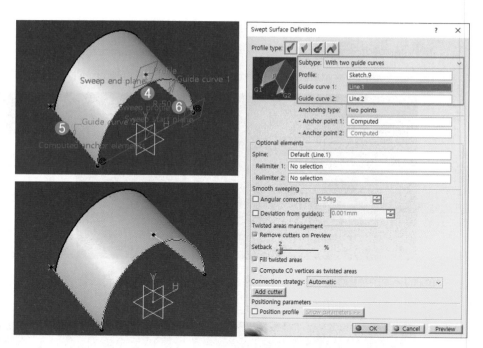

⑤-3 With pulling direction : 하나의 Profile이 Guide curve를 따라가면서 일정 각도만큼 기울어
진 Surface를 생성한다.

ⓐ yz plane에 Spline을 Sketch하고 3D Mode로 전환한다.

ⓑ Line 아이콘╱을 클릭한 후 Line type을 Point-Direction으로 선택한다.

ⓒ Point 영역을 클릭한 후 곡선의 끝점(7)을 선택하고 Direction 영역을 클릭한 후 yz plane
을 선택한다.

ⓓ End 영역에 100mm를 입력한 후 Reverse Direction 버튼을 클릭하여 아래 그림처럼 위치
시키고 OK 버튼을 클릭하여 Line을 생성한다.

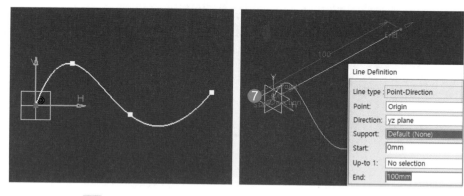

ⓔ Sweep 아이콘을 클릭한다.

ⓕ Subtype을 With pulling direction으로 선택한다.

ⓖ Profile 영역을 클릭한 후 Spline(8)을 선택하고 Guide curve 영역을 클릭한 후 Line(9)을
선택한다.

ⓗ Direction 영역을 클릭한 후 마우스 오른쪽 버튼을 클릭하고 Z axis(Z Component)를 선
택한다.

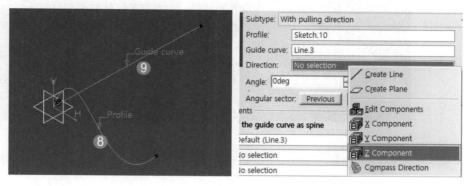

ⓘ Angle 영역에 30deg를 입력하고 Preview 버튼을 클릭하여 미리보기 한다.

ⓙ Angular sector의 Previous나 Next 버튼을 클릭하면 화살표 방향이 차례로 선택되며, 이
때 주황색 화살표 방향이 Surface가 생성되는 방향이다.

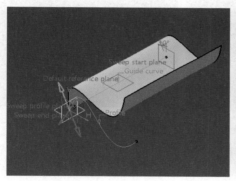
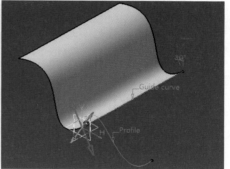

ⓚ Surface를 생성할 방향이 잘 선택되었으면 OK 버튼을 클릭하여 Surface를 생성한다.

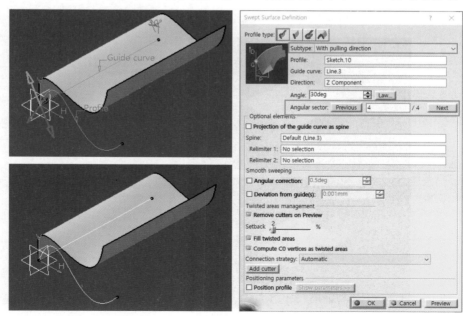

① 아래는 Angle에 5°와 60°를 적용할 경우 생성되는 Surface를 보여 준다.

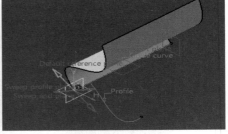

Angle : 5° 적용

Angle : 60° 적용

⑥ Profile Type : Line 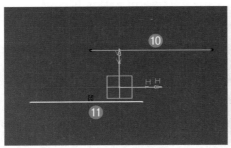 (Line을 이용하여 Surface을 생성)

⑥-1 Two limits : 선택한 2개의 Line을 지나는 Surface를 생성한다.

ⓐ 서로 다른 xy plane에 Line을 각각 Sketch(10, 11)하고 3D Mode로 빠져나간다.

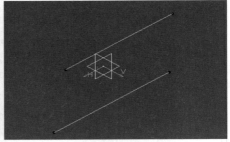

ⓑ Sweep 아이콘을 클릭하고 Profile type으로 Line을 선택한다.

ⓒ Subtype을 Two limits로 선택한다.

ⓓ Guide curve 1과 Guide curve 2 영역을 클릭하고 생성한 Line을 각각 선택한다.

ⓔ Length 1과 Length 2 영역에 0mm를 입력하고 OK 버튼을 클릭한다.

ⓕ 선택한 Line의 공통된 구간에 Surface가 생성된다.

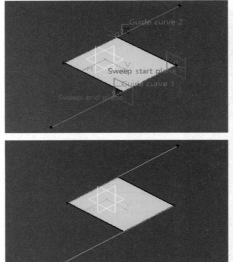

ⓖ 위 ⓔ에서 Length 1과 Length 2 영역에 길이를 입력하면 Surface가 Line으로부터 지정한 길이만큼 연장되어 생성된다.

ⓗ 아래 그림은 Length 1(20mm), Length 2(5mm)을 적용한 경우에 생성되는 Surface를 보여 주고 있다.

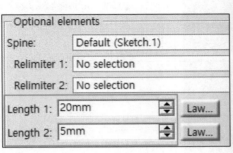 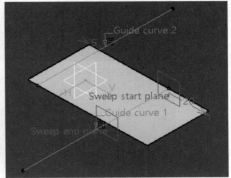

⑥-2 Limit and middle : Guide curve 2를 기준으로 대칭인 Surface를 생성한다.

　ⓐ 앞의 과정 ⑥-1. Two limits에서 생성한 Line을 이용하여 적용하기로 한다.

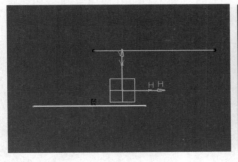 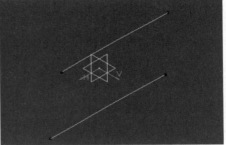

　ⓑ Sweep 아이콘 을 클릭하고 Profile type으로 Line 을 선택한다.

　ⓒ Subtype을 Limit and Middle로 선택한다.

　ⓓ Guide curve 1과 Guide curve 2 영역을 클릭한 후 생성한 Line을 하나씩 선택한다.

　ⓔ Guide curve 2 영역에서 선택된 Line을 중심으로 Guide curve 1까지의 거리만큼 대칭인 Surface가 생성된다.

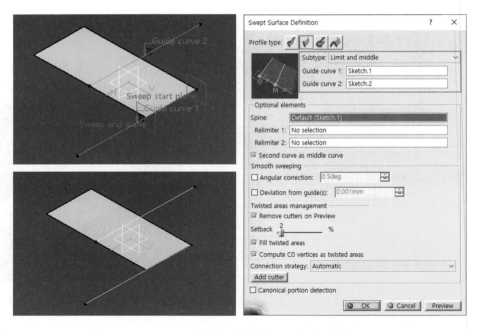

ⓕ Guide curve 1과 Guide curve 2 영역에 선택한 Line이 반대일 경우 아래와 같이 Surface
가 생성된다.

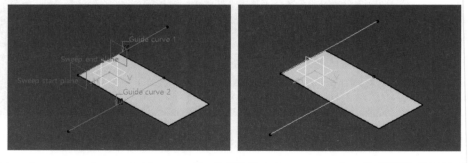

⑥-3 With reference surface : Guide curve를 지나면서 Reference Surface에 일정한 각도를 갖는
Surface를 생성한다.

ⓐ xy plane에 Line 아이콘 ╱ 을 클릭한 후 임의의 직선을 Sketch하고 3D Mode로 빠져 나
온다.

ⓑ Extrude 아이콘 🗲 을 클릭한 후 Direction 영역을 클릭하고 zx plane을 선택한다.

ⓒ Limit 1의 Dimension 영역에 20mm, Limit 2의 Dimension 영역에 50mm를 입력하고 OK
버튼을 클릭하여 Surface를 생성한다.

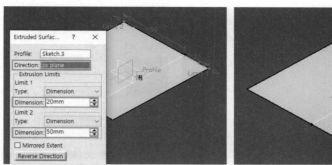
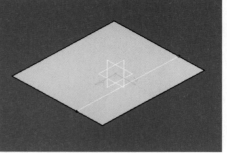

ⓓ Sweep 아이콘 🖱️을 클릭하고 Profile type으로 Line 🖱️을 선택한다.

ⓔ Subtype을 With reference Surface로 선택한다.

ⓕ Guide curve 1 영역을 클릭한 후 xy plane에 생성한 Line(12)을 선택한다.

ⓖ Reference surface 영역을 클릭한 후 생성한 Surface(13)를 선택한다.

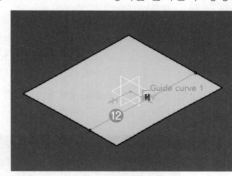
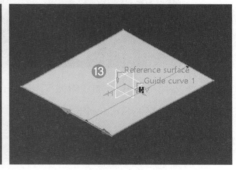

ⓗ Length 1 영역에 생성할 Surface의 길이를 입력(50mm)하고 Angle 영역에 60deg를 입력하면 Surface를 기준으로 Line을 지나는 화살표가 나타난다.

ⓘ Preview 버튼을 클릭하면 주황색 화살표 방향으로 Surface가 생성된 것을 확인할 수 있다.

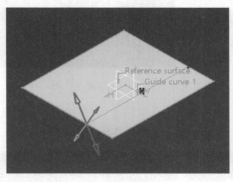
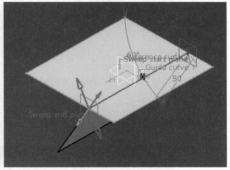

ⓙ 생성할 Surface의 방향을 전환하기 위해서 Angular sector의 Previous나 Next 버튼을 클릭하면 주황색 화살표가 변경된다.

ⓚ 생성할 Surface의 위치로 주황색 화살표가 위치하면 Preview 버튼을 클릭하여 미리보기한 후 OK 버튼을 클릭하여 Surface를 생성한다.

ⓛ Guide curve인 Line을 지나면서 Surface에 Angle 각도만큼 기울어진 50mm의 Surface가 생성된 것을 확인할 수 있다.

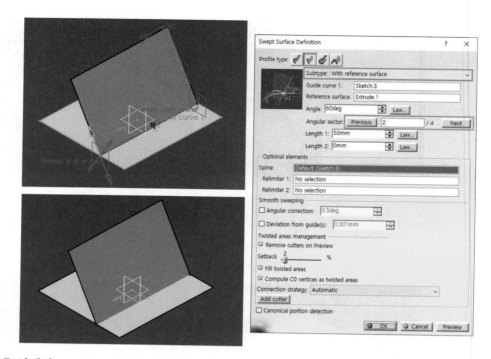

ⓜ 앞에서 Length 2 영역에 길이(20mm)를 입력하면 Guide curve에서 화살표 방향의 반대로
이어지는 Surface가 생성된다.

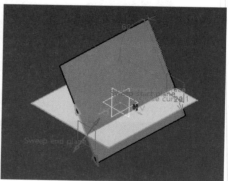

⑥−4 With reference curve : Guide curve가 기준 Reference Curve에 일정한 각도를 갖는 Surface
를 생성한다.

ⓐ 앞의 과정 ⑥−1. Two limits에서 생성한 Line을 이용하여 적용하기로 한다.

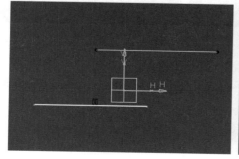

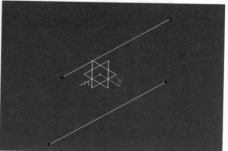

ⓑ Sweep 아이콘 을 클릭하고 Profile type으로 Line 을 선택한다.

ⓒ Subtype을 With reference curve로 선택한다.

ⓓ Guide curve 1 영역을 클릭한 후 Line(14)을 선택한다.

ⓔ Reference curve 영역을 클릭한 후 다른 Line(15)을 선택한다.

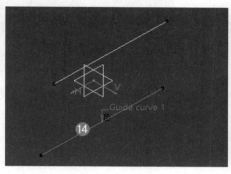 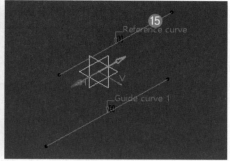

ⓕ Length 1 영역에 생성할 Surface의 길이를 입력(50mm)하고 Angle 영역에 60deg를 입력한 후 Preview 버튼을 클릭하여 미리보기 한다.

ⓖ Guide curve 1 영역에서 선택한 Line에서 reference curve(다른 Line)에 60deg 기울어진 50mm의 길이를 갖는 Surface가 생성된다.

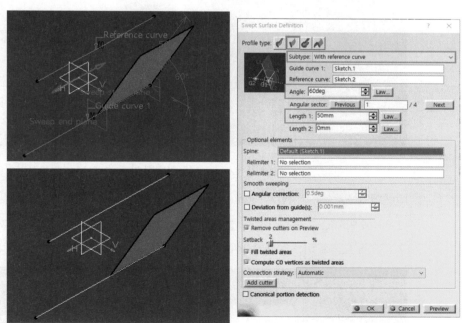

ⓗ 생성할 Surface의 방향을 전환하기 위해서 Angular sector(3/4)와 Length 2 영역의 길이(20mm)를 적용했을 경우의 예시는 다음 그림에서 보여 주고 있다.

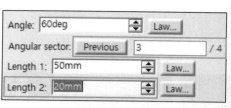

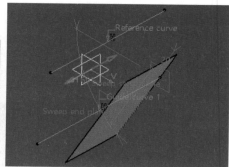

⑥-5 With tangency surface : Guide curve에서 기존에 생성된 Surface에 접하는 새로운 Surface를 생성한다.

ⓐ zx plane에 아래와 같이 Spline을 Sketch하고 3D Mode로 빠져 나간다.

ⓑ Extrude 아이콘을 클릭한 후 Limit 1의 Dimension 영역에 20mm를 입력한다.

ⓒ Mirrored Extent를 체크한 후 OK 버튼을 클릭하여 양쪽으로 대칭된 40mm의 Surface를 생성한다.

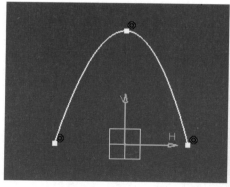

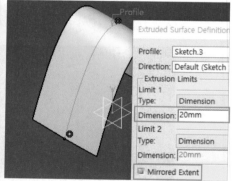

ⓓ Sketch 아이콘을 클릭한 후 yz plane을 선택하여 Sketch Mode로 전환한다.

ⓔ Line 아이콘을 클릭한 후 Surface 위쪽에 직선을 생성하고 Line의 양쪽 끝점을 Surface의 모서리에 일치(Constraint 아이콘을 클릭하고 Line의 끝점과 Surface의 모서리를 선택한 후 마우스 오른쪽 버튼을 클릭하여 Coincidence 선택)시킨 후 3D Mode로 빠져나간다.

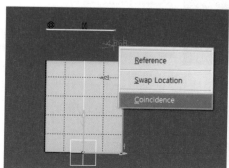

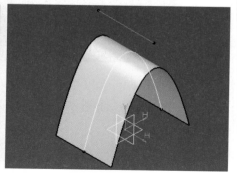

ⓕ Sweep 아이콘 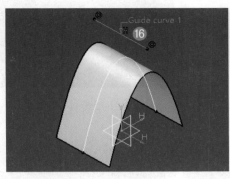을 클릭하고 Profile type으로 Line 을 선택한다.

ⓖ Subtype을 With tangency surface로 선택한다.

ⓗ Guide curve 1 영역을 클릭한 후 앞에서 생성한 Line(16)을 선택한다.

ⓘ Tangency surface 영역을 클릭한 후 surface(17)를 선택한다.

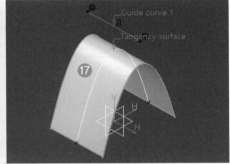

ⓙ Preview 버튼을 클릭하면 Line을 지나면서 선택한 Surface에 접하는 새로운 Surface가 생성되는 것을 볼 수 있다.

ⓚ Solution(s) 영역의 Previous나 Next 버튼을 클릭하여 생성하고자 하는 Surface가 주황색이 되도록 전환하고 OK 버튼을 클릭한다.

ⓛ Guide curve 1이 surface에 접하는 새로운 Surface가 생성된다.

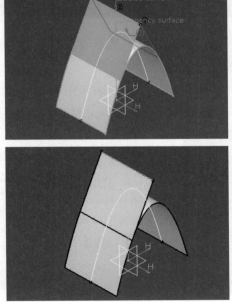
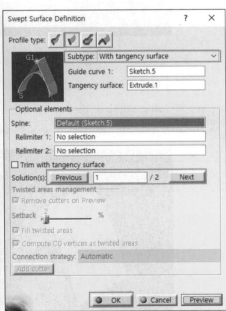

ⓜ Trim with tangency surface를 체크하면 접하는 영역 반대쪽이 제거된다.

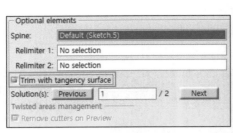 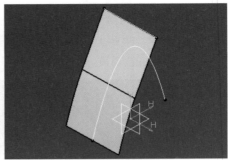

⑥-6 With draft direction : Guide curve에서 생성할 Surface의 방향과 각도를 지정하여 새로운 Surface를 생성한다.

ⓐ 과정 ⑥-5. With tangency surface의 예제에 적용해 보기로 한다.

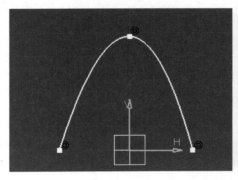 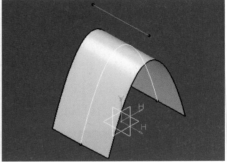

ⓑ Sweep 아이콘 을 클릭하고 Profile type으로 Line 을 선택한다.

ⓒ Subtype을 With draft direction으로 선택한다.

ⓓ Guide curve 1 영역을 클릭한 후 앞에서 생성한 Line(18)을 선택하고 Draft direction 영역을 클릭한 후 마우스 오른쪽 버튼을 클릭하고 Z축(Surface 생성 방향)을 선택한다.

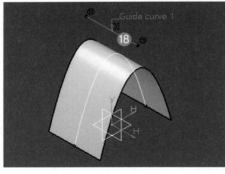 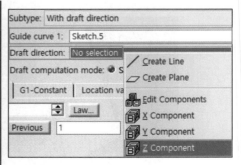

ⓔ Draft direction 영역에서 선택한 방향에 따라 아래와 같이 Surface가 생성된다.

ⓕ Line이 Y축 방향으로 생성되어 있어 Y축을 선택하면 같은 방향으로 Surface를 생성할 수 없어 Error가 발생한다.

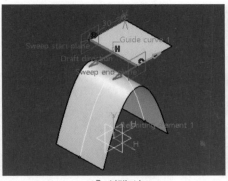
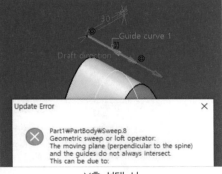

X축 선택 시 　　　　　　　　　　　　　　Y축 선택 시

ⓖ Angle 영역에 0deg을 입력하고 Length type 1은 Standard로 선택한 후 Length 1 영역에 생성할 Surface의 길이로 30mm를 입력한다.

ⓗ Preview 버튼을 클릭하면 적용한 Parameter의 Surface를 볼 수 있다.

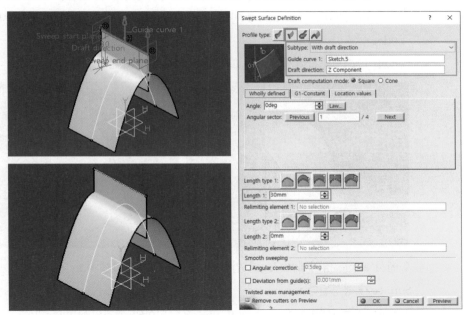

ⓘ Angular sector의 Previous나 Next 버튼을 클릭하여 생성할 Surface의 방향을 변경(19)할 수 있다.

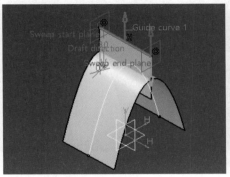
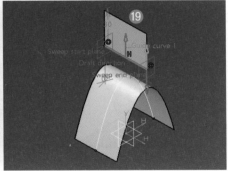

ⓙ Angle 영역에 60deg를 입력하고 Length 1 영역에 30mm를 입력하면 Guide curve 1 영역에서 선택한 Line과 각도를 이루는 Surface가 생성된다.

ⓚ Angular sector의 Previous나 Next 버튼을 클릭하여 생성시킬 Surface를 선택할 수 있다.

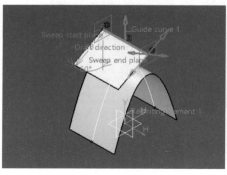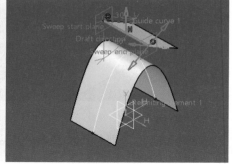

ⓛ Surface를 지정한 범위까지 연장하고 싶을 경우에는 Length type 1의 From/Up To ▧ 를 선택한 후 Relimiting element 1 영역에서 연장시킬 요소인 xy plane(20)을 선택한다(Angle : 0deg).

ⓜ Length 1 영역의 길이가 무시되고 선택한 영역까지 Surface가 생성된다.

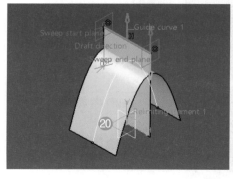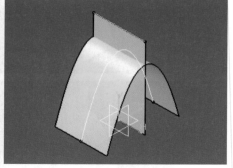

ⓝ 위에서 Angle 영역에 30deg를 입력하면 Guide curve 1에서 xy plane까지 30° 기울어진 Surface가 생성된다.

ⓞ Angular sector의 Previous나 Next 버튼을 클릭하여 생성할 Surface의 위치를 선택할 수 있다.

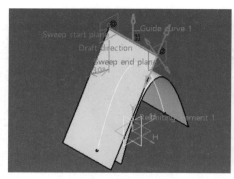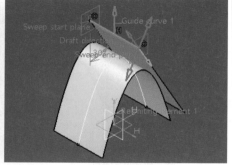

ⓟ 앞에서 생성한 Surface를 삭제한 후 Sweep 아이콘을 클릭하고 Profile type으로 Line 을 선택한다.

ⓠ Subtype을 With draft direction으로 선택한다.

ⓡ Guide curve 1 영역을 클릭한 후 Surface의 모서리(21)를 선택하고 Draft direction 영역을 클릭한 후 마우스 오른쪽 버튼을 클릭하여 Z축(Surface 생성 방향)을 선택한다.

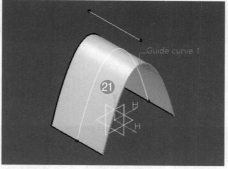
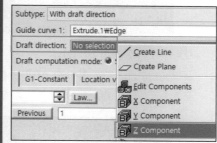

ⓢ Angle 영역에 0deg을 입력하고 Length type 1은 Standard로 선택한 후 Length 1 영역에 생성할 Surface의 길이로 30mm를 입력한다.

ⓣ Preview 버튼을 클릭하면 적용한 Parameter의 Surface를 볼 수 있다.

ⓤ Angular sector의 Previous나 Next 버튼을 클릭하여 생성할 Surface의 방향을 변경(22)할 수 있다.

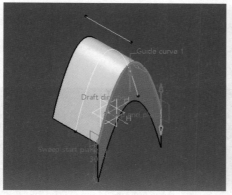
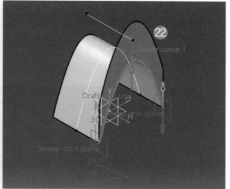

ⓥ Length type 1의 From/Up To를 선택한 후 Relimiting element 1 영역에서 xy plane 을 선택한다(Angle : 0deg).

ⓦ Angular sector의 선택 영역과는 무관하게 xy plane까지 채워진 Surface가 생성된다.

ⓧ Angle 영역을 클릭한 후 각도를 30deg로 입력하면 30° 기울어진 Surface가 생성된다.

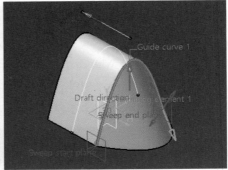

ⓨ 위의 과정에서 Length 2 영역에 10mm를 입력한 후 OK 버튼을 클릭한다.

ⓩ Guide curve의 화살표 반대 방향으로 Length 2 영역에서 입력한 길이만큼 Surface가 연장(23)되어 생성된다.

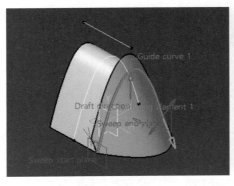
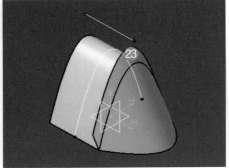

(a) Angle 영역에 0deg를 입력하고 Length type 1을 Along Surface 로 선택한다.

(b) Length 1 영역에 생성시킬 Surface의 길이를 입력하고 Preview를 클릭하여 미리보기 한 후 OK 버튼을 클릭하여 Surface(24)를 생성한다.

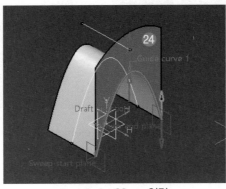
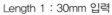

Length 1 : 30mm 입력

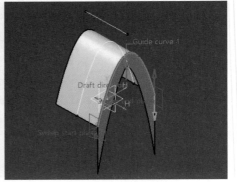

Length 1 : 10mm 입력

(c) Length 1 영역에 30mm를 입력한 후 아래 오른쪽 그림처럼 Surface를 생성시킬 방향으로 아래쪽을 선택하면 Error가 발생한다.

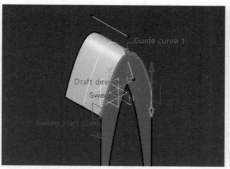

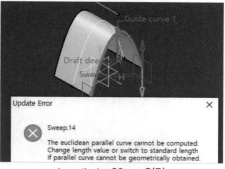

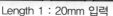
Length 1 : 20mm 입력

Length 1 : 30mm 입력

(d) Length 1 영역에 30mm를 입력한 후 Surface를 생성시킬 방향으로 아래쪽을 선택하고 Angle 영역에 30deg를 입력하여 OK 버튼을 클릭하면 30° 경사진 Surface를 생성시킬 수 있다.

(e) Angular sector의 Previous나 Next 버튼을 클릭하여 생성할 Surface의 방향을 변경할 수 있다.

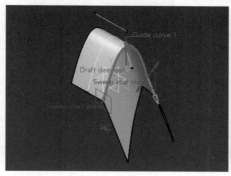

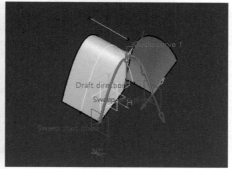

⑥-7 With two tangency surfaces : 2개의 Surface에 접하는 새로운 Surface를 생성한다.

　ⓐ yz plane에 Spline 아이콘 〜 을 클릭한 후 Sketch하고 3D Mode로 빠져 나간다.

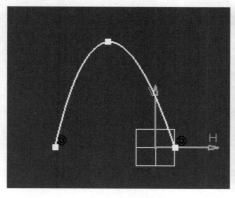

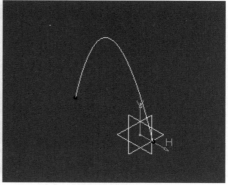

　ⓑ 다시 Sketch 아이콘 을 클릭한 후 yz plane을 선택하여 2D Sketch Mode로 전환하고 Spline 아이콘 〜 을 클릭하여 Sketch한 후 3D Mode로 빠져나간다.

　ⓒ 서로 다른 yz plane에 Spline 곡선이 생성된다.

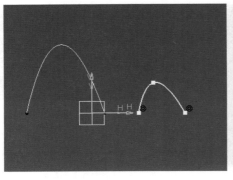
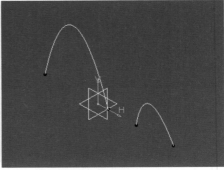

ⓓ 큰 Spline 곡선을 선택(25)한 후 Extrude 아이콘 을 클릭한다.

ⓔ Limit 2의 Dimension 영역에 50mm를 입력하고 OK 버튼을 클릭하여 Surface를 생성한다.

ⓕ 작은 Spline 곡선을 선택(26)한 후 Extrude 아이콘 을 클릭한다.

ⓖ Limit 2의 Dimension 영역에 50mm를 입력하고 OK 버튼을 클릭한다.

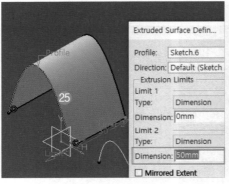
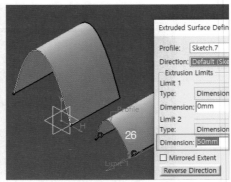

ⓗ Sketch 아이콘 을 클릭한 후 zx plane을 선택하여 2D Sketch Mode로 전환한다.

ⓘ Line을 Sketch한 후 Line의 끝점을 Surface의 양 모서리에 일치시키고 3D Mode로 나간다.

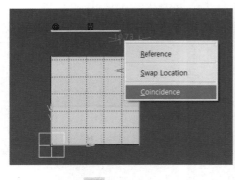
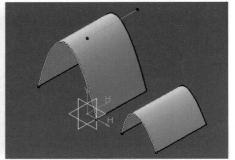

ⓙ Sweep 아이콘 을 클릭하고 Profile type으로 Line 을 선택한다.

ⓚ Subtype을 With two tangency surfaces로 선택한다.

ⓛ Spine 영역을 클릭한 후 Line을 선택하고 First tangency surface 영역과 Second tangency surface 영역을 클릭한 후 각각 Surface(27, 28)를 선택한다.

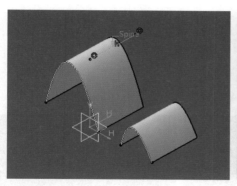
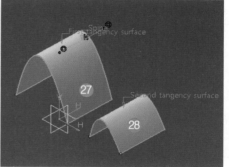

ⓜ 2개의 Surface에 접하고 Line과 2개의 Surface와 공통영역에 새로운 Surface(29)가 생성된다.

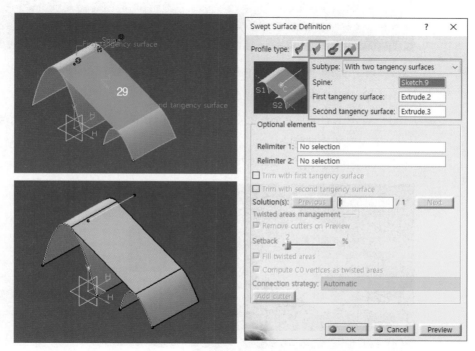

ⓝ Trim with first tangency surface와 Trim with second tangency surface를 체크하면 접하는 부분에서 Surface의 안쪽 영역이 제거된다.

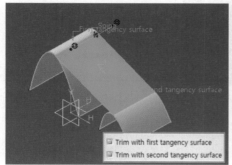
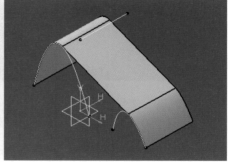

⑦ Profile Type : Circle 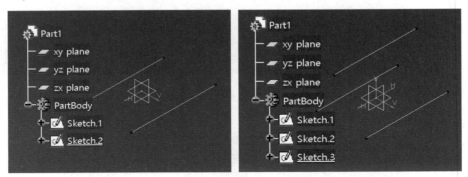(원형의 Surface 생성)

⑦-1 Three Guides : 세 곡선을 지나는 원형의 Surface를 생성한다.

ⓐ 서로 다른 xy plane에 Line 아이콘╱을 이용하여 각각 Sketch하고 3D Mode로 빠져나간다.

ⓑ zx plane에 Line 아이콘╱을 이용하여 Sketch하고 3D Mode로 빠져나간다.

ⓒ Sweep 아이콘을 클릭하고 Profile type으로 Circle을 선택한다.

ⓓ Subtype을 Three Guides로 선택한다.

ⓔ Guide curve 1, Guide curve 2, Guide curve 3 영역을 클릭한 후 앞에서 생성한 Line(30 ~32)을 차례로 선택한다.

ⓕ 선택한 Guide curve를 지나는 원형의 Surface를 생성한다.

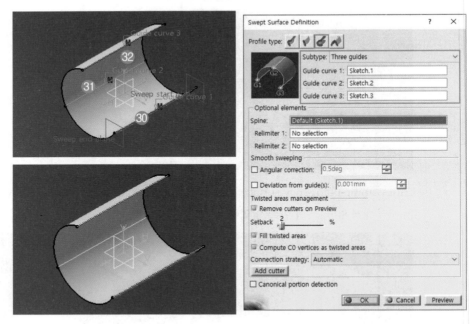

⑦-2 Two guides and radius : 2개의 곡선을 지나고 지정한 반경을 갖는 원형의 Surface를 생성한다.

ⓐ 과정 ⑦-1 Three Guides에서 활용한 예제에 적용해 보기로 한다.

ⓑ Sweep 아이콘을 클릭하고 Profile type으로 Circle을 선택한다.

ⓒ Subtype을 Two guides and radius로 선택한다.

ⓓ Guide curve 1, Guide curve 2 영역을 클릭한 후 Line(33~34)을 차례로 선택한다.

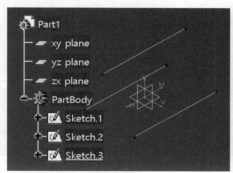 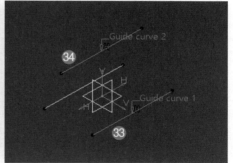

ⓔ Radius 영역에 생성할 Surface의 반경을 입력(여기서는 30mm를 적용)한다.

ⓕ Preview 버튼을 클릭하여 미리보기 한 후 OK 버튼을 클릭하면 주황색 영역의 Surface가 생성된다.

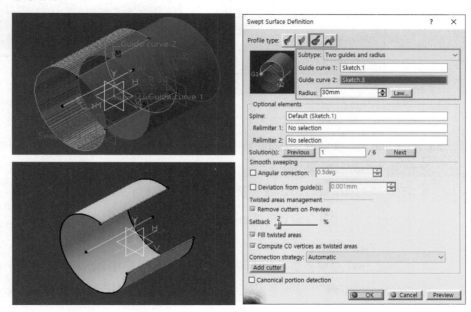

ⓖ 위의 과정 ⓕ에서 Solution(s)의 Previous나 Next 버튼을 클릭하여 두 Line을 지나면서 반경 30mm를 갖는 여러 형태의 원형 Surface를 생성할 수 있다.

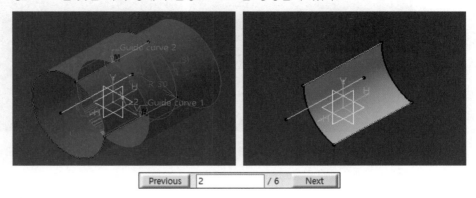

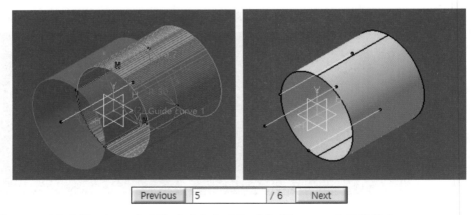

Previous   5   / 6   Next

ⓗ Radius 값이 두 Curve 사이의 거리보다 작을 경우에는 Error가 발생한다.

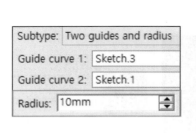

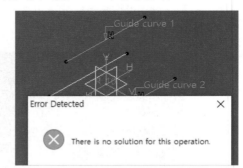

⑦-3 Center and two angles : Center curve를 중심으로 Reference curve에서 임의의 각도를 갖는 원형의 Surface를 생성한다.

　ⓐ 과정 ⑦-1 Three Guides에서 활용한 예제에 적용해 보기로 한다.

　ⓑ Sweep 아이콘 을 클릭하고 Profile type으로 Circle 을 선택한다.

　ⓒ Subtype을 Center and two angles로 선택한다.

　ⓓ Center curve 영역을 클릭한 후 생성할 Surface의 중심이 되는 Line(35)을 선택한다.

　ⓔ Reference curve 영역을 클릭한 후 생성할 Surface의 시작 위치로 다른 Line(36)을 선택한다.

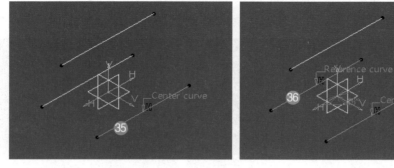

　ⓕ Angle 1 영역에 생성할 Surface의 시작 위치로 Reference curve에서의 각도를 입력한다 (여기서는 0deg를 적용).

ⓖ Angle 2 영역에는 Surface의 끝 위치로 Reference curve에서의 각도를 입력한다(여기에
서는 60deg를 적용).

ⓗ Center curve를 중심으로 Reference curve에서 Angle 1과 Angle 2 사이를 지나는 원형의
Surface를 생성한다.

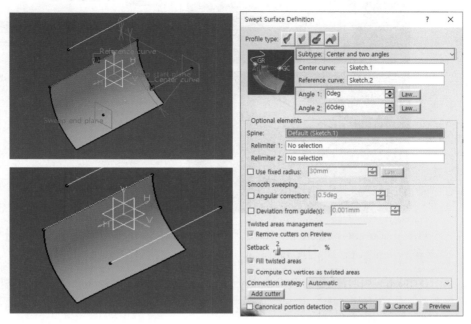

ⓘ Angle 1 영역에 20deg를 입력하고 OK 버튼을 클릭하면 Reference curve에서 20deg 떨
어진 위치에서 Angle 2 영역에서 입력한 60deg까지 원형의 Surface이 생성된다.

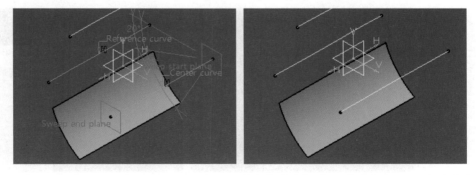

⑦-4 Center and radius : Center curve를 중심으로 일정한 반경을 갖는 원형의 Surface를 생성한다.

ⓐ 과정 ⑦-1 Three Guides에서 활용한 예제에 적용해 보기로 한다.

ⓑ Sweep 아이콘 을 클릭하고 Profile type으로 Circle 을 선택한다.

ⓒ Subtype을 Center and radius로 선택한다.

ⓓ Center curve 영역을 클릭한 후 Surface의 중심선(37)을 선택한다.

ⓔ Radius 영역을 클릭한 후 생성할 Surface의 반경(20mm)을 입력한다.

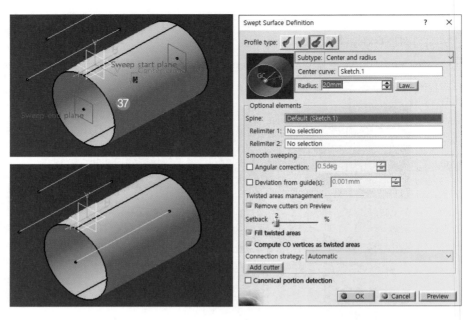

⑦-5 Two guide and tangency surface : Limit curve와 Surface 상의 곡선을 지나면서 Surface에 접하는 원형의 Surface를 생성한다.

ⓐ Sketch 아이콘을 클릭한 후 yz plane을 선택하여 2D Sketch Mode로 전환한다.

ⓑ Spline 아이콘을 클릭하고 Sketch한 후 50mm의 치수를 적용하고 3D Mode로 전환한다.

ⓒ Extrude 아이콘을 클릭한 후 Limit 1 영역의 Dimension에 70mm를 입력하여 Surface 를 생성한다.

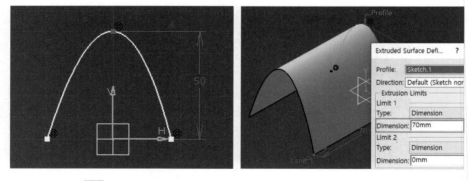

ⓓ Sketch 아이콘을 클릭한 후 yz plane을 선택하여 Sketch Mode로 전환한다.

ⓔ Point 아이콘을 클릭한 후 Curve의 위쪽에 생성시키고 50mm의 치수를 적용한다.

ⓕ 3D Mode로 전환하고 Point를 선택한 상태에서 Line 아이콘을 클릭한다.

ⓖ Line type을 Point-Direction으로 선택한 후 Direction 영역을 클릭하여 yz plane을 선 택한다.

ⓗ End 영역에 70mm를 입력하고 OK 버튼을 클릭하여 Line(38)을 생성한다.

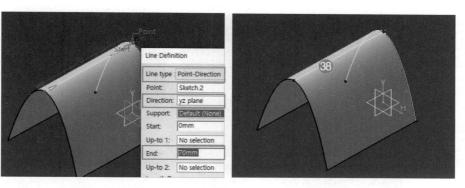

ⓘ Sketch 아이콘 🖊을 클릭한 후 xy plane을 선택하여 Sketch Mode로 전환한다.

ⓙ Line 아이콘 ✏을 클릭한 후 아래 그림과 같은 위치에 직선을 생성하고 70mm를 적용한 후 3D Mode로 나간다.

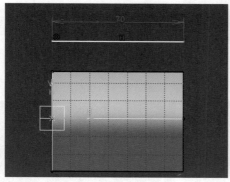

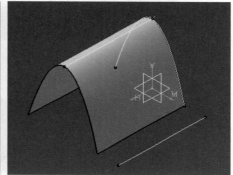

ⓚ Sweep 아이콘 🖌을 클릭하고 Profile type으로 Circle 🖌을 선택한다.

ⓛ Subtype을 Two guide and tangency surface로 선택한다.

ⓜ Limit curve with tangency 영역을 클릭한 후 Curve 위의 Line(39)을 선택한다.

ⓝ Tangency surface 영역을 클릭한 후 Surface(40)를 선택한다.

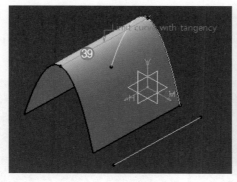

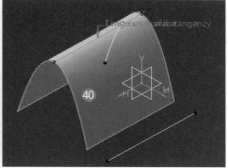

ⓞ Limit curve 영역을 클릭한 후 에 xy plane에 생성한 Line(41)을 선택하고 Preview 버튼을 클릭하여 미리보기 한 후 OK 버튼을 클릭하면 주황색 영역의 Surface가 생성된다.

ⓟ Limit curve와 Surface 위의 Line을 지나면서 Surface에 접하는 새로운 Surface가 생성된다.

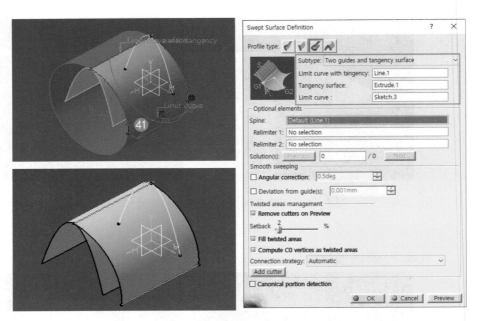

ⓠ 위의 과정 ⓟ에서 Solution의 Previous나 Next 버튼을 클릭하면 다른 형태의 Surface가 생성된다.

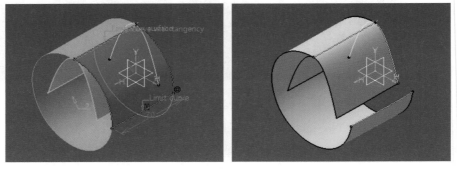

⑦−6 One guide and tangency surface : Guide Curve 곡선을 지나고 Surface에 접하는 새로운 원형의 Surface를 생성한다.

    ⓐ 과정 ⑦−5 Two guide and tangency surface 예제에 적용해 보기로 한다(xy plane에 생성한 Line은 제거한다).

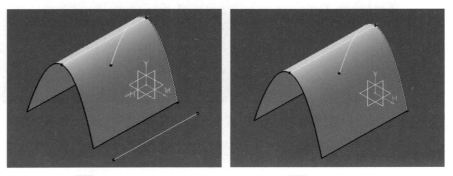

    ⓑ Sweep 아이콘 🖋을 클릭하고 Profile type으로 Circle 🖋을 선택한다.

ⓒ Subtype을 One guide and tangency surface로 선택한다.

ⓓ Guide curve 1 영역을 클릭하고 Surface 위에 생성한 Line(42)을 선택한다.

ⓔ Tangency surface 영역을 클릭하고 Surface(43)를 선택한 후 Radius 영역에 생성할 Surface의 반경(여기에서는 70mm를 적용)을 입력한다.

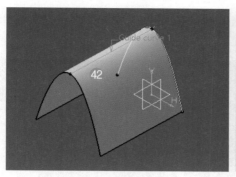 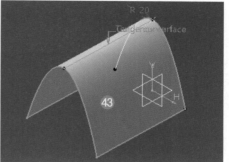

ⓕ Preview 버튼을 클릭하여 미리보기 한 후 OK 버튼을 클릭하면 주황색 영역의 Surface가 생성된다.

ⓖ Guide curve를 지나면서 Surface에 접하는 새로운 Surface가 생성된다.

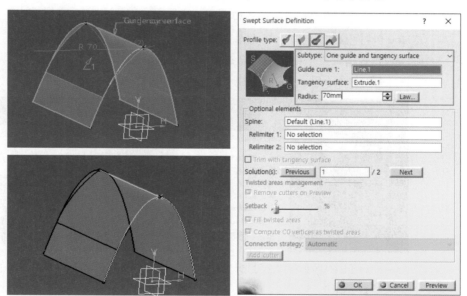

ⓗ 위에서 Solution의 Previous나 Next 버튼을 클릭하면 반대 영역의 Surface가 생성된다.

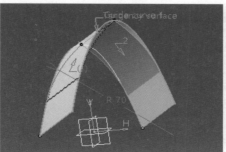 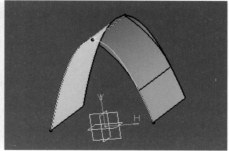

⑦-7 Limit curve and tangency surface : Surface 위에 있는 Curve를 지나고 Surface에 접하면서 일정한 각도를 갖는 Surface를 생성한다.

ⓐ Sketch 아이콘⬛을 클릭한 후 yz plane을 선택하여 2D Sketch Mode로 전환한다.

ⓑ Spline 아이콘~을 클릭하고 Sketch한 후 50mm의 치수를 적용하고 3D로 전환한다.

ⓒ Extrude 아이콘⬛을 클릭한 후 Limit 1 영역의 Dimension에 70mm를 입력하여 Surface를 생성한다.

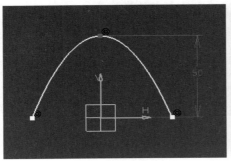 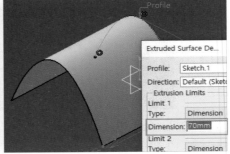

ⓓ Point 아이콘▪을 클릭한 후 Surface의 앞쪽 모서리를 선택한다.

ⓔ Curve 위 임의의 점(44)을 선택한 후 OK 버튼을 클릭하여 Point를 생성한다.

ⓕ Line 아이콘╱을 클릭한 후 생성한 Point를 선택한다.

ⓖ Direction 영역을 클릭한 후 마우스 오른쪽 버튼을 눌러 X축을 선택한다.

ⓗ End 영역에 생성할 Surface의 길이로 70mm를 입력한다.

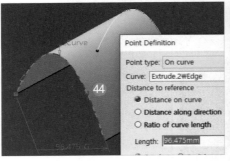 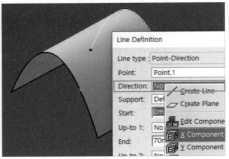

ⓘ Line이 Surface 반대 영역으로 생성되면 Reverse Direction 버튼을 클릭하여 Surface 방향으로 전환한다.

ⓙ OK 버튼을 클릭하여 Surface 위에 Line(45)을 생성한다.

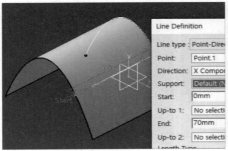 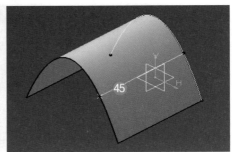

ⓚ Sweep 아이콘 🖌을 클릭하고 Profile type으로 Circle 🖌을 선택한다.

ⓛ Subtype을 Limit curve and tangency surface로 선택한다.

ⓜ Limit curve 영역을 클릭한 후 Surface 위에 생성한 Line(46)을 선택한다.

ⓝ Tangency surface 영역을 클릭한 후 생성한 Surface(47)를 선택하고 Radius 영역에 Surface
의 반경(여기에서는 70mm를 적용)을 입력한다.

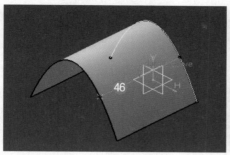 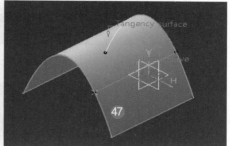

ⓞ Angle 1과 Angle 2 영역에 각각 0deg, 60deg를 입력한다.

● Preview 버튼을 클릭하여 미리보기 한 후 OK 버튼을 클릭하여 Surface를 생성한다.

● 생성한 Surface의 반경이 70mm이고 시작 위치인 Line에서 Angle 1에 적용한 각도가
0deg이며 전체 사이 각도가 Angle 2에 적용한 60deg인 원형의 Surface가 생성된다.

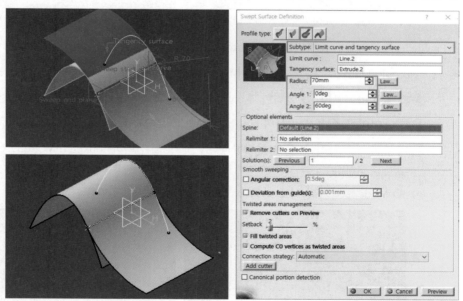

ⓟ 위에서 Angle 1에 30deg의 각도를 적용하면 생성하는 Surface가 Line에서 30deg만큼 떨
어진 위치에서 시작하여 생성된다.

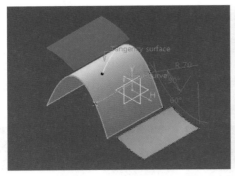
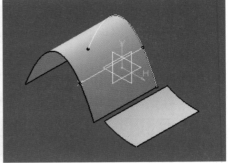

ⓠ 위에서 Solution의 Previous나 Next 버튼을 클릭하면 반대 영역의 Surface가 생성된다.

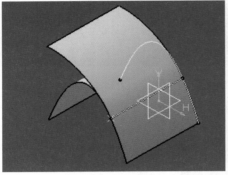

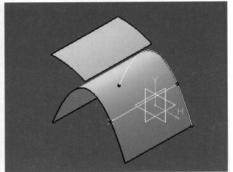

Angle 1(0deg)/Angle 2(60deg) 적용   Angle 1(30deg)/Angle 2(60deg) 적용

⑧ Profile Type : Conic 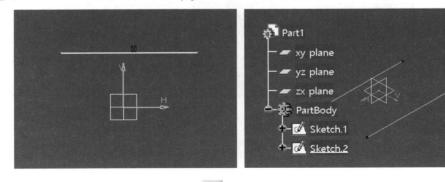 (원뿔형의 Surface 생성)

⑧-1 Two guide curves : 두 곡선을 지나고 Guide curve에 접하는 원뿔형의 Surface를 생성한다.

   ⓐ Sketch 아이콘 ▣을 클릭한 후 xy plane을 선택하여 2D Sketch Mode로 전환한다.

   ⓑ Line 아이콘 ╱을 클릭하여 Line을 생성하고 3D Mode로 나간다.

   ⓒ 다시 Sketch 아이콘 ▣을 클릭한 후 xy plane을 선택하여 Sketch Mode로 전환하고 Line
   을 Sketch한다.

   ⓓ 3D Mode로 나가면 서로 다른 xy plane에 Line이 생성된다.

   ⓔ xy plane을 선택한 후 Plane 아이콘 ▱을 클릭한다.

   ⓕ Plane type이 Offset from plane으로 선택되며 Offset 영역에 50mm를 입력하여 새로운
   Plane을 생성한다.

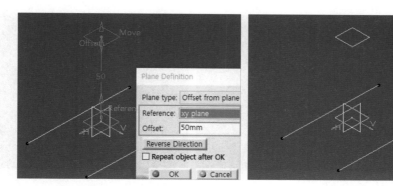

ⓖ Sketch 아이콘 📐을 클릭한 후 앞에서 생성한 Plane을 선택하여 Sketch Mode로 전환한다.

ⓗ Line 아이콘 ╱을 클릭하여 Line(48)을 생성하고 3D Mode로 나간다.

ⓘ 다시 Sketch 아이콘 📐을 클릭한 후 생성한 Plane을 선택하여 Sketch Mode로 전환한 후 Line(49)을 Sketch한다.

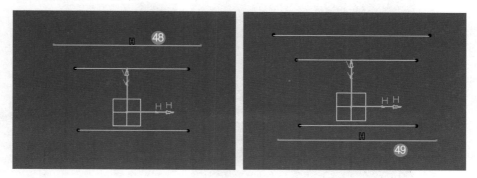

ⓙ 3D Mode로 나오면 생성한 Plane 위 서로 다른 Sketch 평면에 2개의 Line이 생성된다.

ⓚ Sweep 아이콘 🖌을 클릭하고 Profile type으로 Conic 🪶을 선택한다.

ⓛ Subtype을 Two guide curves로 선택한다.

ⓜ Guide curve 1과 Tangency 영역을 클릭하고 xy plane과 생성한 Plane에 Sketch한 Line(50, 51)을 각각 선택한다.

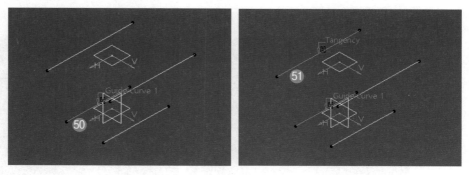

ⓝ Last guide curve와 Tangency 영역을 클릭하고 xy plane과 생성한 Plane에 Sketch한 다른 Line(52, 53)을 각각 선택한다.

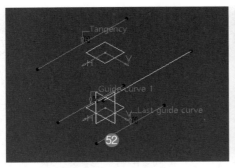
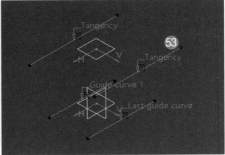

ⓞ Preview 버튼을 클릭하여 미리보기 한 후 OK 버튼을 클릭하여 Surface를 생성한다.

ⓟ Guide curve 1과 Last guide curve를 지나고 Tangency curve에 접하는 Surface가 생성
된다.

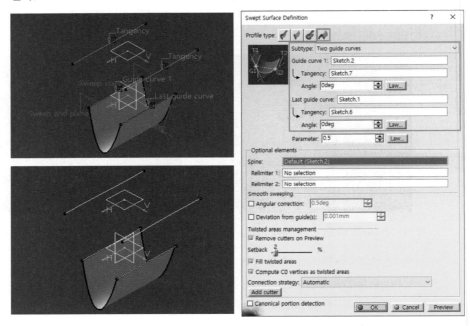

ⓠ Guide curve 1 영역의 Angle에 30deg, Last guide curve 영역의 Angle에 10deg를 입력하
여 생성한 Surface를 아래 그림에서 보여 주고 있다.

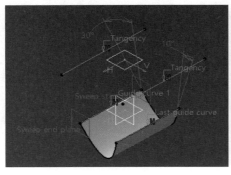
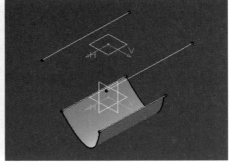

ⓡ Last guide curve 영역의 Angle에 70deg를 입력하면 Last guide curve 영역에서 선택한 Line을 지나면서 Tangency curve에서 선택한 Line과 70° 기울어진 Surface가 생성된다.

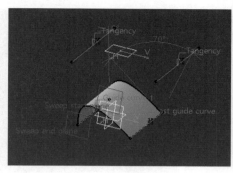 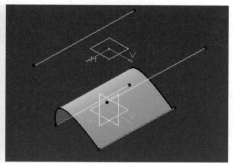

⑧-2 Three guide curves : 3개의 Guide curve를 지나고 2개의 curve에 접하는 원뿔형의 Surface 를 생성한다.

　　ⓐ 과정 ⑧-1 Two guide curves에서 생성한 Line을 이용하여 적용해 보기로 한다.

　　ⓑ 위의 예제에서 생성한 Plane 위에 새로운 Line을 추가로 생성한다.

　　ⓒ Sketch 아이콘을 클릭한 후 앞에서 생성한 Plane(54)을 선택하여 Sketch Mode로 전환 한다.

　　ⓓ Line 아이콘을 클릭하여 Line(55)을 Sketch하고 3D Mode로 나간다.

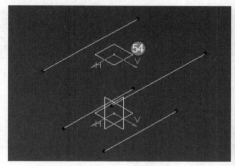 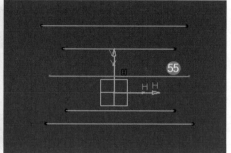

　　ⓔ Sweep 아이콘을 클릭하고 Profile type으로 Conic을 선택한다.

　　ⓕ Subtype을 Three guide curves로 선택한다.

　　ⓖ Guide curve 1을 클릭하고 xy plane에 Sketch한 Line(56)을 선택한다.

　　ⓗ Tangency 영역을 클릭하고 생성한 Plane에 Sketch한 Line(57)을 선택한다.

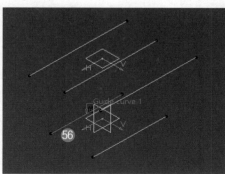 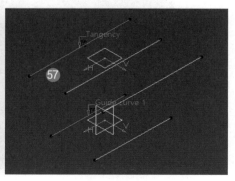

ⓘ Guide curve 2 영역을 클릭한 후 Plane에 새롭게 Sketch한 Line(58)을 선택한다.

ⓙ Last guide curve 영역을 클릭하고 xy plane에 생성한 다른 Line(59)을 선택한다.

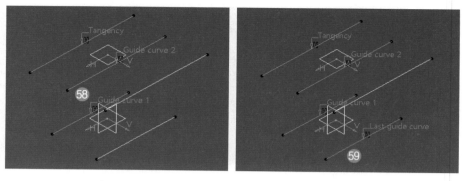

ⓚ Last guide curve의 Tangency 영역을 클릭하고 Plane에 생성한 다른 Line(60)을 선택하고 Preview 버튼을 클릭하여 미리보기 한 후 OK 버튼을 클릭하여 Surface를 생성한다.

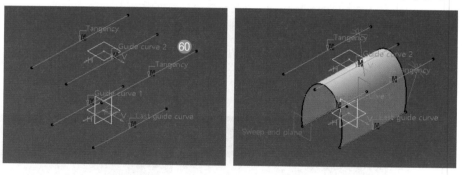

ⓛ Guide curve 1과 Guide curve 2, Last guide curve를 지나고 Tangency curve에 접하는 Surface가 생성된다.

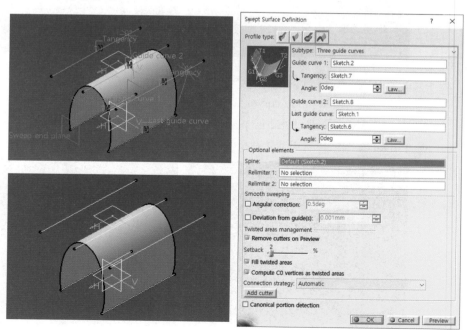

ⓜ Guide curve 1과 Last guide curve의 Angle 영역에 각도를 입력하면 Guide curve 2를 지나면서 Guide curve 1과 Last guide curve와 Angle 영역의 각도만큼 기울어진 Surface가 생성된다.

ⓝ Angle 영역의 각도가 지나치게 큰 경우에는 Error가 발생할 수 있다.

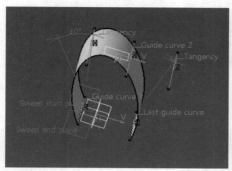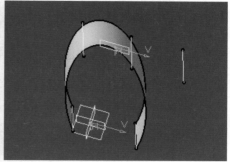

Guide curve 1의 Angle(30deg) 적용 시

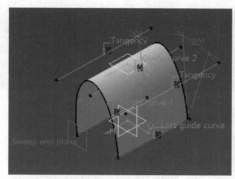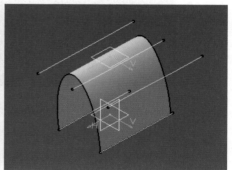

Last guide curve의 Angle(20deg) 적용 시

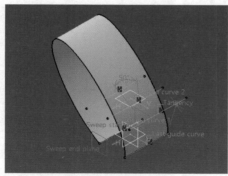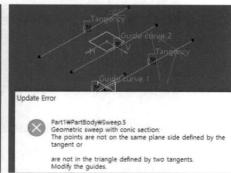

Guide curve 1의 Angle(50deg) 적용 시　　　Last guide curve의 Angle(50deg) 적용 시

⑧-3 Four guide curves : 4개의 Guide curve와 1개의 Tangency Line을 이용하여 원뿔형의 Surface를 생성한다.

　ⓐ 과정 ⑧-1 Two guide curves에서 활용한 예제(4개의 Line 생성)에 적용해 보기로 한다.

　ⓑ Plane 아이콘 ⟋ 을 클릭한 후 xy plane을 선택하고 Plane type으로 Offset from plane을 선택한다.

　ⓒ Offset 영역에 20mm를 입력하고 Plane의 방향이 아래쪽으로 향하도록 Reverse Direction 버튼을 클릭하여 변경한 후 OK 버튼을 클릭한다.

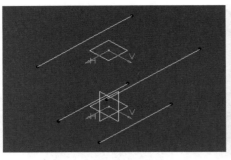
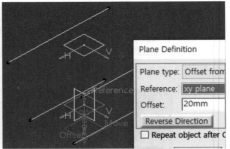

ⓓ Sketch 아이콘⬜을 클릭한 후 생성한 Plane을 선택하여 Sketch Mode로 전환한다.

ⓔ Line 아이콘／을 클릭하여 Line을 Sketch하고 3D Mode로 나간다.

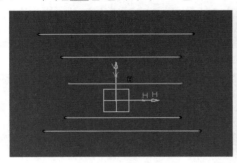
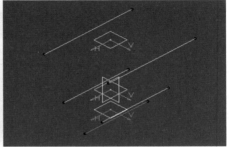

ⓕ Sweep 아이콘🖌을 클릭하고 Profile type으로 Conic🖌을 선택한다.

ⓖ Subtype을 Four guide curves로 선택한다.

ⓗ Guide curve 1과 Tangency 영역을 클릭하고 Line(61, 62)을 각각 선택한다.

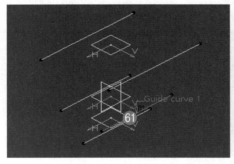
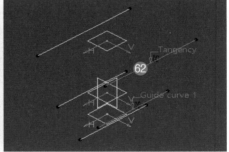

ⓘ Guide curve 2와 Guide curve 3 영역을 클릭하고 Line(63, 64)을 각각 선택한다.

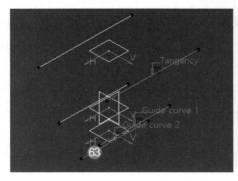
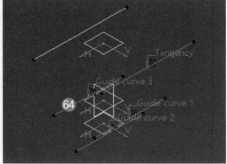

ⓙ Last guide curve 영역을 클릭하고 Line(65)을 선택한 후 Preview 버튼을 클릭하여 미리 보기 하고 OK 버튼을 클릭하여 Surface를 생성한다.

ⓚ Tangency curve에 접하고 Guide curve 1, 2, 3, Last guide curve를 지나는 Surface가 생성된다.

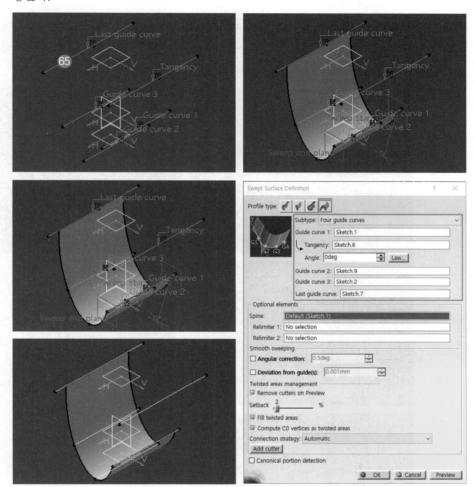

ⓛ Guide curve 1의 Angle 영역에 각도를 입력하면 Tangency 영역에서 선택한 Line과 일정한 각도를 이루는 Surface가 생성된다.

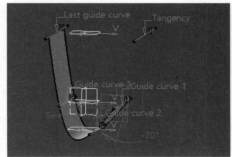

Angle : −20deg 입력

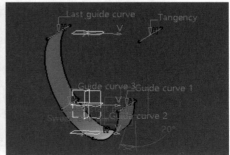

Angle : 20deg 입력

⑧-4 Five guide curves : 5개의 Guide curve를 지나는 원뿔형의 Surface를 생성한다.

ⓐ 과정 ⑧-3 Four guide curves에서 활용한 예제에 적용해 보기로 한다.

ⓑ Sweep 아이콘 을 클릭하고 Profile type으로 Conic 을 선택한다.

ⓒ Subtype을 Five guide curves로 선택한다.

ⓓ Guide curve 1에서 Guide curve 4, Last guide curve 영역을 클릭한 후 Line(66~70)을 차례대로 선택하고 Preview 버튼을 클릭하여 미리보기 한 후 OK 버튼을 클릭한다.

ⓔ 5개의 Guide curve를 지나는 원뿔형의 Surface가 생성된다.

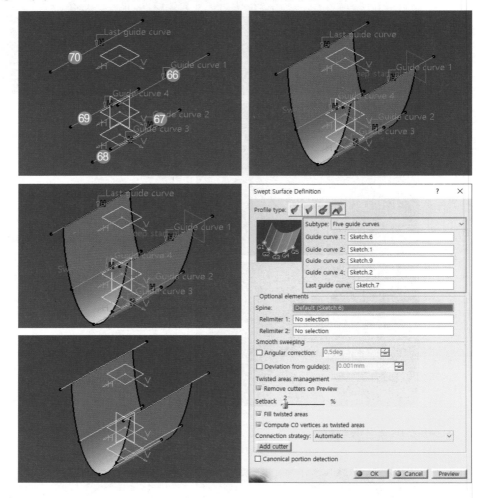

[Fill]

닫혀 있는 폐곡선의 안쪽에 Surface를 생성

① Plane 아이콘 을 클릭하여 xy plane을 선택한 후 Plane type으로 Offset from plane을 선택한다.

② Offset 영역에 100mm를 입력하고 위쪽으로 향하도록 한 후 OK 버튼을 클릭하여 xy plane과 평행하게 100mm 떨어진 위치에 Plane을 생성한다.

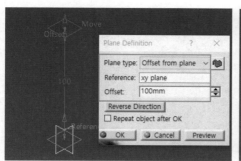
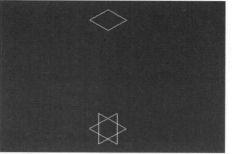

③ Sketch 아이콘 🖊을 클릭한 후 xy plane를 선택하여 2D Sketch Mode로 전환한다.

④ Arc 아이콘 ⊙을 클릭하고 중심점을 원점으로 하는 임의의 호를 생성하여 치수(R30)를 적용한다.

⑤ Sketch tools 도구막대의 Construction/Standard Element 아이콘 🌣 을 클릭하여 선택한 후 Line

아이콘 ╱을 더블클릭하고 원점과 Arc의 끝점을 연결하는 점선의 Line(1)을 생성한다.

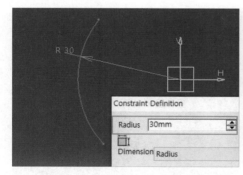
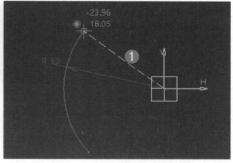

⑥ Arc의 반대쪽 끝점과 원점을 연결하는 Line(2)을 생성한다.

⑦ Constraint 아이콘 🗖을 더블클릭한 후 두 직선 사이의 각도로 60°를 적용한다.

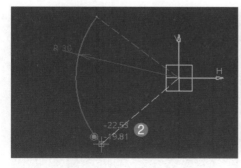
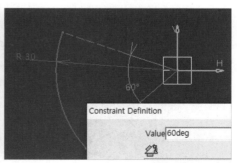

⑧ 이어서 두 직선을 연속 선택한 후 마우스 오른쪽 버튼을 클릭하고 Allow symmetry line을 선택한
후 H축을 선택하여 두 점선 직선이 X축을 기준으로 대칭이 되도록 적용하고 3D Mode로 나간다.

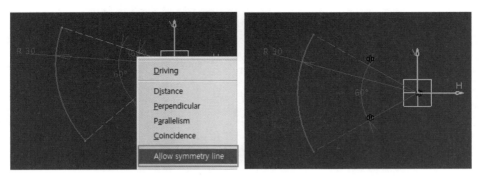

⑨ Sketch 아이콘 ✍을 클릭한 후 앞에서 생성한 Plane을 선택하여 2D Sketch Mode로 전환한다.

⑩ Construction/Standard Element 아이콘 ⚙을 클릭하여 선택한 후 Circle 아이콘 ⊙을 클릭하고 원점에 중심점이 오도록 Sketch한 후 치수(D30)를 적용한다.

⑪ Construction/Standard Element 아이콘 ⚙을 클릭하여 선택을 해제한 후 Arc 아이콘 ⟨•을 클릭하고 중심점이 R15의 Circle 위에 오도록 임의의 호(3)를 생성한다.

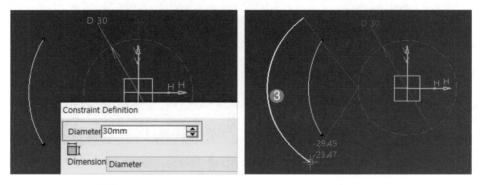

⑫ Constraint 아이콘 🛱을 클릭하여 치수를 적용하고 치수를 더블클릭하여 정확한 치수(R30)로 수정한다.

⑬ 앞의 과정 ⑤~⑧을 반복 적용하여 원점과 Arc의 끝점을 직선으로 연결한다.

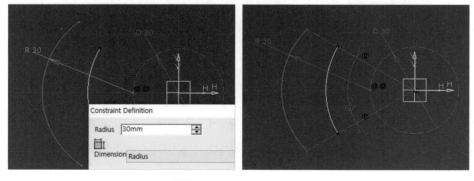

⑭ 3D Mode로 나간 후 Line 아이콘 ╱을 더블클릭하고 두 Arc의 끝점을 선택하여 Arc를 연결하는 Line을 생성한다.

⑮ 반대쪽 Arc를 연결하는 Line도 생성한다.

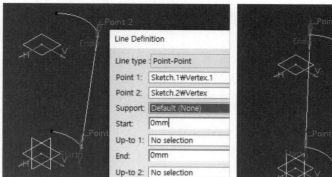
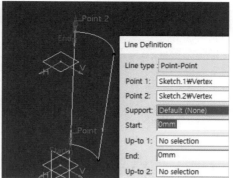

⑯ Fill 아이콘 을 클릭한 후 앞에서 생성한 Arc와 Line을 연속하여 시계 방향 또는 반시계 방향으로 인접하도록 선택(4~7)한다(선택이 잘 되면 마지막 요소에 Closed Contour가 나타난다).

⑰ Fill Surface Definition 대화상자의 Boundary 영역에 선택한 요소가 보이며 Preview 버튼을 클릭하여 미리보기 한 후 OK 버튼을 클릭한다.

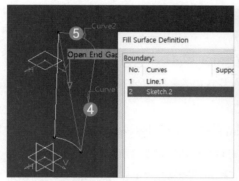
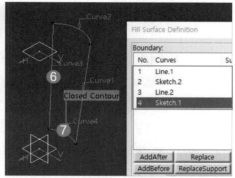

⑱ 아래와 같이 선택한 요소의 안쪽이 Surface로 채워진다.

⑲ 과정 ⑯에서 인접하지 않은 객체를 선택(8, 9)할 때는 아래와 같이 Error가 발생한다.

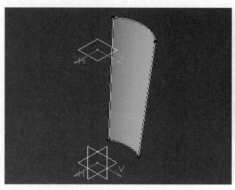
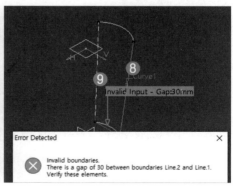

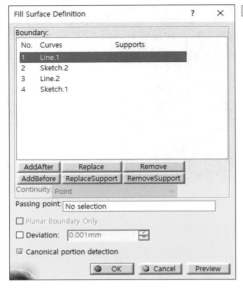

[Boundary] : Surface로 채울 요소 선택

[Multi−section Surface 🐚]

형상이나 크기가 다른 2개 이상의 Profile을 연결하여 Surface 생성

① Plane 아이콘 ⬦ 을 클릭한 후 xy plane을 선택하고 Offset 영역에 60mm를 입력한다(Plane type을 Offset from plane으로 선택).

② OK 버튼을 클릭하면 xy plane에 평행하고 60mm 떨어진 위치에 새로운 Plane이 생성된다.

③ xy plane에 Circle을 Sketch한 후 치수를 적용(D30)하고 3D Mode로 전환한다.

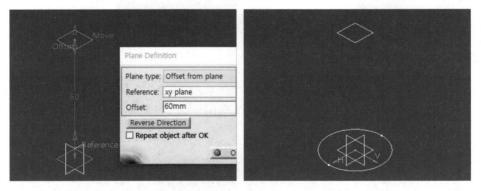

④ Sketch 아이콘 ⬚ 을 클릭한 후 과정 ②에서 생성한 Piane을 선택하여 Sketch Mode로 전환한다.

⑤ Sketch tools 도구막대의 Construction/Standard Element 아이콘 ⚙ 을 클릭하여 On시킨다.

⑥ Circle 아이콘 ⊙ 을 클릭한 후 중심점을 원점으로 한 원을 Sketch하고 치수(D50)를 적용한다.

⑦ Construction/Standard Element 아이콘 ⚙ 을 클릭하여 Off시킨(선택 해제) 후 Arc 아이콘 ⌒ 을 클릭하고 중심점이 V축 위에 오도록 Sketch한다.

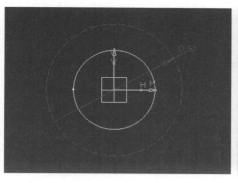
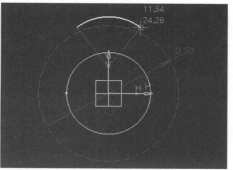

⑧ Construction/Standard Element 아이콘을 클릭하여 On시킨 후 Line 아이콘을 클릭하여 원점과 Arc의 끝점을 연결하는 직선(1, 2)을 생성한다.

⑨ Constraint 아이콘을 더블클릭한 후 Arc의 끝점과 Circle을 선택하고 마우스 오른쪽 버튼을 클릭한 후 Coincidence을 선택하여 일치(3, 4)시킨다.

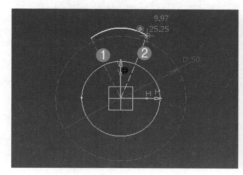
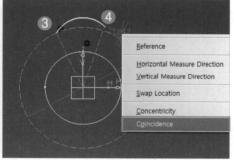

⑩ 이어서 Line을 연속하여 선택한 후 마우스 오른쪽 버튼을 클릭하고, Allow symmetry line을 선택한 후 V축을 선택하여 Line을 V축을 기준으로 대칭시킨다.

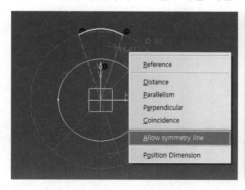
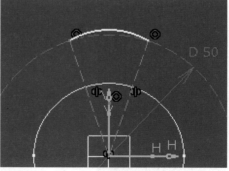

⑪ Arc의 반경을 R15로 적용하고 사이 각도로 60deg를 적용한 후 Constraint 아이콘을 클릭하여 Off(선택 해제)시킨다.

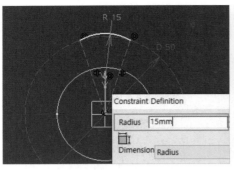
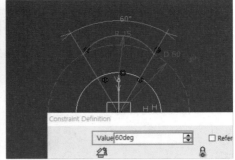

⑫ Arc(5)를 선택한 후 Rotate 아이콘 ⟳ 을 클릭한다.

⑬ Instance(s) 영역에 5를 입력한 후 생성할 Arc의 회전 기준으로 원점을 클릭한다.

⑭ Angle의 Value 영역에 60deg를 입력한 후 OK 버튼을 클릭하고 3D Mode로 나간다.

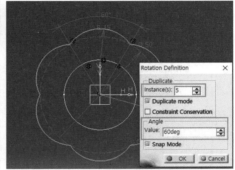

⑮ Multi-section Surface 아이콘 ⬗ 을 클릭한다.

⑯ Multi-section Surface Definition 대화상자에서 Section 영역을 클릭한 후 앞에서 생성한 2개의 Sketch(6, 7)를 차례로 선택한다.

⑰ Preview 버튼을 클릭하여 미리보기 한 후 OK 버튼을 클릭하여 Surface를 생성한다.

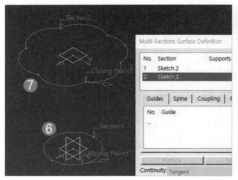
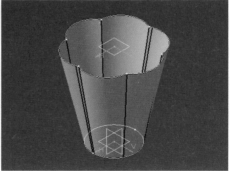

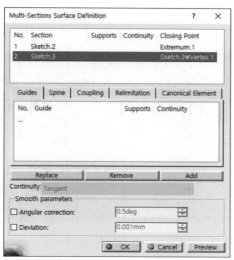

[Section] : 연결할 Sketch를 연속적으로 선택
[Guides] : Sketch를 연결하는 경로를 생성하여
경로를 따라가며 Surface 생성
[Spine] : 곡선의 경로를 따라가며 Surface 생성
[Relimitation] : Guide가 Section을 지난 경우 생
성할 Surface가 Guide 끝까지 연장 또는 Section
구간까지 생성 가능

⑱ Guides : Skech를 연결할 경로 생성

ⓐ Multi−section Surface의 과정 ⑭까지 진행한 후 xy plane에 생성한 Circle을 더블클릭하여 2D
Mode로 전환한다.

ⓑ Point 아이콘 ▪ 을 더블클릭한 후 H축 위 Circle에 생성(8, 9)하고 3D Mode로 나간다.

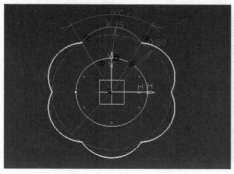
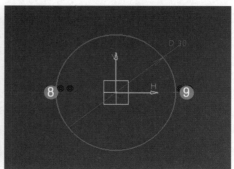

ⓒ Line 아이콘 ╱ 을 더블클릭한 후 Circle에 생성한 Point(10)와 Point 위에 있는 Arc의 끝점(11)을
선택하여 직선을 생성하고 오른쪽도 동일한 방법으로 직선(12)을 생성한다.

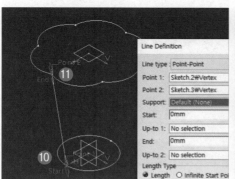
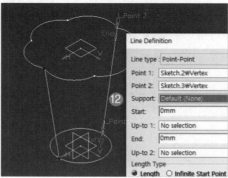

ⓓ Multi−section Surface 아이콘 ⟨⟩ 을 클릭한 후 Circle(13)과 xy plane에서 60mm 떨어진 위치
의 Sketch(14)를 차례로 선택한다.

ⓔ Guides 탭을 클릭한 후 앞에서 생성한 Line(15, 16)을 차례로 선택하고 Preview 버튼을 클릭하여 미리보기 한 후 OK 버튼을 클릭한다.

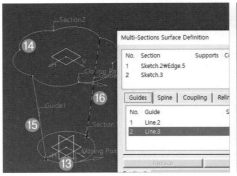
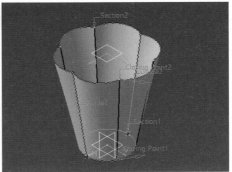

ⓕ Multi−section Surface를 생성할 때 Guide를 이용하면 Sketch를 변형 없이 연결하는 Surface를 생성할 수 있다.

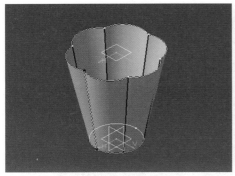

Guide를 이용한 경우   Guide를 이용하지 않은 경우

⑲ Spine : 곡선의 경로를 생성

ⓐ Multi−section Surface의 과정 ⑭까지 진행한 예제에 적용해 보기로 한다.

ⓑ Sketch 아이콘🔲을 클릭한 후 zx plane을 선택하여 Sketch Mode로 전환한다.

ⓒ Spline 아이콘〰을 클릭한 후 곡선을 Sketch하고 3D Mode로 나간다.

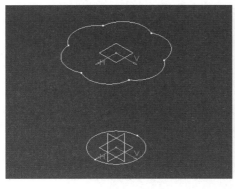
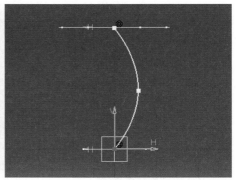

ⓓ Multi−section Surface 아이콘을 클릭한 후 Sketch(17, 18)를 차례로 선택한다.

ⓔ Spine 탭을 선택한 후 Spine 영역을 클릭하고 앞에서 생성한 Spline Curve(19)를 선택한다.

ⓕ Preview 버튼을 클릭하여 미리보기 한 후 OK 버튼을 클릭하여 Surface를 생성한다.

ⓖ 2개의 Sketch가 Spine 곡선을 따라가며 Surface를 생성한다.

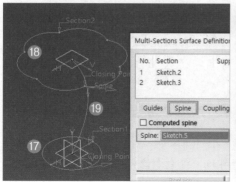 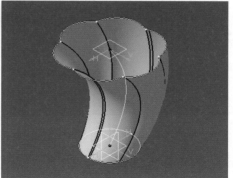

⑳ Relimitation : 일부 또는 전체 경로를 지나는 Sirface를 생성

ⓐ Sketch 아이콘을 클릭한 후 xy plane을 선택하여 Sketch Mode로 전환한다.

ⓑ Line 아이콘을 클릭하여 아래 그림과 같이 Sketch한 후 치수를 적용하고 3D Mode로 나간다.

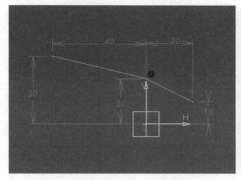 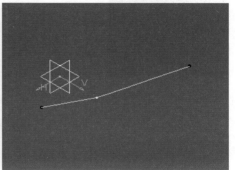

ⓒ 다시 Sketch 아이콘을 클릭한 후 xy plane을 선택하여 Sketch Mode로 전환한다.

ⓓ Line 아이콘을 클릭하여 아래와 같이 Sketch한 후 치수를 적용하고 3D Mode로 나간다.

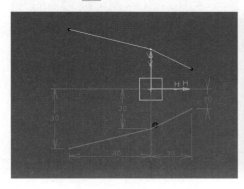 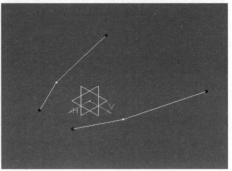

ⓔ yz plane에 Arc를 Sketch하고 치수를 적용한 후 3D Mode로 나간다.

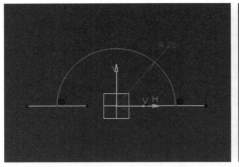
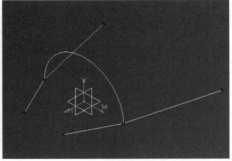

ⓕ Plane 아이콘 을 클릭한 후 yz plane을 선택하고 Offset 영역에 40mm를 입력한다.

ⓖ OK 버튼을 클릭하여 yz plane에 평행하면서 Line의 끝점을 지나는 Plane을 생성한다.

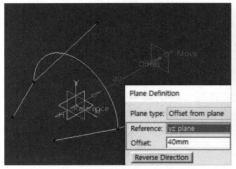
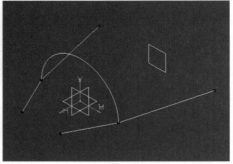

ⓗ Sketch 아이콘 을 클릭하여 위에서 생성한 Plane을 선택하여 Sketch로 전환한다.

ⓘ Arc를 Sketch한 후 치수를 R30으로 적용하고 3D Mode로 나간다.

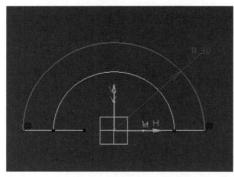
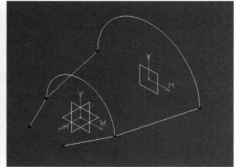

ⓙ Multi-section Surface 아이콘 을 클릭한다.

ⓚ Section 영역을 클릭한 후 Sketch한 2개의 Arc(20, 21)를 선택한다.

ⓛ Guides 영역을 클릭한 후 Line(22, 23)을 선택한다.

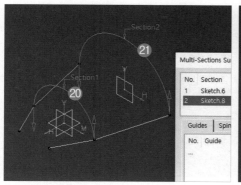
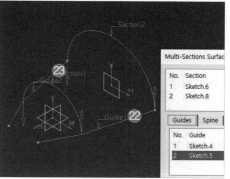

ⓜ Preview 버튼을 클릭하여 미리보기 하면 선택한 2개의 Section을 연결하는 Surface(24)가 생성
되는 것을 볼 수 있다.

ⓝ 여기서 Relimitation 탭을 클릭한 후 Relimited on start section과 Relimited on end section의
체크를 해제하고 Preview 버튼을 클릭하면 Line의 끝까지 Surface(25)가 연장되어 생성되는 것
을 확인할 수 있다.

ⓞ OK 버튼을 클릭하여 Surface를 생성한다.

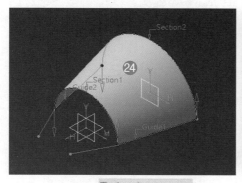

Relimitation 탭 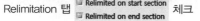 체크

Relimitation 탭 □ Relimited on start section □ Relimited on end section 체크 해제

[Blend]

2개의 곡선을 부드럽게 연결하여 Surface 생성

① xy plane에 Line 아이콘 을 클릭하여 Sketch하고 3D Mode로 나간다.

② Line을 선택한 상태에서 Extrude 아이콘 을 클릭한 후 Direction 영역을 클릭하고 yz plane을
선택한 후 OK 버튼을 클릭하여 Surface를 생성한다(Surface가 앞쪽으로 생성되면 Reverse
Direction 버튼을 클릭하여 뒤쪽으로 향하도록 변경한다).

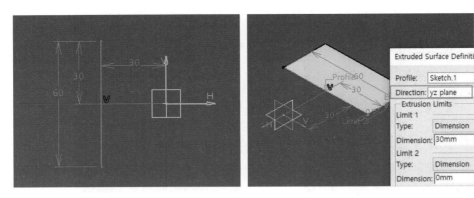

③ Plane 아이콘 을 클릭한 후 xy plane을 선택하고 Offset 영역에 30mm를 입력한다.

④ Plane이 아래 방향으로 향하도록 Reverse Direction을 클릭한 후 OK 버튼을 클릭하여 Plane을 생성한다.

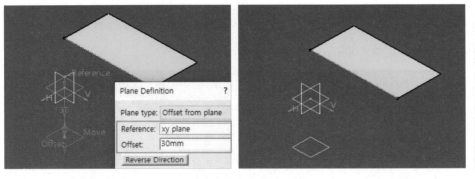

⑤ Sketch 아이콘을 클릭한 후 생성한 Plane을 선택하여 Sketch Mode로 전환한다.

⑥ Line 아이콘을 클릭한 후 Sketch하고 3D Mode로 나간다.

⑦ Line을 선택한 상태에서 Extrude 아이콘을 클릭한 후 Direction 영역을 클릭하고 yz plane을 선택한 후 OK 버튼을 클릭하여 Surface를 생성한다.

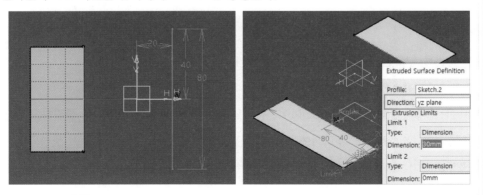

⑧ Blend 아이콘을 클릭한 후 Blend Surface Definition 대화상자에서 First curve와 First support 영역을 클릭하고 Boundary(1)와 Surface(2)를 선택한다.

⑨ Second curve와 Second support 영역을 클릭한 후 Boundary(3)와 Surface(4)를 선택한다.

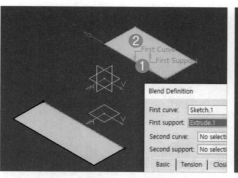
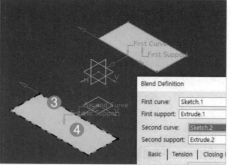

⑩ Preview 버튼을 클릭하여 미리보기 한 후 OK 버튼을 클릭한다(이때 Boundary의 끝부분에 생성되는 화살표 방향은 같은 방향(5, 6)을 향해야 하며 방향이 다를 경우 에러(7)가 발생한다.)

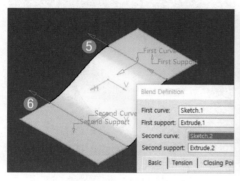
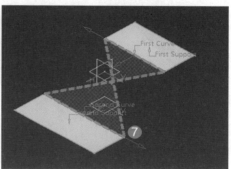

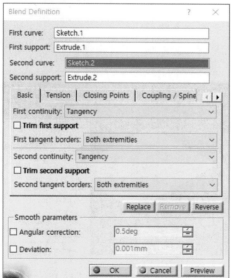

[First curve]/[First support] : 첫 번째 Curve/Curve를 포함하는 Surface

[Second curve]/[Second support] : 두 번째 Curve/두 번째 Curve를 포함하는 Surface

[Basic]

- First continuity : First curve와 Surface의 관계 지정
- Trim first support : First curve를 지나치는 First support를 제거하고 Surface 생성
- Second continuity : Second curve와 Surface 의 관계 지정
- Trim second support : Second curve를 지나치는 Second support를 제거하고 Surface 생성

[Tension] : 생성할 Surface에 뒤틀림 적용

[Closing Points] : 생성할 Surface의 경로 지정

⑪ Basic

ⓐ First curve(8)와 Second curve(9)를 연결하여 Surface를 생성할 때 직선(Point), 곡률(Curvature), 접선(Tangency) 형태를 지정할 수 있다.

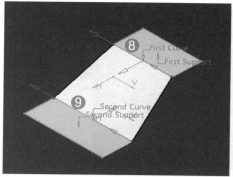
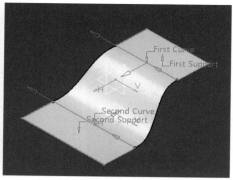

First continuity/Second continuity : Point   First continuity/Second continuity : Curvature

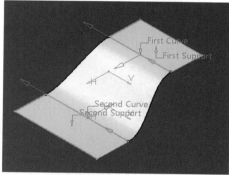
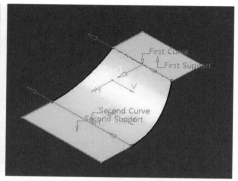

First continuity/Second continuity : Tangency   First continuity(Point)
Second continuity(Tangency)

ⓑ 위의 과정 ⑨까지 적용한 예제를 준비한다.

ⓒ xy plane에 생성한 Surface(10)를 더블클릭하고 Limit 2의 Dimension 영역에 20mm를 입력한 후 OK 버튼을 클릭한다.

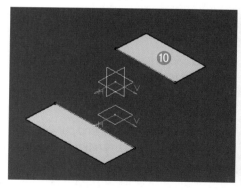
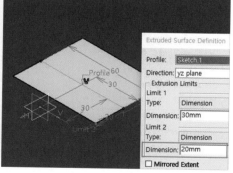

ⓓ Blend 아이콘 ▧을 클릭한 후 Blend Surface Definition 대화상자에서 First curve와 First support 영역을 클릭하고 Boundary(11)와 Surface(12)를 각각 선택한다.

ⓔ Second curve와 Second support 영역을 클릭한 후 Boundary(13)와 Surface(14)를 선택하고 OK 버튼을 클릭하면 First curve를 지나는 First support는 그대로 남아 있고 Surface가 생성된다.

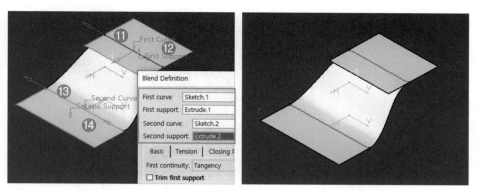

ⓕ 여기서 Basic 탭의 Trim first support를 체크하고 OK 버튼을 클릭하면 First curve를 지나는
First support가 제거(15)되면서 Surface가 생성된다.

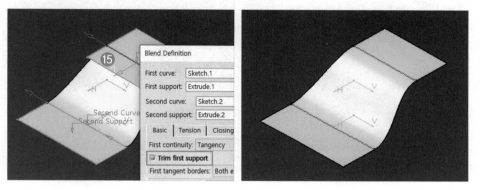

⑫ Tension : 생성할 Surface에 뒤틀림을 적용한다.

ⓐ 위의 과정 ⑨까지 적용한 예제를 준비한다.

ⓑ Blend 아이콘 ▨을 클릭한 후 Tension 탭을 클릭하고 Default를 체크한 상태에서 Preview 버
튼을 클릭한다(Basic 탭의 First continuity와 Second continuity는 Tangency를 적용한 경우).

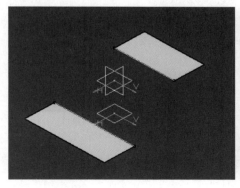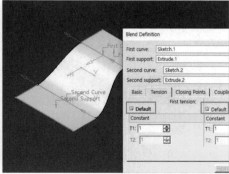

ⓒ Tension 탭의 T1과 T2의 값에 따라 생성되는 Surface의 형태가 다양하게 변화된다.

ⓓ T1과 T2의 값이 0에 가까울수록 Point처럼 직선에 가깝게 연결되고 값이 커질수록 Support
Surface에 가까운 Surface를 생성한다.

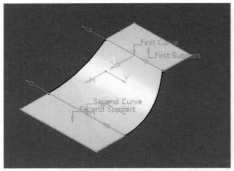

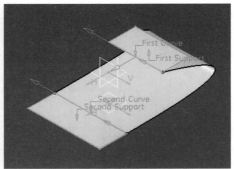

First/Constant : 0.1
Second/Constant : 2

First/Constant : 0.1
Second/Constant : 10

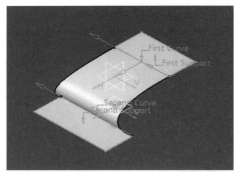

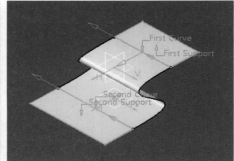

First/Constant : 5
Second/Constant : 0.1

First/Constant : 5
Second/Constant : 5

ⓔ Tension/Linear(Line의 양 끝점에 다른 값을 적용)를 적용한 경우 생성되는 Surface 예시는 아래와 같다.

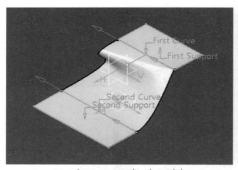

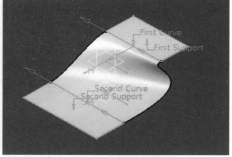

First/Linear : T1(0.1), T2(3)
Second/Linear : T1(1), T2(5)

First/Linear : T1(1), T2(1)
Second/Linear : T1(5), T2(1)

⑬ Closing Point : 생성할 Surface의 경로를 지정한다.

   ⓐ Plane 아이콘 ⬦을 클릭한 후 yz plane을 선택하고 Offset 영역에 50mm를 입력한다.

   ⓑ Plane 방향이 뒤쪽으로 향하도록 Reverse Direction을 클릭한 후 OK 버튼을 클릭하여 Plane을 생성한다.

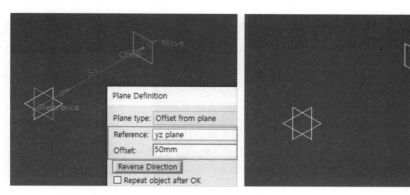

ⓒ yz plane에 Hexagon 아이콘 ⬡을 클릭한 후 Sketch한다.

ⓓ 치수(D30)를 적용한 후 3D Mode로 나간다.

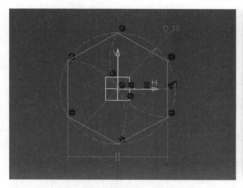
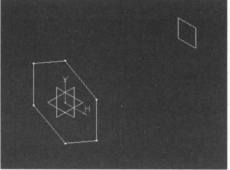

ⓔ Sketch 아이콘 ✎을 클릭한 후 앞에서 생성한 Plane을 선택하여 Sketch Mode로 전환한다.

ⓕ Hexagon 아이콘 ⬡을 클릭한 후 Sketch하고 치수(D40)를 적용한 후 3D Mode로 나간다.

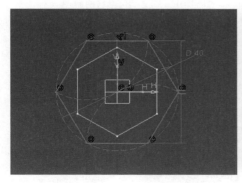
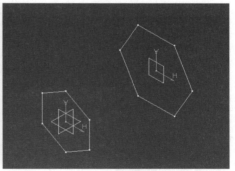

ⓖ Point 아이콘 ▪을 클릭한 후 xy plane에 생성한 Hexagon을 선택한다.

ⓗ Point type으로 On curve를 선택한 후 Reference 영역을 클릭하고 원점을 선택한다.

ⓘ Distance to reference의 Distance along direction을 선택한 후 Direction 영역을 클릭하고 마우스 오른쪽 버튼을 클릭하여 Z축을 선택한다.

ⓙ OK 버튼을 클릭하여 Multi-Result Management 대화상자가 나타나면 Keep only one sub-element using a Near/Far가 선택된 상태에서 OK 버튼을 클릭한다.

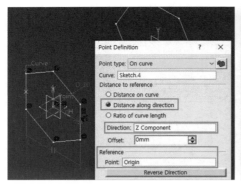
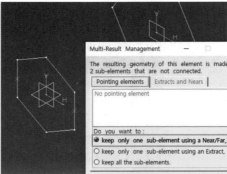

ⓚ Near Definition 대화상자가 나타나면 Reference Element 영역을 클릭한 후 Point를 생성하고
자 하는 가까운 꼭짓점(16)을 선택한다.

ⓛ OK 버튼을 클릭하면 선택한 꼭짓점에서 가까운 Point(17)가 생성된다.

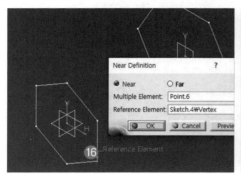
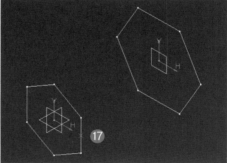

ⓜ Blend 아이콘 을 클릭한 후 First Curve 영역을 클릭하여 xy plane에 생성된 육각형을 선택한다.

ⓝ Second Curve 영역을 클릭한 후 생성한 plane 위에 있는 육각형을 선택한다.

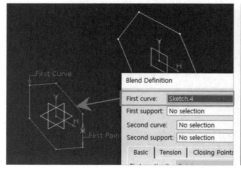
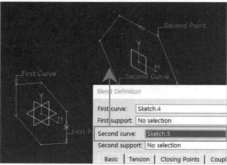

ⓞ Preview 버튼을 클릭하여 미리보기 한다.

ⓟ First Point와 Second Point가 Hexagon의 임의 꼭짓점에 위치하여 뒤틀린 Surface(18)가 생성
된다.

ⓠ 여기서 Closing Points 탭을 클릭한다.

ⓡ First Closing Point 영역을 클릭한 후 앞에서 생성한 Point(19)를 선택하고 Second Closing
Point 영역을 클릭한 후 뒤쪽에 위치한 Hexagon의 꼭짓점(20)을 선택하면 뒤틀리지 않고 정렬
된 Surface가 생성된다.

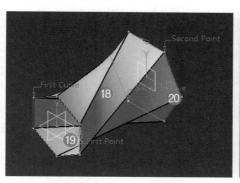 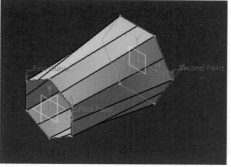

⑭ Coupling : 두 Curve 사이에 여러 형상으로 Surface를 생성한다.

ⓐ Plane 아이콘 ▱을 클릭한 후 yz plane과 평행하고 50mm 떨어진 위치에 새로운 Plane을 생성한다.

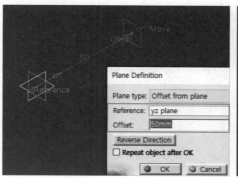 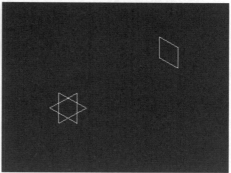

ⓑ yz plane과 생성한 Plane에 Elongated Hole ▣을 이용하여 각각 Sketch한 후 3D Mode로 나간다.

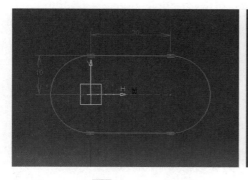 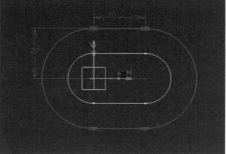

ⓒ Blend 아이콘 ▤을 클릭한다.

ⓓ First curve 영역과 Second curve 영역을 각각 클릭한 후 생성한 Sketch(21, 22)를 차례로 선택한다.

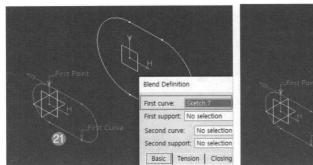
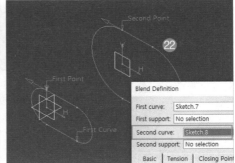

ⓔ Coupling/Spline 탭을 선택한 후 Ratio를 선택한다.

ⓕ Preview를 클릭하여 미리보기 하면 Elongated Hole의 동일 위치의 Point가 연결되지 않고 일정한 비율로 연결된 형태의 Surface가 생성된다.

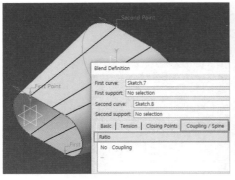
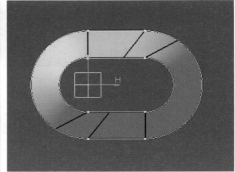

ⓖ 여기에서 Coupling/Spline 탭의 Coupling 영역(23)을 클릭한다.

ⓗ 마우스 오른쪽 버튼을 클릭하여 Add를 선택한다.

ⓘ 두 개의 Elongated Hole을 연결할 Point(24, 25)를 선택한다.

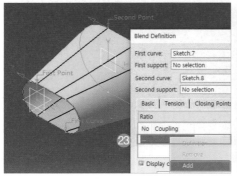
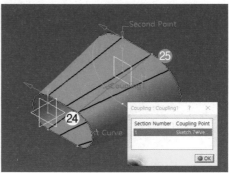

ⓙ Preview 버튼을 클릭하여 미리보기 하면 윗부분이 정렬된 것을 확인할 수 있다.

ⓚ 다시 Coupling 1 영역을 클릭한 후 마우스 오른쪽 버튼을 클릭하고 Add를 선택한다.

ⓛ Model을 회전시킨 후 아랫부분의 Elongated Hole Point(26, 27)를 선택한다.

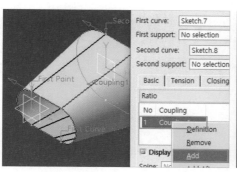
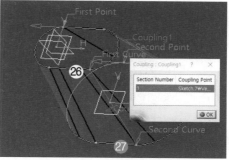

ⓜ Preview 버튼을 클릭하여 미리보기 한 후 추가로 필요하면 같은 방법을 적용하여 생성할
Surface를 정렬한다.

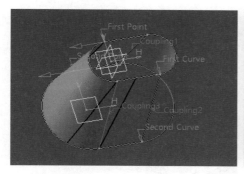
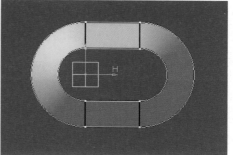

ⓝ Coupling/Spline 탭의 Vertices를 선택하면 Point끼리 연결되어 Surface가 생성된다.

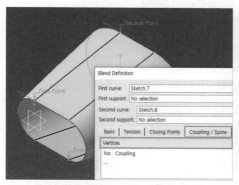
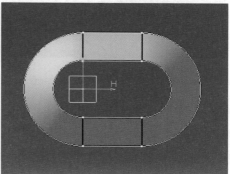

2 Wireframe

[Point ■ , Line ╱ , Plane ▱]

⟨제3편 Part Design 따라잡기⟩를 참조하자.

[Projection ▨]

선택한 객체를 Surface에 투영

① zx plane에 Spline ↷을 Sketch하고 Exit Workbench 아이콘⬆을 클릭하여 3D Mode로 전환한다.

② Extrude 아이콘▨을 클릭한 후 Limit 1의 Dimension 영역에 30mm를 입력하고 Mirrored Extent 를 체크한 후 OK 버튼을 클릭하여 Surface를 생성시킨다.

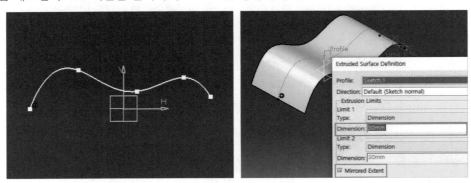

③ Plane 아이콘▱을 클릭한 후 xy plane을 선택하고 Offset 영역에 100mm를 입력한 후 OK 버튼 을 클릭하여 xy plane과 평행하면서 100mm 떨어진 Plane을 생성한다.

④ Sketch 아이콘▨을 클릭한 후 위에서 생성한 Plane을 선택하여 Sketch Mode로 전환한다.

⑤ Elongated Hole 아이콘⊙을 클릭하여 Sketch하고 치수를 수정(15mm)한 후 3D Mode로 나간다.

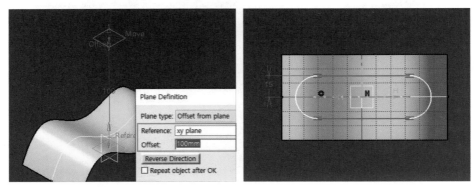

⑥ Spline 곡선을 선택한 후 마우스 오른쪽 버튼을 클릭하고 Hide/Show를 선택하여 숨긴다.

⑦ Projection 아이콘 🝰 을 클릭한다.

⑧ Projection Definition 대화상자에서 Projected 영역을 클릭한 후 Surface에 투영시키고자 하는 Sketch(1)를 선택한다.

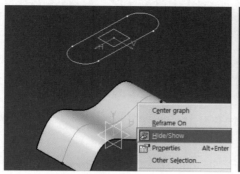 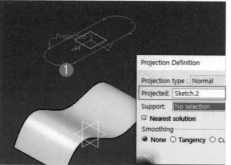

⑨ Support 영역을 클릭한 후 Sketch를 투영시킬 Surface(2)를 선택하고 OK 버튼을 클릭한다.

⑩ 선택한 Spline Curve가 Surface에 수직하게 투영(3)되어 생성된다.

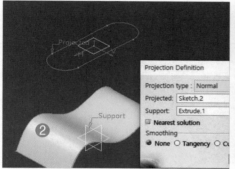 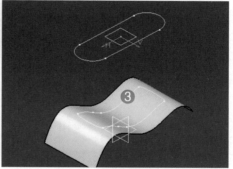

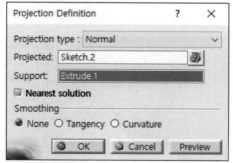

[Projection type] : 투영 Type을 선택

• Normal : 투영시킬 객체가 Surface에 수직하도록 투영

• Along to direction : 투영시킬 객체가 Surface에 경로(Direction)를 따라 투영

[Projected] : 투영시킬 객체 선택

[Support] : 객체를 투영시킬 Surface

⑪ Projection type

　ⓐ Along to direction type을 적용하기 위해 Direction으로 사용할 Line을 생성하기로 한다.

　ⓑ Sketch 아이콘 📐 을 클릭한 후 zx plane을 선택하여 Sketch Mode로 전환한다.

　ⓒ Line 아이콘 ／ 을 클릭한 후 Sketch하고 V축과의 사이 각도를 20deg로 적용한다.

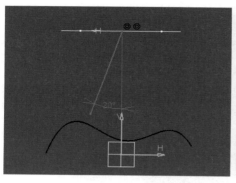
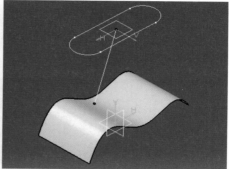

ⓓ Projection 아이콘 을 클릭한 후 Projection Definition 대화상자에서 Project type으로
　　Along a direction을 선택한다.

ⓔ Projected 영역을 클릭한 후 Elongated Hole Sketch(4)를 선택하고 Support 영역을 클릭한 후
　　Surface(5)를 선택한다.

ⓕ Direction 영역을 클릭한 후 앞에서 생성한 Line(6)을 선택하고 OK 버튼을 클릭하면 Direction
　　경로를 따라가며 투영된 것을 볼 수 있다.

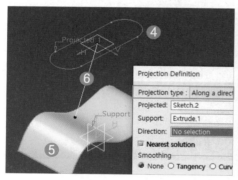
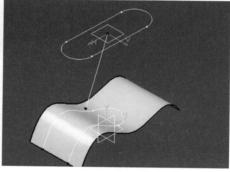

ⓖ 다음 그림은 Direction 영역에 Z Axis를 선택하여 투영한 결과를 보여 준다.

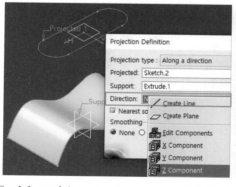
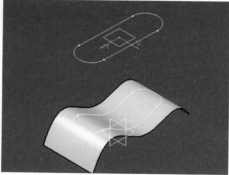

ⓗ 다음 그림은 Projection type에 따라 투영되는 객체의 형태를 비교한 것이다.

　● Normal : Profile이 Surface에 수직하게 투영되며 Elongated Hole의 전체 길이가 굴곡된
　　Surface로 투영되어 투영 전보다 투영 후가 작게 보인다.

　● Along to direction : Profile이 Surface에 지정한 방향으로 투영되며 굴곡된 Surface의 형태와
　　상관없이 투영 전과 후의 형태가 같다(Direction을 Z축으로 선택한 예시).

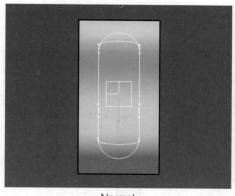
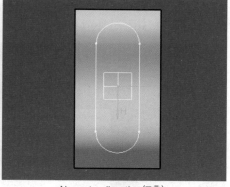

Normal   Along to direction(Z축)

[Intersection]

교차하는 Surface에서 교차영역 추출

① Projection의 과정 ①~③까지 진행한 예제를 이용하기로 한다.

② 생성한 Plane에 Line을 Sketch하고 3D Mode로 전환한다.

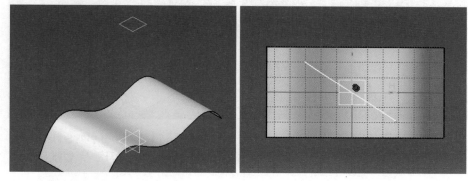

③ Line을 선택한 상태에서 Extrude 아이콘 을 클릭한다.

④ Limit 1 Type을 Up-to element로 선택하고 Up-to element 영역을 클릭한 후 Surface(1)를 선택하여 OK 버튼을 클릭한다.

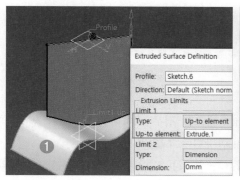
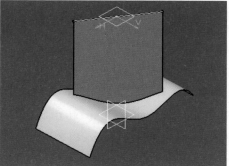

⑤ Intersection 아이콘 을 클릭한다.

⑥ Intersection Definition 대화상자에서 First Element 영역과 Second Element 영역을 클릭한 후 각각 Surface(2, 3)를 선택한다.

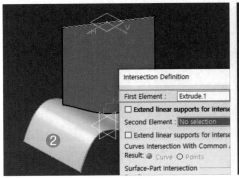 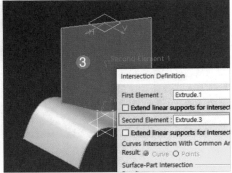

⑦ Preview 버튼을 클릭하여 미리보기 한 후 OK 버튼을 클릭하면 두 Surface의 교차영역에서 Curve 가 추출(4)된다.

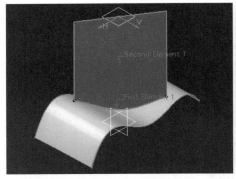 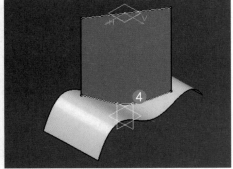

[First Element] : 교차된 첫 번째 Surface 선택
[Second Element] : 교차된 두 번째 Surface 선택
[Extrapolation intersection on first element] : 교차된 Curve가 Surface의 가장자리까지 연장

⑧ Extrapolation intersection on first element : 체크할 경우 교차하는 Curve가 연장되어 First Element에서 선택한 Surface의 가장자리까지 연장되어 추출된다.

ⓐ 위의 과정 ⑦에서 Extrapolation intersection on first element를 체크하고 Preview 버튼을 클릭 하여 미리보기 한 후 OK 버튼을 클릭한다.

ⓑ Surface의 교차 부분이 First Element에서 선택한 Surface의 가장자리까지 연장되어 추출(5)된다.

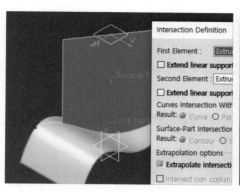
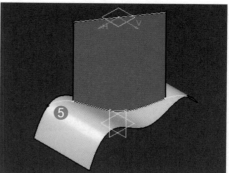

[Circle ⭕]

3D Mode에서 원이나 호를 생성

① Sketch 아이콘을 클릭한 후 yz plane을 선택하여 Sketch Mode로 전환한다.

② Profile 아이콘을 클릭한 후 Sketch하고 치수를 적용한 후 3D Mode로 나간다.

③ Sketch를 선택한 상태에서 Extrude 아이콘을 클릭한 후 Limits 1의 Dimension 영역에 30mm 를 입력한다.

④ Surface가 앞쪽으로 향하면 Reverse Direction 버튼을 클릭하여 뒤쪽으로 전환하고 OK 버튼을 클릭하여 Surface를 생성한다.

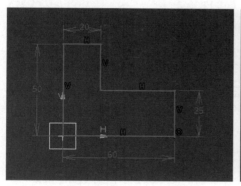
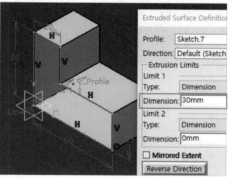

⑤ Sketch를 선택한 후 마우스 오른쪽 버튼을 클릭하고 Hide/Show를 선택하여 숨긴다.

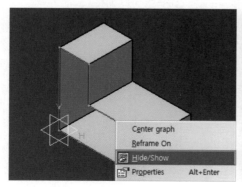
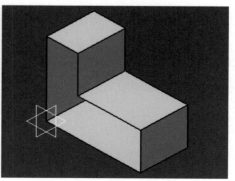

⑥ Circle 아이콘 ◯을 클릭한 후 Circle Definition 대화상자에서 Center 영역을 클릭하고 원의 중심점으로 원점(1)(Surface의 꼭짓점)을 선택한다.

⑦ Support 영역을 클릭한 후 마우스 오른쪽 버튼을 클릭하여 Circle을 생성할 평면으로 yz plane을 선택한다(Circle Limitations를 Point Arc ⌒을 선택한 경우).

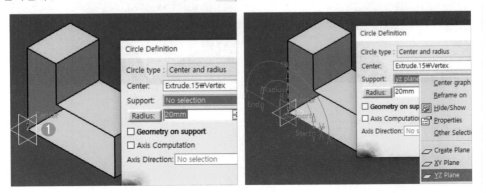

⑧ Radius 영역에 생성할 Circle의 반경으로 R30을 입력하고 OK 버튼을 클릭한다.

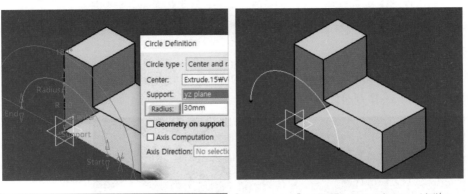

[Circle type] : 생성할 Circle의 Type 선택(Type에 따라 아래 항목을 지정)
• Center : Circle의 중심점 지정
• Point : Circle이 지나는 Point 지정
• Axis/line : Circle의 중심선 지정
• Element : Circle이 지나거나 접하는 요소
[Support] : Circle이 생성한 Plane 선택
[Radius] : Circle의 반경 지정
[Circle Limitations] : Circle을 생성하거나 각도를 입력하여 Arc 생성

⑨ Circle Limitations

ⓐ 과정 ⑧에서 Circle Limitations의 Whole Circle 아이콘 ⊙을 클릭하면 닫힌 Circle이 생성된다.

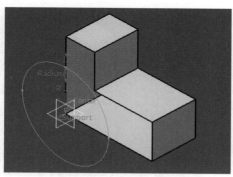

ⓑ 과정 ⑧에서 Circle Limitations의 Part Arc 아이콘 🕙 을 클릭하면 Circle의 각도를 지정하여 원하는 형상의 Arc를 생성할 수 있다.

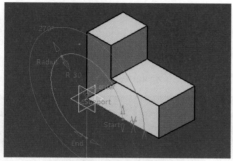
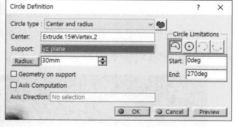

Start(0deg)/End(270deg)

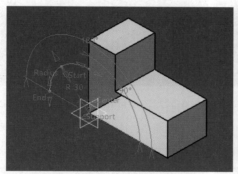

Start(90deg)/End(180deg)

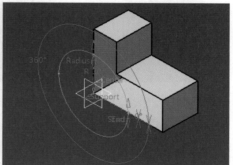

Start(0deg)/End(360deg)

⑩ Circle type

⑩-1 Center and Point : 중심점과 Point를 지나는 Circle이나 Arc를 생성한다.

　　ⓐ 과정 ⑤에서 생성한 Surface 예제에 적용하기로 한다.

　　ⓑ Circle type을 Center and Point로 선택한 후 Center 영역을 클릭하고 Circle의 중심점으로 원점(2)을 선택한다.

　　ⓒ Point 영역을 클릭한 후 Circle이 지나는 반경 점(3)을 선택하고 Support 영역을 클릭한 후 Circle을 생성할 면으로 yz plane을 선택한다.

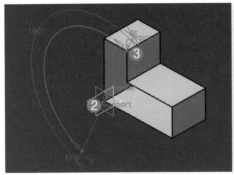

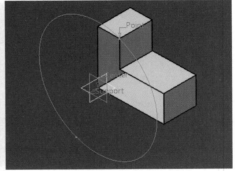

Circle Limitations : Part Arc 선택   Circle Limitations : Whole Circle 선택

⑩-2 Two points and radius : 두 Point를 지나고 반경을 지정하여 Circle이나 Arc를 생성한다.

    ⓐ 과정 ⑤에서 생성한 Surface 예제에 적용하기로 한다.

    ⓑ Circle type을 Two points and radius로 선택하고 Points 1과 Points 2 영역을 클릭한 후 Surface의 꼭짓점(4, 5)을 각각 선택한다.

    ⓒ Support 영역을 클릭한 후 Circle을 생성할 면으로 yz plane을 선택한다.

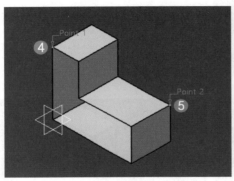

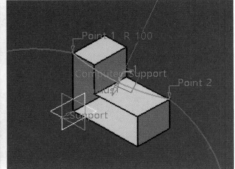

    ⓓ Radius 영역을 클릭한 후 생성할 Circle의 반경(여기서는 50mm를 적용)을 입력한다.

    ⓔ 두 Point를 지나면서 지정한 반경값을 갖는 Arc가 2개 보이는데, OK 버튼을 클릭하면 주황색 Arc가 생성된다(Circle Limitations를 Trimmed Circle 을 선택한 경우).

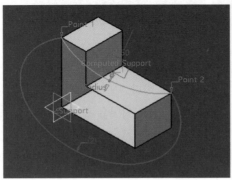

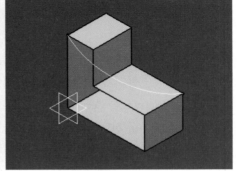

    ⓕ 위에서 파란색의 Arc를 생성하고 싶을 때는 Circle Definition 대화상자의 Next solution 버튼(Next solution)을 클릭한 후 OK 버튼을 클릭한다.

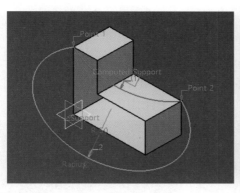
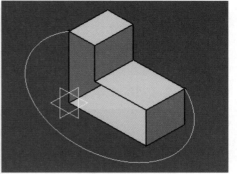

ⓖ Circle Limitations의 Complementary Circle 아이콘 ⌣ 을 클릭하면 생성되는 Arc의 형태가
반대편으로 전환되어 생성된다.

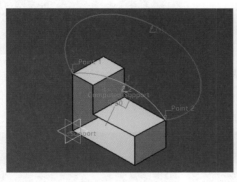
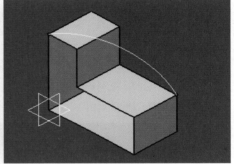

ⓗ 닫힌 Circle을 생성하고 싶을 때는 Circle Limitations의 Whole Circle 아이콘 ⊙ 을 클릭한다.

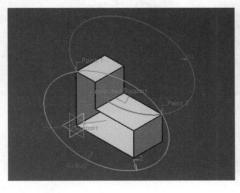
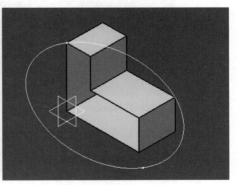

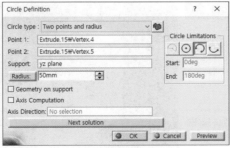

[Point 1] : Circle이 지나갈 한 Point

[Point 2] : Circle이 지나갈 다른 Point

[Support] : Circle을 생성할 평면

[Radius] : 생성할 Circle의 반경

[Circle Limitations] ◌ ⊙ ◌ ⌣

• Whole Circle : 닫힌 Circle 생성

• Trimmed Circle : 두 Point를 지나는 Arc 생성

• Complementary Circle : Trimmed Circle과 반
  대 방향의 Arc 생성

⑩－3 Three Points : 세 Point를 지나는 Circle이나 Arc를 생성한다.

ⓐ 과정 ⑤에서 생성한 Surface 예제에 적용하기로 한다.

ⓑ Plane 아이콘 ⬦을 클릭한 후 Plane type으로 Through two lines를 선택한다.

ⓒ Line 1과 Line 2 영역을 클릭한 후 차례로 Surface의 두 모서리(6, 7)를 선택하고 OK 버튼을 클릭하여 두 모서리를 지나는 Plane을 생성한다.

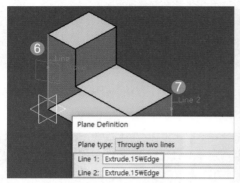 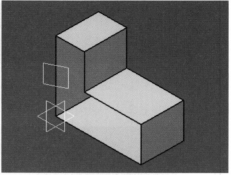

ⓓ Circle type을 Three Points로 선택하고 Points 1과 Points 2, Points 3 영역을 클릭한 후 Surface의 모서리(8~10)를 각각 선택한다.

ⓔ 선택한 세 모서리 점을 지나는 Arc가 생성되었다.

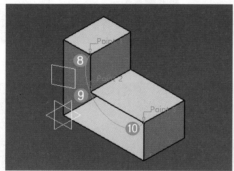 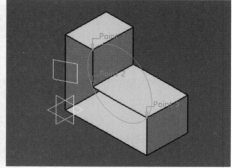

Circle Limitations : Trimmed Circle ⟳ 선택   Circle Limitations : Whole Circle ⊙ 선택

ⓕ 위의 과정에서 Circle Definition 대화상자의 Optional에서 Geometry on support를 체크하고 Support 영역을 클릭한 후 생성한 Plane(11)을 선택하면 Arc나 Circle이 선택한 Plane에 투영되어 생성된다.

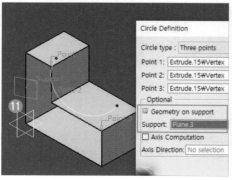 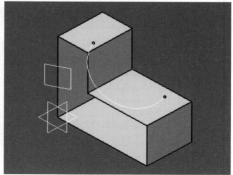

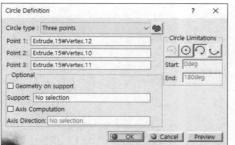

[Point 1] : Circle을 지나는 첫 번째 Point
[Point 2] : Circle을 지나는 두 번째 Point
[Point 3] : Circle을 지나는 세 번째 Point
[Circle Limitations]
- Whole Circle : 닫힌 Circle 생성
- Trimmed Circle : 두 Point를 지나는 Arc 생성
- Complementary Circle : Trimmed Circle과 반대 방향의 Arc 생성

⑩－4 Center and axis : Axis를 중심으로 선택한 Point의 위치에 Circle을 생성한다.

    ⓐ 과정 ⑤에서 생성한 Surface 예제에 적용하기로 한다.

    ⓑ Circle type을 Center and axis로 선택하고 Axis/line 영역을 클릭한 후 Surface의 모서리 (12)를 선택한다.

    ⓒ Point 영역을 클릭한 후 Axis/line 영역에서 선택한 모서리의 앞쪽 끝점(13)을 선택한다.

    ⓓ Radius 영역에 생성할 Circle의 반경(R30)을 입력하고 OK 버튼을 클릭한다.

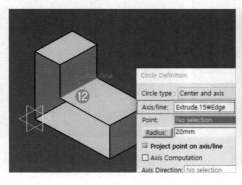
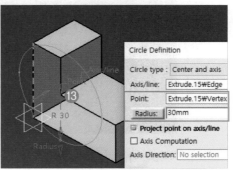

[Axis/line] : 생성할 Circle의 중심
[Point] : Circle의 한 점
[Radius] : Circle의 반경
[Circle Limitations] :
- Part Arc : Arc 생성
- Whole Circle : Circle 생성

⑩－5 Bitangent and radius : 두 Curve에 접하고 임의의 반경을 갖는 Circle이나 Arc를 생성한다.

    ⓐ Sketch 아이콘 을 클릭한 후 zx plane을 선택하여 Sketch Mode로 전환한다.

    ⓑ Arc 아이콘 을 클릭한 후 중심점이 H축 위에 오도록 Sketch하고 치수를 적용한다.

    ⓒ 3D Mode로 나간다.

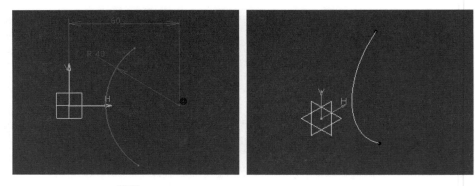

ⓓ 다시 Sketch 아이콘 을 클릭하고 zx plane을 선택하여 Sketch Mode로 전환한다.

ⓔ Arc 아이콘 을 클릭한 후 중심점이 H축 위에 오도록 Sketch하고 치수를 적용한 후 3D Mode로 나간다.

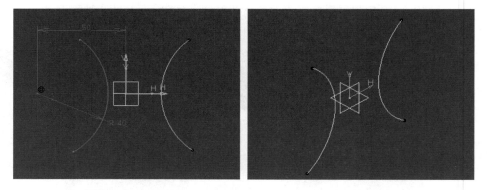

ⓕ Circle 아이콘 을 클릭한 후 Circle type을 Bitangent and radius로 선택한다.

ⓖ Circle Limitations의 Whole Circle 아이콘 을 클릭한다.

ⓗ Circle Definition 대화상자에서 Element 1 영역을 클릭하고 Arc(14)를 선택한다.

ⓘ Element 2 영역을 클릭한 후 다른 Arc(15)를 선택하고 Radius 영역을 클릭한 후 Arc의 간격보다 큰 반경을 입력(여기서는 20mm를 적용)한다.

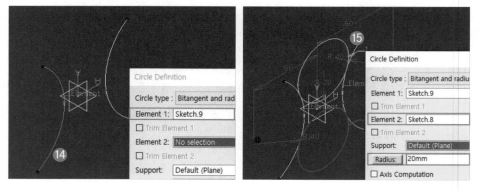

ⓙ 생성을 원하는 방향의 Circle을 선택하기 위해 대화상자의 Next Solution 버튼(Next Solution)을 클릭하여 주황색으로 변경한 후 OK 버튼을 클릭한다.

ⓚ 두 개의 Arc에 접하고 반경이 20mm인 Circle이 생성되었다(Circle Limitations를 Whole Circle ⊙을 선택한 경우).

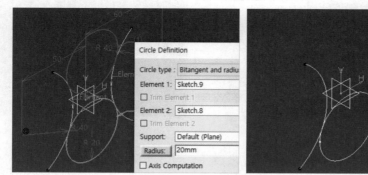

ⓛ Circle Limitations의 Trimmed Circle아이콘 ⟳을 선택하면 닫힌 Circle이 아닌 Arc를 생성할 수 있다.

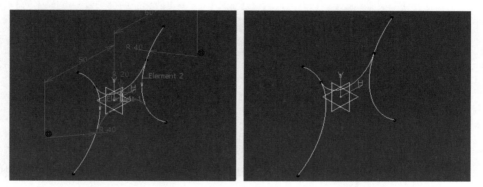

ⓜ Circle Limitations의 Complementary Circle 아이콘 ↺을 선택하면 생성되는 Arc의 형태 가 Circle을 이루는 반대편의 Arc로 전환되어 생성된다.

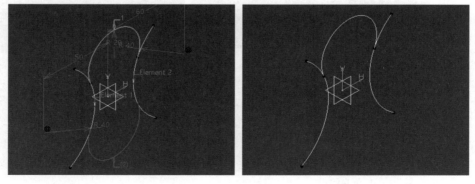

ⓝ Element의 Trim Element를 체크하면 선택한 객체에 접하면서 Trim이 적용된 Arc가 생성 된다.

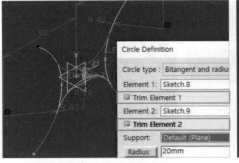

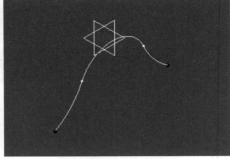

[Element 1] : 첫 번째 Curve 선택

[Element 2] : 두 번째 Curve 선택

[Trim Element] : 선택한 두 Curve에 접하는 부분에 Trim 적용

[Radius] : 생성할 Circle의 반경 지정

[Circle Limitations] :

• Whole Circle : 닫힌 Circle 생성

• Trimmed Circle : 두 Point를 지나는 Arc 생성

• Complementary Circle : Trimmed Circle과 반대 방향의 Arc 생성

⑩-6 Bitangent and Point : 2개의 Curve에 접하고 선택한 점을 지나는 Circle이나 Arc를 생성한다.

    ⓐ 과정 ⑩-5 Bitangent and radius 예제 ⓔ에 적용해 보기로 한다.

    ⓑ Circle 아이콘◯을 클릭한 후 Circle type을 Bitangent and Point로 선택한다.

    ⓒ Circle Definition 대화상자에서 Element 1 영역을 클릭하고 Arc(16)를 선택한다.

    ⓓ Curve 2 영역을 클릭한 후 다른 Arc(17)를 선택한다.

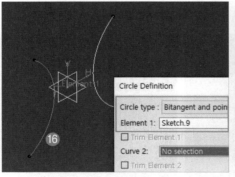

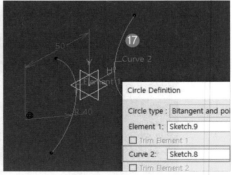

    ⓔ Point 영역을 클릭한 후 Arc의 끝점을 선택하면 두 Arc에 접하면서 선택한 Point를 지나는 Arc가 생성된다.

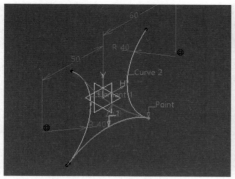

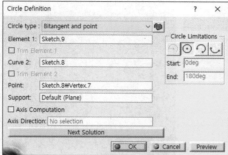

[Element 1] : 첫 번째 Curve 선택

[Curve 2] : 두 번째 Curve 선택

[Trim Element] : 선택한 두 Curve에 접하는 부분에 Trim 적용

[Point] : 생성할 Circle이 지나는 Point 지정

[Circle Limitations] :

• Whole Circle : 닫힌 Circle 생성

• Trimmed Circle : 두 Point를 지나는 Arc 생성

• Complementary Circle : Trimmed Circle과 반대 방향의 Arc 생성

⑩-7 Triangent : 세 Curve에 접하는 Circle이나 Arc를 생성한다.

　ⓐ 과정 ⑩-5 Bitangent and radius 예제 ⓔ에 Arc를 추가하여 생성한다.

　ⓑ Sketch 아이콘을 클릭하고 zx plane을 선택하여 Sketch Mode로 전환한다.

　ⓒ Arc 아이콘을 클릭한 후 중심점이 V축 위에 오도록 Sketch하고 치수를 적용(R40, L70)한 후 3D Mode로 나간다.

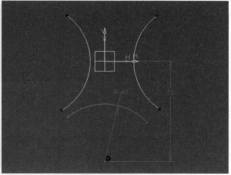

　ⓓ Circle 아이콘을 클릭한 후 Circle type을 Triangent로 선택한다.

　ⓔ Circle Limitations의 Whole Circle 아이콘을 클릭한다.

　ⓕ Element 1과 Element 2, Element 3 영역을 클릭한 후 각각 서로 다른 Arc(18~20)를 선택한다.

　ⓖ 세 Arc에 접하는 Circle이 생성되었다.

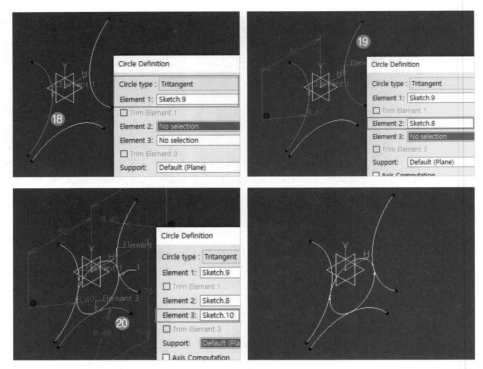

ⓗ Circle Limitations의 Trimmed Circle 아이콘○을 선택하면 Circle이 아닌 Arc를 생성할 수
있다.

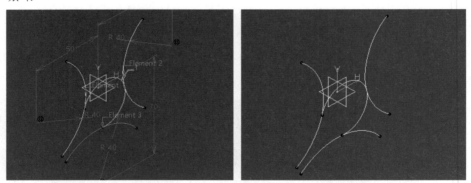

ⓘ Circle Limitations의 Complementary Circle 아이콘○을 클릭하면 생성되는 Arc의 형태
가 Circle을 이루는 반대편의 Arc로 전환되어 생성된다.

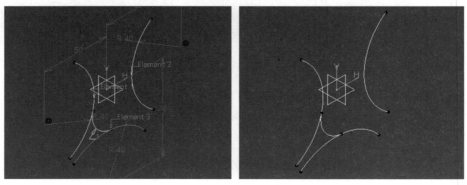

[Element 1] : 생성할 Circle에 접하는 첫 번째 Curve 선택
[Element 2] : 생성할 Circle에 접하는 두 번째 Curve 선택
[Element 3] : 생성할 Circle에 접하는 세 번째 Curve 선택
[Circle Limitations] :

• Whole Circle : 닫힌 Circle 생성
• Trimmed Circle : 두 Point를 지나는 Arc 생성
• Complementary Circle : Trimmed Circle과 반대 방향의 Arc 생성

⑩−8 Center and tangent : Curve에 접하고 Center element를 중심점으로 하는 Circle을 생성한다.

ⓐ 과정 ⑩−5 Bitangent and radius 예제 ⓔ에 적용한다.

ⓑ Circle 아이콘 ○을 클릭한 후 Circle type을 Center and tangent로 선택한다.

ⓒ Center Element 영역을 클릭하고 생성할 Circle의 중심점으로 Arc의 끝점(21)을 선택한다.

ⓓ Tangent Curve 영역을 클릭한 후 다른 Arc(22)를 선택한다.

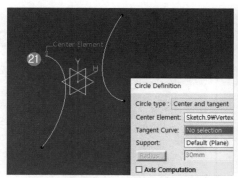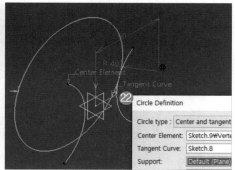

ⓔ OK 버튼을 클릭하면 Center Element가 중심점이 되고 Tangent Curve 영역에서 선택한 Arc에 접하는 Circle이 생성된다.

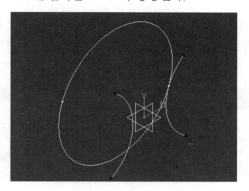

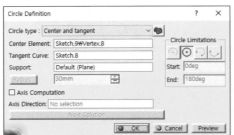

[Center Element] : 생성할 Circle 중심점으로 Point 선택

[Tangent Curve] : 생성할 Circle에 접할 곡선 선택

[Circle Limitations] :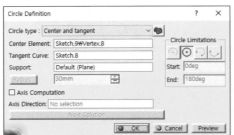

• Whole Circle : 닫힌 Circle 생성

[Corner ⌐]

3D 공간에서 두 요소(Line, Curve 등) 사이에 라운딩 생성

① Point 아이콘 ▪ 을 클릭한 후 Point type을 Coordinates로 선택하고 원점(X0, Y0, Z0)에 Point 를 생성한다.

② Line 아이콘 ✎ 을 클릭한 후 Line type을 Point−Direction으로 선택한다.

③ Point와 Direction 영역을 클릭한 후 앞에서 각각 원점에 생성한 Point와 zx plane을 선택하고 Start(−10mm), End(30mm)를 입력한 후 OK 버튼을 클릭하여 Line(1)을 생성한다.

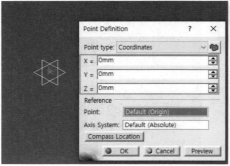
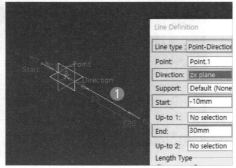

④ Line 아이콘 ✎ 을 클릭한 후 같은 방법으로 Direction 영역에서 xy plane을 선택하여 xy plane 에 수직한 Line(2)을 생성한다.

⑤ Line 아이콘 ✎ 을 클릭한 후 같은 방법으로 Direction 영역에서 yz plane을 선택하여 yz plane 에 수직한 Line(3)을 생성한다.

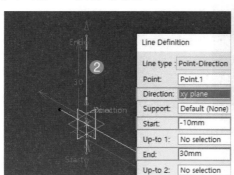
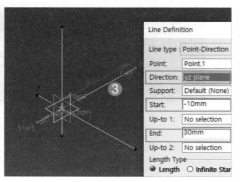

⑥ Corner 아이콘 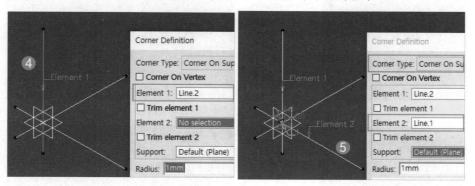을 클릭한다.

⑦ Corner Definition 대화상자에서 Corner type을 Corner on Support로 선택한다.

⑧ Element 1과 Element 2 영역을 클릭한 후 Line(4~5)을 각각 선택한다.

⑨ Radius 영역을 클릭하여 생성할 Corner의 반경(5mm)을 지정한다.

⑩ 교차하는 두 개의 Line에 Corner가 보이게 되고 이때 OK 버튼을 클릭하면 주황색 Corner가 생성된다.

⑪ 생성하고자 하는 Corner의 위치를 변경하고자 할 때는 Next Solution 버튼(Next Solution)을 클릭하여 선택할 수 있다.

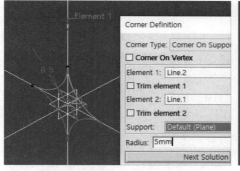
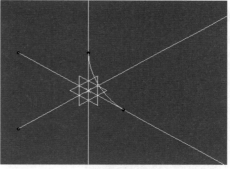

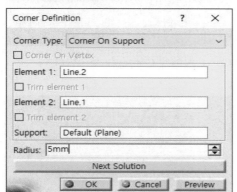

[Corner Type] : 생성할 Corner 유형
• Corner On Support
• 3D Corner
[Element 1/Element 2] : Corner를 생성시킬 2개의 Line 선택
[Radius] : 생성할 Corner의 반경
[Support] : 선택한 Line이 존재하는 Plane이 Default로 선택되어 Corner 생성

⑫ Trim element : 두 개의 Line에 Corner를 생성하면서 Trim을 적용한다.

다음 그림은 Trim element를 적용할 경우 Corner가 생성되는 예시를 보여 준다.

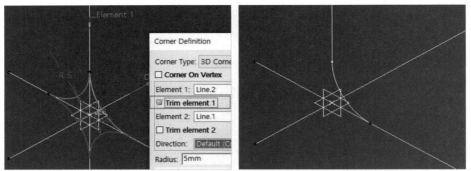

Element 1에 Trim 옵션을 적용했을 경우

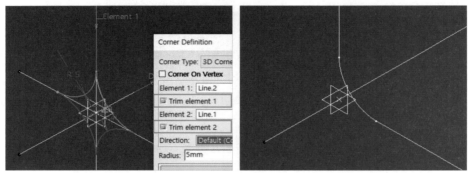

Element 1과 Element 2에 Trim 옵션을 적용했을 경우

⑬ Next Solution : Corner의 생성 위치를 변경할 수 있다.

Next Solution 버튼을 클릭하면 Corner의 생성 위치를 교차하는 Line에서 변경할 수 있다.

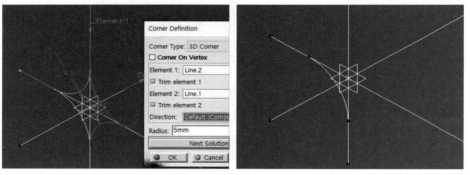

⑭ Corner type(3D Corner) : 3D 공간상에서 두 Curve 사이에 Corner를 생성한다.

ⓐ 두 개의 Line에 Trim을 적용한 Corner를 생성한다.

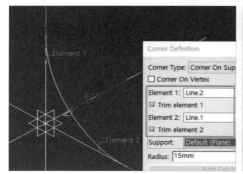

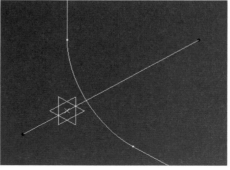

ⓑ Corner 아이콘 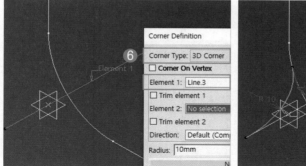을 클릭한 후 Corner Type을 3D Corner로 선택한다.

ⓒ Element 1과 Element 2 영역을 클릭한 후 Line(6)과 Corner(7)를 차례로 선택한다.

 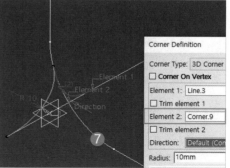

ⓓ Next Solution 버튼을 클릭하여 Corner를 생성할 위치를 선택한 후 OK 버튼을 클릭한다.

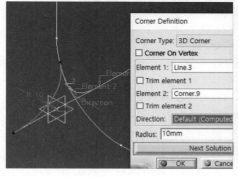 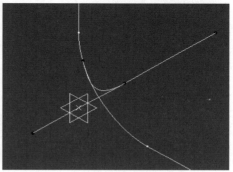

ⓔ Corner type을 Corner On Support를 선택할 경우에는 동일 평면에 두 객체가 존재하지 않으므로 Corner를 생성할 수 없다.

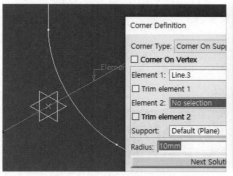 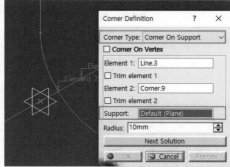

[Connect Curve]

3D 공간상에서 두 Curve를 연결하는 새로운 Curve 생성

① Corner 의 예제 ⑤에 적용해 보기로 한다.

② Connect Curve 아이콘 을 클릭한다.

③ Connect Curve Definition 대화상자에서 Connect type을 Normal로 선택한다.

④ First Curve의 Point 영역을 클릭한 후 Line의 끝점(1)을 선택하면 Curve 영역에 Line이 선택된다.

⑤ Second Curve의 Point 영역을 클릭한 후 다른 Line의 끝점 (2)을 선택하면 Curve 영역에 Line이 선택되고 OK 버튼을 클릭하면 선택한 두 Line의 끝점을 연결하는 Curve가 생성된다.

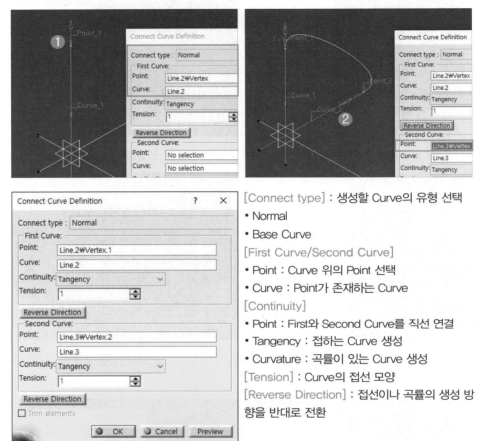

[Connect type] : 생성할 Curve의 유형 선택
• Normal
• Base Curve

[First Curve/Second Curve]
• Point : Curve 위의 Point 선택
• Curve : Point가 존재하는 Curve

[Continuity]
• Point : First와 Second Curve를 직선 연결
• Tangency : 접하는 Curve 생성
• Curvature : 곡률이 있는 Curve 생성

[Tension] : Curve의 접선 모양

[Reverse Direction] : 접선이나 곡률의 생성 방향을 반대로 전환

⑥ Continuity : Point를 연결하는 Type을 지정할 수 있다.

ⓐ Point : 선택한 두 Point를 직선으로 연결한다.

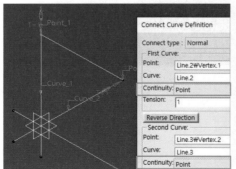
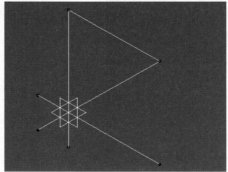

ⓑ Tangency : 선택한 Curve에 접하면서 Point를 지나는 Curve를 생성한다.

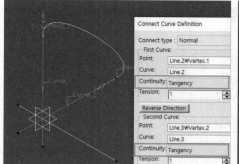
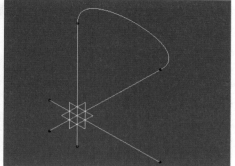

ⓒ Curvature : 선택한 Curve와 곡률을 갖고 Point를 지나는 Curve를 생성한다.

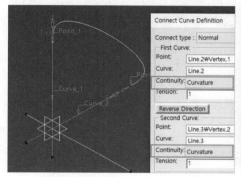
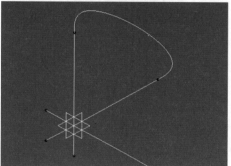

⑦ Tension : 접선이나 곡률의 정도를 지정할 수 있다.

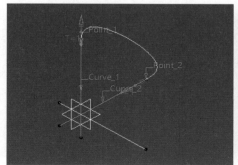
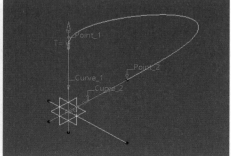

First/Second Curve : Tangency
First Tension(1)/Second Tension(1)

First/Second Curve : Tangency
First Tension(1)/Second Tension(5)

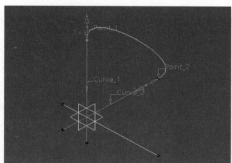
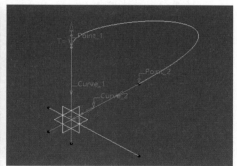

First/Second Curve : Curvature
First Tension(1)/Second Tension(1)

First/Second Curve : Curvature
First Tension(1)/Second Tension(5)

⑧ Reverse Direction : 접선이나 곡률의 생성 방향을 반대로 전환한다.

First Curve와 Second Curve의 영역에서 선택한 Point에 생성된 붉은색 화살표 방향이 반대 방향으로 전환되며, 이로 인해 생성되는 Curve의 형태가 변경된다.

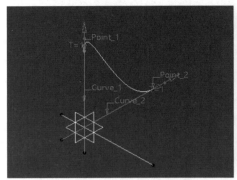

First Curve의 Reverse Direction 클릭

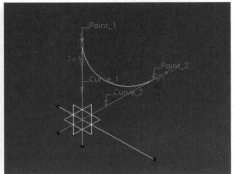

First Curve와 Second Curve의
Reverse Direction 클릭

[Spline 🔁]

3D 공간상에서 Spline 생성

① Point 아이콘 ■ 을 더블클릭한 후 Point type을 Coordinates로 선택한다.

② X, Y, Z 위치에 (0, 0, 0), (50, 0, 0), (0, 50, 0), (0, 0, 50), (50, 0, 50), (0, 50, 50)을 각각 입력하고 OK 버튼을 클릭하여 6개의 Point를 생성한다.

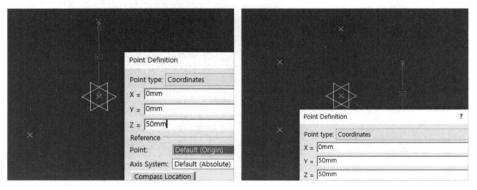

③ Spline 아이콘 🔁 을 클릭한다.

④ Spline Definition 대화상자에서 생성한 Point를 차례로 선택(1~6)하고 OK 버튼을 클릭한다.

⑤ 선택한 Point를 연결하는 Spline Curve가 생성된다.

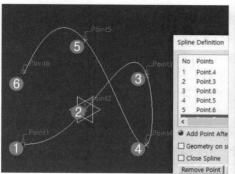

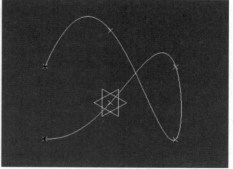

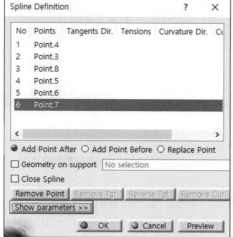

[Point] : 생성할 곡선이 지나는 Point 선택

[Point 지정 Type]

- Add Point After : 선택한 Point를 연속적으로 잇는 Spline 생성
- Add Point Before : 두 점을 지나는 Curve 사이에 선택한 Point를 지나는 Spline 생성
- Replace Point : 생성한 Curve를 지나는 Point를 다른 Point로 대체시켜 Spline 생성

[Geometry on support] : 생성된 Spline이 Surface에 투영

[Close Spline] : 처음 Point와 마지막 Point를 연결하여 Spline을 Close시킴

⑥ Point 지정 Type

ⓐ Add Point Before : 선택한 Point가 앞쪽에 지나도록 Spline을 생성한다.

ⓑ Spline 아이콘 을 클릭하여 Point 지정 Type을 Add Point After로 선택한다.

ⓒ 2개의 Point(7, 8)를 선택하여 Spline을 생성한다(OK 버튼을 클릭하지 않고 Spline 대화상자를 유지한다).

ⓓ Point 지정 Type을 Add Point Before로 선택하고 Point를 지정(9, 10)한다.

ⓔ Add Point After Type으로 지정한 Point를 Spline의 양 끝점으로 하고 Add Point Before로 지정한 후 선택한 Point를 지나도록 Spline이 생성된다.

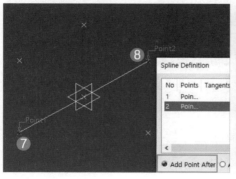

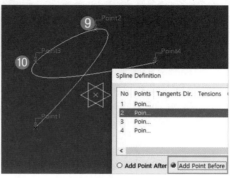

ⓕ Replace Point : Spline을 지나는 Point를 다른 Point로 대체하여 생성한다.

ⓖ Spline 아이콘 ⟋ 을 클릭하고 Add Point After를 체크한 후 Point(11~15)를 차례로 선택한다.

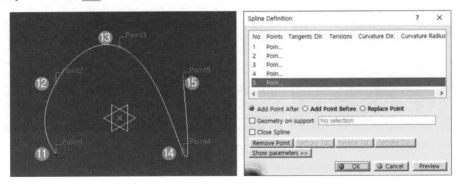

ⓗ Spline Definition 대화상자에서 세 번째로 선택한 Point(과정 ⓖ의 ⑬)를 선택한 후 Replace Point를 선택한다.

ⓘ 세 번째로 선택한 Point를 대체한 Point로 원점에 생성한 Point(16)를 선택한다.

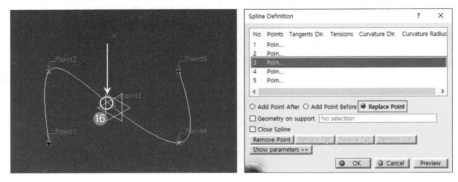

⑦ Geometry on support : Spline을 투영시켜 생성한다.

ⓐ yz plane에 Spline을 Sketch하고 3D Mode로 나간다.

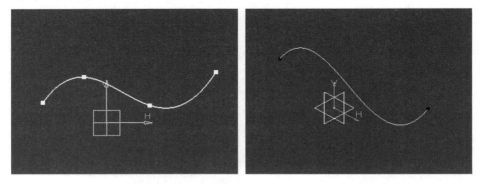

ⓑ Spline을 선택한 상태에서 Extrude 아이콘 ⬢ 을 클릭한 후 Limit 1 영역의 Dimension에 30mm를 입력한다.

ⓒ Mirrored Extent를 체크한 후 OK 버튼을 클릭하여 양쪽으로 60mm의 Surface를 생성한다.

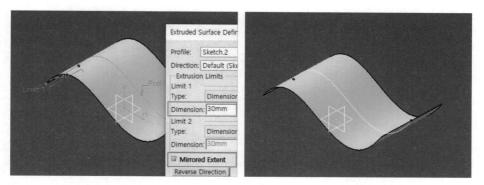

ⓓ Spline Sketch를 선택하고 마우스 오른쪽 버튼을 클릭한 후 Hide/show를 선택하여 숨기기 한다.

ⓔ Point 아이콘 ■ 을 더블클릭한 후 Surface를 선택(Point type : On surface)하고 Surface 위에 임의의 위치에 Point(17~21) 5개를 생성한다.

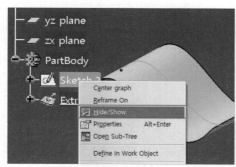
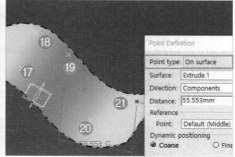

ⓕ Spline 아이콘 ⌇ 을 더블클릭한 후 Surface 위에 생성된 Point를 선택한다.

ⓖ 공간상에 각 Point를 지나는 Spline이 생성되는 것을 확인할 수 있다.

ⓗ Spline Definition 대화상자에서 Geometry on support를 체크하고 빈 영역을 클릭한 후 Surface를 선택한다.

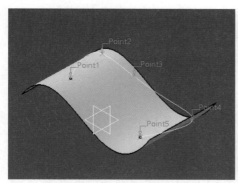
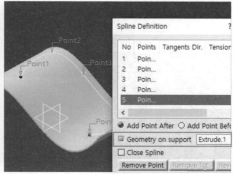

ⓘ 공간상에 생성되는 Spline이 선택한 Surface에 투영된다.

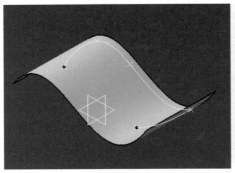
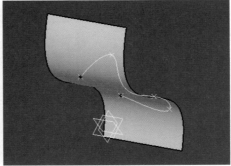

⑧ Close Spline : 처음 선택한 Point와 마지막 선택한 Point를 연결한다.

    ⓐ Spline의 과정 ②에서 생성한 예제에 적용해 본다.

    ⓑ Spline 아이콘 ⟳을 클릭한 후 Point(22∼27)를 차례로 선택한다.

    ⓒ Close Spline을 체크하면 Point 1과 Point 6을 연결하여 Spline을 Close시킨다.

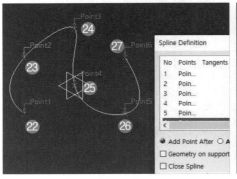
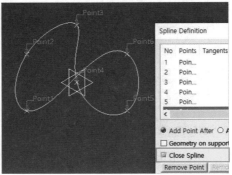

[Helix 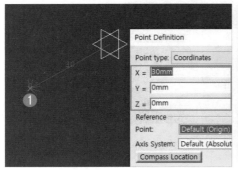]

3D Mode에서 나선형 Curve 생성

① Point 아이콘 ▪을 클릭하여 Helix Curve의 시작점을 (30, 0, 0) 위치에 생성(1)한다.

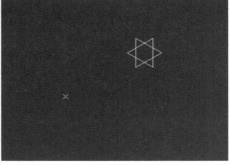

② Helix 아이콘 을 클릭한다.

③ Helix Curve Definition 대화상자에서 Starting Point 영역을 클릭하고 Spring의 시작점으로 과정
①에서 생성한 Point(1)를 선택한다.

④ Axis 영역에서 마우스 오른쪽 버튼을 클릭한 후 Z축을 선택한다.

⑤ Pitch 영역을 클릭하고 2mm, Height 영역을 클릭하고 50mm를 입력한 후 OK 버튼을 클릭하면
간격이 2mm이고 전체 높이가 50mm인 나선형 Curve가 생성된다.

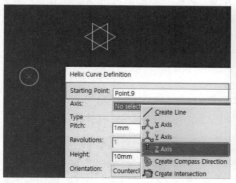 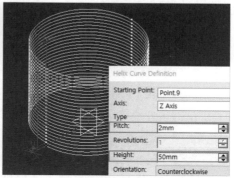

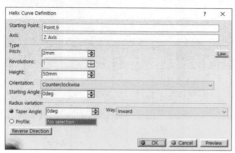

[Starting Point] : Helix Curve의 시작점

[Axis] : Helix Curve의 회전축

[Type]
- Pitch : 피치(Helix Curve 간격)
- Height : Helix Curve 전체 높이
- Orientation : 생성 방향(시계, 반시계 방향)
- Starting Angle : Starting Point에서 Helix Curve
  의 시작 각도

[Radius variation]
- Taper Angle : Helix Curve의 테이퍼 각도
- Way : 테이퍼 방향(안쪽, 바깥쪽)
- Profile : Helix Curve의 경로 지정

[Reverse Direction] : Helix Curve의 생성 방향
을 반대로 전환

⑥ Type

ⓐ Orientation : Helix Curve의 생성 방향을 시계 또는 반시계 방향으로 지정한다.

ⓑ Helix 아이콘 🔩 을 클릭한 후 Axis를 Z축으로 선택하고 Pitch(2mm), Height(50mm)를 적용
한다.

ⓒ Orientation을 Clockwise(시계 방향), Counterclockwise(반시계 방향) 중 선택하여 Helix
Curve의 생성 방향을 지정할 수 있다.

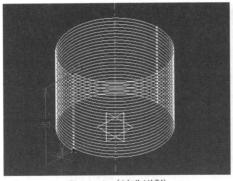

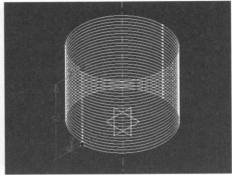

Clockwise(시계 방향)   Counterclockwise(반시계 방향)

ⓓ Starting Angle : Point에서 Helix Curve가 시작하는 각도를 지정한다.

ⓔ Orientation의 예시와 동일한 Type을 적용하고 Starting Angle을 지정한다.

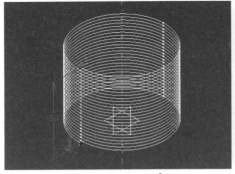

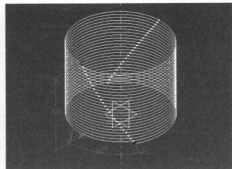

Starting Angle : 0°   Starting Angle : 60°
                             (Orientation : Counterclockwise)

⑦ Radius Variation : 기울어진 Helix Curve를 생성한다.

ⓐ Taper Angle : 기울어진 Helix Curve를 생성하기 위한 각도를 지정한다.

ⓑ Orientation의 예시와 동일한 Type을 적용하고 Taper Angle을 지정한다.

ⓒ Taper Angle 영역을 클릭한 후 테이퍼 각도를 입력하면 기울어진 Helix Curve가 생성된다.

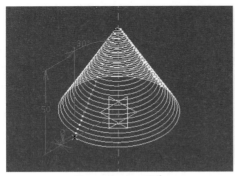

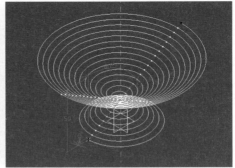

Taper Angle : 30°   Taper Angle : 60°

ⓓ Way : 기울어지는 방향(안쪽 또는 바깥쪽)을 지정할 수 있다.

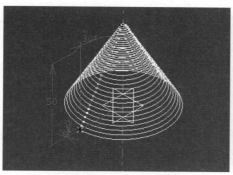
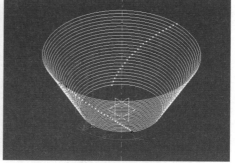

Inward(Taper Angle : 30°) Outward(Taper Angle : 60°)

ⓔ Profile : 경로를 따라가며 Helix Curve를 생성한다.

ⓕ Sketch 아이콘 ▨을 클릭한 후 zx plane을 선택하여 Sketch Mode로 전환한다.

ⓖ Spline 아이콘 ∿을 클릭하여 임의의 곡선을 Sketch한 후 Spline의 끝점과 Point를 일치(2)시키고 3D Mode로 나간다(여기에서 Point는 과정 ①에서 생성한 것을 이용하였다).

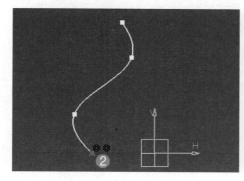
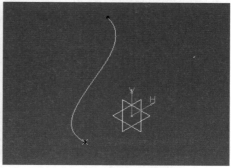

ⓗ Helix 아이콘 ✏을 클릭한 후 Starting Point 영역에 Point(3)를 선택한다.

ⓘ Axis를 Z축으로 선택하고 Pitch(2mm), Height(70mm)를 입력하면 기본적인 Helix Curve가 생성된다.

ⓙ 여기서 Profile을 체크한 후 Profile 영역을 클릭하고 Helix Curve의 경로로 앞에서 생성한 Spline을 선택한다.

ⓚ Helix Curve가 Spline 경로를 따라가며 생성되는 것을 확인할 수 있다.

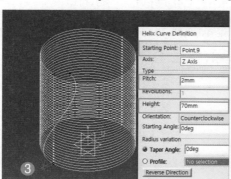
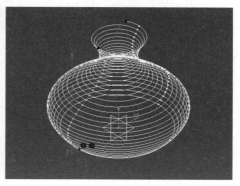

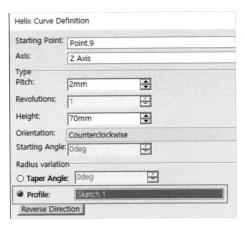

⑧ Reverse Direction : Helix Curve의 생성 방향을 반대(아래)로 전환한다.

　　Orientation의 예시와 동일한 Type을 적용하고 Taper Angle을 지정한다.

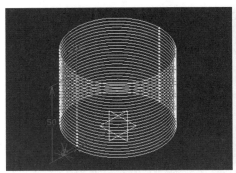
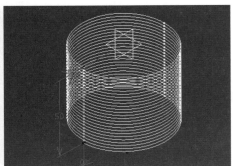

Reverse Direction 선택 전　　　　　　　Reverse Direction 선택 후

3 Operations　

[Join]

떨어진 Surface를 하나로 결합

① yz plane에 Profile 아이콘 ⚲ 을 클릭하여 Sketch하고 3D Mode로 전환한다.

② Extrude 아이콘 ⚲ 을 클릭하고 Limit 1의 Dimension에 30mm를 입력한 후 Mirrored Extent를 체크하여 양쪽으로 각각 30mm의 Surface를 생성한다.

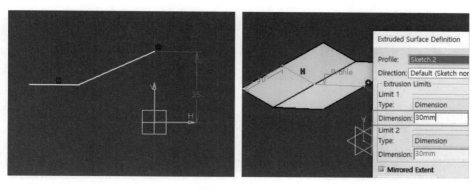

③ 다시 한 번 yz plane에 Profile 아이콘 을 클릭하여 Sketch하고 3D Mode로 전환한다.

④ Extrude 아이콘 을 클릭하여 앞에서 생성한 Surface와 같은 크기(60mm)의 Surface를 생성한 후 Profile은 숨긴다.

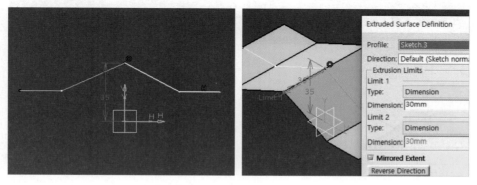

⑤ Start → Shape → Generative Shape Design Mode을 선택한다.

⑥ Operations 도구막대의 Edge Fillet 아이콘 을 클릭하고 Fillet을 적용할 모서리(1)를 선택하면 서로 분리된 Surface이기 때문에 선택되지 않는다.

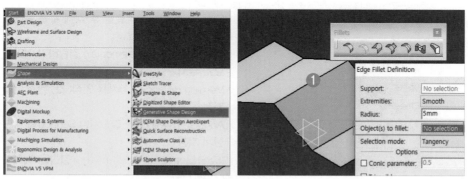

⑦ 두 Surface를 결합시키기 위해 Join 아이콘 을 클릭한다.

⑧ Join Definition 대화상자의 Element to Join 영역에서 합하고자 하는 두 개의 Surface를 선택하고 OK 버튼을 클릭한다.

⑨ 선택한 Surface가 하나로 합해지고 Specifications tree에 Join.1이 생성된다.

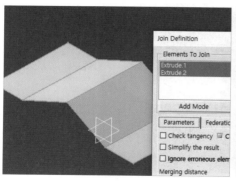 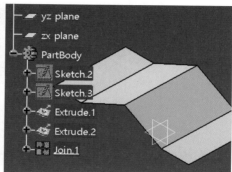

⑩ 다시 Edge Fillet 아이콘 을 클릭한 후 Fillet을 적용할 모서리를 클릭(2)하면 모서리가 선택된다.

⑪ Radius 영역에 반경(R20)을 입력하고 OK 버튼을 클릭하면 Fillet이 적용된다.

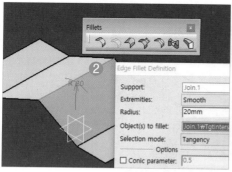 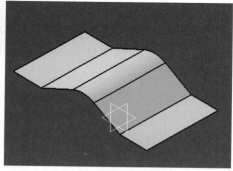

[Element To Join] : 합하고자 하는 Surface 선택

[Parameters]

- Check tangency : 결합되는 Surface의 Tangent 여부 검사
- Check connexity : 결합되는 Surface의 연결성 검사
- Simplify the result : 결합 후 객체 수를 줄여주는 역할
- Ignore erroneous elements : 결합하기 어려운 요소 무시
- Merging distance : 객체를 인식하는 한계 거리 지정
- Angular Threshold : 결합시킬 Surface의 각도 한계 지정

[Sub – Element To Remove] : 결합을 제외시킬 객체 선택

⑫ Sub – Element To Remove : Surface를 하나로 합칠 때 제외시킬 Surface를 선택한다.

ⓐ Join의 과정 ④에서 생성한 예제를 활용한다.

ⓑ Extrude 아이콘 을 클릭한 후 Profile 영역에서 Surface의 모서리(3)를 선택한다.

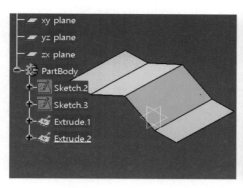
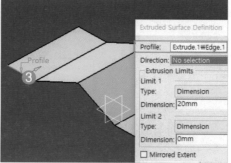

ⓒ Direction 영역을 클릭한 후 모서리를 포함하고 있는 Surface(4)를 선택한다.

ⓓ Limit 1의 Dimension 영역에 Surface 길이로 20mm를 입력하고 OK 버튼을 클릭한다.

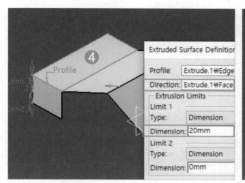
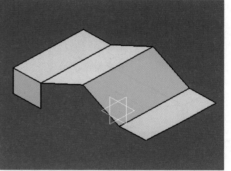

ⓔ Extrude 아이콘 을 클릭한 후 Profile 영역에서 Surface의 모서리(5)를 선택한다.

ⓕ Direction 영역을 클릭한 후 모서리를 포함하고 있는 Surface(6)를 선택한다.

ⓖ Limit 1의 Dimension 영역에 Surface 길이로 20mm를 입력하고 OK 버튼을 클릭한다.

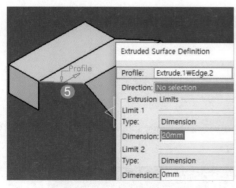
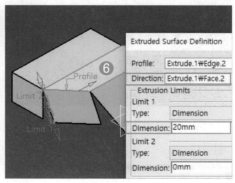

ⓗ Join 아이콘 을 클릭한 후 생성한 Surface를 모두(7~10) 선택한다.

ⓘ Sub－Element To Remove 탭을 클릭한 후 Join에서 제외할 Surface(11)를 선택한다.

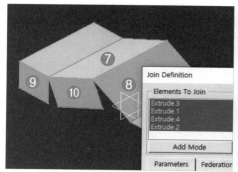
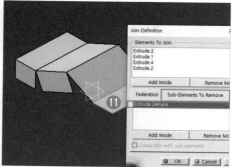

ⓙ Preview 버튼을 클릭하면 Surface의 테두리에 초록색이 나타나는데, Sub – Element To Remove
영역에서 선택한 Surface는 제외된 것을 확인할 수 있다.

ⓚ OK 버튼을 클릭하면 선택한 Surface만 합해진다.

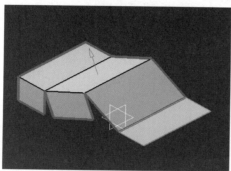
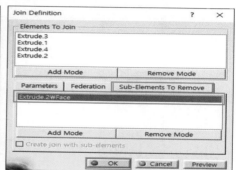

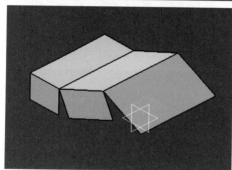

ⓛ Workbench 아이콘 을 클릭한 후 Wireframe and Surface Design 아이콘 을 선택하여 전
환한다.

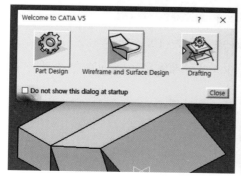
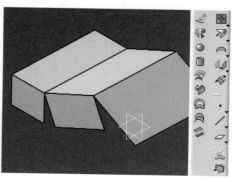

[Healing 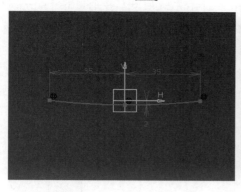]

Surface 사이에 떨어져 있는 Gap을 채움

① yz plane에 Spline 아이콘 을 클릭하여 Sketch한 후 치수를 구속하고 3D Mode로 전환한다.

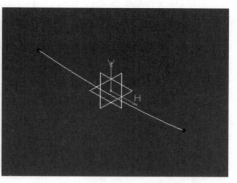

② Sketch를 선택한 상태에서 Extrude 아이콘 을 클릭한다.

③ Direction 영역을 클릭한 후 xy plane을 선택하고 Surface가 위쪽으로 향하면 Reverse Direction 버튼을 클릭하여 아래로 향하도록 한다.

④ Limit 1의 Dimension 영역을 클릭한 후 30mm를 입력하고 OK 버튼을 클릭하여 Surface를 생성 한다.

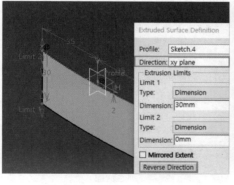
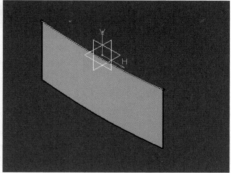

⑤ Sketch 아이콘을 클릭한 후 yz plane을 선택하여 Sketch Mode로 전환한다.

⑥ Spline 아이콘 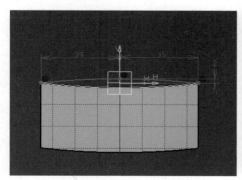을 클릭하여 Sketch하고 3D Mode로 나간다.

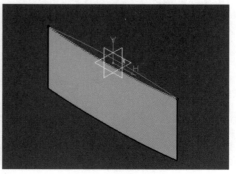

⑦ Spline 곡선을 선택한 후 Extrude 아이콘 을 클릭한다.

⑧ Direction 영역을 클릭한 후 yz plane을 선택하고 Surface가 앞쪽으로 향하면 Reverse Direction 버튼을 클릭하여 뒤쪽으로 향하도록 전환한다.

⑨ Limit 1의 Dimension 영역을 클릭한 후 30mm를 입력하고 OK 버튼을 클릭하여 Surface를 생성한다. 생성된 두 Surface 사이에 일정한 거리의 Gap이 발생한다.

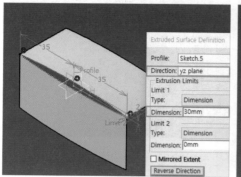 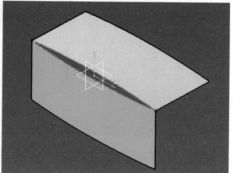

⑩ Healing 아이콘 을 클릭한다.

⑪ Healing Definition 대화상자에서 Gap이 발생한 두 Surface를 선택한다.

⑫ Merging distance를 5mm 입력하고 Preview를 클릭하여 미리보기 하면 Gap이 채워진 것을 확인할 수 있다(Merging distance 값이 Dev : 3.69mm보다 커서 채워지게 된다.).

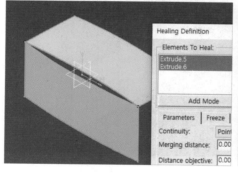 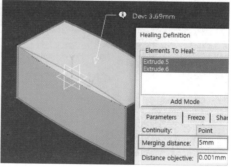

⑬ OK 버튼을 클릭하여 적용한다.

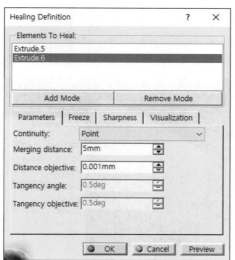

[Elements to Heal] : Gap이 있는 Surface 선택

[Parameters]

- Continuity : Surface의 연결 형태
- Merging distance : 결합시킬 Gap의 최대거리
- Distance objective : Healing 작업 후 Gap의 거리
- Tangency angle : Continuity/Tangency 선택 시 Tangent deviation의 최소 각도 지정
- Tangency objective : Tangent deviation의 최대 각도 지정

[Untrim 🌼]

Split으로 잘려 나간 영역 복구

① yz plane에 Spline 아이콘 〰을 클릭한 후 Curve를 Sketch하고 3D Mode로 나간다.

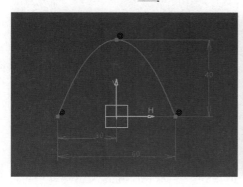
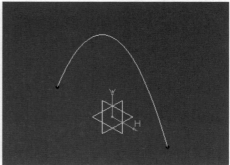

② Curve를 선택한 후 Extrude 아이콘 🎵을 클릭한다.

③ Limit 1의 Dimension 영역에 50mm를 입력한 후 Mirrored Extent를 체크하고 OK 버튼을 클릭하여 양쪽으로 100mm 돌출된 Surface를 생성한다.

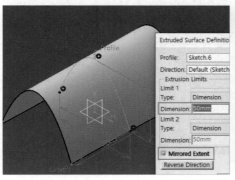
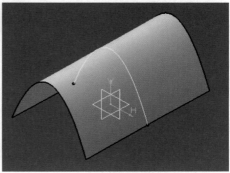

④ Hide/show를 선택하여 Curve를 숨긴 후 Point 아이콘 ▪을 더블클릭한다.

⑤ Surface를 선택하면 Point type이 On Surface로 선택되고 이때 Surface 위 임의의 점을 클릭하여 3개의 Point(1~3)를 생성한다.

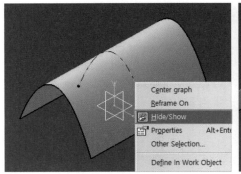 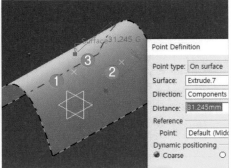

⑥ Spline 아이콘 ↻을 클릭한 후 3개의 Point를 선택한다.

⑦ Geometry on support를 체크한 후 Surface를 선택하여 Spline을 Surface에 투영시키고 Close Spline을 체크하여 닫힌 Curve를 생성한다.

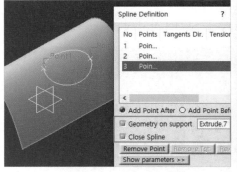 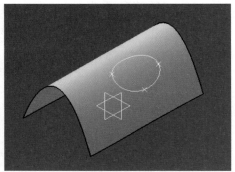

⑧ Split 아이콘 ✂을 클릭한 후 Element to Cut 영역을 클릭하여 Surface(4)를 선택한다.

⑨ Cutting elements 영역을 클릭한 후 Spline Curve(5)를 선택하고 Spline Curve의 안쪽이 투명하게 바뀌면 OK 버튼을 클릭하여 제거한다[만일 제거할 영역을 반대로 변경하고 싶을 때는 Other side 버튼(Other side)을 클릭한다].

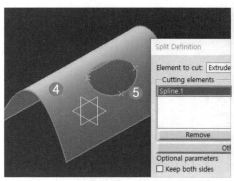 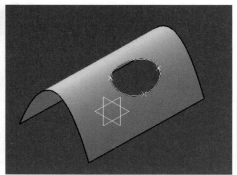

⑩ Untrim 아이콘 🐾을 클릭한다.

⑪ Untrim Definition 대화상자에서 Elements 영역을 클릭한 후 Surface를 선택하고 OK 버튼을 클릭하면 Split된 영역이 복구된다.

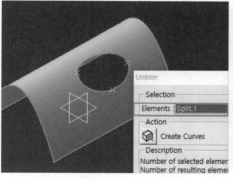
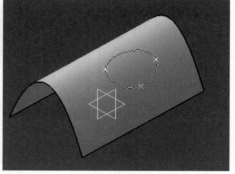

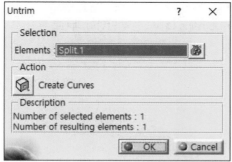

[Selection]
• Element : Split이 적용된 Surface 선택

[Disassemble 🗗]

연결된 객체를 끊어서 분리

① xy plane에 Spline ⌒, Circle ⊙, Rectangle ▭을 이용하여 아래와 같이 Sketch하고 3D Mode로 전환한다.

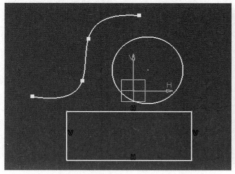
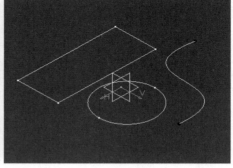

② Disassemble 아이콘 🗗을 클릭한 후 Disassemble Definition 대화상자에서 All Cells를 선택한다.

③ 분리할 객체가 포함된 Sketch를 선택한 후 OK 버튼을 클릭한다.

④ Sketch.7에 Sketch한 하나의 객체가 Circle.1~Line.4의 개별 객체로 분리된다.

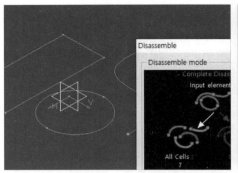 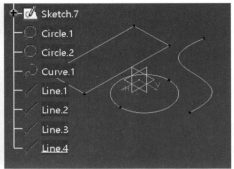

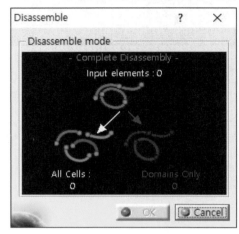

[Complete Disassembly] : 하나의 객체를 분리
하는 방법을 지정
• Input elements : 분리할 객체
• All Cells : 최소 단위의 객체로 분리
• Domains Only : 영역 단위의 객체로 분리

⑤ Domains Only

Disassemble Mode 대화상자에서 Domains Only를 체크한 후 OK 버튼을 클릭하면 영역 단위인
Circle, Line 등으로 객체가 분리된다.

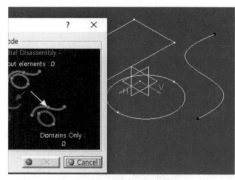 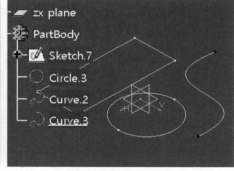

[Split]

교차하는 Surface의 한쪽을 Cutting Element를 기준으로 자름

① xy plane에서 Line 아이콘 ╱ 을 클릭한 후 Sketch하고 치수를 적용한 후 3D Mode로 나간다.

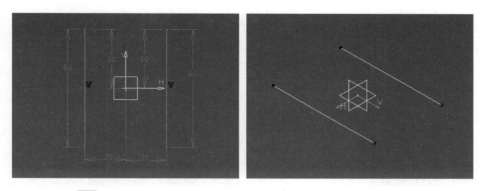

② Spline 아이콘 ∿을 클릭한 후 Sketch하고 치수를 적용한 후 3D Mode로 나간다.

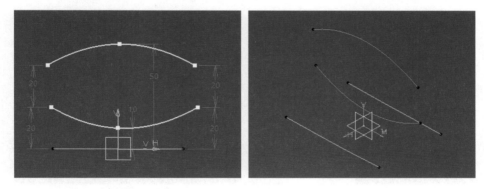

③ Disassemble 아이콘 ▓을 클릭한 후 Line을 포함한 Sketch를 선택하고 OK 버튼을 클릭하여
   Line을 분해(1, 2)시킨다(Domains Only를 선택).

④ Disassemble 아이콘 ▓을 클릭한 후 Spline을 포함한 Sketch를 선택하고 OK 버튼을 클릭하여
   Spline을 분해(3, 4)시킨다(Domains Only를 선택).

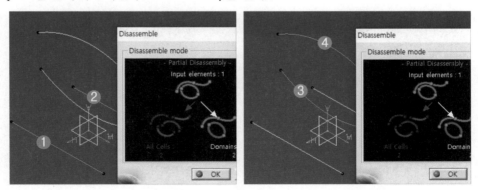

⑤ Tree에서 Sketch를 선택한 후 마우스 오른쪽 버튼을 클릭하고 Hide/Show를 선택하여 숨긴다.

⑥ Extrude 아이콘 ≰을 클릭한 후 분리한 Line(5)을 선택하고 Direction 영역을 선택한 후 xy plane
   을 선택한다.

⑦ Limit 1의 Dimension 영역에 60mm를 입력하고 Surface가 위쪽으로 향하도록 하고 OK 버튼을
   클릭한다.

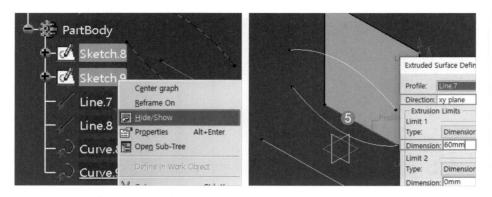

⑧ 다른 Line(6)도 과정 ⑥~⑦을 적용하여 Surface를 생성한다.

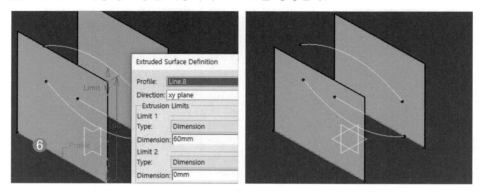

⑨ Extrude 아이콘 을 클릭한 후 분리한 Spline(7)을 선택하고 Direction 영역을 클릭한 후 yz plane을 선택한다.

⑩ Limit 1의 Dimension 영역에 30mm를 입력하고 Mirrored Extent를 체크한 후 OK 버튼을 클릭하여 Surface를 생성한다.

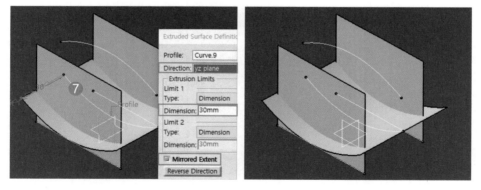

⑪ 다른 Spline(8) 곡선에도 과정 ⑨~⑩을 적용하여 Surface를 생성한다.

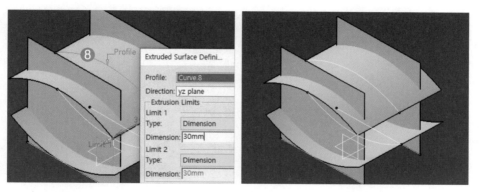

⑫ Tree에서 Line과 Curve를 선택한 후 마우스 오른쪽 버튼을 클릭하고 Hide/Show를 선택하여 숨긴다.

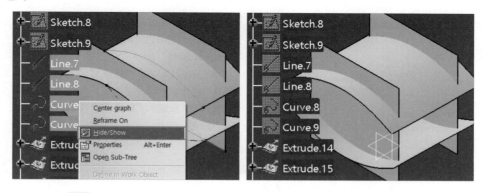

⑬ Split 아이콘을 클릭한 후 Split Definition 대화상자에서 Element to cut 영역을 클릭하고 자르고자 하는 Spline Curve로 생성한 가로 방향의 Surface(9)를 선택한다.

⑭ Cutting elements 영역을 클릭한 후 Surface를 Cut시킬 기준이 되는 세로 방향의 Surface(10)를 선택한다.

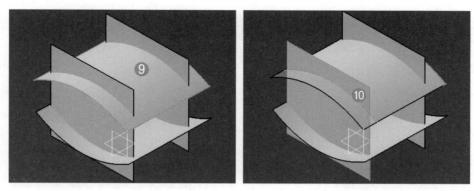

⑮ Element to cut 영역에서 선택한 Surface가 Cutting elements 영역에서 선택한 Surface를 기준으로 한쪽 영역이 투명하게 변경되며 OK 버튼을 클릭하면 Surface의 투명한 영역이 제거된다.

⑯ Split 명령을 반복하여 다음 그림과 같이 필요한 영역의 Surface만 남길 수 있다.

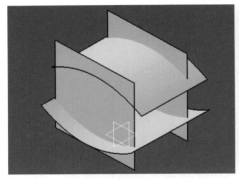
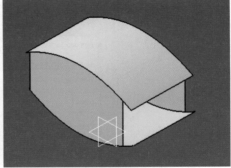

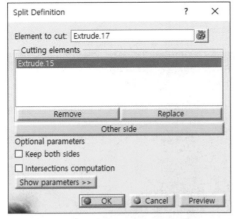

[Element to cut] : 자르고자 하는 Surface 선택
[Cutting elements] : Cut를 적용할 기준 Surface 선택
[Remove] : 선택한 Cutting elements 제거
[Replace] : 선택한 Cutting elements를 다른 Surface로 교체
[Other side] : Cut를 적용할 영역 변경
[Optional parameters]
• Keep both sides : Cut를 적용 후 Surface의 양쪽 모두를 남김
• Intersection computation : 교차 지점에 Curve 생성

⑰ Other side : Cut를 적용할 영역을 반대쪽으로 전환한다.

ⓐ 앞의 과정 ⑮에서 Other side 버튼을 클릭하면 Element to cut 영역에서 선택한 Surface에서 투명한 영역(11)이 변경된 것을 확인할 수 있다.

ⓑ OK 버튼을 클릭하면 Cutting elements 영역에서 선택한 Surface를 기준으로 오른쪽 영역이 제거된다.

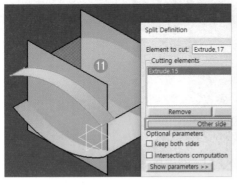
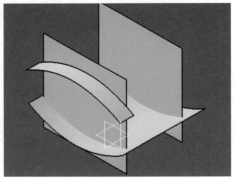

⑱ Optional parameters

ⓐ Keep both sides : Cut한 후 제거하지 않고 양쪽 모두를 남긴다.

ⓑ Split 아이콘을 클릭한 후 Split Definition 대화상자에서 Element to cut 영역을 클릭하고 자르고자 하는 Spline Curve로 생성한 아래쪽에 위치한 가로 방향의 Surface(12)를 선택한다.

ⓒ Cutting elements 영역을 클릭한 후 Surface를 Cut시킬 기준이 되는 세로 방향의 Surface(13)를 선택한다.

ⓓ Keep both sides를 체크한 후 OK 버튼을 클릭한다.

ⓔ 과정 ⑰에서 적용한 Split의 결과와 다르게 Cut를 적용한 Surface가 제거되지 않고 Cut된 상태로 유지된다.

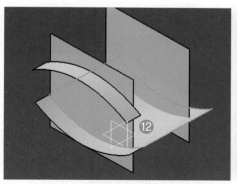 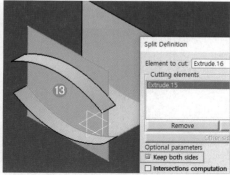

ⓕ Intersection computation : Cut한 후 두 Surface의 교차된 부분에 Curve를 생성한다.

ⓖ 앞의 과정 ⑫에서 생성한 교차된 Surface 예제에 적용한다.

ⓗ Split 아이콘 을 클릭한 후 Split Definition 대화상자에서 Element to cut 영역을 클릭하고 자르고자 하는 Spline Curve로 생성한 가로 방향의 Surface(14)를 선택한다.

ⓘ Cutting elements 영역을 클릭한 후 Surface를 Cut 시킬 기준이 되는 세로 방향의 Surface(15)를 선택한다.

ⓙ Intersection computation을 체크한 후 OK 버튼을 클릭한다.

ⓚ 교차된 Surface가 Cut가 적용되면서 교차된 영역에 Curve(16)가 생성된다.

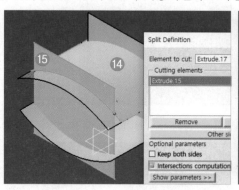 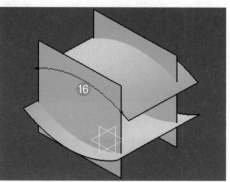

[Trim]

교차하는 두 Surface의 양쪽 영역을 자름

① yz plane에 Arc 아이콘을 클릭한 후 Sketch하고 3D Mode로 나간다.

② Extrude 아이콘을 클릭한 후 Limit 1의 Dimension 영역에 50mm를 입력하고 Mirrored Extent 를 체크한 후 OK 버튼을 클릭하여 Surface를 생성한다.

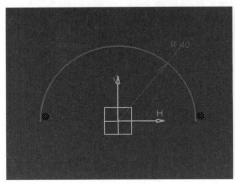
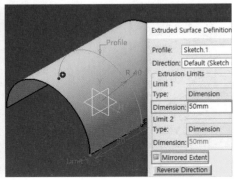

③ xy plane에 Circle 아이콘을 클릭한 후 Sketch하고 3D Mode로 나간다.

④ Extrude 아이콘을 클릭한 후 Limit 1의 Dimension 영역에 60mm를 입력하고 OK 버튼을 클릭하여 Surface를 생성한다.

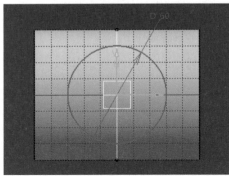
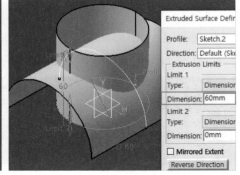

⑤ Tree에서 Sketch를 선택한 후 마우스 오른쪽 버튼을 클릭하고 Hide/Show를 선택하여 숨긴다.

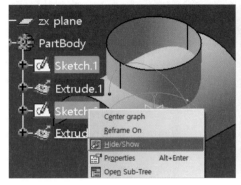
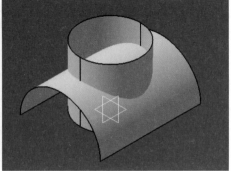

⑥ Trim 아이콘 을 클릭한 후 Trim Definition 대화상자에서 교차하는 두 Surface를 선택하고 OK 버튼을 클릭한다.

⑦ 교차된 Surface의 투명한 영역(1~2)이 제거된 것을 확인할 수 있다.

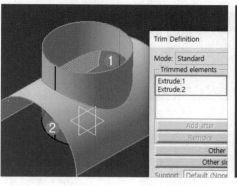
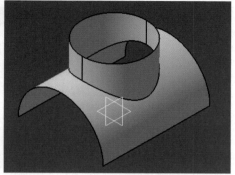

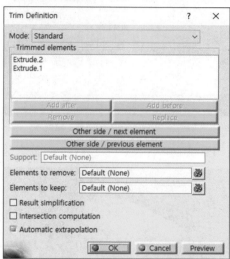

[Trimmed elements]
- Cut시킬 교차하는 Surface 선택
- Other side/next element : 첫 번째 선택한 Surface의 교차한 다른 영역으로 전환
- Other side/previous element : 두 번째 선택한 Surface의 교차한 다른 영역으로 전환

[Result simplification] : Face 수를 감소시킴
[Intersection computation] : Surface의 교차 지점에 Curve 생성

⑧ Other side / next element (Other side / previous element)

ⓐ Other side/next element : Trimmed elements 영역에서 첫 번째 선택한 Surface의 영역을 전환한다.

ⓑ Other side/previous element : Trimmed elements 영역에서 두 번째 선택한 Surface의 영역을 전환한다.

ⓒ Trim 아이콘 을 클릭하고 Trim Definition 대화상자에서 교차하는 두 Surface(3~4)를 선택한 후 Other side/next element(Other side/previous element)를 적용한 결과는 다음 그림에서 확인하기 바란다.

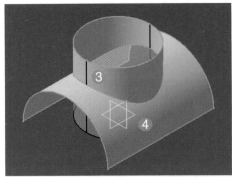

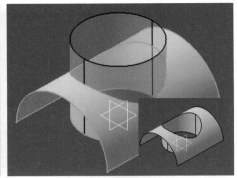

Other side/next element 클릭 전   Other side/next element 클릭 후

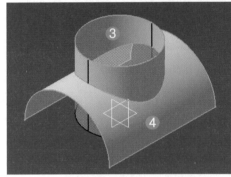

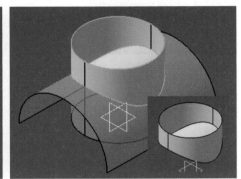

Other side/previous element 클릭 전   Other side/previous element 클릭 후

⑨ Intersection computation : 두 Surface의 교차 지점에 Trim을 적용하면서 Curve(5)를 생성한다.

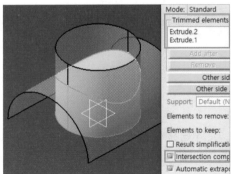

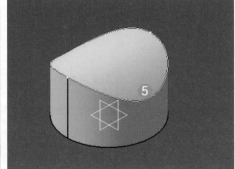

[Boundary]

Surface의 경계를 추출하여 Curve 생성

① Sketch 아이콘을 클릭한 후 yz plane을 선택하여 Sketch Mode로 전환한다.

② Profile 아이콘을 클릭하여 Sketch한 후 치수를 적용하고 3D Mode로 나간다.

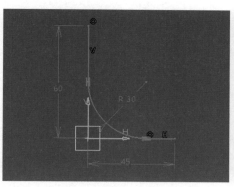
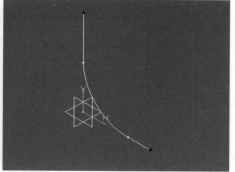

③ Sketch를 선택한 상태에서 Extrude 아이콘을 클릭한 후 Limit 1의 Dimension 영역에 20mm 를 입력하고 Mirrored Extent를 체크한 후 OK 버튼을 클릭하여 Surface를 생성한다.

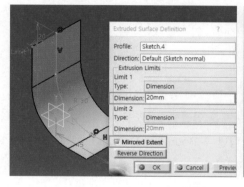
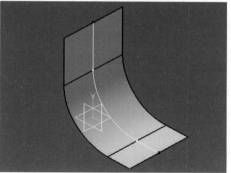

④ Sketch를 감추고 Boundary 아이콘을 클릭한다.

⑤ Boundary Definition 대화상자에서 Surface edge 영역을 클릭한 후 Surface의 모서리(1)를 선택한다.

⑥ Limit 1 영역을 클릭한 후 Surface의 한 꼭짓점(2)을 선택한다.

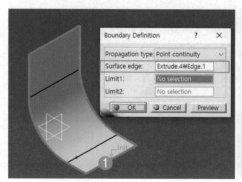
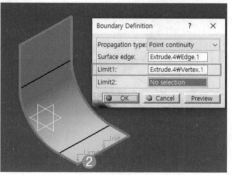

⑦ Limit 2 영역을 클릭하고 Surface의 또 다른 꼭짓점(3)을 선택한 후 OK 버튼을 클릭하면 Surface 모서리에서 화살표 방향으로 선택한 두 꼭짓점을 연결하는 Curve가 생성된다(Surface를 감추면 쉽게 확인 가능).

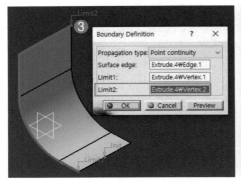
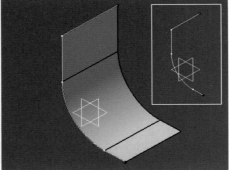

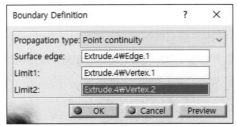

[Propagation type] : Curve 생성 Type 선택
[Surface edge] : Surface의 모서리 선택
[Limits 1] : Surface의 꼭짓점 지정(생성할 Curve
의 시작점)
[Limits 2] : Surface의 꼭짓점 지정(생성할 Curve
의 끝점)

⑧ Propagation type : Surface에서 Boundary를 추출할 때 유형을 선택할 수 있다.

　ⓐ Complete boundary : Surface의 모서리 전체를 연결한 Curve를 생성한다.

　　• 과정 ③에서 Boundary 아이콘 ⌒ 을 클릭한 후 Boundary Definition 대화상자에서 Propa-
　　gation type을 Complete boundary로 선택한다.

　　• Surface edge 영역을 클릭한 후 Surface의 모서리(4)를 선택하고 OK 버튼을 클릭한다.

　　• 일정한 영역만 생성할 경우에는 Limit 1과 Limit 2 영역에서 Surface의 꼭짓점을 선택한다.

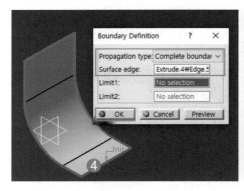
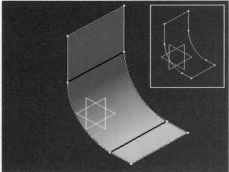

　ⓑ Tangent Continuity : 선택한 Surface의 모서리와 접하는 영역을 Curve로 생성한다.

　　• 과정 ③에서 Boundary 아이콘 ⌒ 을 클릭한 후 Surface edge 영역을 클릭하고 접선이 있는
　　Surface의 모서리(5)를 선택한 후 OK 버튼을 클릭한다.

　　• 일정한 영역만 생성할 경우에는 Limit 1과 Limit 2 영역에서 Surface의 꼭짓점을 선택한다.

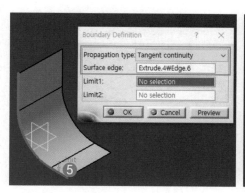
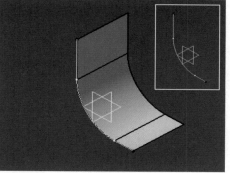

ⓒ No Propagation : Surface의 선택한 모서리에만 Curve를 생성한다.

- Boundary 아이콘 ⌒ 을 클릭한 후 Surface edge 영역을 클릭하여 Surface의 모서리(6)를 선택하고 OK 버튼을 클릭하면 선택한 모서리만 추출된다.

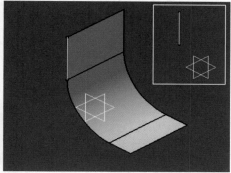

[Extract 🔲]

Solid나 Surface에서 Surface, Line, Point 등의 요소 추출

① Workbench 아이콘 🐦 을 클릭한 후 Part Design 아이콘 ⚙ 을 클릭하여 Solid Mode로 전환한다.

② zx plane에 Profile 아이콘 ⚛ 을 클릭하여 Sketch하고 3D Mode로 나간다.

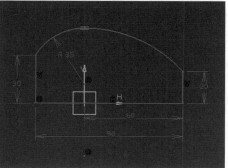

③ Pad 아이콘 🔳 을 클릭한 후 Length 영역에 50mm를 입력하고 OK 버튼을 클릭하여 Solid를 생성한다.

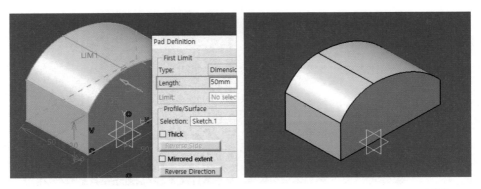

④ Workbench 아이콘 ⚙️을 클릭한 후 Wireframe and Surface Design 아이콘◆을 클릭하여
Surface Mode로 전환한다.

⑤ Extract 아이콘🗊을 클릭한 후 Extract Definition 대화상자에서 Element(s) to extract 영역을
클릭하여 추출하고자 하는 부분(1)을 선택한다.

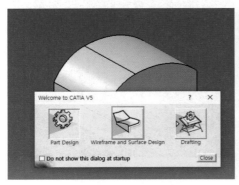

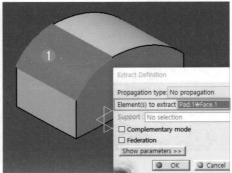

⑥ OK 버튼을 클릭하면 선택한 영역이 Surface로 추출된다.

⑦ 모서리(2)를 선택하면 Line이 추출되어 생성된다.

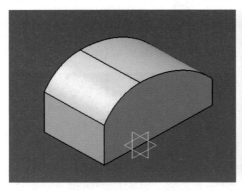

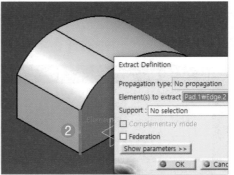

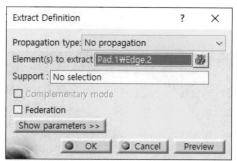

[Propagation type] : 요소를 추출할 형식 지정
- No propagation : 선택한 영역만 요소(Surface, Line, Point) 추출
- Point continuity : 선택한 영역과 Point로 연결된 모든 요소 추출
- Tangent continuity : 선택한 영역과 접하는 모든 요소 추출
- Curvature continuity : 선택한 영역과 곡률로 연결된 모든 요소 추출

[Element(s) to extract] : 요소를 추출할 영역 선택(Surface, Line, Point 등)
[Complementary mode] : Element(s) to extract 에서 선택한 부분을 제외한 모든 영역 선택
[Federation] : 추출된 Surface 중 하나만 선택 해도 모두가 선택됨

⑧ Propagation type

ⓐ Point continuity : 선택 부분과 Point로 연결된 모든 요소를 추출한다.

- 과정 ③ 예제에서 Element(s) to extract 영역을 클릭한 후 Solid의 면(3)을 선택하면 선택한 면과 연결된 모든 요소인 Surface가 추출된다.

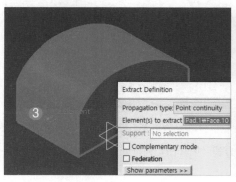
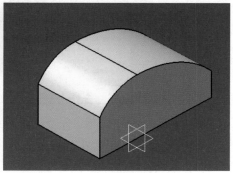

- Element(s) to extract 영역을 클릭한 후 Solid의 모서리(4)를 선택하고 Support 영역에 추출한 요소를 생성시킬 Plane(5)을 선택하면 선택한 모서리와 연결된 모든 Line(6)이 추출된다.

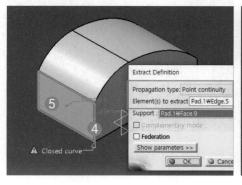
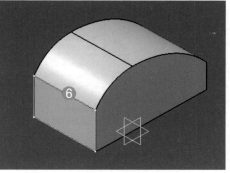

- Element(s) to extract 영역을 클릭한 후 Solid의 꼭짓점(7)을 선택하면 선택한 꼭짓점이 Point(8)로 추출된다.

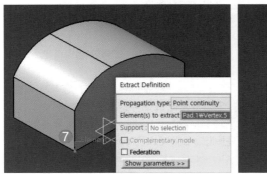
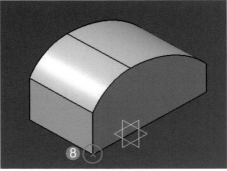

ⓑ Tangent continuity : 선택 부분과 접하는 모든 요소를 추출한다.

- 과정 ③ 예제에서 Element(s) to extract 영역을 클릭한 후 서로 접하는 Solid의 면(9)을 선택하면 선택한 면과 접하는 모든 요소 Surface가 추출된다.

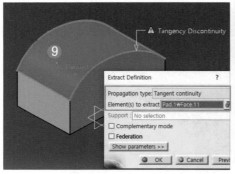
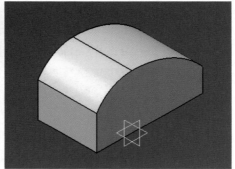

- Element(s) to extract 영역을 클릭한 후 서로 접하는 Solid의 모서리(10)를 선택하고 Support 영역에 추출한 요소를 생성시킬 Plane(11)을 선택하면 선택한 모서리와 접하는 모든 모서리의 Curve(12)가 추출된다.

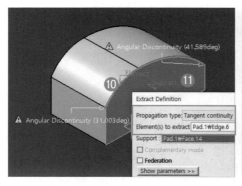
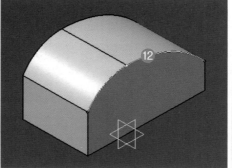

- Element(s) to extract 영역을 클릭한 후 Solid의 꼭짓점(13)을 선택하면 선택한 꼭짓점이 Point로 추출된다.

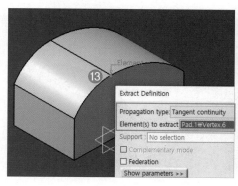 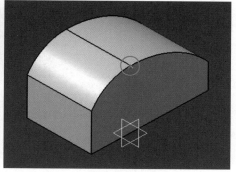

ⓒ Curvature continuity : 선택 부분과 곡률을 갖는 모든 요소를 추출한다.
- 과정 ③ 예제에서 Element(s) to extract 영역을 클릭한 후 곡률을 갖는 Solid의 모서리(14)를 선택하면 곡률이 있는 요소인 Curve가 추출된다.

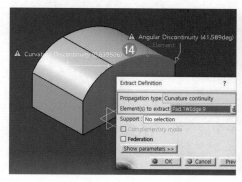 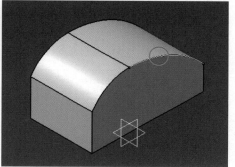

ⓓ No Propagation : 선택한 부분만 요소를 추출한다.
- 과정 ③ 예제에서 Element(s) to extract 영역을 클릭한 후 Solid의 면(15)을 선택하면 선택한 면의 Surface만 추출된다.

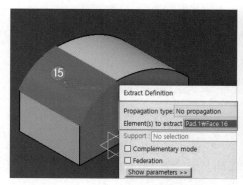 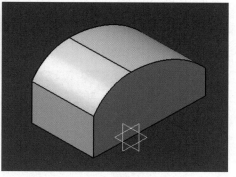

● Element(s) to extract 영역을 클릭한 후 Solid의 모서리(16)를 선택하면 선택한 모서리만 Line 으로 추출된다.

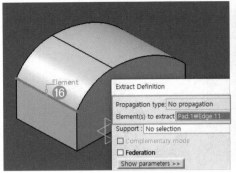 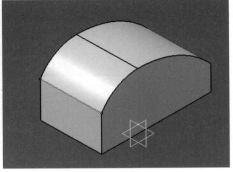

● Element(s) to extract 영역을 클릭한 후 Solid의 꼭짓점(17)을 선택하면 선택한 꼭짓점이 Point로 추출된다.

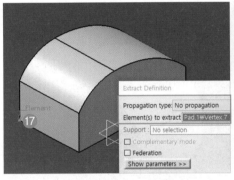 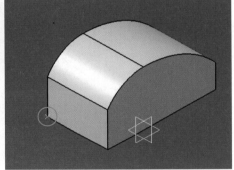

[Translate 🗔]

Surface를 일정한 거리만큼 이동 복사

① xy plane에 Profile 아이콘 🗗 을 클릭한 후 Sketch하고 3D Mode로 전환한다.

② Extrude 아이콘 🗗 을 클릭한 후 Limit 1의 Dimension 영역에 20mm를 입력하고 OK 버튼을 클 릭하여 Surface를 생성한다.

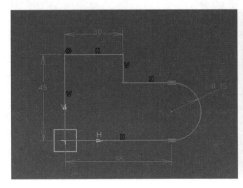 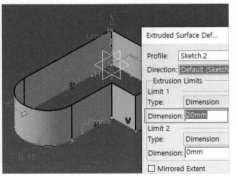

③ Translate 아이콘 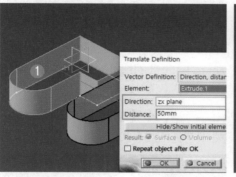을 클릭한 후 Translate Definition 대화상자에서 Vector Definition을 Direction, distance로 선택한다.

④ Element 영역을 클릭한 후 Translate를 적용할 Surface(1)를 선택한다.

⑤ Direction 영역을 클릭하고 zx plane을 선택한 후 Distance 영역을 클릭하고 이동할 거리로 50mm를 입력한다.

⑥ OK 버튼을 클릭하면 Surface가 zx plane에 수직 방향으로 50mm만큼 이동 복사된다.

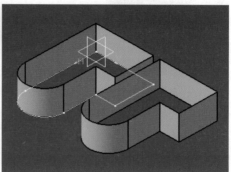

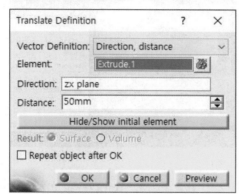

[Vector Definition] : 이동 복사할 Type 지정
- Direction, distance : 방향과 거리 지정
- Point to Point : 한 Point에서 다른 Point로 이동 복사
- Coordinates : 좌표계를 이용하여 이동 복사
[Element] : 복사시킬 Surface 지정
[Direction] : 복사시킬 방향 지정
- Plane 선택 : Plane에 수직 방향
- Line이나 Axis 선택 : Line이나 Axis 방향
[Distance] : 이동 복사시킬 거리
[Hide/Show initial element] : 원본 Surface를 숨기거나 보이게 함
[Repeat object after OK] : Translate 적용 후 추가로 적용

⑦ Vector Definition : Surface를 이동 복사할 형식을 지정하여 적용한다.

ⓐ Direction, distance : 방향과 거리를 주어 Surface를 이동 복사한다(Plane을 선택하면 선택한 Plane에 수직 방향, Line이나 Axis를 선택할 경우에는 Line이나 Axis 방향).

- 과정 ② 예제에서 Direction 영역을 클릭한 후 Surface의 모서리(2)를 선택하고 Distance 영역에 30mm를 입력하면 선택한 모서리 방향으로 30mm만큼 이동 복사된다.

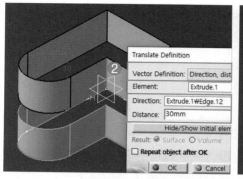 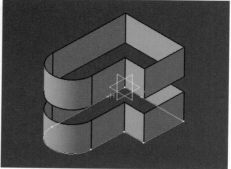

ⓑ Point to Point : Surface의 한 점을 선택한 후 다른 점을 선택하면 점과 점 위치로 이동 복사한다.

- 과정 ② 예제에서 Vector Definition을 Point to Point로 선택하고 Start point 영역을 클릭한 후 Surface의 한 꼭짓점(3)을 선택한다.
- End point 영역을 클릭한 후 Surface의 다른 꼭짓점(4)을 선택한다.
- 첫 번째 선택한 Surface의 꼭짓점이 두 번째 선택한 꼭짓점으로 이동 복사된다.

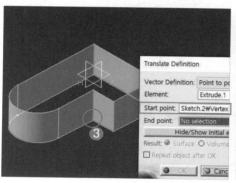 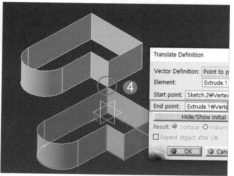

ⓒ Coordination : 좌표계를 이용하여 이동 복사한다.

- 과정 ② 예제에서 X, Y, Z 영역에 이동 복사시킬 좌표를 직접 입력하고 OK 버튼을 클릭한다.

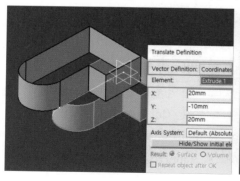 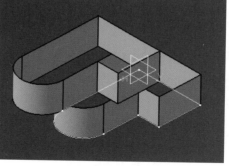

⑧ Repeat object after OK : 이동 복사를 적용 후 추가로 생성한다.

ⓐ 과정 ② 예제에서 Vector Definition을 Direction, distance로 선택한다.

ⓑ Element 영역을 클릭한 후 Surface를 선택하고 Distance 영역을 클릭한 후 Surface 모서리(5)를 선택한다.

ⓒ Distance 영역을 클릭한 후 −20mm("−"는 방향을 의미)를 입력한다.

ⓓ Repeat object after OK를 체크한 후 OK 버튼을 클릭한다.

ⓔ Object Repetition 대화상자에서 Instance 영역에 추가로 생성시킬 개수로 3을 입력한다.

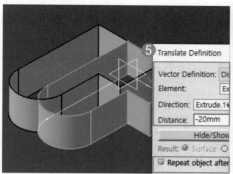 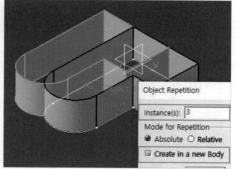

ⓕ OK 버튼을 클릭하면 Surface가 추가로 3개가 생성된 것을 확인할 수 있다.

ⓖ Object Repetition 대화상자에서 Create in a Body를 체크하거나 해제할 경우 Tree에 생성되는 형식이 다르므로 아래 그림을 참고하자.

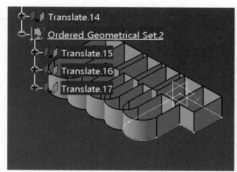 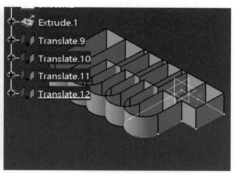

Create in a Body 체크 시 Body 생성   Create in a Body 체크 해제 시

⑨ Hide/Show initial element : 원래 Surface를 남기거나 숨긴다.

ⓐ 과정 ② 예제에서 Vector Definition을 Direction, distance로 선택한다.

ⓑ Element 영역을 클릭한 후 Surface를 선택하고 Distance 영역을 클릭한 후 Surface 모서리(6)를 선택한다.

ⓒ Distance 영역을 클릭한 후 30mm를 입력한다.

ⓓ Hide/Show initial element를 체크하고 OK 버튼을 클릭하면 원래 Surface는 숨겨진다.

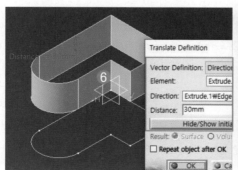 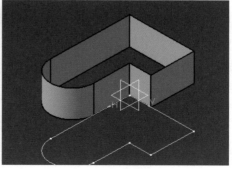

[Rotate 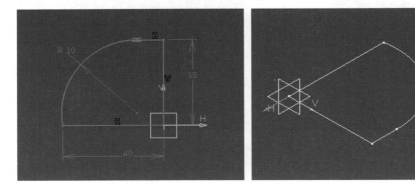]

Surface를 Axis를 기준으로 일정한 각도만큼 회전

① xy plane에 Profile 아이콘🔂을 클릭하여 Sketch하고 치수를 적용하고 3D Mode로 나간다.

② Sketch를 선택한 상태에서 Extrude 아이콘🔧을 클릭한다.

③ Limit 1의 Dimension 영역에 20mm를 입력한 후 OK 버튼을 클릭하여 Surface를 생성한다.

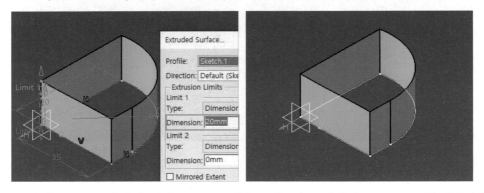

④ Tree에서 Sketch를 선택 후 마우스 오른쪽 마우스 버튼을 클릭하여 Hide/show를 선택하여 숨긴
후 Rotate 아이콘🌀을 클릭하고 Rotate Definition 대화상자에서 Definition Mode를 Axis –
Angle로 선택한다.

⑤ Element 영역을 클릭하고 회전시키고자 하는 Surface(1)를 선택한다.

⑥ Axis 영역을 클릭하고 회전축으로 Surface의 모서리(2)를 선택한다.

⑦ Angle 영역을 클릭하여 회전 각도로 30deg를 입력하고 OK 버튼을 클릭한다.

⑧ Surface가 회전축(선택한 모서리)을 기준으로 30°만큼 회전되어 생성된다(＋각도는 반시계 방
향, －각도는 시계 방향).

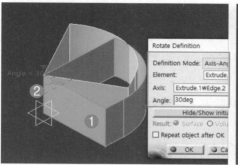
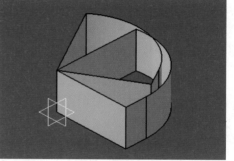

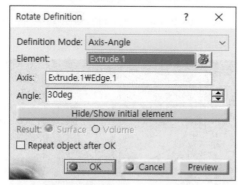

[Definition Mode] : 회전시킬 유형
- Axis – Angle : 회전축과 회전 각도를 주어 회전
- Angle – Two Elements : 각도와 두 개의 요소를 선택하여 회전
- Three Points : 세 점을 선택하여 회전

[Element] : 회전시킬 Surface 선택
[Axis/Angle] : 회전축과 각도를 주어 회전
[Hide/Show Initial Element] : 원본 Surface를 숨기거나 보이게 함
[Repeat object after OK] : 회전을 적용 후 추가로 회전체 생성

⑨ Definition Mode : 회전체를 생성할 Type을 지정한다.

ⓐ 앞의 과정 ③에서 생성한 Surface에 적용하기로 한다.

ⓑ Angle – Two Elements : 회전축(Axis)과 회전 각도를 지정하여 회전체를 생성한다.

- Rotate 아이콘 을 클릭하고 Rotate Definition 대화상자에서 Definition Mode를 Angle – Two Elements로 선택한다.

- Element 영역을 클릭하고 Surface를 선택한 후 Axis 영역을 클릭하여 회전축으로 Surface의 모서리(3)를 선택한다.

- First element 영역을 클릭한 후 Surface의 면(4)을 선택하고 Second element 영역을 클릭한 후 Surface의 다른 면(5)을 선택한다.

- OK 버튼을 클릭하면 첫 번째 선택한 면이 두 번째 선택한 면으로 회전하여 Surface를 생성한다.

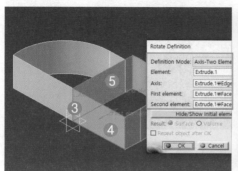
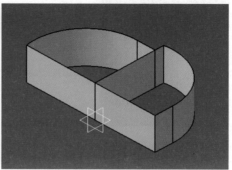

ⓒ Three Points : 세 Point를 선택하여 두 번째 Point를 기준으로 첫 번째 Point가 세 번째 Point로 회전하여 Surface를 생성한다.

- Rotate 아이콘 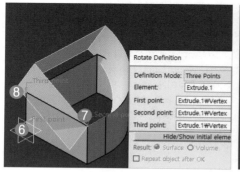을 클릭하고 Rotate Definition 대화상자에서 Definition Mode를 Three Points로 선택한다.
- Element 영역을 클릭하고 Surface를 선택한 후 First Point 영역을 클릭한 후 Surface의 한 꼭 짓점(6)을 선택한다.
- Second Point 영역을 클릭한 후 회전 중심점으로 사용할 Surface의 꼭짓점(7)을 선택하고 Third Point 영역을 클릭한 후 Surface의 다른 꼭짓점(8)을 선택한다.
- OK 버튼을 클릭하면 Second Point를 중심으로 First Point가 Third Point로 회전하는 Surface 를 생성한다.

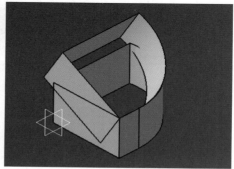

⑩ Hide/Show initial element : 회전체를 Surface를 생성하면서 원래 Surface를 제거한다.

ⓐ 앞의 과정 ⑨ 예제에서 Definition Mode(Three Points)를 적용하는 과정의 Surface에 적용하기 로 한다.

ⓑ Three Points Type과 동일한 조건을 적용하고 Hide/Show initial element 버튼을 클릭한 후 OK 버튼을 클릭한다.

ⓒ 원래 Surface는 숨겨지고 회전체의 Surface만 보인다.

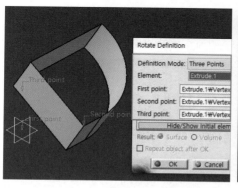
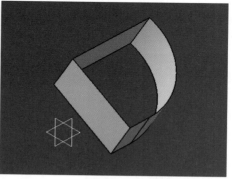

⑪ Repeat object after OK : 회전체의 Surface를 생성한 후 추가로 지정한 개수만큼 더 생성한다.

ⓐ 앞의 과정 ③ 예제에서 생성한 Surface에 적용하기로 한다.

ⓑ Rotate 아이콘 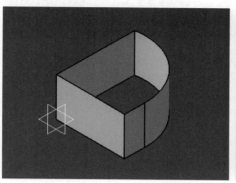을 클릭하고 Rotate Definition 대화상자에서 Definition Mode를 Axis – Angle로 선택한다.

ⓒ Element 영역을 클릭하고 회전시키고자 하는 Surface(9)를 선택한다.

ⓓ Axis 영역을 클릭하고 회전축으로 Surface의 모서리(Z축)(10)를 선택한다.

ⓔ Angle 영역을 클릭하여 회전 각도로 30deg를 입력한 후 Repeat object after OK를 체크하고 OK 버튼을 클릭한다.

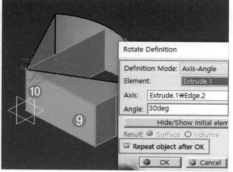

ⓕ Object Repetition 대화상자에서 Instance(s) 영역에 추가로 생성할 Surface의 개수로 2를 입력한 후 OK 버튼을 클릭한다.

ⓖ 회전체의 Surface를 생성 후 추가로 2개를 더하여 총 3개의 회전된 Surface를 생성한다.

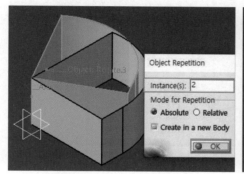
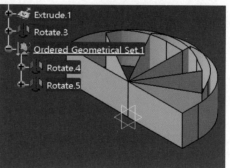

[Symmetry]

대칭인 Surface 생성

① Rotate의 과정 ③에서 생성한 예제에 적용하기로 한다.

② Symmetry 아이콘 을 클릭한다.

③ Symmetry Definition 대화상자에서 Element 영역을 클릭하고 대칭시키고자 하는 Surface(1)를 선택한다.

④ Reference 영역을 클릭하고 대칭 기준으로 Surface의 면(2)을 선택한 후 OK 버튼을 클릭한다.

⑤ 선택한 면을 기준으로 대칭인 Surface가 생성된다.

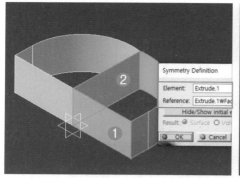
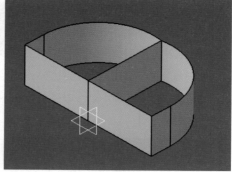

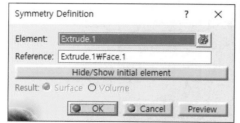

[Element] : 대칭시킬 Surface 선택
[Reference] : 대칭 기준면 선택
[Hide/Show initial element] : 원본 Surface를
숨기거나 보이게 함

⑥ Hide/Show initial element : 대칭을 적용 후 원래 Surface를 숨긴다

Symmetry를 적용하고 Hide/Show initial element 버튼을 클릭하면 원래 Surface가 숨겨진다.

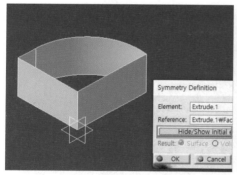
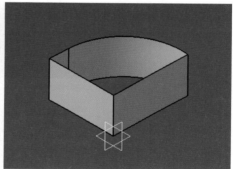

[Scaling ⚙]

Surface를 확대 또는 축소

① Rotate의 과정 ③에서 생성한 예제에 적용해 보기로 한다.

② Scaling 아이콘 ⚙ 을 클릭한다.

③ Scaling Definition 대화상자에서 Element 영역을 클릭하고 확대 또는 축소시킬 Surface(1)를 선택한다.

④ Reference 영역을 클릭한 후 Scaling 기준점으로 Surface의 꼭짓점(1)을 선택한다.

⑤ Ratio 영역을 클릭한 후 1.5를 입력하고 OK 버튼을 클릭한다.

⑥ Surface가 선택한 기준점에서 X, Y, Z축 방향으로 1.5배 확대된 Surface가 생성된다.

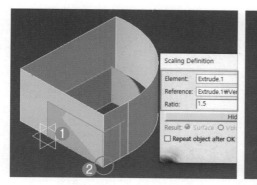

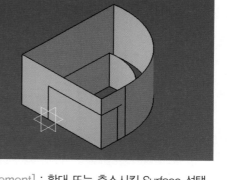

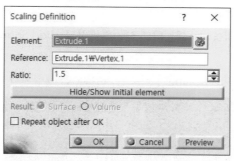

[Element] : 확대 또는 축소시킬 Surface 선택
[Reference]
• 확대/축소시킬 기준
• Plane 선택 : Plane에 수직한 방향으로 확대/축소
• Point(꼭짓점) 선택 : X, Y, Z 모든 방향으로 같은 Ratio로 확대/축소
[Ratio]
• 확대/축소 비율 지정
• 1을 기준으로 크면 확대, 작으면 축소
[Hide/Show initial element] : 원본 Surface를 숨기거나 보이게 함
[Repeat object after OK] : Scaling을 적용 후 추가로 생성

⑦ Reference : Scaling의 기준을 지정한다.

ⓐ 앞 Scaling의 과정 ④ 예제에서 Reference 영역을 클릭한 후 Scaling 기준점으로 Surface의 한 면(3)을 선택한다.

ⓑ OK 버튼을 클릭하면 선택한 면에 수직 방향으로 1.5배 확대된 Surface가 생성된다.

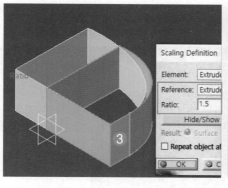

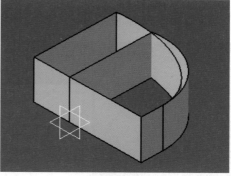

⑧ Ratio : 확대 또는 축소 비율을 지정한다.

ⓐ 앞 Scaling의 과정 ⑤ 예제에서 Ratio 영역을 클릭한 후 0.5를 입력하고 OK 버튼을 클릭한다.

ⓑ Reference를 Point(4)로 지정하면 모든 방향으로 축소되고 Plane(5)을 선택하면 면에 수직 방향으로만 축소된다.

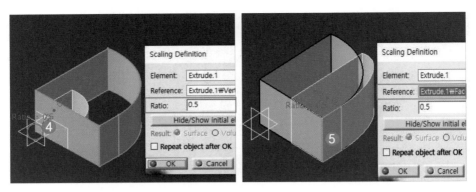

⑨ Hide/Show initial element : Scaling을 적용 후 원래 Surface를 제거한다.

　ⓐ 앞 Scaling의 과정 ⑤ 예제에서 Ratio 영역을 클릭한 후 1.5를 입력하고 Hide/Show initial element 버튼을 클릭한다.

　ⓑ OK 버튼을 클릭하면 원래 Surface가 숨겨지고 Scaling이 적용된 Surface만 생성된다.

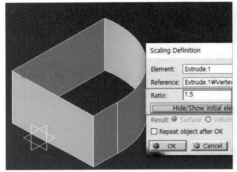
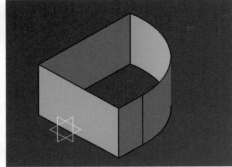

⑩ Repeat object after OK : Scaling을 적용한 Surface를 생성하고 추가로 지정한 개수만큼 생성한다.

　ⓐ 앞 Scaling의 과정 ⑤ 예제에서 Reference 영역을 클릭하고 Surface 꼭짓점(6)을 선택, Ratio 영역을 클릭한 후 1.5를 입력하고 Repeat object after OK를 체크한 후 OK 버튼을 클릭한다.

　ⓑ Object Repetition 대화상자에서 Instance 영역을 클릭하여 3을 입력한 후 Create in new Body를 체크하고 OK 버튼을 클릭한다.

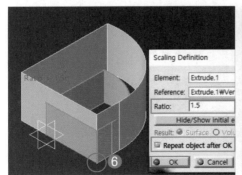
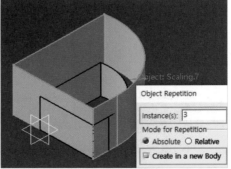

　ⓒ 추가로 3번의 Scaling이 적용되어 총 4개의 Surface가 생성된다.

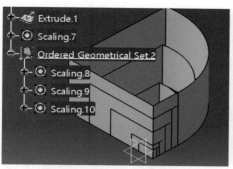

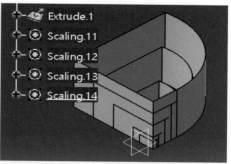

Create in a new Body 체크 시   Create in a new Body 체크 해제 시

[Affinity ]

Surface를 X, Y, Z방향으로 각각 다른 비율로 확대/축소

① Rotate의 과정 ③에서 생성한 예제에 적용해 보기로 하자.

② Affinity 아이콘을 클릭한다.

③ Affinity Definition 대화상자에서 Element 영역을 클릭하고 확대 또는 축소시킬 Surface(1)를 선택한다.

④ Ratios의 X축, Y축, Z축 영역에 각 축 방향으로 확대(1보다 큰 수) 또는 축소(1보다 작은 수)를 위한 비율 값을 입력한 후 OK 버튼을 클릭한다(X0.5, Y1, Z1.5를 적용).

⑤ 각 축 방향으로 서로 다른 비율로 확대 또는 축소를 적용하여 Surface가 생성된다.

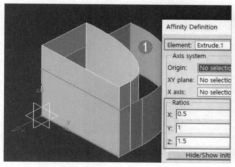

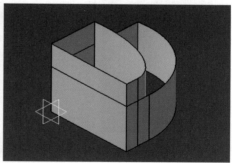

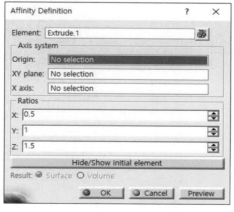

[Element] : 확대 또는 축소시킬 Surface 선택
[Axis system] : 좌표 변경
• Origin : 기준 좌표계의 원점 지정
• XY plane : XY 평면 지정
• X axis : X축 지정
[Ratio] : 확대 또는 축소 비율 지정
• X : X축 방향의 확대 또는 축소 비율
• Y : Y축 방향의 확대 또는 축소 비율
• Z : Z축 방향의 확대 또는 축소 비율
[Hide/Show initial element] : 원본 Surface를 숨기거나 보이게 함

⑥ Axis system

ⓐ Rotate의 과정 ③ 예제에서 Affinity 아이콘 🛠 을 클릭한 후 Affinity Definition 대화상자에서 Element 영역을 클릭하여 확대 또는 축소시킬 Surface(2)를 선택한다.

ⓑ Axis system에서 Origin 영역을 클릭한 후 새로운 기준 좌표점으로 지정할 Surface의 꼭짓점(3)을 선택한다.

ⓒ xy plane 영역을 클릭한 후 xy plane을 지정할 Plane(4)을 선택한다.

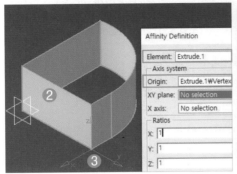 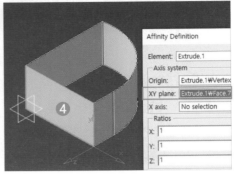

ⓓ X axis 영역을 클릭한 후 X축으로 지정할 모서리(5)를 선택한다.

ⓔ Ratios의 X축, Y축, Z축 영역에 각 축 방향으로 확대 또는 축소를 위한 비율 값을 입력한 후 OK 버튼을 클릭한다(X0.5, Y1, Z1.5를 적용).

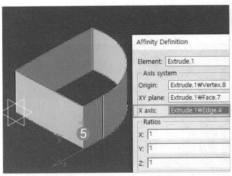 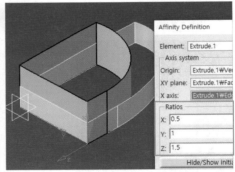

ⓕ 새로 지정한 좌표축의 각 방향에 지정한 비율만큼 확대 또는 축소가 적용된 Surface가 생성된다.

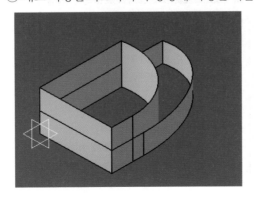

⑦ Hide/Show initial element : 원래의 Surface를 감춘다.

과정 ⑥의 Axis system 적용 예제에서 Hide/Show initial element 버튼을 클릭한 후 OK 버튼을 누르면 원래의 Surface가 숨겨진다.

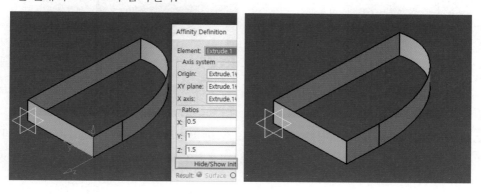

[Axis To Axis 　]

좌표축을 이용하여 Surface를 이동 복사

① Rotate의 과정 ③에서 생성한 예제에 적용해 보기로 하자.

② 도구막대 빈 공간(1)에 마우스 포인터를 위치시킨 후 오른쪽 버튼을 클릭하여 Tools을 선택한다.

③ Tools 도구막대의 Axis system 아이콘　을 클릭하고 Axis System Definition 대화상자에서 Origin 영역을 클릭한 후 Surface의 꼭짓점(2)을 선택한다.

④ OK 버튼을 클릭하여 Axis system을 생성한다.

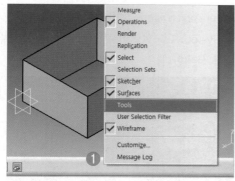
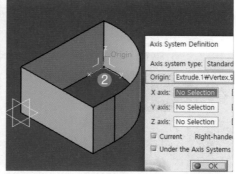

⑤ 다시 Axis To Axis 아이콘　을 클릭한다.

⑥ Axis system을 생성할 Surface의 다른 꼭짓점(3)을 선택하고 X axis 영역을 클릭한 후 좌표계의 X축으로 지정할 Surface의 모서리(4)를 선택한다.

⑦ Y axis 영역을 클릭한 후 좌표계의 X축으로 지정할 Surface의 모서리(5)를 선택한다.

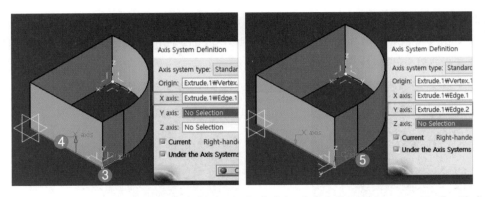

⑧ Axis System Definition 대화상자에서 Y axis의 방향을 전환하기 위해 Reverse를 체크한다.

⑨ Z축의 방향을 위로 전환하기 위해 Axis System의 Z축을 클릭한 후 Reverse를 체크하고 OK 버튼을 클릭한다.

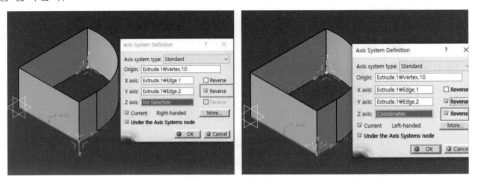

⑩ Tree에서 두 개의 Axis System이 Axis Systems 아래에 생성된 것을 확인할 수 있고 진한 색의 Axis System.2가 Current Axis System이며 Current Axis System은 변경할 수 있다.

⑪ Current Axis System으로 설정하고자 하는 Axis System.1을 선택한 후 마우스 오른쪽 버튼을 클릭하여 Axis system.1 Object ▶ Set As Current를 선택한다.

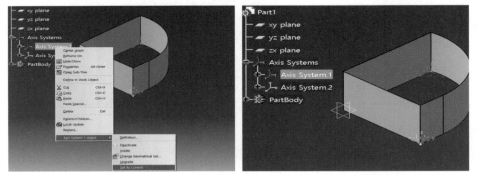

⑫ 생성한 좌표계를 이용하여 Surface를 이동 복사하기 위해 Axis To Axis 아이콘 을 클릭한다.

⑬ Axis To Axis Definition 대화상자에서 Element 영역을 클릭하고 Surface(6)를 선택한다.

⑭ Reference 영역을 클릭한 후 기준 좌표계로 Axis System.1을 선택한다.

⑮ Target 영역을 클릭한 후 Surface를 이동시킬 좌표계로 Axis System.2를 선택하고 OK 버튼을 클릭한다.

⑯ Axis System.1 좌표계(X, Y, Z축 방향의 형태)에서 배치된 Surface가 Axis System.2의 좌표계로 재배치된 것을 확인할 수 있다.

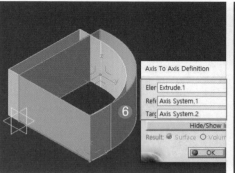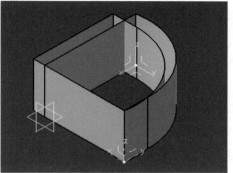

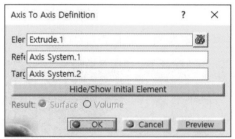

[Element] : 이동 복사시킬 Surface 선택
[Reference] : 기준 좌표축 지정
[Target] : 이동시킬 좌표축 지정
[Hide/Show Initial Element] : 원본 Surface를 숨기거나 보이게 함

⑰ 아래 그림은 Surface에 두 개의 Axis System을 생성한 후 기준 Axis System(7)에서 이동할 Axis System(8)을 지정하여 이동시킨 예시를 보여 주고 있다.

ⓐ 즉, Axis System(7) X축의 +방향 모서리(9)가 Axis System(8) X축의 +방향 모서리(11)로 이동하였다.

ⓑ Axis System(7) Y축 −방향 모서리(10)가 Axis System(8) Y축 −방향 모서리(12)로 이동하였다.

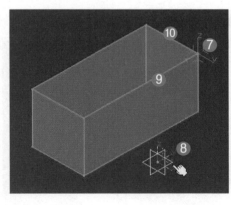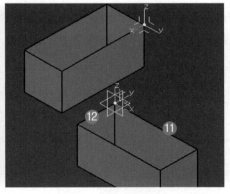

[Extrapolate 🖈]

Surface의 모서리 연장

① yz plane에 Profile 아이콘 🖉 을 클릭하여 Sketch하고 치수를 적용 후 3D Mode로 나간다.

② Extrude 아이콘 을 클릭한 후 Limit 1의 Dimension 영역에 30mm를 입력하고 Mirored Extent 를 체크한 후 OK 버튼을 클릭하여 Surface를 생성한다.

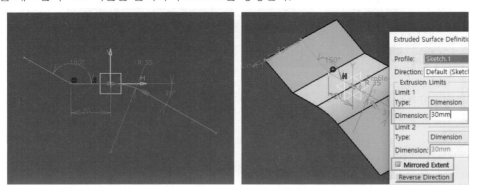

③ 다시 Sketch 아이콘을 클릭한 후 yz plane을 선택하여 Sketch Mode로 전환한다.

④ Profile 아이콘 을 클릭하여 Sketch하고 치수를 적용 후 3D Mode로 나간다.

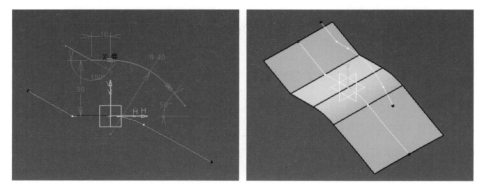

⑤ Extrude 아이콘 을 클릭하여 Direction 영역을 클릭한 후 xy plane을 선택하고 Limit 1의 Dimension 영역에 30mm를 입력한 후 OK 버튼을 클릭하여 Surface를 생성한다.

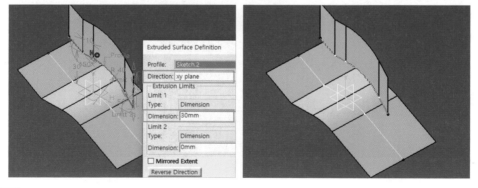

⑥ [Ctrl] 키를 누른 상태에서 Tree의 Sketch를 모두 선택 후 마우스 오른쪽 버튼을 클릭하고 Hide/show 를 선택하여 감추고 Extrapolate 아이콘 을 클릭한다.

⑦ Extrapolate Definition 대화상자에서 Boundary 영역을 클릭하여 연장할 Surface의 모서리(1)를 선택한다.

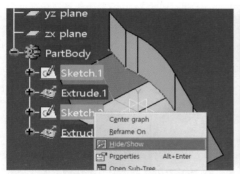
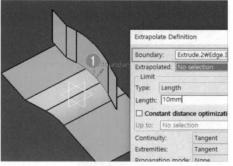

⑧ Extrapolated 영역을 클릭한 후 Boundary가 포함된 Surface(2)를 선택한다.

⑨ Type을 Length로 선택한 후 Length 영역을 클릭하고 연장할 길이 20mm를 입력한 후 OK 버튼을 클릭한다.

⑩ Surface의 선택한 경계가 20mm의 길이만큼 연장되었다.

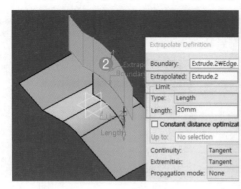
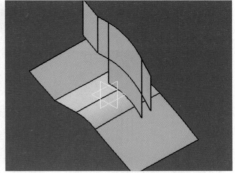

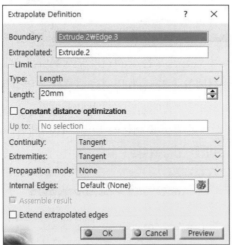

[Boundary] : 연장하고자 하는 Surface의 모서리 선택

[Extrapolated] : 연장하고자 하는 Surface 선택

[Limit]

• Type : 연장할 형태 선택

• Length : Type을 Length를 선택할 경우 길이 지정

• Up to : Type을 Up to element를 선택할 경우 연장할 영역 지정

[Propagation mode] : Boundary로 지정한 모서리와 이웃한 모서리의 연결 관계 지정

⑪ Limit

ⓐ Type(Up to Element) : Surface가 선택한 Element까지 연장된다.

• Extrapolate 과정 ⑨에서 Type을 Up to Element로 선택한 후 Up to 영역을 클릭하고 선택한 Surface의 경계를 연장시킬 Surface(3)를 선택한다.

• OK 버튼을 클릭하면 Surface의 경계가 선택한 Surface까지 연장된 것을 확인할 수 있다.

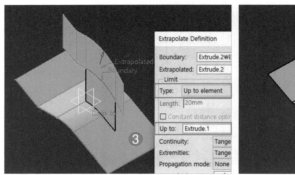 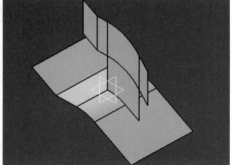

⑫ Propagation mode

ⓐ Tangency Continuity : 선택한 모서리와 접한 모서리가 모두 연장된다.

- Extrapolate 과정 ⑨에서 Type을 Up to Element로 선택한 후 Up to 영역을 클릭하고 Surface의 경계를 연장시킬 Surface(④)를 선택한다.
- Propagation mode를 Tangency Continuity로 선택한 후 OK 버튼을 클릭하면 선택한 Surface의 모서리와 접한 모든 모서리 부분이 연장된다.

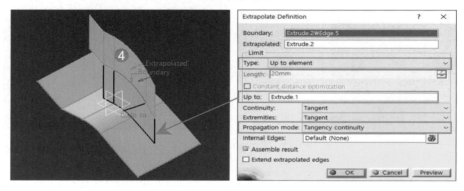

ⓑ Point Continuity : Surface의 선택한 모서리와 연결된 모든 모서리가 연장된다.

- Extrapolate 과정 ⑨에서 Type을 Length로 선택한 후 Length 영역을 클릭하고 연장할 길이로 20mm를 입력한다.
- Propagation mode를 Point Continuity로 선택한 후 OK 버튼을 클릭하면 선택한 Surface의 모서리와 연결된 모든 모서리 부분이 20mm만큼 연장된다.

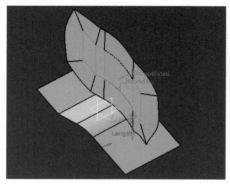 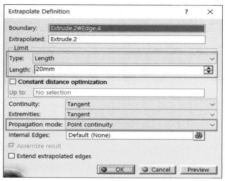

03 Surface Design 예제 따라하기

1 따라하기 예제 1

1-1) Surface Design 도면

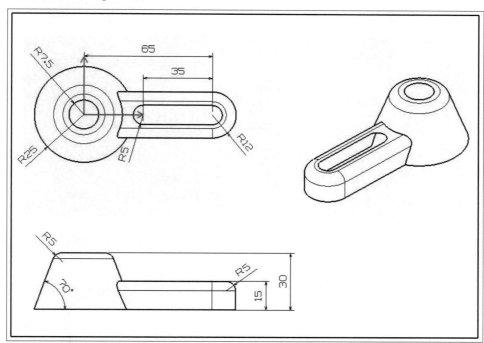

1-2) Surface Design 실습예제 따라하기

① zx plane을 Sketch 평면으로 선택하고 Profile 아이콘 ⬡ 을 클릭하여 Sketch한 후 Constraint 아

   이콘 ⬜ 을 더블클릭하여 L30, L25, 70°의 치수를 적용한다.

② Axis 아이콘 ⫶ 을 클릭하여 V축 위에 Sketch한다.

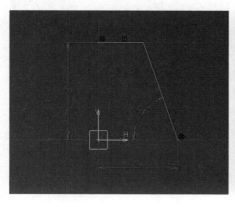
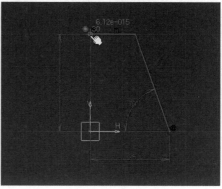

③ Exit workbench 아이콘 을 클릭하여 3D Mode로 전환하고 Revolve 아이콘 을 클릭하여 360° 회전시켜 Surface를 생성한다.

④ xy plane을 Sketch 평면으로 선택하고 Sketch Mode로 전환한다.

⑤ Elongated Hole 아이콘 을 클릭하여 원점과 임의의 점을 원점으로 하는 라운드된 Rectangle을 Sketch하고 반경 12mm를 적용한다.

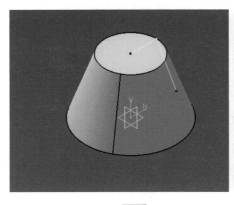
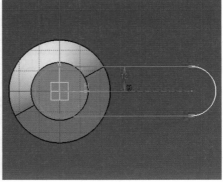

⑥ Exit workbench 아이콘 을 클릭하여 3D Mode로 전환하고 Extrude 아이콘 을 클릭하여 15mm를 돌출시킨다.

⑦ Tree의 Revolve.1을 선택하고 마우스 오른쪽 버튼을 클릭하여 Hide/Show를 선택하여 Hide시 킨다.

⑧ Fill 아이콘 을 클릭하여 Extrude된 Surface의 윗부분의 Line과 Arc를 차례로 선택하여 안쪽 을 Surface로 채운다.

⑨ Join 아이콘 을 클릭하여 Extrude와 Fill로 생성한 Surface를 하나의 Surface로 합한다.

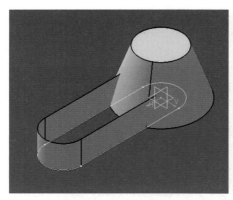
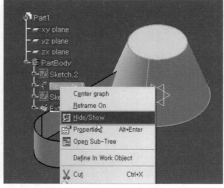

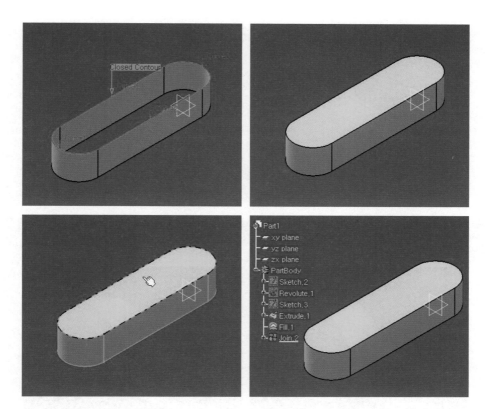

⑩ Start → Surface → Generative Shape Design를 선택하고 Operations 도구막대의 Edge Fillet 아이콘 ⌒을 클릭한다.

⑪ Fillet을 적용시킬 모서리를 선택하여 R5를 적용한 후 Tree 영역에서 앞에서 Hide시켰던 Revolve.1을 선택하고 마우스 오른쪽 버튼을 클릭한 후 Hide/Show를 선택하여 Show 영역으로 이동시킨다.

⑫ Edge Fillet 아이콘 ⌒을 클릭하고 Fillet을 적용시킬 Revolve.1의 모서리를 선택하여 R5를 적용한다.

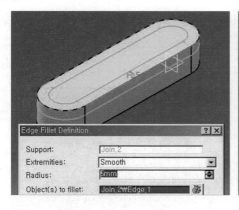

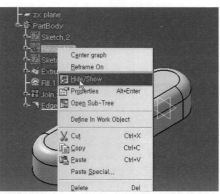

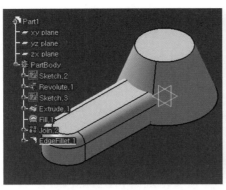
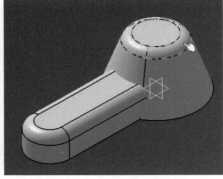

⑬ Trim 아이콘 을 클릭하여 교차하는 Extrude.1과 Revolve.1의 두 Surface를 선택하여 안쪽 부분을 제거한다.

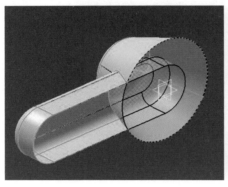
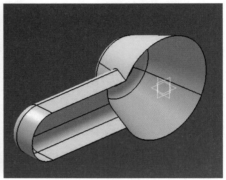

⑭ xy plane을 선택하고 Sketch 아이콘 을 클릭한다.

⑮ Elongated Hole 아이콘 을 클릭하여 중심점이 H축 위에 위치하도록 Sketch하고 Circle 아이콘 을 클릭하여 중심점이 원점에 위치하도록 Sketch한다.

⑯ Constraint 아이콘 을 클릭하여 L35, D15, R5의 치수를 구속한다.

⑰ Ctrl 키를 누른 상태에서 Elongated Hole의 오른쪽 라운드와 생성한 Surface의 오른쪽 라운드 모서리를 선택하고 Constraints Defined in Dialog Box 아이콘 을 선택한 후 Concentricity를 체크하고 OK 버튼을 클릭하여 중심을 일치시킨다.

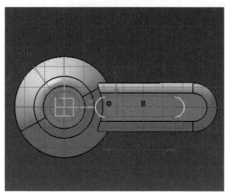
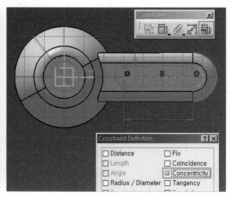

⑱ Exit Workbench 아이콘 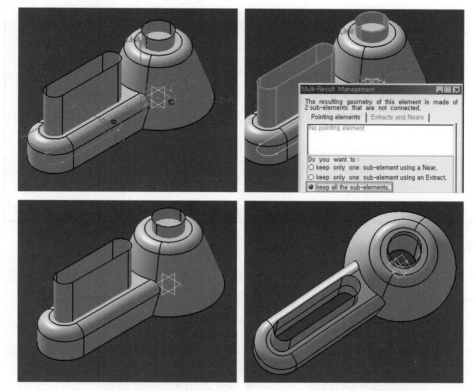을 클릭하여 3D Mode로 전환하고 Extrude 아이콘 을 클릭하여 생성된 Surface를 감싸도록 돌출시킨다. 이때 Multi-Result Management 대화상자에서 Keep all the sub-elements를 선택하여 Surface를 모두 생성시킨다.

⑲ Circle과 Elongated Hole이 있는 Sketch를 선택하여 마우스 오른쪽 버튼을 클릭하고 Hide/Show 를 선택하여 Hide시킨다.

⑳ Split 아이콘 을 클릭하여 교차하는 Surface의 안쪽을 제거한다.

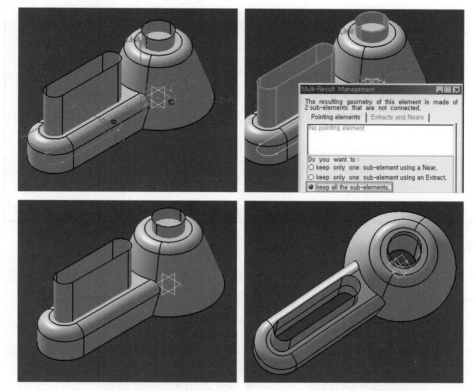

㉑ Specifications Tree의 Extrude.2를 선택하고 마우스 오른쪽 버튼을 클릭한 후 Hide/Show를 선 택하여 Hide시켜서 Model을 완성한다.

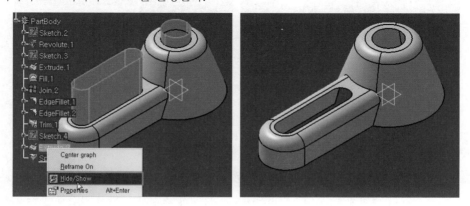

2-1) Surface Design 도면

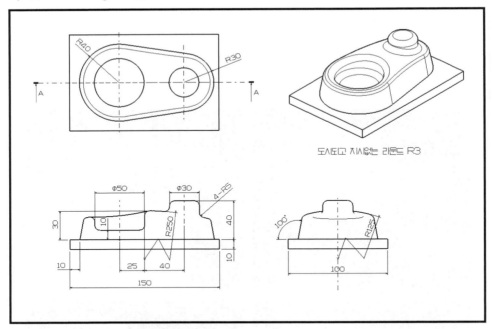

2-2) Surface Design 실습예제 따라하기

① xy plane을 Sketch 평면으로 선택하고 Line 아이콘 ╱ 을 클릭한 후 V축 위에 Line을 Sketch한다.

② Constraint 아이콘 🗝️을 클릭하고 L100을 적용한다.

③ Ctrl 키를 누른 상태에서 Line의 양 끝점과 H축을 차례로 선택한 후 Constraints Defined in Dialog Box 아이콘 🗝️을 클릭하고 Symmetry를 체크하여 H축에 대칭이 되도록 구속을 적용한다.

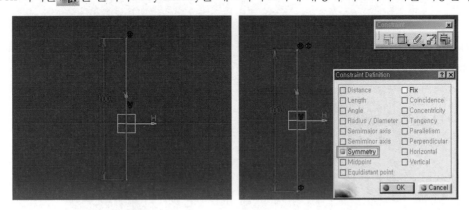

④ Exit Workbench 아이콘 🔼 을 클릭하여 3D Mode로 전환한다.

⑤ Sketch를 선택한 상태에서 Extrude 아이콘 🖉 을 클릭한 후 Direction 영역에서 yz plane을 선택하고 Dimension 영역에 75mm를 입력하여 yz plane과 수직하고 양쪽 방향으로 75mm 길이인

Surface를 생성한다.

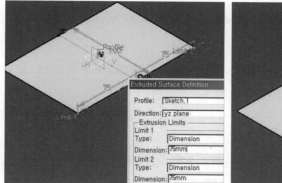
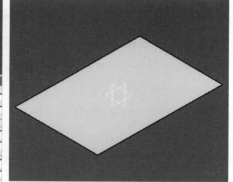

⑥ Surface를 선택하고 Positioned Sketch 아이콘 을 클릭한 후 Reverse H와 Reverse V를 체크

하여 아래 그림과 같이 좌표계를 설정한 후 Sketch Mode로 전환한다.

⑦ Circle 아이콘 을 더블클릭하고 중심이 H축 위에 위치하도록 2개의 Circle을 Sketch한다.

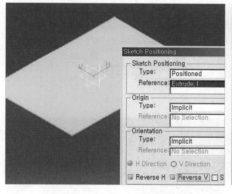
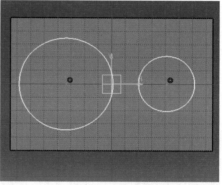

⑧ Bi-Tangent Line 아이콘 을 더블클릭한 후 생성한 2개의 원에 접하는 접선을 생성한다.

⑨ Quick Trim 아이콘 을 더블클릭하여 불필요한 부분을 제거한다.

⑩ Constraint 아이콘 을 더블클릭하여 치수를 구속하고 Arc의 반경 R30, R40, V축과 Arc의 중

심까지의 거리 L25, L40을 각각 적용한다.

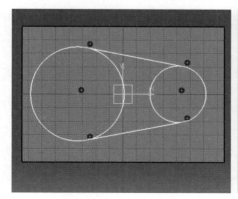

⑪ Exit Workbench 아이콘 🖳을 클릭하여 3D Mode로 전환한다.

⑫ Sweep 아이콘 ✎을 클릭한 후 Sweep Definition 대화상자에서 Profile type으로 Line ✓을 선택하고 Subtype으로 With reference Surface를 선택한다.

⑬ Guide Curve 1 영역을 클릭한 후 생성한 Sketch를 선택하고 Reference Surface 영역을 클릭하여 Surface를 선택한다.

⑭ Angle 영역을 클릭하여 80deg를 입력하고 Angular Sector의 Next 버튼을 클릭하여 주황색 화살표가 생성하고자 하는 Surface의 방향이 되도록 한다.

⑮ Length 1 영역을 클릭하고 생성할 Surface의 높이로 40mm을 입력한 후 Preview 버튼을 클릭한다.

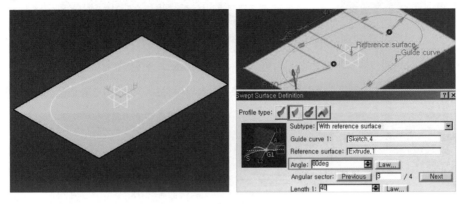

⑯ 생성하고자 하는 Surface의 형상이 잘 나타나면 OK 버튼을 클릭한다.

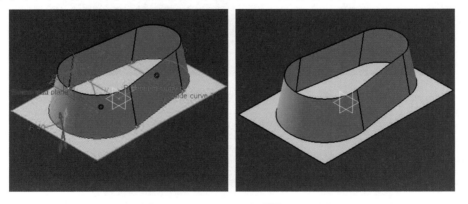

⑰ zx plane을 Sketch 평면으로 선택하고 Arc 아이콘 ⌒을 클릭하여 V축에 중심점을 위치시킨 후 Arc를 Sketch한다.

⑱ Constraint 아이콘 🖼을 더블클릭하여 치수를 구속하고 Arc의 반경 R250, H축과 Arc의 정점까지의 거리 L30을 각각 적용한다. 이때 Arc가 Surface를 감싸도록 Arc의 양 끝점을 클릭하여 드래그하여 조절한다.

⑲ Exit Workbench 아이콘 🖳을 클릭하여 3D Mode로 전환한다.

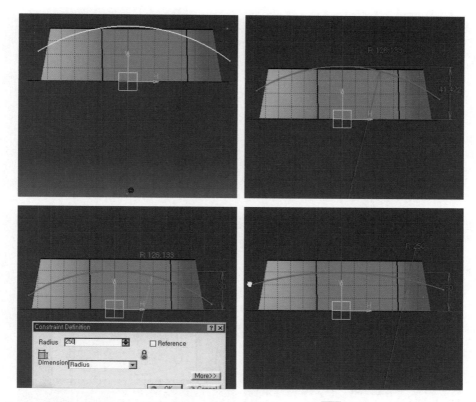

⑳ 생성한 Arc를 선택하고 Wireframe 도구막대의 Plane 아이콘 을 클릭한다.

㉑ Arc의 끝점을 클릭하여 Plane type이 Normal to curve로 선택되면 OK 버튼을 클릭하여 Arc의
끝점을 지나면서 Arc Curve에 수직인 Plane을 생성한다.

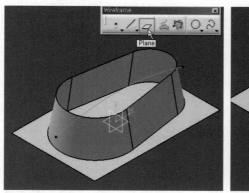

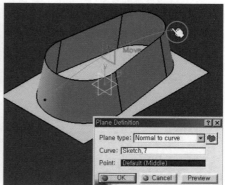

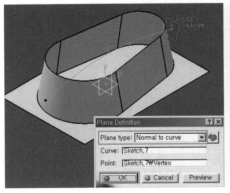
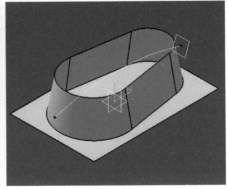

㉒ 생성한 Plane을 선택하고 Sketch 아이콘 ☑을 클릭하여 Sketch Mode로 전환한다.

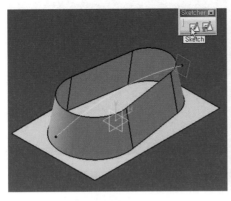
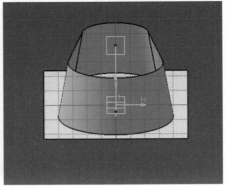

㉓ Arc 아이콘 ☉을 클릭하고 V축에 중심점을 위치시켜 Arc를 Sketch한다.

㉔ Constraint 아이콘 ☐을 더블클릭하여 생성한 Arc의 치수 R125를 구속시킨다.

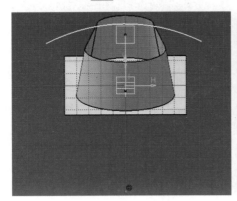

㉕ Ctrl 키를 누른 상태에서 Arc와 Curve의 끝점을 선택한 후 마우스 오른쪽 버튼을 클릭하고 Coincidence
적용으로 일치시켜 구속을 완료한다(R125인 Arc가 앞에서 생성한 R250 Arc의 끝점과 일치).

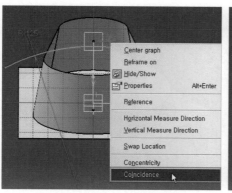
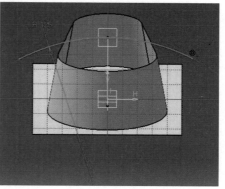

㉖ Exit Workbench 아이콘 을 클릭하여 3D Mode로 전환한다.

㉗ Sweep 아이콘 을 클릭한 후 Sweep Definition 대화상자에서 Profile type으로 Explicit 을
선택하고 Subtype으로 With reference Surface를 선택한다.

㉘ Profile 영역을 클릭한 후 R125 Arc를 선택하고 Guide Curve 영역을 클릭한 후 R250 Arc를 선택
한다.

㉙ Preview 버튼을 클릭하여 생성할 Surface의 형상을 미리보기 하고 OK 버튼을 클릭하여 Surface
를 생성한다.

㉚ Arc와 Plane을 선택한 후 마우스 오른쪽 버튼을 클릭하고 Hide/Show를 선택하여 Hide시킨다.

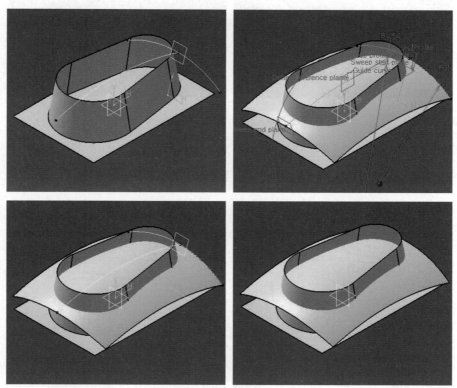

㉛ Trim 아이콘 을 클릭한 후 교차되는 바깥쪽과 위쪽 영역을 삭제한다.

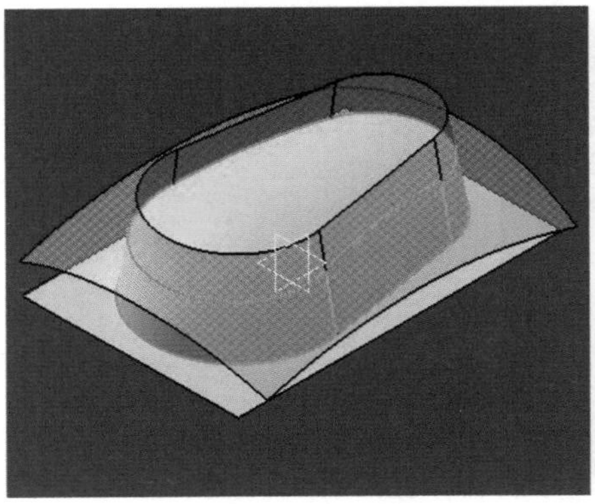

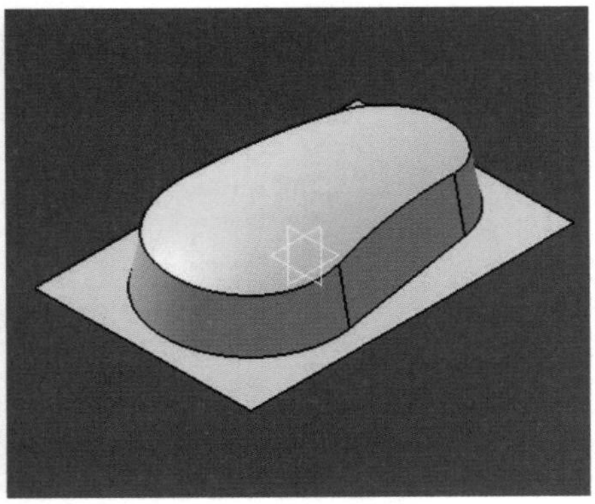

㉜ Plane 아이콘 을 클릭한 후 사각형 형상의 Surface를 선택한다.

㉝ Plane type을 Offset from Plane으로 선택하고 Offset 영역에 40mm를 입력하여 Surface의 위쪽 방향으로 40mm 떨어진 위치에 새로운 Plane을 생성한다.

㉞ 생성한 Plane을 선택하고 Sketch 아이콘 을 클릭하여 Sketch Mode로 전환한다.

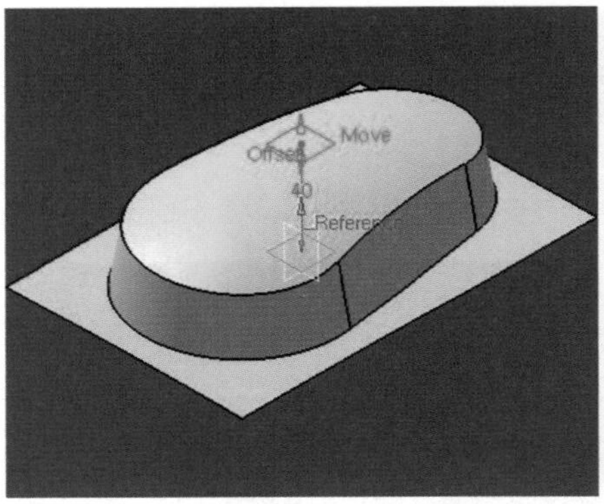

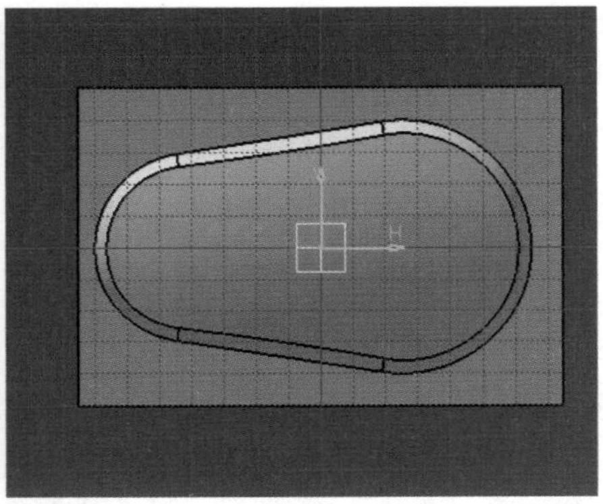

㉟ Circle 아이콘 을 클릭하여 Circle을 Sketch한다.

㊱ Ctrl 키를 누른 상태에서 Circle과 Surface의 Arc를 선택하고 Constraints Defined in Dialog Box 아이콘 을 클릭한 후 Concentricity를 체크하여 중심을 일치시킨다.

㊲ Constraint 아이콘 을 클릭하여 Circle의 직경이 50이 되도록 치수를 적용한다.

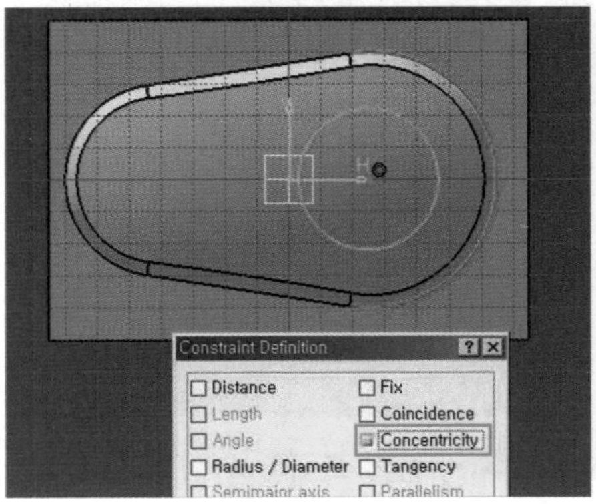

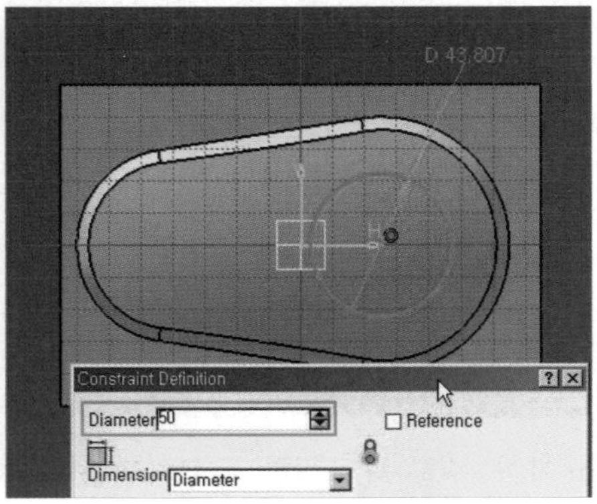

㊳ Exit Workbench 아이콘 🔼을 클릭하여 3D Mode로 전환한다.

㊴ Circle이 생성된 Sketch를 선택한 후 Extrude 아이콘 🔩을 클릭하여 Surface가 아래 방향으로 향하도록 하고 Dimension 영역에 30mm를 입력한 후 OK 버튼을 클릭하여 Surface를 생성한다.

㊵ Trim시킨 Surface를 선택하고 마우스 오른쪽 버튼을 클릭하여 Hide/Show 선택으로 Hide시킨다.

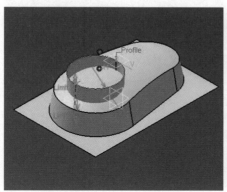 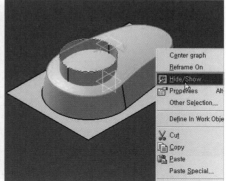

㊶ Fill 아이콘 🔺을 클릭한 후 원기둥 형상 Surface의 아래쪽 모서리를 선택하여 Surface로 채운다.

㊷ Join 아이콘 🔳을 클릭한 후 원기둥과 Fill로 채워 생성한 원기둥 형상 Surface를 선택하여 결합 시킨다.

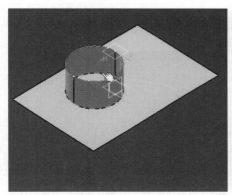 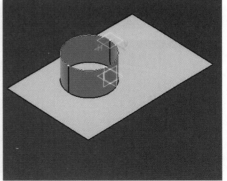

㊸ 과정 ㊵에서 숨겼던 Trim시킨 Surface를 Tree 영역에서 선택한 후 마우스 오른쪽 버튼을 클릭하고 Hide/Show를 선택하여 보이게 한다.

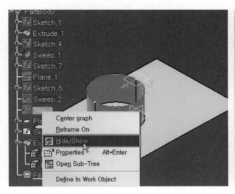 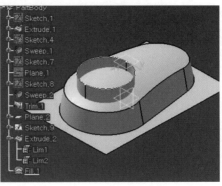

㊹ Trim 아이콘 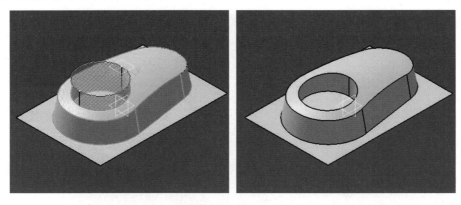을 클릭한 후 원기둥 형상의 Surface와 앞에서 생성한 Surface를 차례로 선택하여 교차되는 영역에서 필요한 부분을 제거한다. 그리고 Plane과 Circle을 선택하고 마우스 오른쪽 버튼을 클릭하여 Hide시킨다.

㊺ xy plane을 선택하고 Sketch 아이콘 을 클릭하여 Sketch Mode로 전환한다.

㊻ Circle 아이콘 을 클릭하여 Circle을 Sketch한다.

㊼ Ctrl 키를 누른 상태에서 Circle과 Surface의 Arc를 동시에 선택하고 Constraints Defined in Dialog Box 아이콘 을 클릭 후 Concentricity를 체크하여 중심을 일치시킨다.

㊽ Constraint 아이콘 을 클릭하여 Circle의 직경이 30이 되도록 구속시킨다.

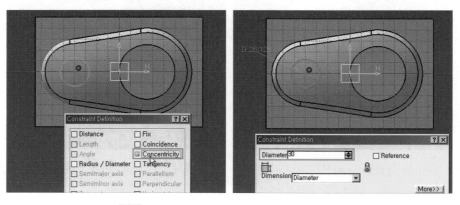

㊾ Exit Workbench 아이콘 을 클릭하여 3D Mode로 전환한다.

㊿ Circle을 선택한 상태에서 Extrude 아이콘 을 클릭한 후 Dimension 영역에 40mm를 입력하고 OK 버튼을 클릭하여 위 방향으로 40mm의 Surface를 생성한다.

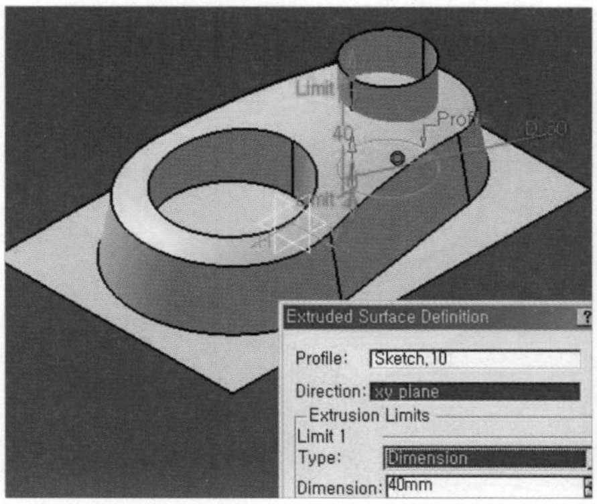

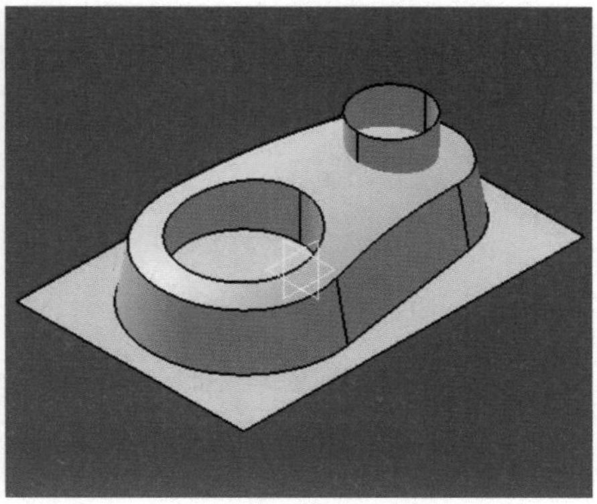

(51) Trim 아이콘을 클릭한 후 ϕ30 Circle로 생성한 Surface와 앞서 생성한 Surface를 선택하고 교차되는 영역에서 불필요한 영역을 제거한다.

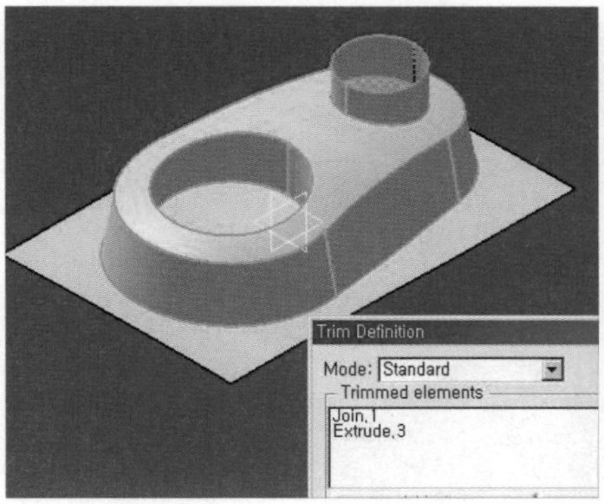

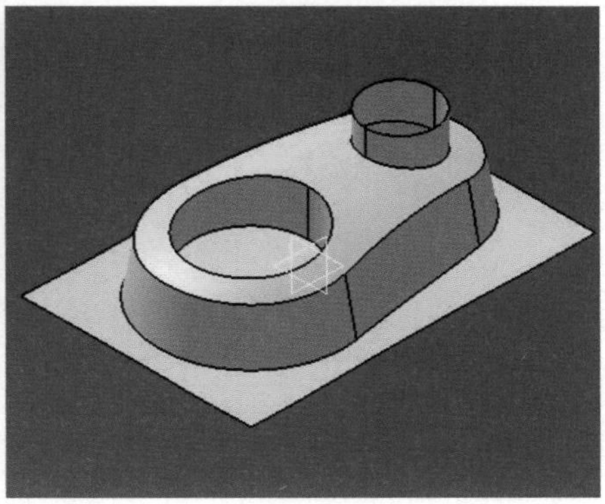

(52) Fill 아이콘을 클릭한 후 원기둥 Surface의 윗부분 모서리를 선택하여 Surface로 채운다.

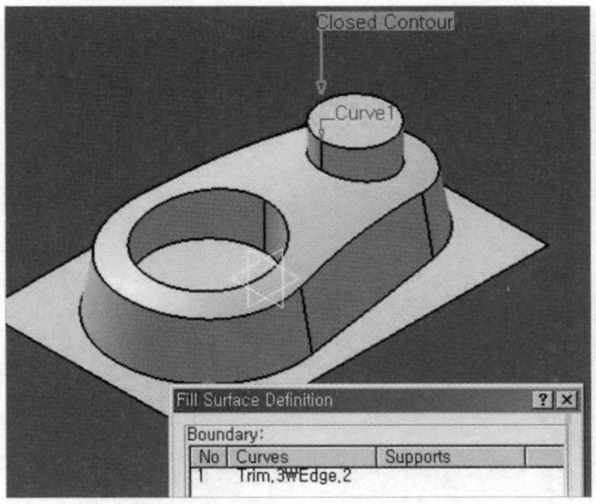

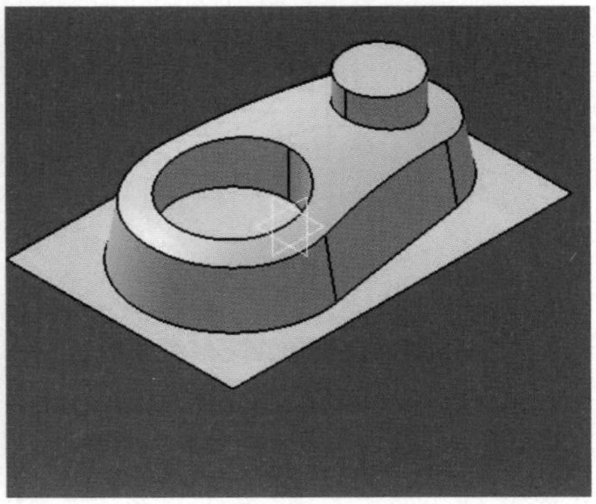

(53) Join 아이콘을 클릭한 후 Fill로 채워 생성한 원형의 Surface와 이미 생성한 Surface를 하나로 합친다.

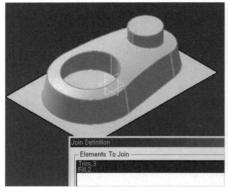
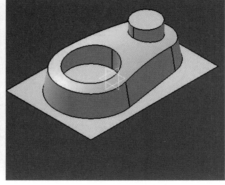

㉛ Start → Shape → Generative Shape Design 메뉴를 클릭하여 Fillets 도구막대를 선택한다.

㉟ Edge Fillet 아이콘 을 클릭한 후 Fillet을 적용할 모서리를 선택하여 R5를 적용시킨다.

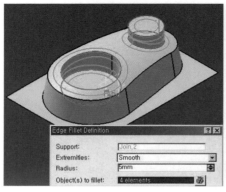
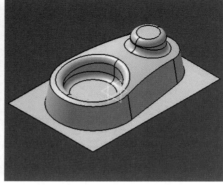

㊱ Edge Fillet 아이콘 을 클릭하고 R3의 Fillet을 적용시킨다.

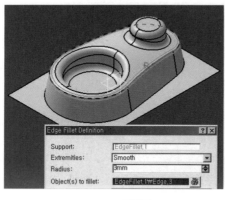
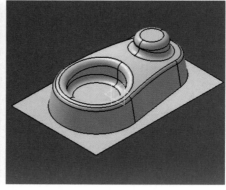

㊲ 3D 객체를 Rotate 아이콘 을 클릭하고 회전시킨다(마우스 휠과 오른쪽 버튼을 동시에 누른
상태에서 드래그해도 회전된다).

㊳ Split 아이콘 을 클릭한 후 Element to cut 영역을 클릭하고 사각형의 Surface를 선택한 후
Cutting elements 영역을 클릭한다. 윗부분에 생성한 Surface를 선택하여 교차하는 안쪽 영역을
제거한다.

(59) Isometric View 아이콘 을 클릭한다.

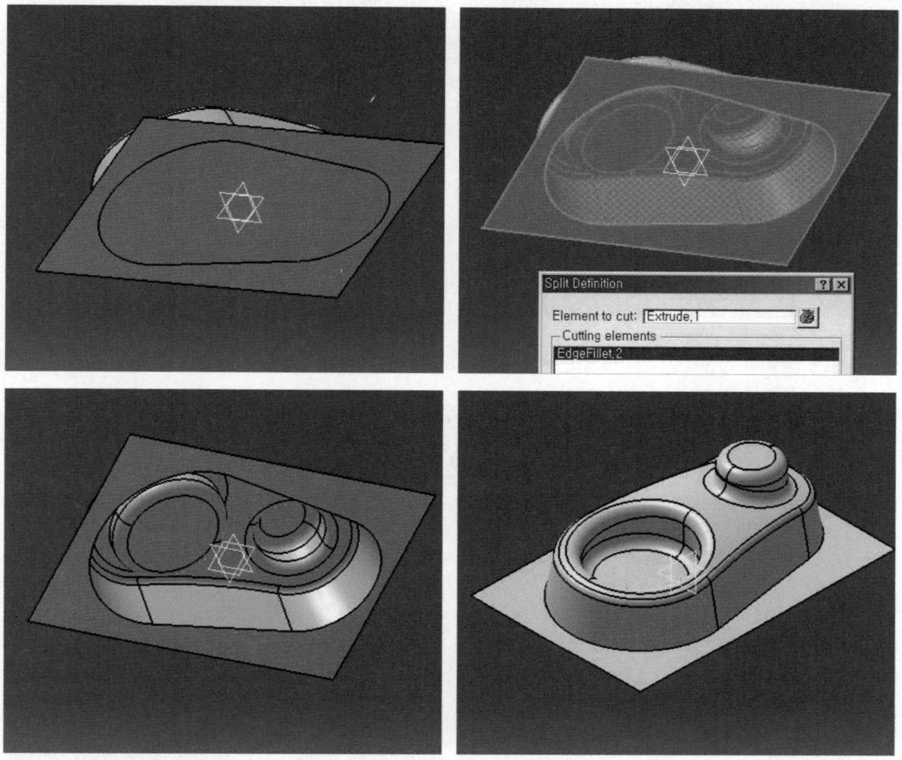

(60) Extrude 아이콘 을 클릭한 후 바닥면의 각 모서리를 선택하여 아래 방향으로 10mm의 Surface를 생성한다.

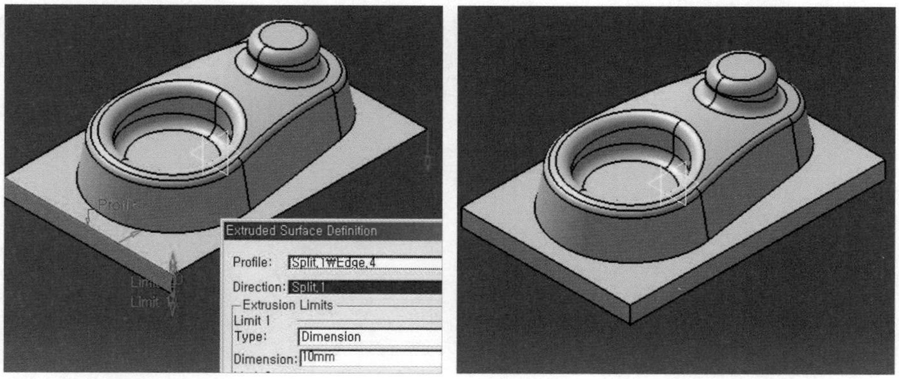

(61) Rotate 아이콘 을 클릭하고 Surface를 회전시킨다.

(62) Fill 아이콘 을 클릭한 후 바닥면을 이루는 모서리를 차례로 선택하여 Surface로 채운다.

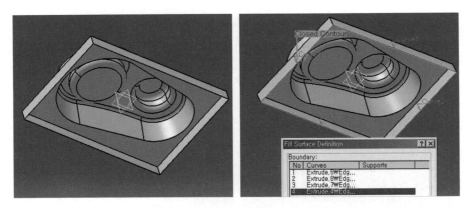

⑥ Join 아이콘 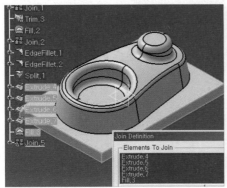을 클릭한 후 Fill로 채운 Surface와 앞에서 완성한 Surface를 선택하여 하나로 결합시켜 Model을 완성한다(3D Mode에서 생성한 Surface를 선택하기가 어려우면 Tree 영역에서 결합시키고자 하는 Surface를 선택하면 쉽다).

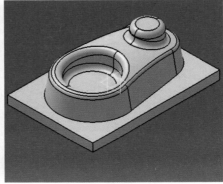

3-1) Surface Design 도면

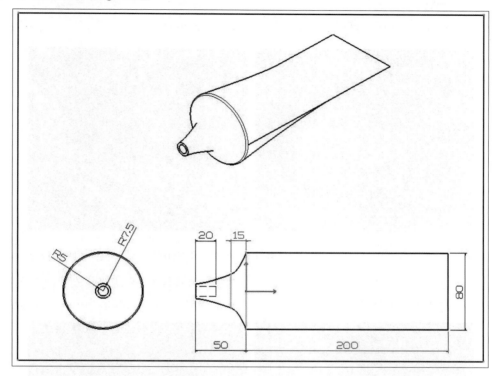

3-2) Surface Design 실습예제 따라하기

① yz plane을 Sketch 평면 으로 선택하고 Arc 아이콘 을 클릭하여 원점을 중심점으로 하는 Arc를 Sketch한다.

② Constraint 아이콘 을 클릭하여 Arc의 반경으로 R40을 적용하고 3D Mode로 전환한다.

③ yz plane을 선택하고 Plane 아이콘 을 클릭하여 Plane type을 Offset from Plane을 선택한 후 200mm 위치에 새로운 Plane을 생성한다.

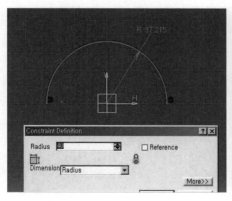

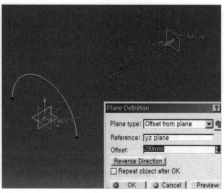

④ 생성한 Plane을 Sketch 평면 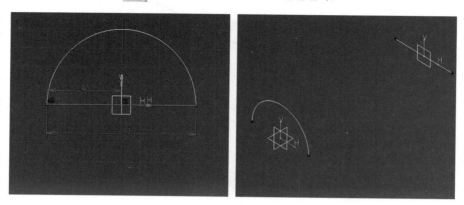으로 선택하고 Line ✏️을 Sketch하여 L80이 되도록 Constraint

　아이콘 🔲을 클릭하여 치수를 구속한다.

⑤ Exit Workbench 아이콘 🔼을 클릭하여 3D Mode로 전환한다.

⑥ Multi−Section Surface 아이콘 🐚을 클릭하고 생성한 Sketch를 차례로 선택한다. 이때 Sketch의

　끝점에 생성된 화살표 방향은 같은 방향으로 향하도록 클릭하여 조절한다. 선택한 Sketch의 방

　향이 Arc(시계 방향)와 Line(반시계 방향)으로 서로 다를 경우 아래 그림과 같이 Error가 발생된다.

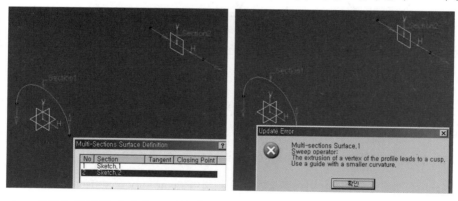

⑦ Preview 버튼을 클릭하면 아래 그림과 같이 서로 꼬이는 형상이 나타나 Surface를 생성할 수 없다.

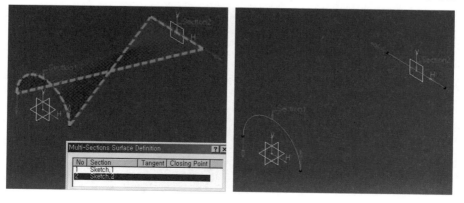

⑧ Line의 끝점에 생성된 화살표를 클릭하여 Circle과 같은 방향을 향하도록 조절하고 OK 버튼을
클릭하여 Surface를 생성한다.

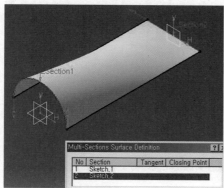
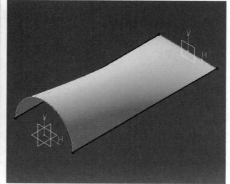

⑨ Symmetry 아이콘 ▨ 을 클릭하고 Element 영역에 Surface를, Reference 영역에 xy plane을 선
택하여 대칭인 Surface를 생성한다.

⑩ Arc, Line, Plane을 선택하여 Hide시킨다.

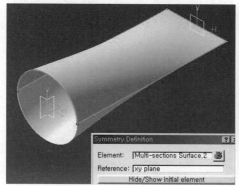
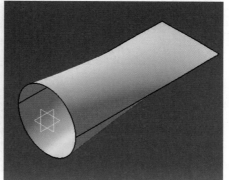

⑪ Join 아이콘 ▨ 을 클릭하여 생성한 Surface를 결합시킨다.

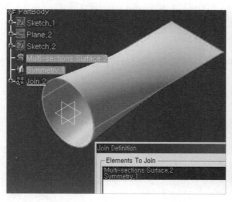
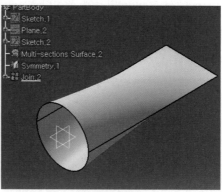

⑫ yz plane을 선택하고 Plane 아이콘 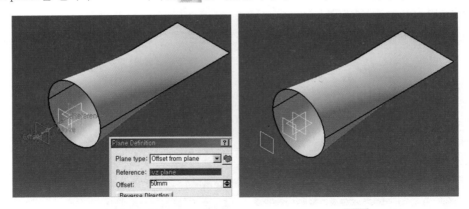을 더블클릭하여 15mm, 50mm 위치에 Plane을 생성한다.

⑬ yz plane과 15mm 위치에 있는 Plane을 선택하고 Sketch 아이콘 🖊을 클릭하여 Sketch Mode로 전환한다.

⑭ Circle 아이콘 ⊙을 클릭하고 중심점이 원점에 위치하도록 Sketch한 후 φ35를 적용한다.

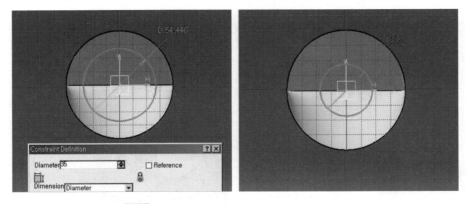

⑮ Exit Workbench 아이콘 🖆을 클릭하여 3D Mode로 전환한다.

⑯ yz plane에서 50mm 위치에 생성한 Plane을 선택하고 Sketch 아이콘 🖊을 클릭하여 Sketch Mode로 전환한다.

⑰ Circle 아이콘 ⊙을 클릭하고 중심점이 원점에 위치하도록 Sketch한 후 φ15를 적용한다.

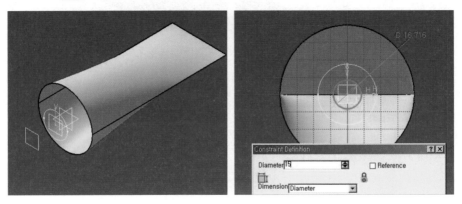

⑱ Exit Workbench 아이콘 🔼을 클릭하여 3D Mode로 전환한다.

⑲ Boundary 아이콘 ⌒을 클릭하고 Surface의 모서리를 선택하여 Circle을 추출한다.

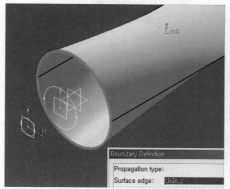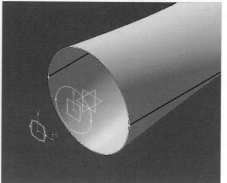

⑳ Multi-Sections Surface 아이콘 🐝을 클릭하고 생성한 Circle을 차례로 선택한다.

각각의 Circle의 Closing Point에 생성된 화살표는 같은 방향으로 향하도록 클릭하여 조절한다.

㉑ Preview 버튼을 클릭하여 미리보기 해 보고 OK 버튼을 클릭하여 Surface를 생성한다.

㉒ Plane, Circle을 선택하여 Hide시킨다.

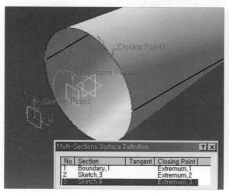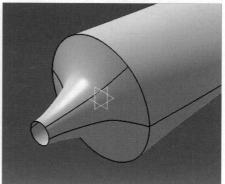

㉓ Join 아이콘 🔳을 클릭하여 Multi-Sections Surface와 이미 생성한 Surface를 결합시킨다.

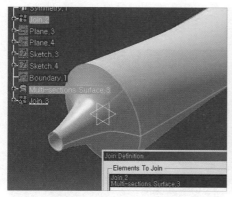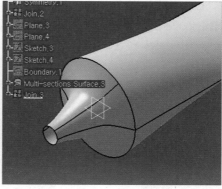

㉔ Start → Shape → Generative Shape Design 메뉴를 클릭하여 Fillets 도구막대를 선택한다.

㉕ Edge Fillet 아이콘 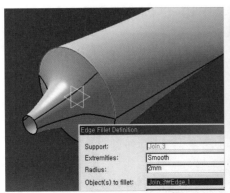을 클릭하고 Fillet을 적용시킬 모서리를 선택하여 R2를 적용시킨다.

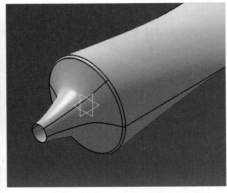

㉖ zx plane을 Sketch 평면으로 선택하고 Profile 아이콘 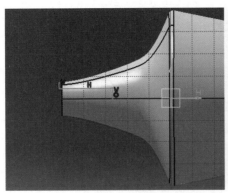을 클릭하여 아래와 같이 Sketch한다.

㉗ Constraint 아이콘 을 클릭하여 L20, L5, Coincidence되도록 치수를 구속한다.

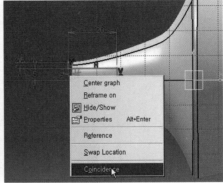

㉘ Exit Workbench 아이콘 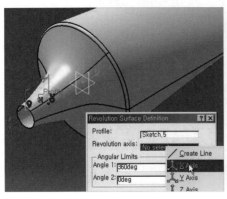을 클릭하여 3D Mode로 전환한다.

㉙ Revolve 아이콘 을 클릭한다.

㉚ Profile 영역을 클릭하고 Sketch를 선택한다.

㉛ Revolution axis 영역을 클릭하고 마우스 오른쪽 버튼을 클릭하여 X Axis를 선택한 후 Angle 1
영역에 360deg를 입력하여 회전체를 생성한다.

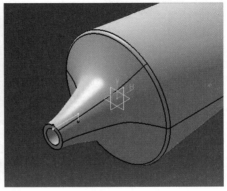

㉜ 회전체를 생성하기 위한 Sketch를 선택하고 Hide시킨다.

㉝ Join 아이콘 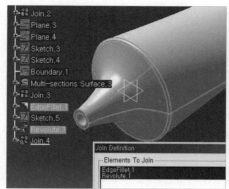을 클릭하여 회전체의 Surface와 이미 생성한 Surface를 결합시켜 Model을 완성한다.

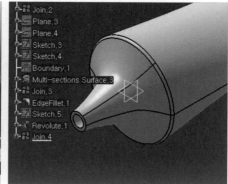
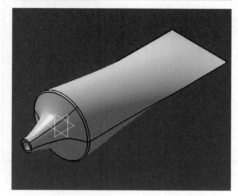

4-1) Surface Design 도면

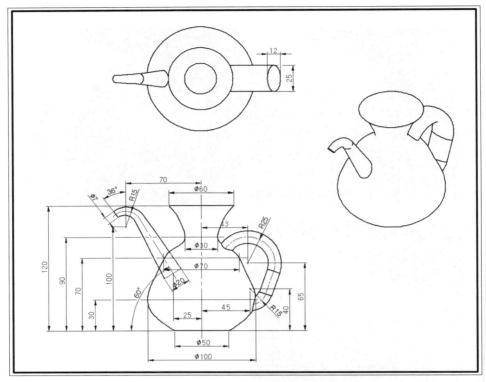

4-2) Surface Design 실습예제 따라하기

① Plane 아이콘 ⬦ 을 더블클릭한 후 xy plane을 선택하고 Offset 영역에 30mm를 입력한 후 OK 버튼을 클릭한다.

② 다시 xy plane을 선택하고 Offset 영역에 70mm를 입력한 후 OK 버튼을 클릭한다.

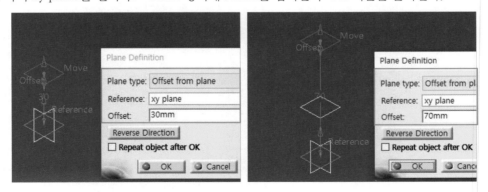

③ 계속 적용하여 90mm, 120mm 위치에 새로운 Plane을 생성한다.

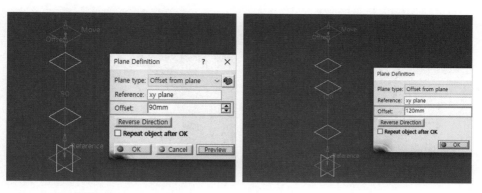

④ Sketch 아이콘 📐을 클릭한 후 xy plane을 선택하여 Sketch Mode로 전환한다.

⑤ Circle 아이콘 ⊙을 클릭한 후 중심점을 원점에 위치하도록 Sketch하고 D50을 적용한 후 3D Mode로 나간다.

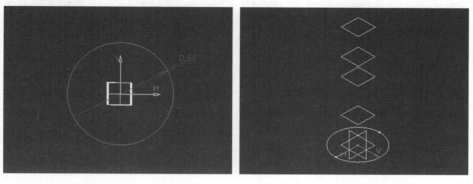

⑥ 위의 과정 ②~③에서 생성한 Plane에 차례로 R100, R70, R30, R60인 Circle을 생성한다.

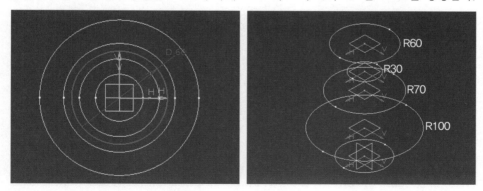

⑦ Multi–Section Surface 아이콘 🐚을 클릭한 후 차례로 Circle(1~4)을 선택하고 OK 버튼을 클릭하여 Surface를 생성한다.

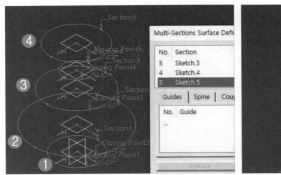
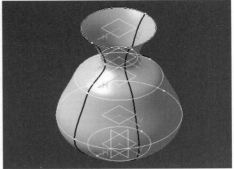

⑧ Tree에서 Plane과 Sketch를 모두 선택한 후 마우스 오른쪽 버튼을 클릭하여 Hide/Show를 선택하여 감춘다.

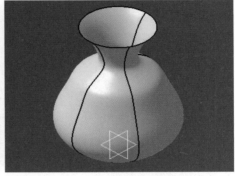

⑨ Sketch 아이콘 을 클릭한 후 zx plane을 선택하여 Sketch Mode로 전환한다.

⑩ Profile 아이콘 을 클릭하여 Sketch한 후 치수를 적용하고 3D Mode로 나간다.

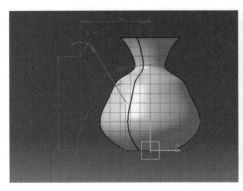
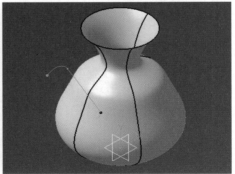

⑪ 앞에서 생성한 Profile Sketch를 선택(5)한 후 Plane 아이콘 을 클릭하고 Profile의 끝점(6)을 선택하여 Profile Sketch에 수직하면서 끝점을 지나는 Plane을 생성한다.

⑫ 같은 방법으로 Profile Sketch의 반대 끝점(7)에도 수직한 Plane을 생성한다.

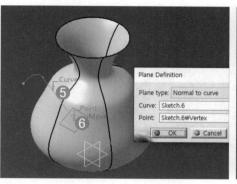 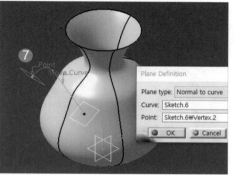

⑬ Sketch 아이콘 을 클릭한 후 앞에서 생성한 아래쪽에 위치한 Plane을 선택하여 Sketch Mode 로 전환한다.

⑭ Circle을 Sketch한 후 Constraint 아이콘 을 클릭한다.

⑮ Profile과 Circle의 중심점을 선택한 후 마우스 오른쪽 버튼을 클릭하여 Coincidence(일치)를 선택하고 직경 20mm를 적용한 후 3D Mode로 나간다.

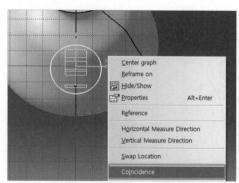 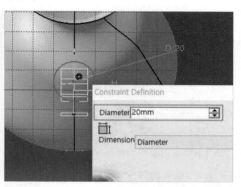

⑯ Sketch 아이콘 을 클릭한 후 앞에서 생성한 반대편 Plane을 선택하여 Sketch Mode로 전환한다.

⑰ 앞의 과정 ⑭~⑮와 동일한 방법으로 직경이 7mm인 Circle을 생성한 후 3D Mode로 나간다.

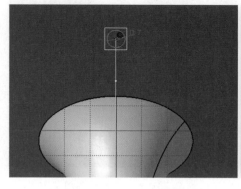 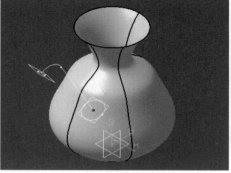

⑱ Multi-Section Surface 아이콘 을 클릭한 후 Circle을 차례로 선택한다.

⑲ Spine 탭을 클릭한 후 Spine 영역을 클릭하고 Profile Sketch를 선택한 후 Preview 버튼을 클릭하여 미리보기 한 후 OK 버튼을 클릭한다.

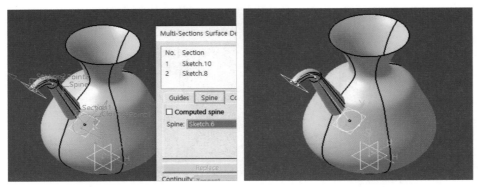

⑳ Tree에서 Sketch와 Plane을 선택한 후 마우스 오른쪽 버튼을 클릭하고 Hide/Show를 선택하여 감춘다.

㉑ Sketch 아이콘 [⚿]을 클릭한 후 zx plane을 선택하여 Sketch Mode로 전환한다.

㉒ Arc와 Line을 이용하여 Sketch한다.

㉓ Constraint 아이콘 [⬛]을 클릭한 후 Arc와 Line을 선택하고 마우스 오른쪽 버튼을 클릭하여 Tangency를 선택하여 접하도록 한다(양쪽 모두 적용).

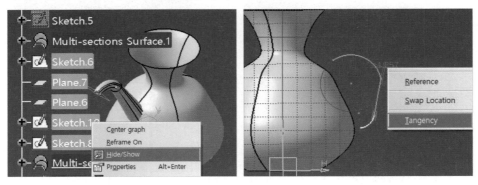

㉔ 아래 그림과 같이 치수를 적용하고 3D Mode로 나간다.

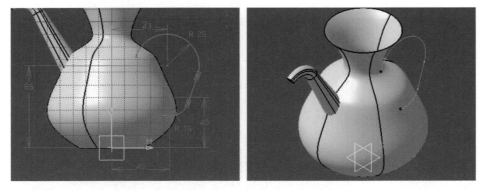

㉕ 앞에서 생성한 Sketch(8)를 선택하고 Plane 아이콘 [▱]을 클릭한 후 Sketch의 끝점(9)을 선택하고 OK 버튼을 클릭하여 Sketch Curve에 수직하고 끝점을 지나는 Plane을 생성한다.

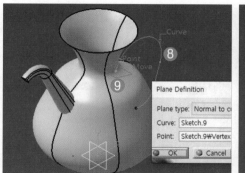
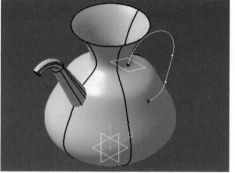

㉖ Sketch 아이콘 ☑️을 클릭하고 생성한 Plane을 클릭하여 Sketch Mode로 전환한다.

㉗ Ellipse 아이콘 ⬭을 클릭한 후 중심점이 V축 위에 위치하도록 Sketch한다.

㉘ Ellipse를 선택한 후 Constraints Defined in Dialog Box 아이콘 ▦ 을 클릭하고 Semimajor axis 와 Semiminor axis를 체크한 후 OK 버튼을 클릭하면 장축과 단축의 길이가 생성된다.

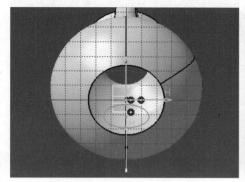
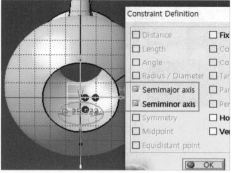

㉙ 장축과 단축의 길이를 각각 D25, D12로 수정한다.

㉚ Constraint 아이콘 ▤ 을 클릭한 후 Ellipse의 중심(10)과 Sketch의 끝점(11)을 선택하고 마우스 오른쪽 버튼을 클릭한 후 Coincidence를 선택하여 일치시킨다.

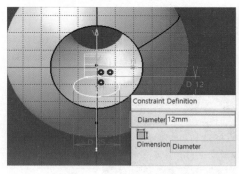
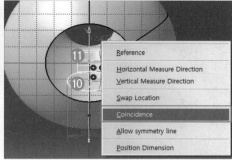

㉛ 3D Mode로 나간 후 Sweep 아이콘 ✏️을 클릭하고 Profile type으로 Explicit ✐ 를 선택한다.

㉜ Subtype을 With reference surface로 선택한 후 Profile 영역에서 Ellipse(12)를 선택한다.

㉝ Guide curve 영역에서 Arc와 Line으로 연결된 Curve(13)를 선택한 후 OK 버튼을 클릭하여 Surface를 생성한다.

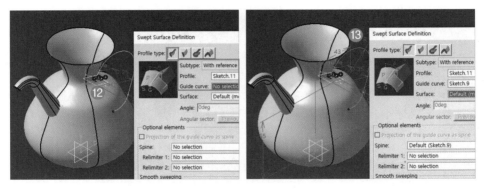

㉞ Tree에서 Sketch와 Plane을 선택한 후 마우스 오른쪽 버튼을 클릭하고 Hide/Show를 선택하여 감춘다.

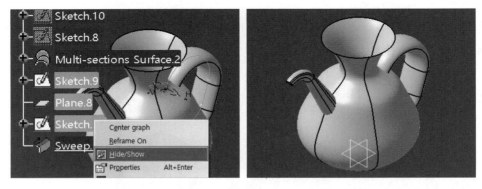

㉟ 교차하는 Surface의 불필요한 부분을 제거하기 위해 Trim 아이콘을 클릭한다.

㊱ 본체(14)와 물이 나오는 통로 Surface(15)를 차례로 선택한 후 Surface를 회전해 보면 제거될 영역이 투명하게 변경된 것을 확인할 수 있다.

㊲ 남기고자 하는 영역이 선택되었는지 확인하기 위해서 Trim Definition 대화상자의 Other side/next element 버튼과 Other/previous element 버튼을 클릭해 본다.

㊳ 아래의 오른쪽 그림은 첫 번째 선택한 본체 Surface의 영역이 잘못 지정된 경우이며 Other side/next side 버튼을 클릭하여 투명한 영역을 변경한다.

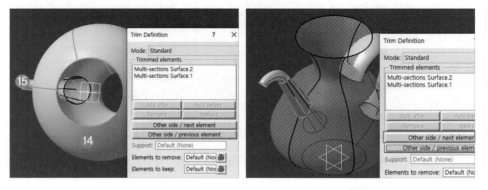

㊴ 본체 우측의 손잡이 부분에도 Trim을 적용하기 위해 Trim 아이콘을 클릭한다.

㊵ 본체(16)와 손잡이(17) Surface를 선택한 후 회전시켜 보면 교차된 Surface의 제거될 영역이 투명하게 변경된 것을 확인할 수 있다.

㊶ 남기고자 하는 영역이 선택되었는지 확인하기 위해서 Trim Definition 대화상자의 Other side/next element 버튼과 Other/previous element 버튼을 클릭해 본다.

㊷ 아래의 오른쪽 그림은 첫 번째 선택한 본체 Surface의 영역이 잘못 지정된 경우로, Other side/next element 버튼을 클릭하여 투명한 영역을 변경한다.

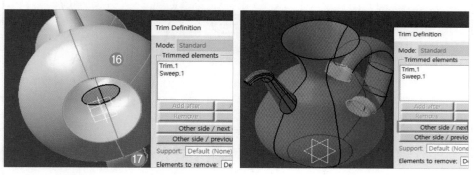

㊸ 본체와 손잡이 부분의 교차된 영역이 2곳이므로 Multi−Result Management 대화상자가 나타난다.

㊹ 모두 선택하기 위해 Keep all the sub−elements를 체크한 후 OK 버튼을 클릭한다.

㊺ 열려 있는 바닥면을 Surface로 채우기 위해 Fill 아이콘 ⬡을 클릭한 후 회전시키고 Surface의 모서리(18)를 선택한 후 OK 버튼을 클릭한다.

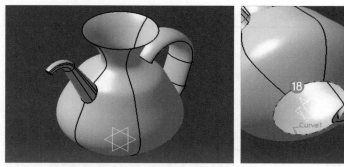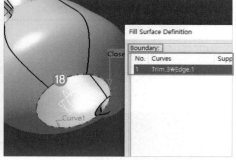

㊻ Join 아이콘 ▦을 클릭한 후 Fill로 생성한 Surface와 기존 Surface를 선택하여 합친다.

㊼ OK 버튼을 클릭하여 완성한다.

㊽ Isometric View 아이콘 ⬛을 클릭하여 정렬한 후 저장한다.

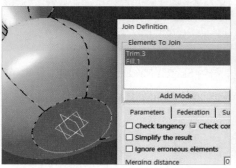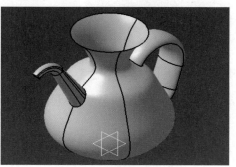

5 – 1) Surface Design 도면

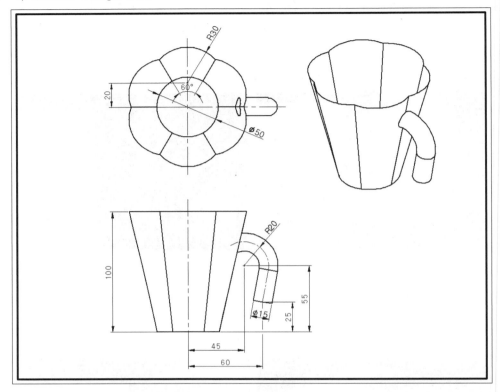

5 – 2) Surface Design 실습예제 따라하기

① Plane 아이콘 ▱ 을 클릭한 후 xy plane을 선택하고 Offset 영역에 100mm(컵 높이)를 입력한 후 OK 버튼을 클릭하여 새로운 Plane을 생성한다.

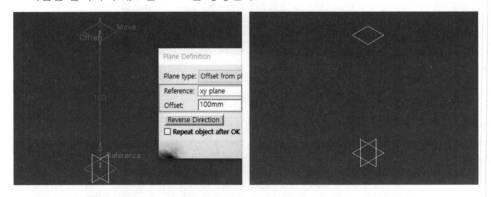

② Sketch 아이콘 ☑ 을 클릭한 후 xy plane을 선택하여 Sketch Mode로 전환한다.

③ 중심점을 원점에 위치하도록 Circle을 Sketch한 후 직경 50mm를 적용하고 3D Mode로 나간다.

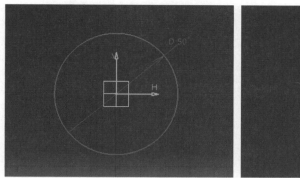

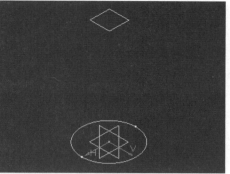

④ 다시 Sketch 아이콘 🖊️을 클릭한 후 xy plane에서 100mm 떨어진 위치에 생성한 Plane을 선택하여 Sketch Mode로 전환한다.

⑤ Arc 아이콘 🕜 을 클릭한 후 중심점이 H축 위에 오도록 임의의 Arc(1)를 Sketch한다.

⑥ Sketch tools 도구막대의 Construction/Standard Element 아이콘 🖋️을 클릭한 후 Line 아이콘 ╱ 을 더블클릭하여 원점과 Arc의 끝점을 연결하는 Line(2)을 생성한다.

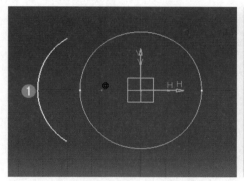

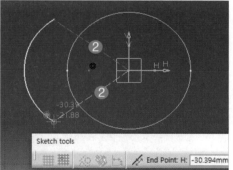

⑦ Constraint 아이콘 🖽ᵢ을 더블클릭하여 아래와 같이 치수를 적용한 후 치수를 더블클릭하여 정확한 값으로 수정한다.

⑧ Arc의 양 끝점(3, 4)을 선택하고 마우스 오른쪽 버튼을 클릭하여 Allow symmetry line을 선택한 후 대칭 기준으로 H축(5)을 선택하여 대칭시킨다.

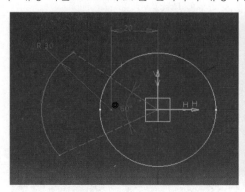

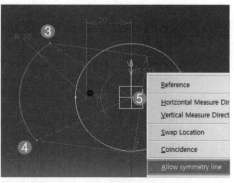

⑨ 치수 구속이 완료되면 Arc를 선택한 후 Rotate 아이콘 🔄 을 클릭한다.

⑩ Rotation Definition 대화상자에서 Duplicate의 Instance 영역에 회전시켜 생성시킬 개수로 5를 입력한다.

⑪ 회전 중심점으로 원점(6)을 클릭한다.

⑫ Angle의 Value 영역에 회전 각도로 60deg를 입력한다.

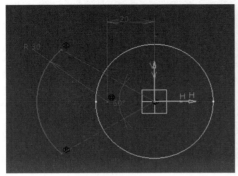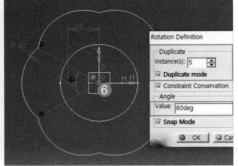

⑬ OK 버튼을 클릭하여 원점을 중심으로 회전체가 생성되면 3D Mode로 나간다.

⑭ Sketch 아이콘 을 클릭한 후 xy plane에 생성한 Sketch를 선택하여 Sketch Mode로 전환한다.

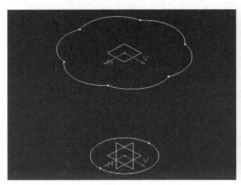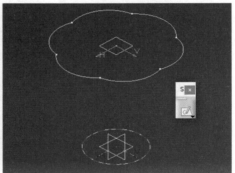

⑮ Point 아이콘 을 클릭한 후 위 평면에 생성한 Arc의 끝점과 비슷한 위치(7)를 클릭하여 Point를 생성한다.

⑯ Sketch tools 도구막대의 Construction/Standard Element 아이콘 을 클릭한 후 Line 아이콘 을 클릭하고 원점과 Point를 연결하는 Line(8)을 생성한다.

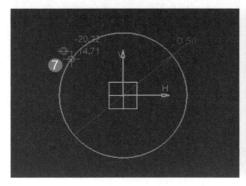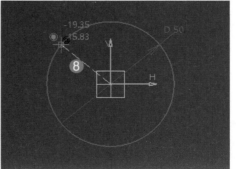

⑰ Constraint 아이콘 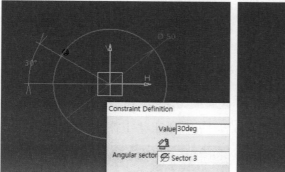을 클릭한 후 Line과 H축의 각도를 30deg(Arc의 끝점과 같은 위치)로 적용하고 3D Mode로 나간다.

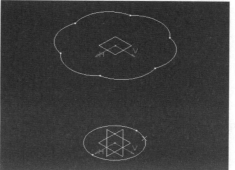

⑱ Multi-Section Surface 아이콘 을 클릭한 후 두 개의 Sketch(9~10)를 선택한다.

⑲ Circle에 생성된 Closing Point 1에 마우스 포인터를 위치시킨 후 Replace를 선택한다.

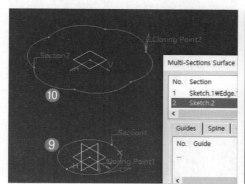
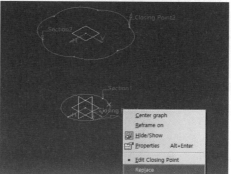

⑳ 앞에서 생성한 Circle 위의 Point를 선택하여 Closing Point 1의 위치를 이동시킨다.

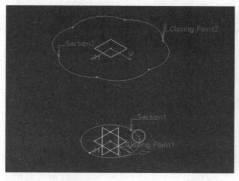
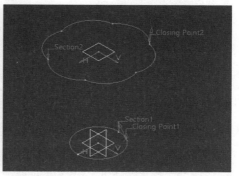

㉑ Preview 버튼을 클릭하여 미리보기 하면 Sketch의 Closing Point 1과 Closing Point 2가 연결되어 Surface가 자연스럽게 생성된다.

㉒ OK 버튼을 클릭하여 Surface를 생성한다.

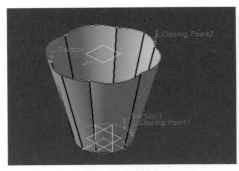
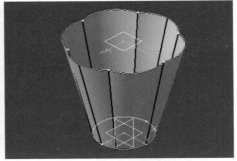

㉓ 앞에서 Closing Point 1의 위치를 이동시키지 않으면 아래와 같이 뒤틀린 Surface가 생성된다.

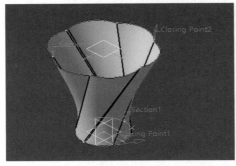
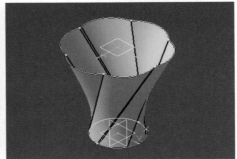

㉔ Tree에서 Planer과 Sketch를 모두 선택한 후 숨긴다.

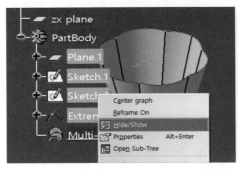

㉕ Sketch 아이콘 ☑을 클릭한 후 yz plane을 선택하여 Sketch Mode로 전환한다.

㉖ Tree Point Arc 아이콘 ◌과 Line 아이콘 ╱을 클릭하여 Sketch한다.

㉗ Constraint 아이콘 ▱을 클릭한 후 치수를 적용하고 정확한 값으로 수정한다.

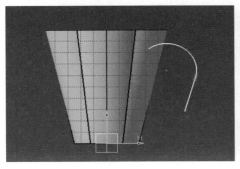
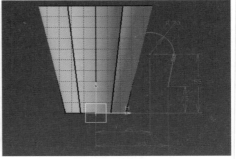

㉘ 3D Mode로 나간 후 Sketch(11)를 선택한 상태에서 Plane 아이콘 ⬭을 클릭한다.

㉙ Sketch Curve의 끝점(12)을 선택한 후 OK 버튼을 클릭하여 Curve에 수직하고 끝점을 지나는 Plane을 생성한다.

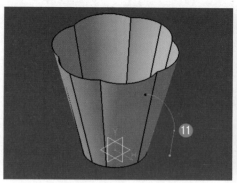
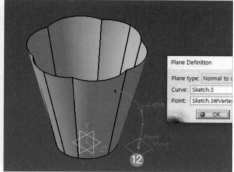

㉚ Sketch 아이콘 ⬚을 클릭한 후 앞에서 생성한 Plane을 선택하여 Sketch Mode로 전환한다.

㉛ Circle 아이콘 ⊙을 클릭하여 Sketch한 후 Circle의 중심과 Curve의 끝점을 선택하고 마우스 오른쪽 버튼을 클릭한 후 Coincidence를 선택하여 일치시키고 직경 15mm를 적용한다.

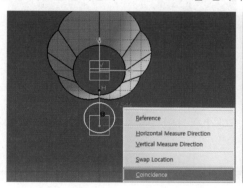
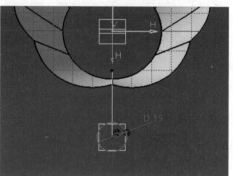

㉜ 3D Mode로 나간다.

㉝ Sweep 아이콘 ⬚을 클릭한 후 Profile 영역을 클릭하고 Circle을 선택한다.

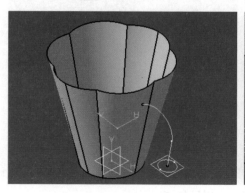
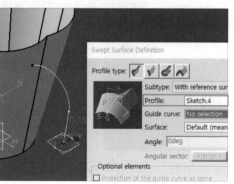

㉞ Guide curve 영역을 클릭한 후 Curve를 선택하고 Preview 버튼을 클릭하여 미리보기 한다.

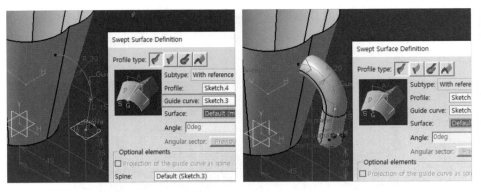

㉟ OK 버튼을 클릭하여 Surface를 생성한다.

㊱ Tree에서 Sketch와 Plane을 선택한 후 마우스 오른쪽 버튼을 클릭하고 Hide/show를 선택하여 숨긴다.

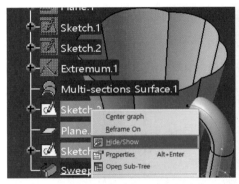
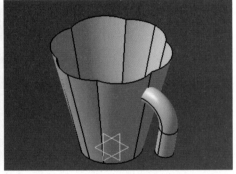

㊲ 손잡이 부분이 컵 안쪽으로 교차된 부분을 제거하기 위해 안쪽이 보이도록 Model을 회전시킨다.

㊳ Split 아이콘 을 클릭한다.

㊴ Element to cut 영역을 클릭한 후 Sweep Surface(13)를 선택하고 Cutting elements 영역을 클릭한 후 컵 본체의 Surface(14)를 선택한다.

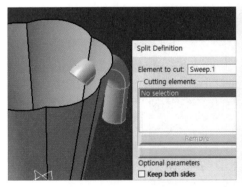
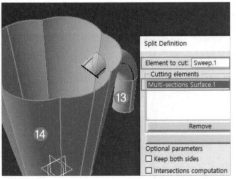

㊵ 다음의 왼쪽 그림과 같이 Sweep Surface의 바깥쪽 교차영역이 투명하게 보이면 Other side 버튼을 클릭하여 안쪽 영역을 투명하게 변경한 후 OK 버튼을 클릭한다.

㊶ 손잡이 Surface의 교차된 안쪽 영역이 제거된다.

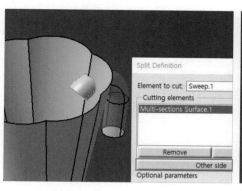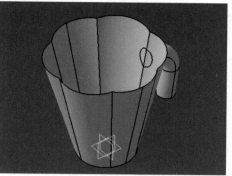

㊷ Fill 아이콘 을 클릭한 후 바닥면(15)과 손잡이 끝부분(16)을 Surface로 채운다.

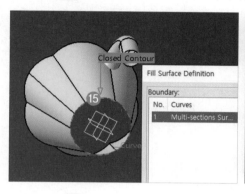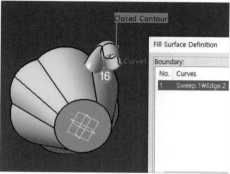

㊸ Join 아이콘 을 클릭한 후 Fill로 채운 Surface와 본체 그리고 Sweep Surface를 선택(17~20)
하여 하나로 합하여 Model을 완성한다.

㊹ View 도구막대의 Isometric View 아이콘 을 클릭하여 완성된 Model을 정리한다.

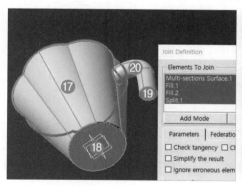

1 실습예제 1

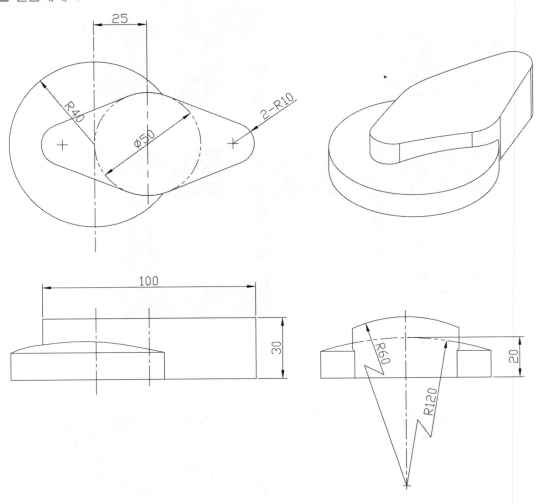

※ 활용 명령어
Extrude, Trim, Revolute 등

2 실습예제 2

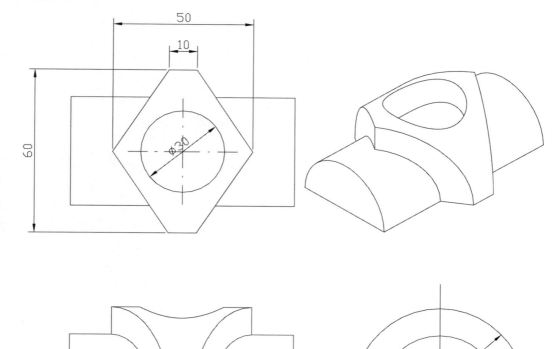

※ 활용 명령어
   Extrude, Join, Trim, Fill, Line, Symmetry 등

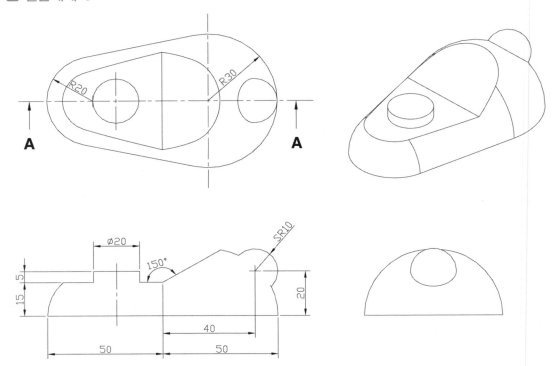

SECTION A-A

 REFERENCE

※ 활용 명령어
Extrude, Join, Trim, Fill, Revolute 등

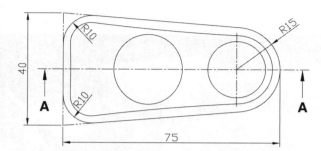

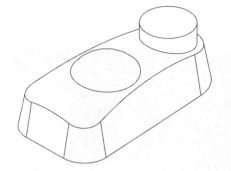

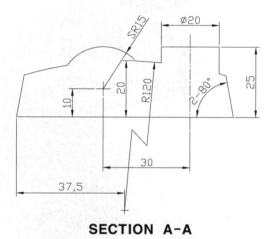

SECTION A-A

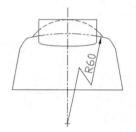

⊕ REFERENCE

※ 활용 명령어
Sweep(Profile type : Explicit, Line), Extrude, Join, Trim, Fill, Revolute 등

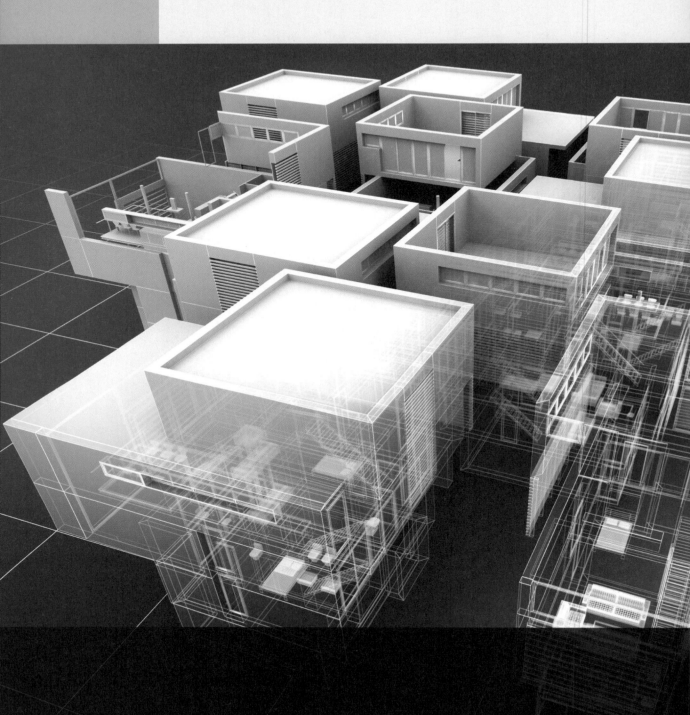

CATIA V5 따라잡기

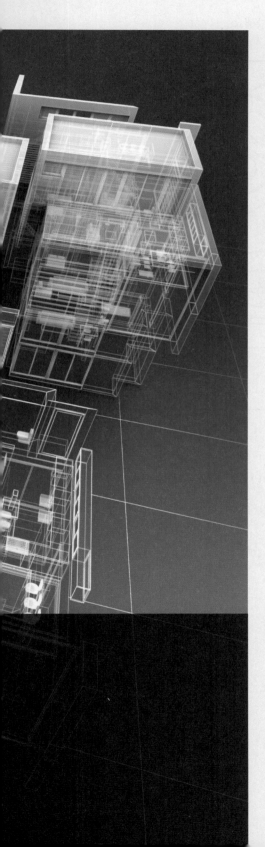

PART 05

Drafting
따라잡기

아래 도면을 참고하여 모델링을 완성한 후 Drafting 과정을 따라해 보세요.

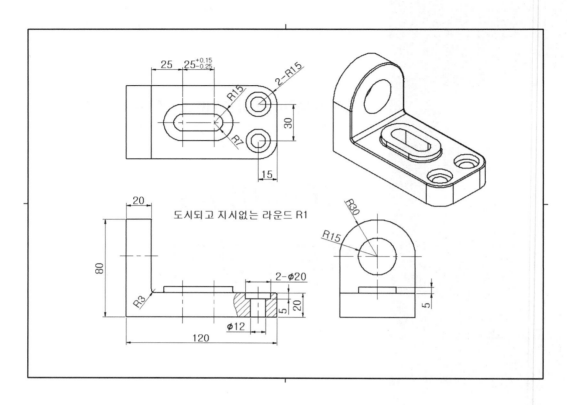

1 CATIA를 실행시킨 후 도면을 생성시킬 Model을 불러온다.

2 Workbench 도구막대의 아이콘 ⚙을 클릭한 후 생성된 Welcome to CATIA V5 대화상자에서 Drafting 아이콘📐을 클릭하면 과정 **5**의 New Drawing Creation 대화상자가 나타난다.

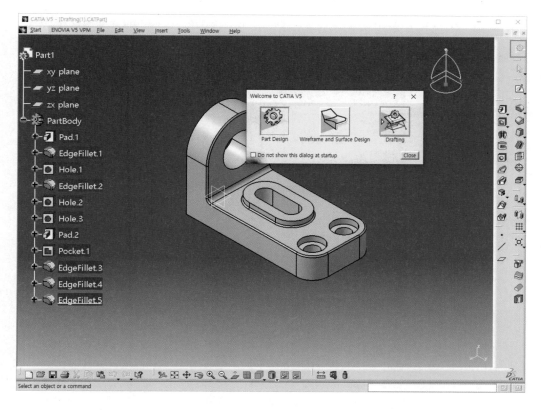

③ Welcome to CATIA V5 대화상자에서 Drafting 아이콘 이 나타나지 않을 경우에는 아래와 같이
설정한다.

① Tools → Customize...을 선택한 후 Customize 대화상자의 Start Menu 탭 왼쪽 영역에서 Drafting
을 선택하고 ➡️ 버튼을 클릭하여 오른쪽 영역으로 이동시키고 Close 버튼을 클릭한다.

② Workbench 도구막대의 아이콘 을 클릭하면 Welcome to CATIA V5 대화상자에서 Drafting 아
이콘 이 나타난다.

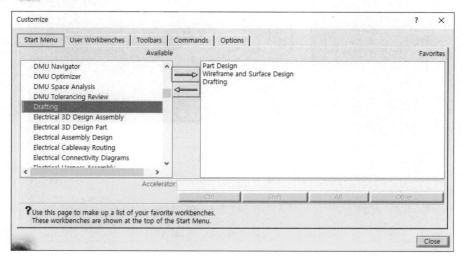

4 다른 방법으로 Start → Mechanical Design → Drafting을 선택하여 Drafting을 실행할 수 있다.

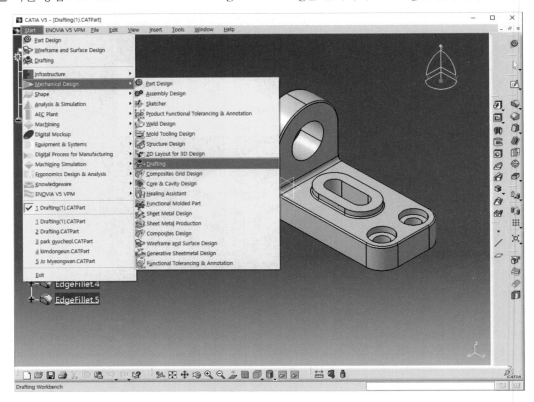

5 Drafting이 실행되기 전에 환경을 설정할 수 있는 New Drawing Creation 대화상자가 나타난다.

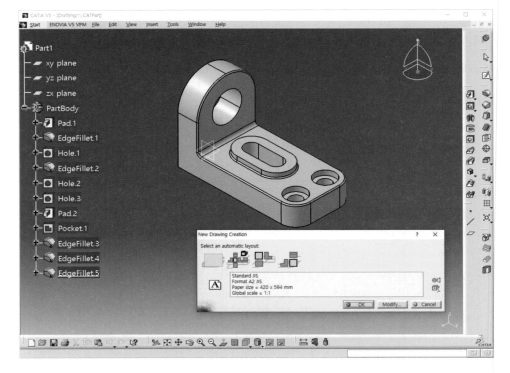

⑥ Select an automatic layout에서 생성할 도면 View의 Layout을 지정한다.

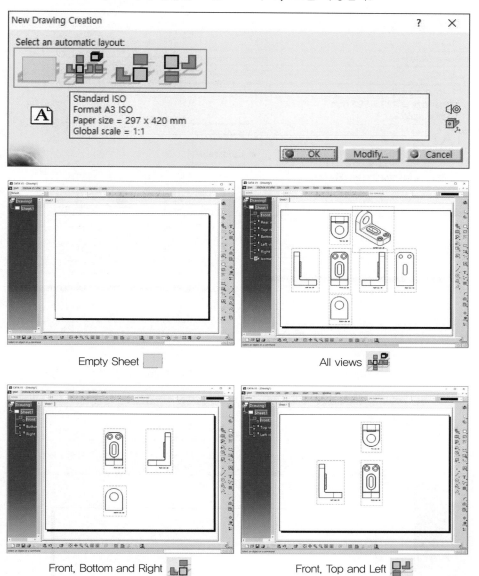

Empty Sheet

All views

Front, Bottom and Right

Front, Top and Left

⑦ Modify... 버튼(Modify...)을 클릭하면 New Drawing 대화상자가 나타나며 도면 용지의 규격(ISO, JIS 등), 용지 크기와 방향 등을 설정할 수 있다.

　① Standard : 표준 View 선택(ISO : 국제표준규격, JIS : 일본공업규격)

　② Sheet Style : 용지 크기 선택(A0~A4, B4~B5)

　③ 용지 방향 설정(Portrait : 세로 방향, Landscape : 가로 방향)

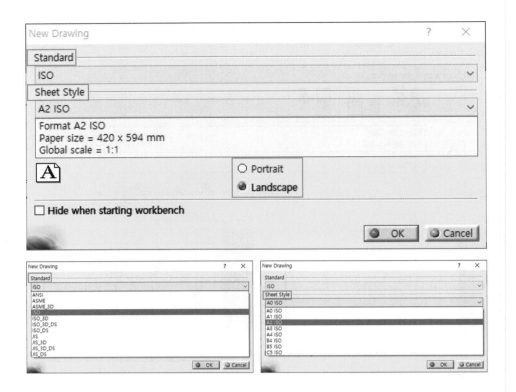

⑧ 여기에서는 New Drawing 대화상자에서 설정(JIS, A2, Landscape)을 마치고 OK 버튼을 클릭한다.

⑨ New Drawing Creation 대화상자에서 Layout으로 Empty Sheet ▢ 를 선택한 후 OK 버튼을 클릭하여 Drafting을 실행한다.

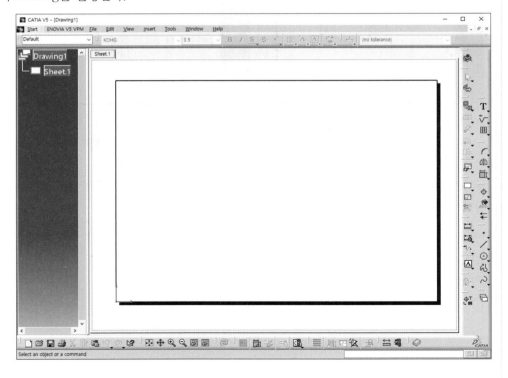

10 Drafting 창의 Specifications Tree 영역에서 Sheet.1을 선택하고 마우스 오른쪽 버튼을 클릭한 후 Properties를 선택한다.

11 Projection Method 영역의 Third angle standard(3각법)를 선택하고 OK 버튼을 클릭한다(ISO 규격을 선택할 경우 First angle standard로 지정되어 있으므로 반드시 수정해야 한다).

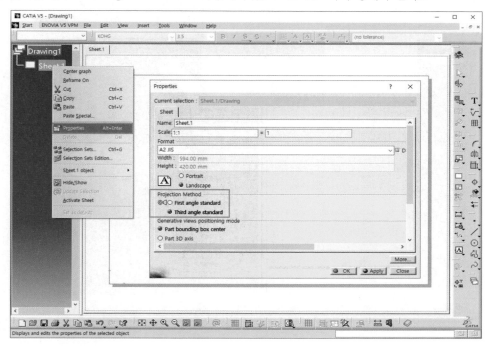

12 도구막대의 빈 공간에 마우스 포인터를 위치(1)시킨 후 오른쪽 버튼을 클릭하여 아래 그림과 같이 도구막대를 정리한다.

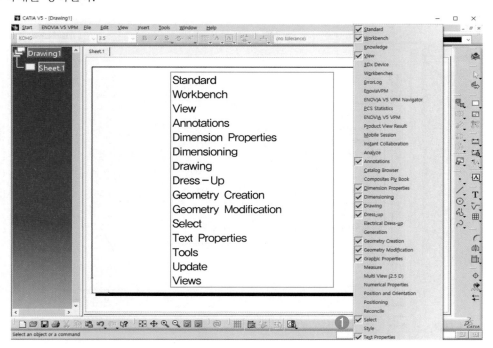

⑬ Window → Title Vertically를 선택한다.

⑭ 도면을 생성시킬 Model 창과 Drafting 창이 수직하게 분할되면 다음 과정을 참고하여 도면을 생성한다.

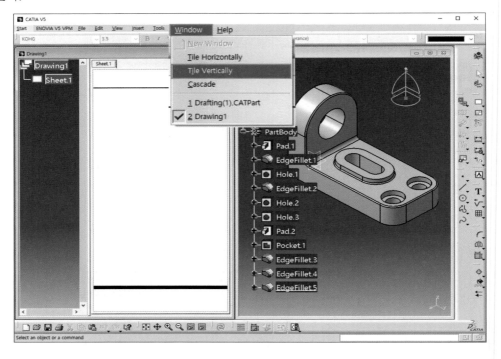

⑮ 도면을 생성하기 전에 Drafting의 환경 설정을 변경하고자 할 경우에는 Tools → Options... → Mechanical Design → Sketcher에서 변경할 수 있다.

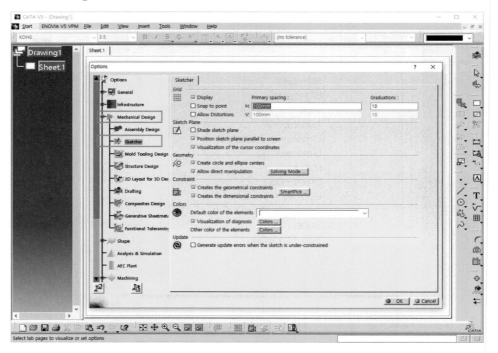

02 ▸ Drafting Toolbar

1 Views

[Front]

정면도 생성

① Front 아이콘 을 클릭한다.

② Model 창에서 정면도로 생성하고자 하는 면(1)을 선택하고 Drafting 창에서 정면도의 View를 미리보기로 확인한 후 옵션을 활용하여 원하는 형상으로 변형한다.

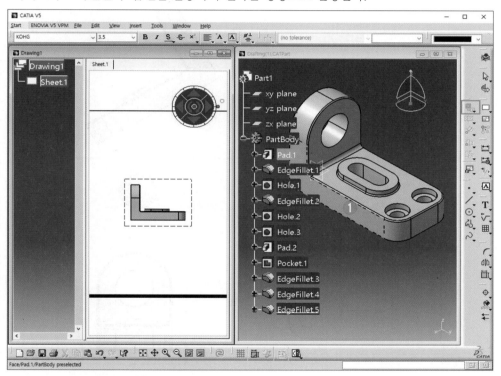

③ Drafting 창에서 보이는 원형의 아이콘 을 이용하여 정면도의 View를 원하는 형상으로 변형할 수 있다.

마우스를 클릭할 때마다 반시계 방향으로 30°씩 회전

 마우스를 클릭할 때마다 시계 방향으로 30°씩 회전

 마우스를 클릭할 때마다 X축을 기준으로 위쪽으로 90°씩 회전

 마우스를 클릭할 때마다 X축을 기준으로 아래쪽으로 90°씩 회전

 마우스를 클릭할 때마다 Y축을 기준으로 오른쪽으로 90°씩 회전

 마우스를 클릭할 때마다 Y축을 기준으로 왼쪽으로 90°씩 회전

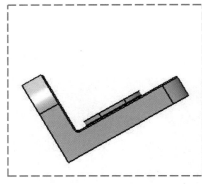

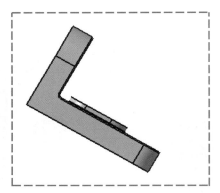

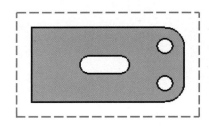

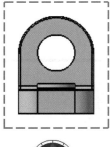

원형 아이콘의 옵션을 조정하여 회전 각도 조정하기

• 아이콘의 녹색 점에 마우스 포인터를 위치시킨 후 오른쪽 버튼을 클릭한다.
• Free hand rotation을 선택한다.
• 아이콘 바깥쪽의 원형 실선이 사라진다.
• 녹색 점에 마우스를 위치시킨 후 드래그하면 Model이 임의의 각도로 회전한다.

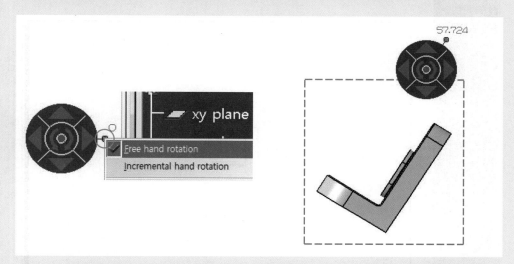

• 아이콘의 녹색 점에 마우스 포인터를 위치시키고 오른쪽 버튼을 클릭한다.
• Set increment...를 선택한다.
• Increment Setting 대화상자가 나타나면 Increment value(deg) 영역에서 회전 각도를 지정할 수 있다.
  여기에서는 45°로 수정한 후 OK 버튼을 클릭한다.
• 녹색 점을 선택하여 드래그하면 45° 간격으로 회전한다.

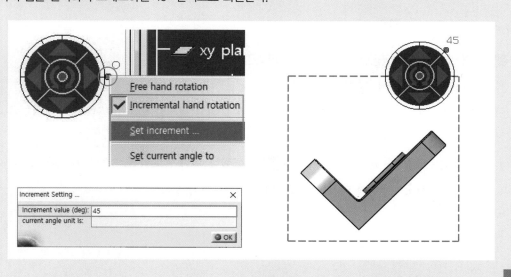

④ 정면도 View의 형상이 결정되었으면 원형의 아이콘 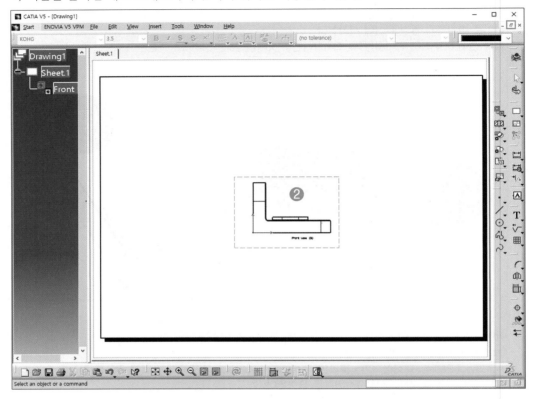 중심점이나 Drafting 창의 임의 영역(2)을 클릭하여 정면도를 생성한다.

⑤ Drafting 창을 최대로 확대하고 정면도의 View Frame(점선)에 마우스 포인터를 위치시킨 후 왼쪽 버튼을 클릭한 채로 드래그하여 임의의 위치로 이동할 수 있다.

[Projection View]

정면도와 수직한 View(평면도, 우측면도, 좌측면도 등) 생성

① Projection View 아이콘을 클릭한다.

② 정면도의 위쪽(1)에 마우스를 가져가면 View가 보이고 생성할 위치를 클릭하면 평면도가 생성된다.

③ 같은 방법으로 Projection View 아이콘을 클릭한 후 정면도의 오른쪽(2)에 마우스를 가져가면 View가 보이고 생성할 위치를 클릭하면 우측면도가 생성된다.

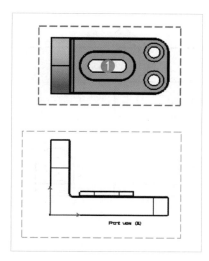

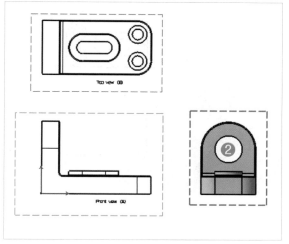

[Auxiliary View]

보조 투상도 생성

① Auxiliary View 아이콘 을 클릭한다.

② 보조 투상도를 생성할 Active View(빨간색 점선 사각형)의 임의의 두 지점(1, 2)을 클릭하고 두 점을 연결하는 직선에 직각 방향으로 마우스를 가져가면(3) 보조 투상도의 View가 생성된다.

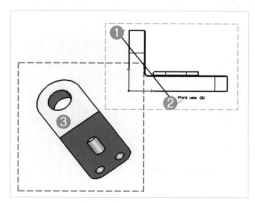

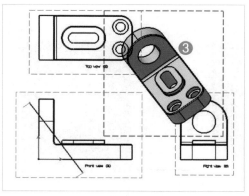

③ 여러 View가 존재할 경우에는 Auxiliary View를 생성하고자 하는 View의 View Frame(직사각형 점선)을 더블클릭하여 Active View로 지정한 후 적용해야 한다.

④ View Frame의 점선이 빨간색인 것이 Active View이다.

⑤ 다음 그림은 Top View(평면도)를 Active View로 지정한 후 Auxiliary View를 생성한 경우(4~6)로 위에서 Front View를 Active View로 지정한 후 생성한 Auxiliary View와는 전혀 다른 View가 생성된 것을 확인할 수 있다.

⑥ 따라서 Auxiliary View를 생성할 때는 보조 투상도로 생성할 View를 Active View로 먼저 지정한 후에 적용해야 한다.

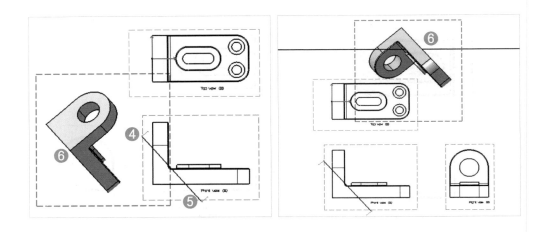

[Isometric View 🔲]

등각 투상도 생성

① Isometric View를 생성하기 전에 Part Design Mode에서 Model을 등각 View를 생성하기 위한 형태로 회전시킨다.

② Window → Vertically를 선택하여 화면을 수직으로 분할한다.

③ Isometric View를 생성할 형태로 Model을 회전시켜 변형한다(일반적으로는 Isometric View 아이콘 🔲 을 클릭하여 등각 투상도 형태로 생성).

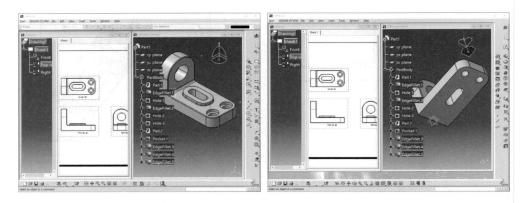

④ Drafting 영역의 임의 위치를 클릭하여 Drafting으로 전환한 후 Isometric View 아이콘 🔲 을 클릭한다.

⑤ Model 창에 있는 Model의 임의 면(1)을 클릭하면 화면에 보이는 형상과 똑같이 Drafting 창에 등각 투상도가 보이게 된다.

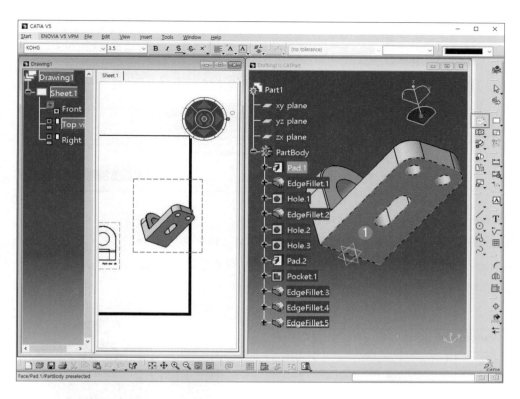

⑥ Drafting 창의 임의 위치(2)를 클릭하면 등각 투상도가 생성된다.

⑦ Drafting 창을 최대화하고 등각 투상도의 View Frame(직사각형 점선)을 선택한 후 드래그하여 원하는 위치로 이동시킨다.

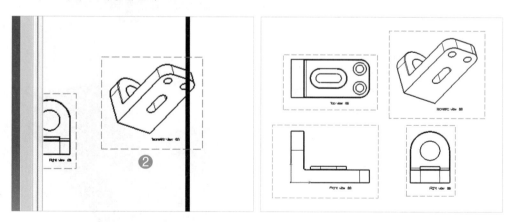

⑧ 생성한 등각 투상도에 색상을 적용해 보기로 한다.

⑨ Isometric View Frame을 선택한 후 마우스 오른쪽 버튼을 클릭한다.

⑩ Properties를 선택한 후 View 탭의 아래쪽 영역에서 View generation mode를 Raster로 선택한다.

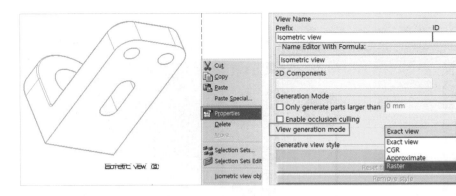

⑪ Raster 옆의 Options 버튼을 클릭한다.

⑫ Raster Mode에서 Shading with edges를 선택한 후 Close 버튼을 클릭한다.

⑬ Properties 대화상자에서 Apply 버튼을 클릭하면 적용된 형상을 미리 볼 수 있다.

⑭ OK 버튼을 클릭하여 색상을 적용한다.

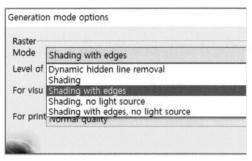

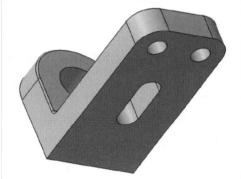

⑮ Options에 따른 적용 결과는 아래와 같다.

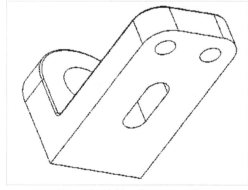

Dynamic hidden line removal

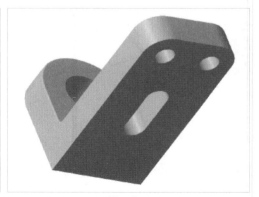

Shading

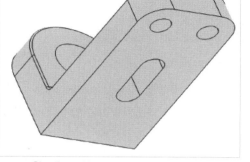

Shading, no light source   Shading with edges, no light source

⑯ 색상을 컬러로 적용하고자 할 때는 Model에 원하는 색상을 적용한다.

⑰ 색상을 바꿀 요소를 선택한 후 마우스 오른쪽 버튼을 클릭하여 Properties를 선택하고 Graphic 탭의 Fill → Color에서 원하는 색상을 선택한 후 OK 버튼을 클릭한다.

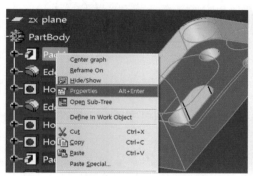

⑱ 위와 같은 방법으로 원하는 부분의 색상을 적용한다.

⑲ Drafting Mode에서 적용한 색상을 도면에 적용하기 위해 Update 아이콘 ⓔ을 클릭한다.

⑳ Isometric View Frame을 선택한 후 마우스 오른쪽 버튼을 클릭하여 Properties를 선택한다.

㉑ Dress-up 영역의 3D Colors를 체크한 후 Apply 버튼을 클릭하여 미리보기로 확인하고 OK 버튼을 클릭하여 적용한다.

㉒ Part Design Mode에서 Model에 적용했던 컬러가 그대로 적용되어 도면이 생성된 것을 볼 수 있다.

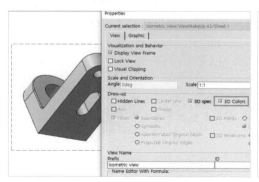

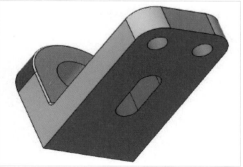

㉓ 다음 명령어 적용 과정에서는 컬러는 적용하지 않고 View를 생성하였다.

[Offset Section View 　]

단면도 생성

① 단면도를 생성할 View를 Active View로 변경하기 위해 Top View(평면도)의 View Frame(파란
색 점선)(1)을 더블클릭하면 빨간색 점선(2)으로 변경된다.

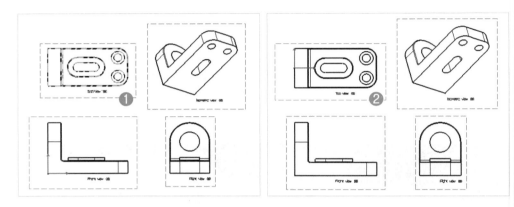

② Offset Section View 아이콘　을 클릭한다.

③ 단면도를 생성할 Active View에서 단면의 위치(3~6)를 연속하여 클릭하고 마지막 지점(6)에서
더블클릭한다.

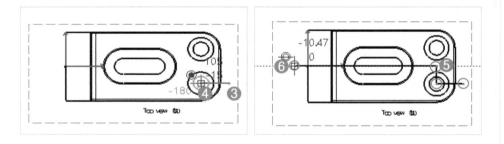

④ 단면도를 생성시킬 위치(7)에 마우스 포인터를 놓고 왼쪽 버튼을 클릭하면 단면도가 생성된다.
⑤ 생성된 단면도의 View Frame을 클릭하여 원하는 위치로 드래그하여 옮긴다.

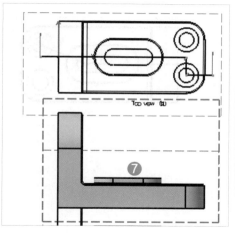

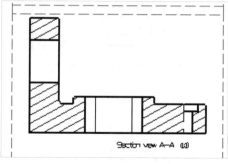

[Aligned Section View]

경사진 단면도를 생성

① 먼저, 앞에서 생성한 Offset Section View를 삭제한다.

Tree의 Sheet.1 → Section view를 선택한 후 마우스 오른쪽 버튼을 클릭하여 Delete를 선택하거나 Drafting 영역의 해당 View를 마우스로 선택한 후 키보드의 Delete 키를 누르면 제거된다.

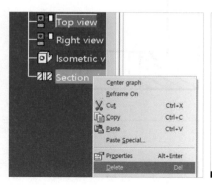

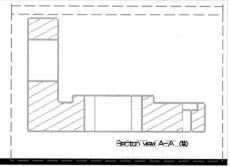

② Aligned Section View 아이콘 을 클릭한다.

③ Offset Section View 생성방법과 같은 방법으로 단면도를 생성하는데, Offset Section View는 수직 및 수평 방향으로만 절단하지만, Aligned Section View는 경사진 방향으로 절단하여 View를 생성할 수 있는데, 단면도를 생성한 위치(1~4)를 차례로 선택한 후 마지막 지점(4)에서 더블클릭한다.

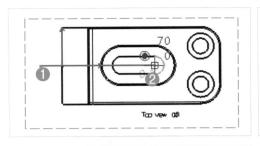
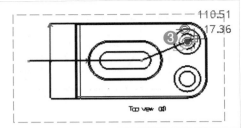

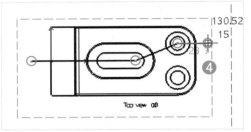

④ View를 생성할 위치(5)를 클릭하면 경사진 단면도가 생성된다.

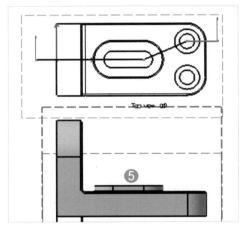
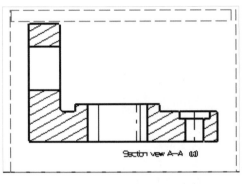

[Offset Section Cut 🔲🔲]

Hole의 실선을 제거한 단면도 생성

① Offset Section View를 통해 생성한 방법과 같게 단면도를 생성해 보자.

② Offset Section Cut 아이콘🔲🔲을 클릭한 후 단면도를 생성할 Active View에서 단면의 위치(1~3)를 연속해서 클릭하고 마지막 지점(3)에서 더블클릭한다.

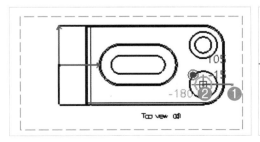
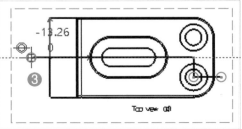

③ 단면도를 생성할 지점을 클릭(4)하여 생성한다.

④ Offset Section View와 다르게 Offset Section Cut로 생성한 단면도는 구멍의 실선이 생략된다.

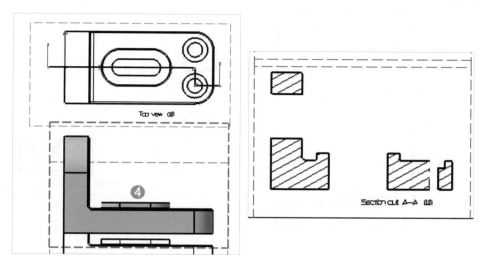

[Aligned Section Cut]

Hole의 실선을 제거한 경사진 단면도 생성

① Aligned Section View를 통해 생성한 방법과 같게 단면도를 생성해 보자.

② Aligned Section Cut 아이콘을 클릭한 후 단면도를 생성할 Active View에서 단면의 위치(1
~4)를 연속해서 클릭하고 마지막 지점(4)에서 더블클릭한다.

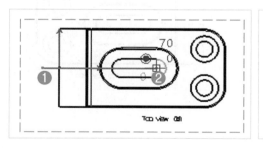
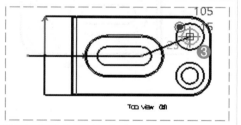
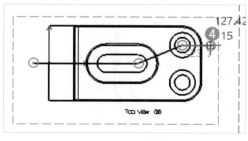

③ 원하는 지점(5)을 마우스로 클릭하여 단면도를 생성한다.

④ Aligned Section View와 다르게 Aligned Section Cut로 생성한 단면도는 구멍의 실선이 생략된다.

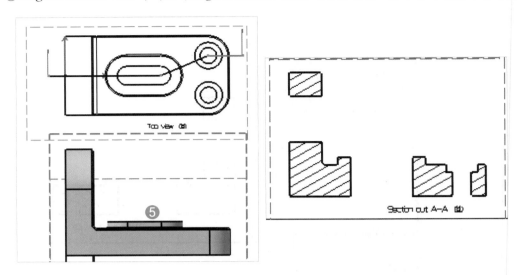

[Detail View 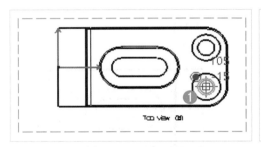]

원형 영역의 상세도 생성

① Detail View 아이콘 을 클릭한다.

② 확대하여 상세하게 표현하고자 하는 영역을 Circle 형태(1, 2)로 선택한다.

③ 원하는 위치(3)를 마우스로 클릭하여 Detail View를 생성한다.

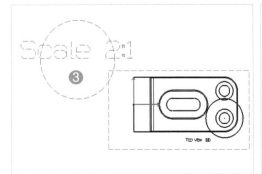
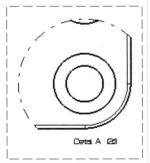

④ 생성한 상세도의 Scale을 변경하고자 할 경우에는 Detail View를 선택하고 마우스 오른쪽 버튼을 클릭한 후 Properties를 선택한다.

⑤ Properties 대화상자에서 Scale and Orientation의 Scale 영역에 변경하고자 하는 비율(3 : 1)을 입력하고 OK 버튼을 클릭한다.

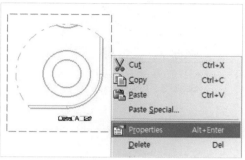
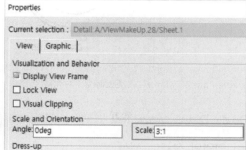

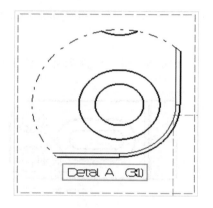

[Detail View Profile]

다각형 영역의 상세도 생성

① Detail View Profile 아이콘 을 클릭한다.

② 확대하여 상세하게 표현하고자 하는 영역을 다각형으로 클릭(1)한다.

③ 원하는 위치(2)를 마우스로 클릭하여 Detail View를 생성한다.

④ Scale의 변경(3 : 1)은 위의 Detail View와 같은 방법으로 적용(3)한다.

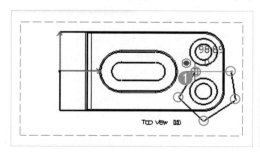
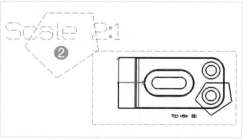

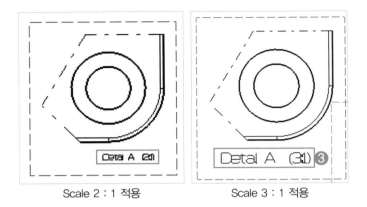

Scale 2 : 1 적용　　　　　　Scale 3 : 1 적용

[Quick Detail View 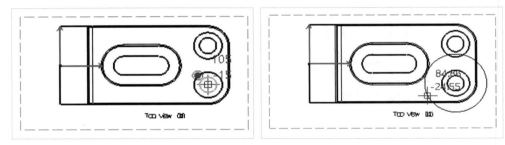]

원형 영역의 상세도 생성

① Detail View는 선택한 원형 영역의 물체 부분만 일점쇄선으로 표시되지만, Quick Detail View는 원형 전체 영역이 일점쇄선으로 표시된다.

② Quick Detail View 아이콘을 클릭한 후 Quick Detail View와 동일한 위치를 선택한다.

③ 원하는 위치를 마우스로 클릭하여 Quick Detail View를 생성한다.

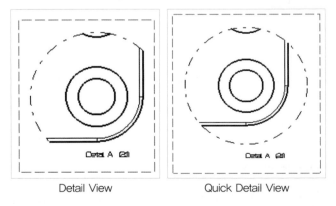

Detail View　　　　　　Quick Detail View

[Quick Detail View Profile]

다각형 영역의 상세도 생성

① Detail View Profile은 선택한 다각형 영역의 물체 부분만 일점쇄선으로 표시되지만, Quick Detail View Profile은 다각형 전체 영역이 일점쇄선으로 표시된다.

② Quick Detail View Profile 아이콘 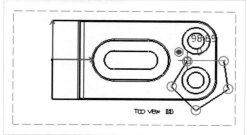을 클릭한 후 Detail View Profile과 동일한 위치를 선택한다.

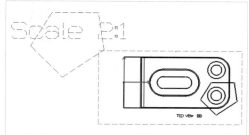

③ Detail View를 생성할 위치에 마우스를 클릭하여 View를 생성한다.

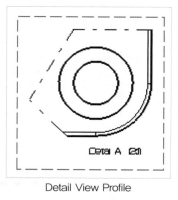
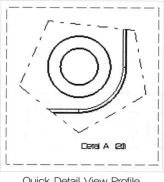

Detail View Profile   Quick Detail View Profile

[Clipping View 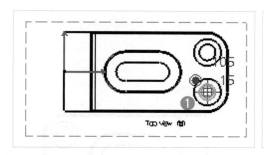]

선택한 원형의 영역만 남기고 다른 부분은 제거

① Clipping View를 적용할 View를 Active View로 지정한 후 Clipping View 아이콘 을 클릭한다.

② 남기고자 하는 영역을 Circle 형태(1, 2)로 선택한다.

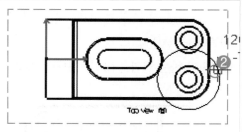

③ 선택한 영역만 남고 나머지 영역이 제거된 View가 생성된다.

④ Clipping View를 실행시키면 여러 기능이 적용되지 않기 때문에 반드시 Breakout View 등 필요한 명령을 적용 후 마지막으로 Clipping View를 생성해야 한다.

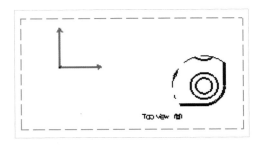

[Clipping View Profile 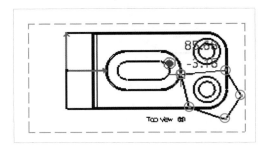]

선택한 다각형의 영역만 남기고 다른 부분은 제거

① Clipping View Profile 아이콘 을 클릭한다.

② 남기고자 하는 영역을 다각형 형태로 선택한다.

③ 선택한 영역만 남고 나머지 영역이 제거된 View가 생성된다.

 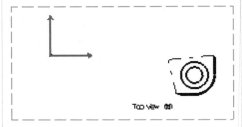

[Quick Clipping View]

선택한 원형의 영역만 남기고 다른 부분은 제거(원 자체가 점선 표시)

① Clipping View는 선택한 원형 영역의 물체 부분만 일점쇄선으로 표시되지만, Quick Clipping View는 원형 전체 영역이 일점쇄선으로 표시된다.

② Quick Clipping View를 적용할 View를 Active View로 지정한 후 Quick Clipping View 아이콘 을 클릭한다.

③ 남기고자 하는 영역을 Circle 형태(1, 2)로 선택한다.

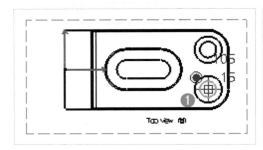 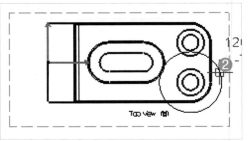

④ 선택한 영역만 남고 나머지 영역이 제거된 View가 생성된다.

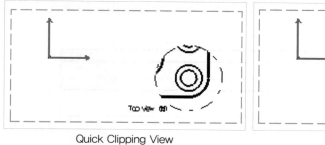
Quick Clipping View

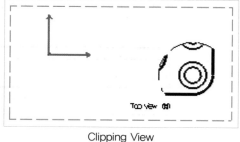
Clipping View

[Quick Clipping View Profile]

선택한 다각형의 영역만 남기고 다른 부분은 제거(다각형 전체가 점선 표시)

① Clipping View Profile은 선택한 다각형 영역의 물체 부분만 일점쇄선으로 표시되지만, Quick Clipping View Profile은 다각형 전체 영역이 일점쇄선으로 표시된다.

② Quick Clipping View Profile 아이콘 을 클릭한다.

③ 남기고자 하는 영역을 다각형으로 선택하면 선택한 영역만 남고 나머지 영역이 제거된 View가 생성된다.

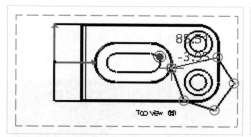

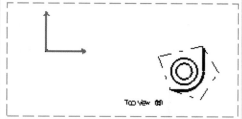

[Broken View]

길이가 긴 부품의 일부분을 절단하여 간단하게 표시

① 아래 그림과 같이 연속된 긴 부품의 일부분만 표시하고 중간 부분은 절단선으로 표시하는 View 를 생성한다(PartDesign에서 300mm의 Solid를 생성한 후 적용한다).

② Broken View 아이콘 을 클릭한다.

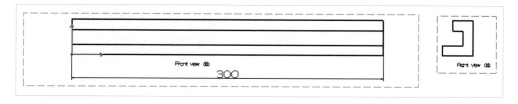

③ 부품의 생략할 위치(1~3)를 연속하여 클릭한 후 Drafting의 임의 영역(4)을 클릭한다.

④ 긴 부품의 중간 (2)와 (3) 지점 사이를 제거하고 절단선으로 짧게 표시되는 View가 생성된다.

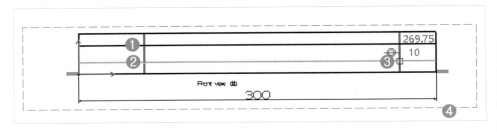

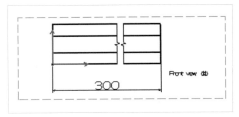

[Breakout View 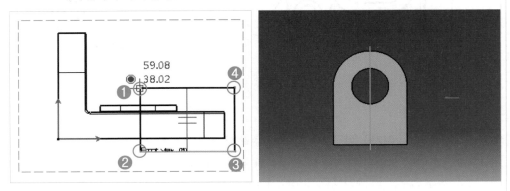]

부분 단면도 생성

① Breakout View 아이콘 을 클릭한다.

② 부분 단면도를 생성할 영역을 다각형 형태로 선택(1~4)하면 아래의 오른쪽 그림과 같이 3D Viewer 대화상자가 나타난다(1 → 2 → 3 → 4 → 1번 순으로 클릭).

③ 3D Viewer 대화상자에서 Model을 회전시켜서 절단시킬 위치를 마우스로 드래그하여 선택하고 OK 버튼을 클릭한다.

④ 마우스를 이용하여 투명한 절단 평면의 주황색 가장자리(5)를 드래그하여 위치를 지정할 수 있 지만, 설계자가 원하는 정확한 위치의 단면도를 생성하지 못할 수도 있다.

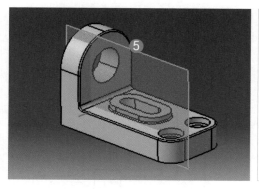
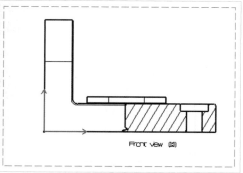

⑤ 부분 단면도를 생성할 부분이 대부분 Hole을 지난 경우가 많으므로 Drafting 영역의 Top View
에서 부분 단면도를 생성할 Hole(6)에 마우스를 가져가면 절단 평면이 중심으로 이동된 것을 볼
수 있다.

⑥ 3D Viewer 대화상자에서 OK 버튼을 클릭하면 선택한 Hole의 중심을 지나는 부분 단면도가 생
성된다.

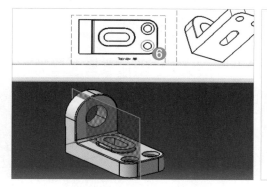
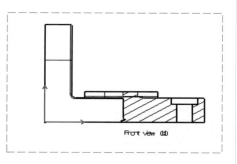

⑦ 기준점에서 특정 거리만큼 떨어진 부분 단면도를 생성하기 위해서는 절단 평면을 드래그하여 정확
한 위치를 지정할 수 없으므로 3D Viewer 대화상자에서 Depth Definition의 Reference Element
영역을 클릭하고 Drafting 영역의 Top View에서 기준면(7)을 선택한다.

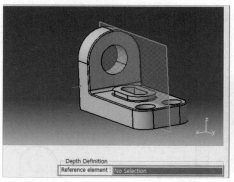
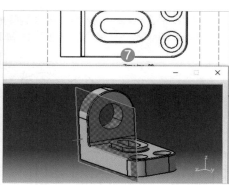

⑧ Depth 영역을 클릭하여 기준면에서의 단면 View를 생성시킬 거리를 입력한다.

⑨ 아래 그림은 폭이 60mm인 Solid에서 Depth에 15mm, 30mm를 적용시킨 결과 생성된 부분 단면
도이다.

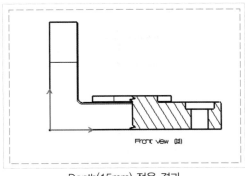

Depth(15mm) 적용 결과

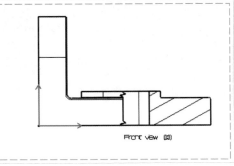

Depth(30mm) 적용 결과

생성한 View 이동하기

① Front View의 View Frame(점선)(1)을 클릭한 후 드래그하면 Top View, Right View 등 수직한 View가 함
께 이동된다.

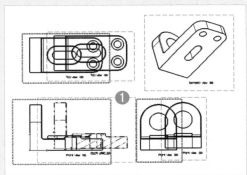

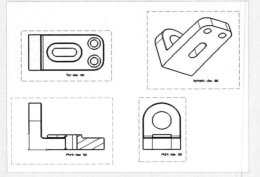

② Front View 이외의 View를 이동시키고자 할 경우에는 해당 View의 View Frame(점선)(2)을 클릭한 후 드
래그하면 Front View에 수직, 수평인 방향 또는 보조 투상도는 절단선에 수직인 방향으로만 이동된다.

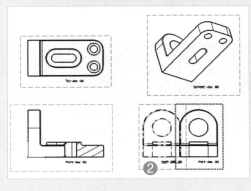

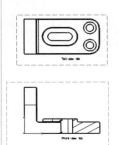

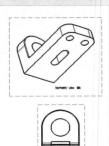

③ Top View나 Right View 등을 Front View의 위치와 상관없이 임의의 위치로 이동시키기 위해서는 이동시 킬 View(Top View)(3)를 선택하고 마우스 오른쪽 버튼을 클릭한다.

④ View Positioning ▶ Position Independently of Reference View를 선택하면 Front View와의 투상 관계 가 단절된다.

⑤ View(Top View)의 Display View Frame(4)을 클릭하고 원하는 위치로 드래그하면 Front View와 수직한 방향이 아닌 임의의 방향으로 View가 이동된다.

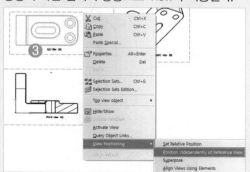
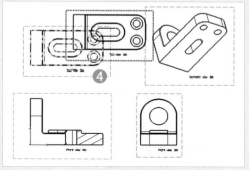

⑥ Front View의 View Frame(5)을 클릭하고 드래그하면 투상관계를 유지하고 있는 Right View(6)는 함께 이동하지만 Top View는 이동되지 않는다.

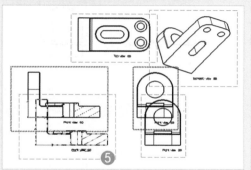
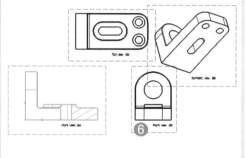

⑦ 투상 관계가 단절된 View를 원래대로 복원시키기 위해서는 해당 View(7)를 선택하고 마우스 오른쪽 버튼 을 클릭한다.

⑧ View Positioning ▶ Position According to Reference View를 선택하면 Front View와의 투상 관계가 수 직(8)이 되도록 원래대로 복원된다.

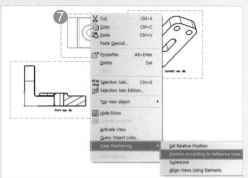
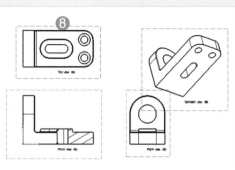

⑨ Top View의 View Frame(9)을 클릭하고 드래그하면 Front View와 수직한 방향으로만 이동한다.

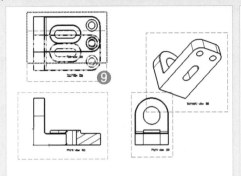
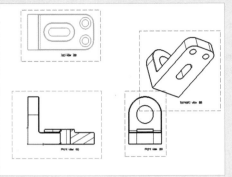

⑩ 등각 투상도(10)는 Front View와 수직인 관계가 형성되어 있지 않으므로 임의의 위치로 이동할 수 있다.

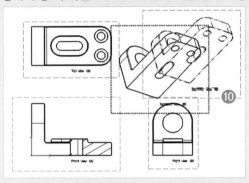
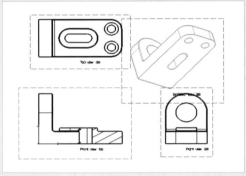

View를 생성한 후 쉽게 도면 완성하기

① 앞에서 진행한 것과 같이 Views 도구막대의 기능을 이용하여 생성하고자 하는 View를 모두 완성한다.

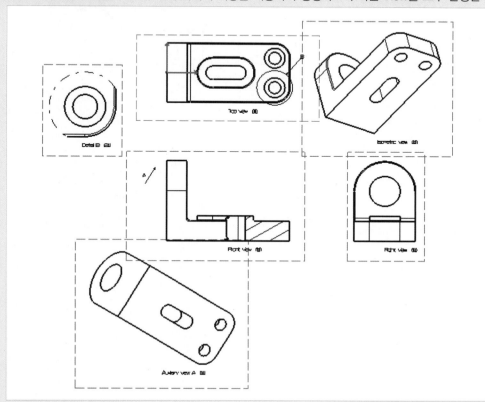

② File → Save As...를 선택한다.
③ 저장할 위치와 파일명을 입력한 후 파일 형식(T)을 AutoCAD 파일 형식인 dwg로 선택하고 OK 버튼을 클릭한다.

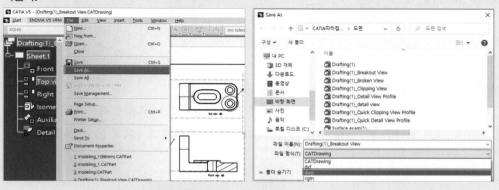

④ AutoCAD를 실행시키고 저장한 파일을 불러온다.

⑤ Command : 영역에 Z(oom)를 입력하고 Enter↵ 키를 누른 후 A(ll)를 입력하고 다시 Enter↵ 키를 누르면 CATIA에서 생성한 도면이 나타난다.

⑥ CATIA에서는 View를 생성하고 익숙한 AutoCAD에서 2D 도면 작업을 실시하면 쉽게 완성할 수 있다.

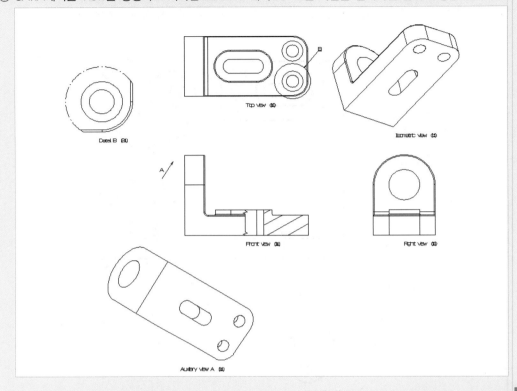

2 Dimensioning

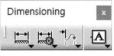

[Dimensions ]

선택한 요소에 치수 생성

① 먼저 Tree에서 생성한 View를 모두 선택한 후 마우스 오른쪽 버튼을 클릭한다.

② Properties를 선택한 후 Dress-up 영역의 Fillets를 체크 해제 후 OK 버튼을 클릭한다.

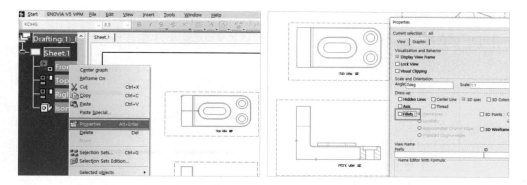

③ 치수를 적용할 Front View의 View Frame을 더블클릭하여 Active View(빨간색 점선)로 지정한다.

④ Dimensions 아이콘 ▨을 클릭하면 Tools Palette 도구막대가 나타나 두 요소 사이에 생성시킬 치수의 형태인 수평, 수직, 대각선 등을 지정한다. 보통 Projected Dimension 아이콘 ▨을 이용하여 치수를 생성한다.

⑤ 치수를 적용하고자 하는 요소(1, 2)를 선택하고 치수를 생성시킬 위치(3)를 마우스로 클릭한다. 아래 오른쪽 그림처럼 필요한 치수를 생성한다.

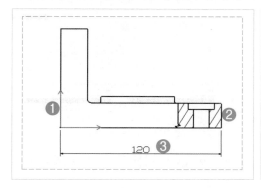 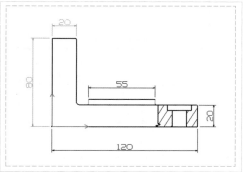

⑥ Dimensions 아이콘 ▨으로 Length뿐만 아니라 Dimensions 도구막대에 있는 Angle, Circle의 직경이나 반경 등의 여러 형태의 치수 ▨ ▨ ▨ ▨를 적용할 수 있다.

⑦ Dimensions 아이콘 ▨을 클릭하고 Circle이나 Arc를 선택한 후 마우스 오른쪽 버튼을 클릭하여 나타나는 Diameter와 Radius를 선택하면 직경과 반경 치수를 적용할 수 있다.

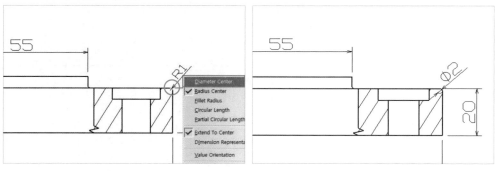

⑧ 생성한 치수 관련 요소를 변경하고자 할 경우에는 해당 요소를 선택하고 마우스 오른쪽 버튼을
클릭한 후 Properties를 선택하여 치수선, 치수 보조선, 문자, 공차 등을 변경할 수 있다.

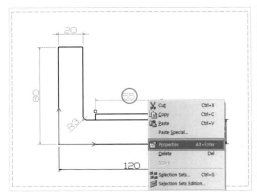
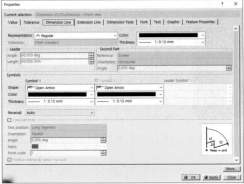

⑨ Dimension Line 탭에서 Symbols의 Shape를 Filled Arrow로 선택하고 Apply 버튼을 클릭한다.
⑩ Dimension Line의 화살표가 채워진 형태로 변경되어 적용된 것을 확인할 수 있다.

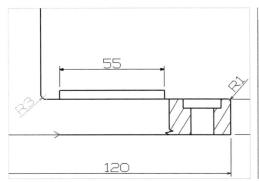
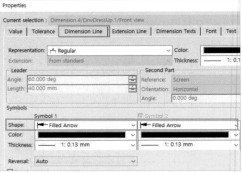

⑪ Font 탭에서 Style을 Bold, Size를 7.000mm로 선택한 후 Apply 버튼 클릭하여 변경된 치수 Font
를 적용하고 변경이 완료되었으면 OK 버튼을 클릭한다.

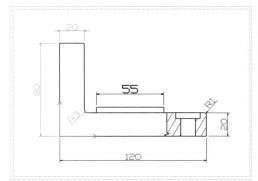
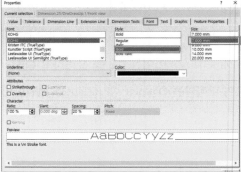

⑫ Dimensions 아이콘 ⊞ 을 클릭한 후 Hole에 치수를 생성한다.

⑬ φ20치수를 선택하고 마우스 오른쪽 버튼을 클릭하여 Properties를 선택한다.

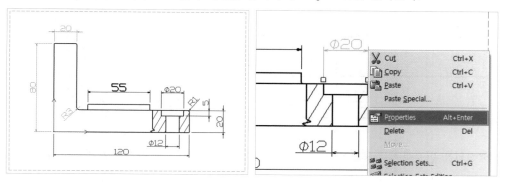

⑭ Dimension Texts 탭에서 Associated Texts의 왼쪽 빈 공간에 "2−"를 입력하고 OK 버튼을 클릭한다.

⑮ 생성된 치수 문자를 외형선과 겹치지 않도록 드래그하여 이동시킨다.

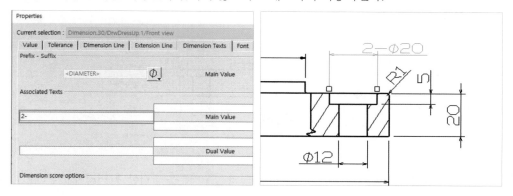

⑯ Hole에 생성한 부분 단면도의 절단선을 가는 실선으로 변경해 보자.

⑰ 절단선을 선택한 후 마우스 오른쪽 버튼을 클릭하고 Properties를 선택한다.

⑱ Graphic 탭 → Line and Curves → Thickness에서 가는 실선(0.13mm)을 선택한 후 OK 버튼을 클릭하여 절단선을 가는 실선으로 변경한다.

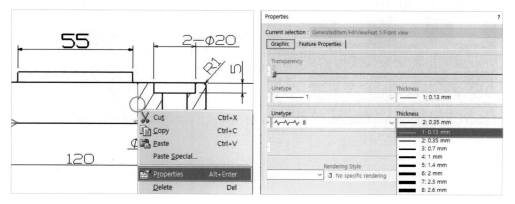

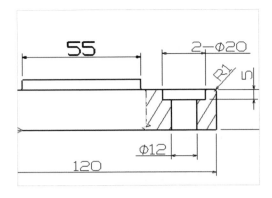

⑲ 해칭선을 변경하기 위해 Ctrl 키를 누른 상태에서 양쪽 모두를 선택한 후 마우스 오른쪽 버튼을 클릭하고 Properties를 선택한다.

⑳ Pattern 탭을 클릭한 후 Hatching11에서 Angle 영역에 45deg를 입력하고 Pitch 영역에 해칭선의 간격(3mm)을 입력한 후 Apply 버튼을 클릭하여 적용한다.

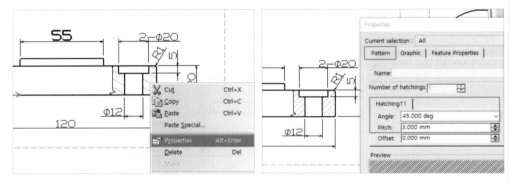

㉑ 해칭선의 종류를 변경할 때는 Type : Hatching 옆의 ⋯ 버튼을 클릭한 후 변경하고자 하는 Pattern 을 선택하고 OK 버튼을 클릭한다.

㉒ Hatching11의 Pitch 영역에서 해칭선의 간격(3mm)을 수정한 후 Apply 버튼을 클릭하여 적용한다.

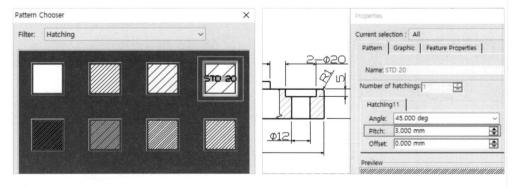

㉓ 해칭선 대신에 색상으로 채우고자 할 경우에는 Type에서 Coloring을 선택한 후 ⬚ 버튼을 클릭한다.

㉔ 원하는 색상을 선택한 후 OK 버튼을 클릭한다.

㉕ Properties 대화상자에서 선택한 Color가 지정되었으면 Apply 버튼을 클릭하여 도면에 적용한 후 OK 버튼을 클릭한다.

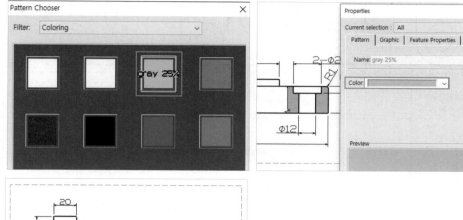

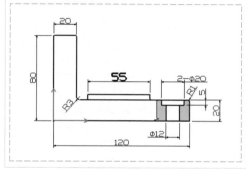

㉖ Top View를 Active View로 변경한다.

㉗ Dimensions 아이콘 ⬚ 을 클릭한 후 두 개의 Hole을 선택(4, 5)하면 중심 사이의 거리 치수가 나타난다.

㉘ 치수를 생성하기 전에 마우스 오른쪽 버튼을 클릭하여 치수의 생성 위치를 변경할 수 있다. 아래의 오른쪽 그림은 선택한 두 Hole 사이의 최단 거리를 지정할 경우의 예시이다.

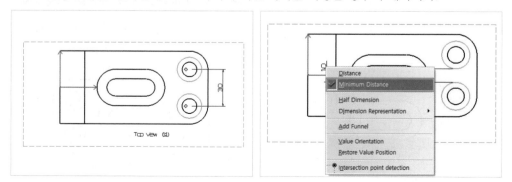

㉙ 다음 표는 Hole 사이의 치수 적용 예시를 보여주는 것으로 참고하도록 하자.

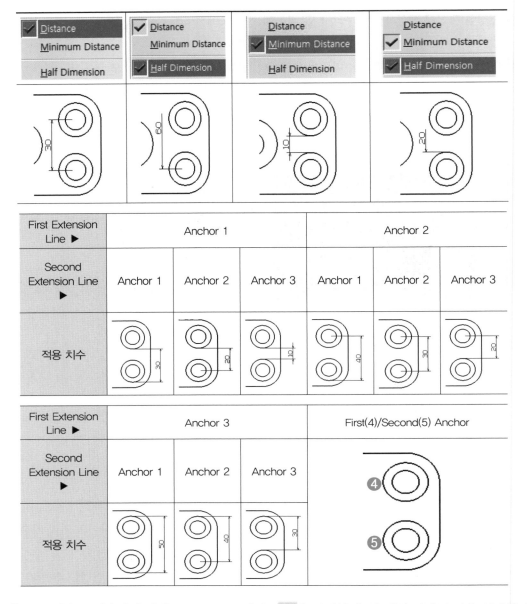

Distance ✓	Distance ✓	Distance	Distance
Minimum Distance	Minimum Distance	Minimum Distance ✓	Minimum Distance ✓
Half Dimension	Half Dimension ✓	Half Dimension	Half Dimension ✓

First Extension Line ▶	Anchor 1			Anchor 2		
Second Extension Line ▶	Anchor 1	Anchor 2	Anchor 3	Anchor 1	Anchor 2	Anchor 3
적용 치수	30	20	10	40	30	20

First Extension Line ▶	Anchor 3			First(4)/Second(5) Anchor
Second Extension Line ▶	Anchor 1	Anchor 2	Anchor 3	
적용 치수	50	40	30	④ ⑤

㉚ 각도 치수를 적용하기 위해 Dimensions 아이콘 을 클릭한 후 두 개의 직선(6, 7)을 선택한다.

㉛ 마우스 오른쪽 버튼을 클릭한 후 Angle을 선택하고 각도 치수를 생성할 위치(8)를 클릭한다.

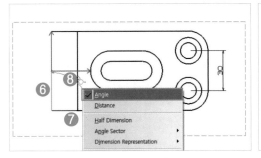
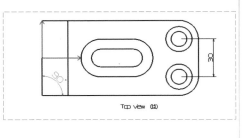

㉜ Top View에 기타 필요한 치수를 생성한다.

㉝ 생성된 치수에 치수공차를 적용하기 위해 공차를 적용할 25mm 치수(9)를 선택한 후 마우스 오른쪽 버튼을 클릭한다.

㉞ Properties 대화상자에서 Tolerance 탭을 선택하면 일반치수(no tolerance)가 적용된 것을 볼 수 있다.

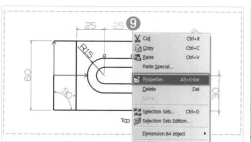
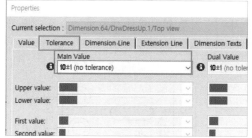

㉟ Main Value 영역에서 다양한 형태의 치수공차 형식(±0.01 또는 H/h 등)을 선택하면 선택된 형식에 따라 공차값을 입력 또는 선택할 수 있도록 아래 Upper value(Lower value)와 First value(Second value) 영역이 활성화된다.

㊱ 적용하고자 하는 공차를 선택하거나 직접 입력한 후 OK 버튼을 클릭하면 해당 치수에 치수공차가 적용(10)된다.

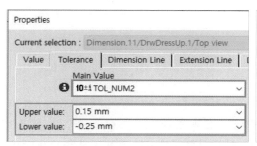
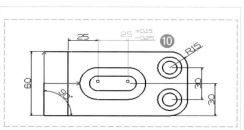

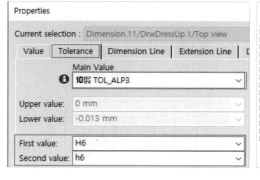
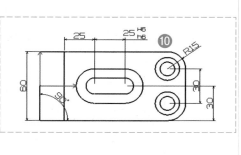

[Re – route Dimensions 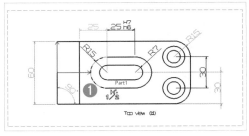]

이미 생성한 치수의 기준 변경

① Re – route Dimensions 아이콘을 클릭한다.

② 이미 생성한 치수 중에서 기준을 변경할 치수(25mm)를 선택한다.

③ 새롭게 생성할 치수의 기준 위치(1)를 클릭하고 새롭게 적용할 위치(2)를 클릭하면 이미 생성된 치수가 기준 위치에서 새롭게 치수를 적용할 위치까지 연장되어 45mm(3)의 치수로 변경된다.

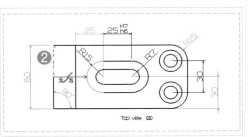
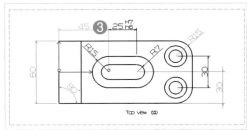

[Create Interruption(s) 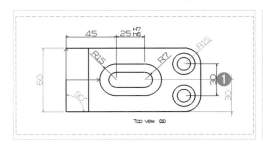]

치수선과 치수 보조선이 겹칠 때 교차하는 치수 보조선을 끊음

① 아래 그림과 같이 도면에 치수를 적용할 때 치수선과 치수 보조선이 겹치는 경우(1)가 발생한다.

② Create Interruption(s) 아이콘을 클릭한다.

③ 교차하는 치수선 중 치수 보조선을 일부 제거할 치수선(2)을 선택한다.

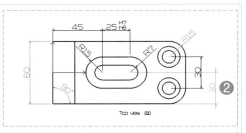

④ 치수선과 교차하는 치수 보조선의 두 지점(3, 4)을 클릭하면 선택한 두 지점이 제거된다.

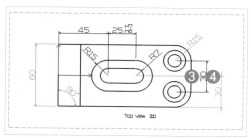

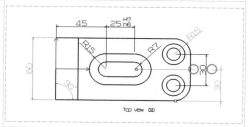

[Remove Interruption(s) 🔲]

Create Interruption(s) 명령어로 제거한 치수선과 교차된 치수 보조선 복원

① 앞에서 Create Interruption(s) 명령어로 제거한 치수 보조선을 복원해 보자.

② Remove Interruption(s) 아이콘🔲을 클릭한다.

③ 치수 보조선이 끊어진 치수선(1)을 클릭한다.

④ 원래대로 복원시킬 끊어진 치수 보조선(2)을 선택하면 원래대로 복원된다.

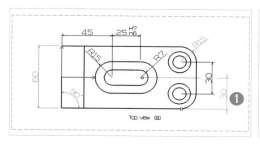

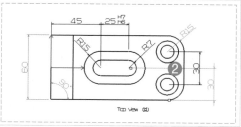

[Create/Modify Clipping 🔲]

이미 생성된 치수선의 일부분 제거

① Create/Modify Clipping 아이콘🔲을 클릭한다.

② 치수 중에서 일부분을 제거할 60mm의 치수선(1)을 선택한다.

③ 남기고자 하는 기준으로 한쪽 치수 보조선(2)을 선택한 후 자르고자 하는 치수선의 위치(3)를 선택한다.

④ 기준으로 선택한 치수 보조선을 기준으로 치수선의 일부만 남고 제거(4)된다.

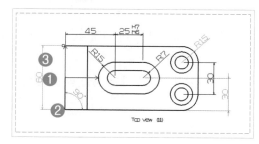

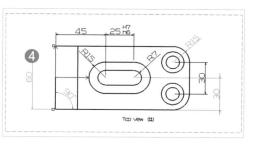

[Remove Clipping 📇]

Create/Modify Clipping 명령어로 일부 제거된 치수선을 원래대로 복원

① Remove Clipping 아이콘 📇 을 클릭한다.

② 앞에서 Create/Modify Clipping 명령어를 적용하여 일부를 제거한 치수선(1)을 선택한다.

③ 치수선이 온전하게 복원(2)된 것을 확인할 수 있다.

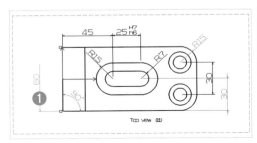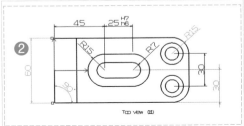

[Datum Feature 🅐]

데이텀 생성

① 정면도의 View Frame을 더블클릭하여 Active View로 변경한다.

② Datum Feature 아이콘 🅐 을 클릭한다.

③ 데이텀을 생성할 외형선이나 치수 보조선(1)을 클릭한 후 임의의 위치를 클릭하여 생성한다 (Shift 키를 누른 상태에서 마우스를 움직일 때 부드럽게 이동된다).

④ Datum Feature 대화상자가 나타나면 생성할 데이텀 기호(영문 대문자로 도면에 중복되지 않도록 기입)를 입력하고 OK 버튼을 클릭한다.

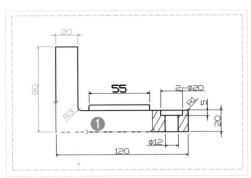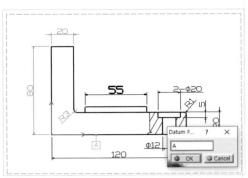

⑤ 속이 빈 역삼각형의 데이텀 화살표가 생성되는데, 이를 변경하기 위해 데이텀을 선택하면 노란색 마름모 형상이 나타나고 이때 마우스 오른쪽 버튼을 클릭한다.

⑥ Symbol Shape → Filled Triangle을 선택하면 속이 찬 역삼각형으로 바뀐 것을 볼 수 있다.

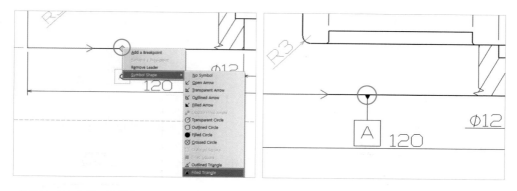

⑦ 같은 방법으로 필요한 곳에 데이텀(B)을 추가로 생성(2)할 수 있다.

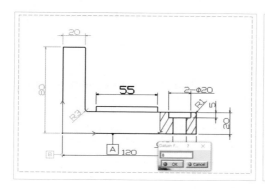

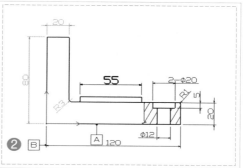

[Geometrical Tolerance 🔲]

기하공차 생성

① 데이텀을 기준으로 적용할 기하공차를 원하는 위치에 생성할 수 있다.

② Geometrical Tolerance 아이콘 🔲 을 클릭한다.

③ 기하공차를 적용할 외형선이나 치수 보조선(1)을 클릭(여기서는 외형선에 적용)한 후 Shift 키를 누른 상태에서 기하공차가 위치할 임의 위치로 마우스를 옮기면 외형선에 직각이 되도록 움직인다.

④ 임의의 위치(2)에서 마우스 왼쪽 버튼을 클릭하면 Geometrical Tolerance 대화상자가 나타난다.

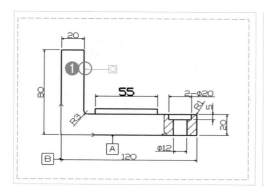

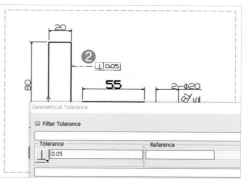

⑤ Tolerance 영역에서 적용할 기하공차 종류(직각도 공차 ⟂)와 공차값(0.01), Reference 영역에
　데이텀 A를 각각 입력하고 OK 버튼을 클릭하면 기하공차가 생성된다.

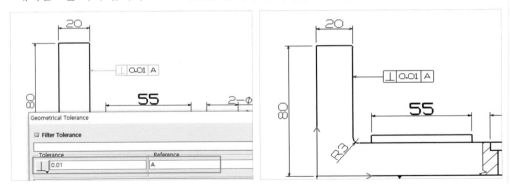

⑥ 생성된 기하공차를 변경하기 위해 기하공차를 클릭하면 조절점과 화살표 등이 나타난다.

⑦ 기하공차 틀 앞에 열려 있는 화살표를 채워진 삼각형 화살표로 변경해 보자.

⑧ 기하공차 틀을 선택하면 화살표에 노란색 마름모(3)가 나타나는데, 여기에 마우스 포인터를 위
　치시킨 후 오른쪽 버튼을 클릭한다.

⑨ Symbol Shape ▶ Filled Arrow를 선택하여 속이 채워진 화살표로 변경한다.

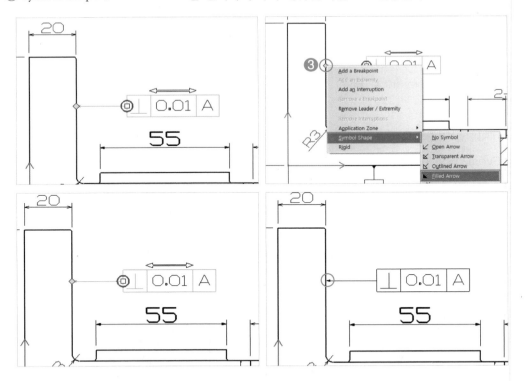

⑩ 필요한 기하공차가 있으면 추가로 생성한다.

⑪ 평행도 공차를 생성하기 위해 Geometrical Tolerance 아이콘 을 클릭한 후 80mm 치수 보조선(4)을 선택한다.

⑫ 기하공차를 생성할 위치(5)로 마우스를 이동시킨 후 클릭한다.

⑬ Geometrical Tolerance 대화상자가 나타나면 공차 종류(평행도 공차), 공차값(0.05), 데이텀(A)을 입력하고 OK 버튼을 클릭한다.

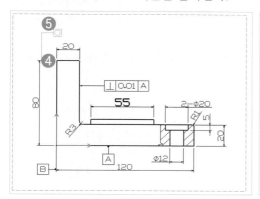 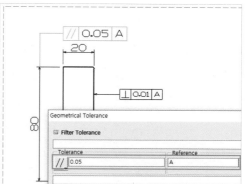

⑭ 기하공차의 위치를 조정하기 위해 기하공차 틀 위에 생성된 화살표(6)를 Shift 키를 누른 상태에서 드래그하여 이동시킨다.

⑮ 화살표를 속이 찬 삼각형으로 변경하기 위해 화살표 끝에 마우스 포인터를 위치시킨 후 오른쪽 버튼을 클릭하고 Symbol Shape ▶ Filled Arrow를 선택한다.

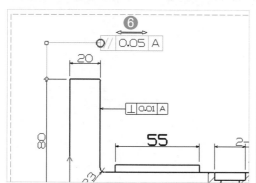 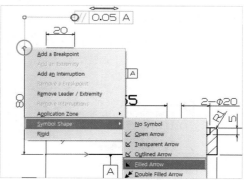

⑯ 기하공차 틀 앞에 추가로 조절 점을 생성하고자 할 때는 노란색 마름모에 마우스 포인터를 위치시킨 후 오른쪽 버튼을 클릭하여 Add a Breakpoint를 선택한다.

⑰ 마름모 조절점이 추가(7)되었고 조절점을 이동하여 원하는 형상으로 변경할 수 있다.

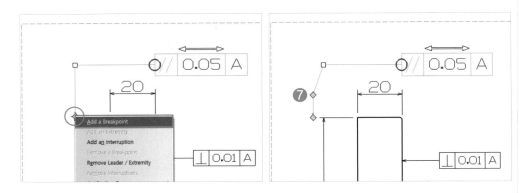

⑱ 필요시 조절점을 추가할 수 있으며, 생성한 조절점을 조정하여 원하는 위치에 기하공차가 위치
하도록 하고 도면의 임의 영역(8)을 클릭하여 생성한다.

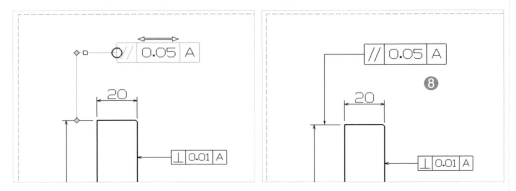

⑲ 추가한 Breakpoint를 제거할 때는 삭제하고자 하는 마름모(9)를 선택한 후 마우스 오른쪽 버튼을
클릭하여 Remove a Breakpoint를 선택한다.

⑳ 기하공차는 적당한 위치로 이동시켜 완성한다.

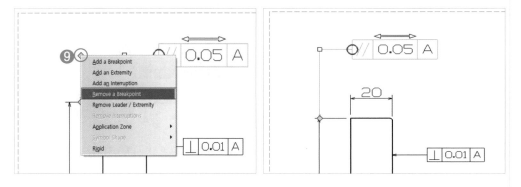

3 Annotation

[Text **T**]

문자 생성

① 기존의 View와 별도로 존재하는 요소를 생성할 때는 새로운 View 틀을 생성한 후 그 안에 생성하는 것이 편리하다.

② Drawing 도구막대의 New View 아이콘 ⊞을 클릭한 후 도면의 임의 위치(1)를 클릭하면 새로운 View 틀이 생성된다.

③ Text 아이콘 **T**을 클릭한다.

④ 새로 생성한 View를 Active View로 선택된 상태에서 View 안의 임의의 위치(2)를 클릭하면 Text Editor 대화상자가 나타나는데, 여기에 생성할 문자(CATIA V5 따라잡기)를 입력한다.

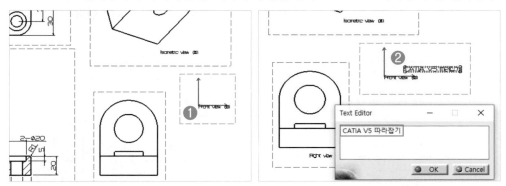

⑤ Text Properties 도구막대에서 글자 크기를 지정(5mm)하고 OK 버튼을 클릭하면 새로운 View에 문자가 생성된다.

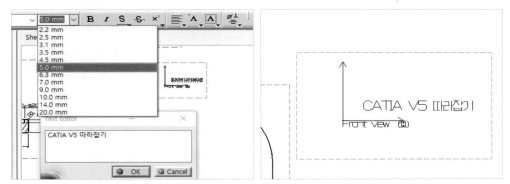

⑥ 이렇게 새로운 View를 생성한 후 Text를 입력하면 기존의 View와 연관되지 않고 독립적으로 존재하기 때문에 도면의 임의 위치로 자유롭게 이동(3)시킬 수 있다.

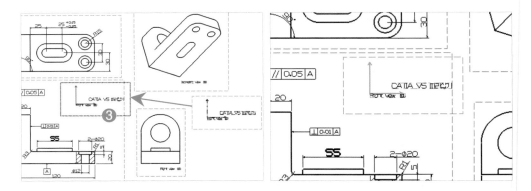

⑦ 하지만, View를 생성하지 않고 Text를 입력하면 Active View에 Text가 생성된다.

⑧ 아래 그림은 정면도를 Active View로 선택한 후 Text를 입력한 것이다.

⑨ Text 아이콘 **T**을 클릭한 후 문자를 생성할 임의 위치(4)를 클릭한다.

⑩ 정면도의 View Frame의 영역이 확대되면서 문자가 생성되며 생성한 문자만 임의 위치로 이동할 수 없어 주서 등을 입력할 경우에는 새로운 View를 생성한 후 그 View에 입력하고 자유롭게 위치를 이동시켜 배치하는 것이 편리하다.

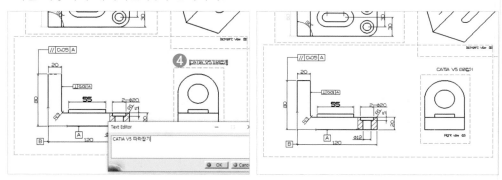

[Text With Leader ⏞]

문자가 있는 지시선 생성

① Text With Leader 아이콘 ⏞을 클릭한다.

② 지시선을 생성할 외형선(1)을 선택 후 임의 위치(2)를 클릭한다.

③ Text Editor 대화상자에 문자(2−)를 입력하고 Text Properties 도구막대에서 특수문자(ϕ)를 선택한 후, 글자 크기(5mm) 등을 지정하고 OK 버튼을 클릭한다.

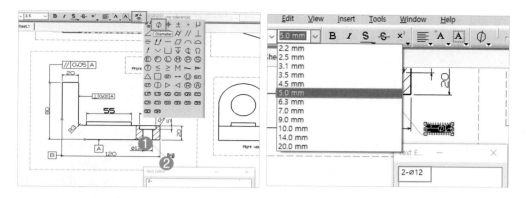

④ 문자(2−φ12)를 갖는 지시선이 생성되었다.

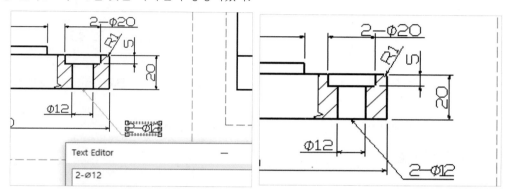

[Ballon 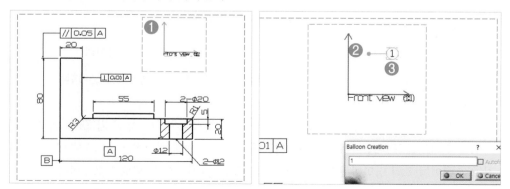]

부품번호 생성

① 부품번호가 위치할 새로운 영역을 New View 아이콘 ⊞ 을 클릭하여 생성(1)한다.

② Ballon 아이콘⑥을 클릭한다.

③ 새로 생성한 View 영역(2)을 클릭한 후 마우스 포인터를 이동시켜 임의의 위치(3)를 클릭하면
   Balloon Creation 대화상자가 나타난다.

④ 생성할 부품번호를 입력(여기서는 1)한 후 OK 버튼을 클릭한다.

⑤ 원문자와 연결된 직선과 점을 제거하기 위해 생성한 Ballon을 선택하면 노란색의 마름모가 나타나는데, 마우스로 선택한 후 오른쪽 버튼을 클릭한다.

⑥ Remove Leader/Extremity를 선택하여 직선과 점을 제거한다.

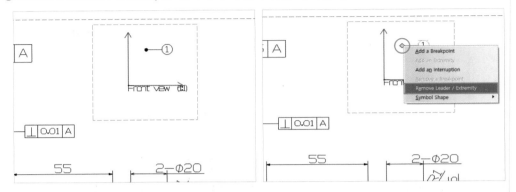

⑦ 생성한 Ballon을 선택한 후 Text Properties 대화상자에서 Ballon의 크기(7mm)를 선택하여 변경한다.

⑧ View Frame을 선택한 후 드래그하여 원하는 위치로 이동시킨다.

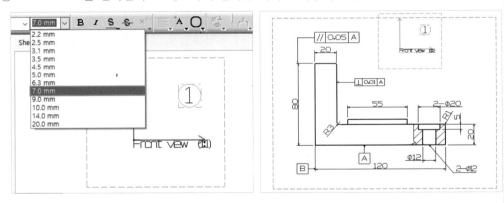

[Datum Target ⊖]

데이텀 표적 생성

① Front View를 Active View로 설정한 후 Datum Target 아이콘 ⊖을 클릭한다.

② 데이텀 표적 기입틀이 나타나면 표적을 생성할 요소(점, 선, 평면 등)(1)를 클릭한다.

③ 표적을 생성시킬 임의 위치(2)를 클릭한다.

④ Datum Target Creation 대화상자에서 위쪽에 데이텀 표적의 크기를 기입(예) φ10, 20×10)하고 아래쪽에 데이텀 표적을 나타내는 문자기호(예) A1, A2 …)를 입력한 후 OK 버튼을 클릭한다. 참고로 데이텀 표적 영역이 원일 때는 φ를, 사각형일 때는 가로×세로로 표시한다.

⑤ 데이텀 표적의 크기에 φ를 입력할 경우 대화상자의 φ 아이콘을 클릭하면 된다.

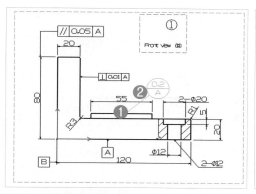

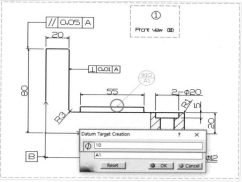

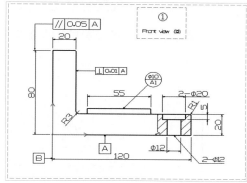

[Roughness Symbol]

표면 거칠기 생성

① 정면도를 Active View로 설정한 후 Roughness Symbol 아이콘 을 클릭한다.

② 거칠기 기호를 생성시킬 외형선(1)이나 치수 보조선을 클릭한다.

③ Roughness Symbol 대화상자가 나타난다.

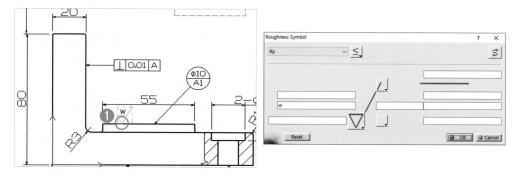

④ Roughness Symbol 대화상자에서 Symbol 형태를 선택하고 거칠기 기호(w, x, y, z)를 입력한다.

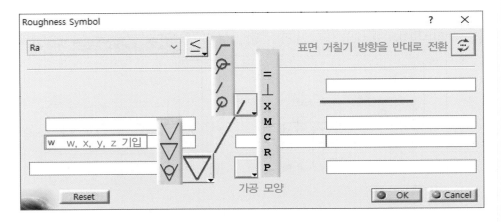

⑤ Text Properties 도구막대에서 Text 크기(2.5mm)를 지정한 후 OK 버튼을 클릭하면 표면거칠기
　 기호(2)가 생성된다.

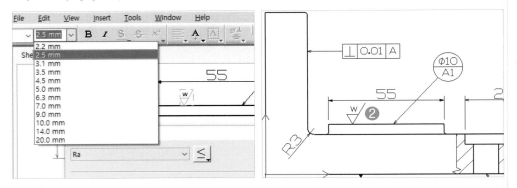

⑥ 앞에서 생성한 Ballon 옆에 거칠기 표시를 생성하기 위해 New View를 Active View로 변경한다.

⑦ Roughness Symbol 아이콘 을 클릭한 후 Ballon이 생성된 View의 임의 위치를 클릭한다.

⑧ Roughness Symbol 대화상자에서 거칠기를 입력(W)하고 Text Properties 도구막대에서 크기
　 (6.3mm)를 지정한 후 OK 버튼을 클릭한다.

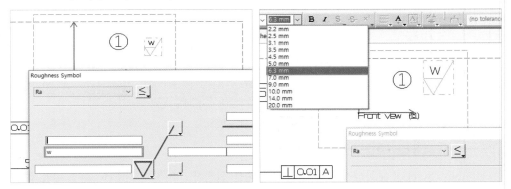

⑨ 같은 방법으로 필요한 거칠기(x, y)(3, 4)를 추가로 생성한다.

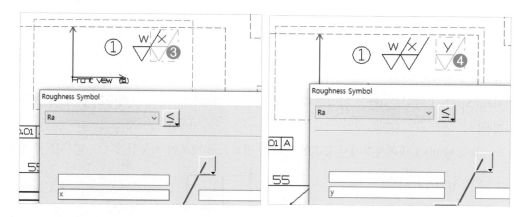

⑩ 생성한 거칠기를 선택한 후 마우스로 드래그하여 일정한 간격으로 배치한다(이때 [Shift] 키를 누른 상태에서 드래그하면 세밀하게 이동할 수 있다).

⑪ Text 아이콘 **T** 을 클릭한 후 거칠기가 생성된 View에서 임의의 위치(5)를 클릭한다.

⑫ Text Editor 대화상자에 (,   )를 입력한 후 Text Properties 도구막대에서 Text 크기(6.3mm)를 지정하고 OK 버튼을 클릭한다.

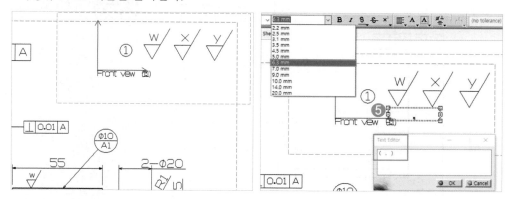

⑬ 생성된 괄호를 드래그하여 거칠기가 생성된 위치로 이동시킨다.

⑭ 괄호의 간격이 맞지 않으면 괄호를 더블클릭하여 간격을 수정한다.

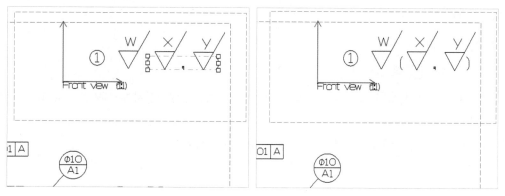

[Weld Symbol ⚒]

용접기호 생성

① 정면도를 Active View로 변경한다.

② Weld Symbol 아이콘 ⚒ 을 클릭한 후 각도를 갖는 외형선(1, 2)을 선택하고 임의 위치(3)를 클릭한다.

③ Welding Symbol 대화상자에서 용접에 필요한 정보를 선택하여 적용한 후 OK 버튼을 클릭한다.

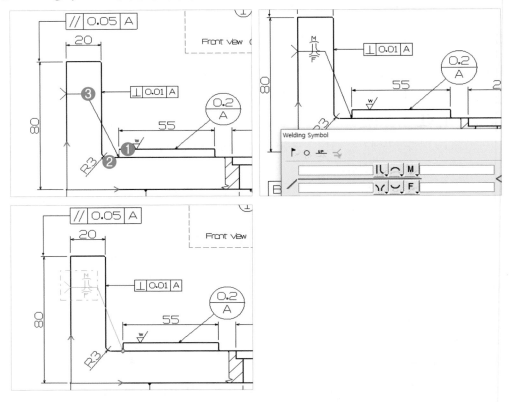

[Weld ◣]

용접 형상 생성

① Weld 아이콘 ◣ 을 클릭한다.

② 용접 형상을 생성시킬 외형선(1, 2)을 선택한 후 Welding 대화상자에서 용접 Thickness를 입력한다.

③ OK 버튼을 클릭하면 선택한 모서리에 용접 형상이 생성된다.

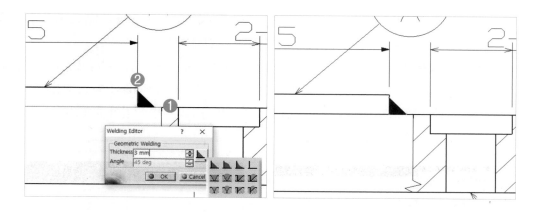

[Table 田]

Table 생성

① New View 아이콘田을 클릭하여 새로운 View를 생성한다.

② Table 아이콘田을 클릭하면 Table Editor 대화상자가 나타난다.

③ Number of columns와 rows 영역에 각각 6과 4를 입력한 후 OK 버튼을 클릭한다.

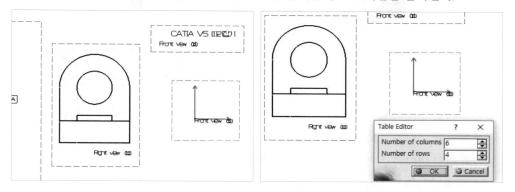

④ 생성한 View 영역의 임의의 점(1)을 클릭하면 Table이 생성된다.

⑤ Table을 편집(column과 row의 간격 조정, 병합 등)하기 위해서 Table을 더블클릭한다.

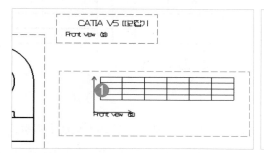
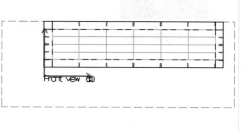

⑥ column과 row의 간격을 조정하기 위해 크기를 변경하고자 하는 row(2)나 column(3)의 맨 앞칸을 마우스로 클릭하여 선택한 후 마우스 오른쪽 버튼을 클릭한다.

⑦ Size ▶ Set size를 선택한 후 Size 대화상자에 변경하고자 하는 크기를 입력하고 Apply 버튼을 클릭하여 미리본 후 OK 버튼을 클릭하여 적용한다(row : 10mm, column : 5mm 적용).

⑧ Table의 편집을 마치고자 할 경우에는 도면의 임의 영역을 클릭하면 편집이 종료된다.

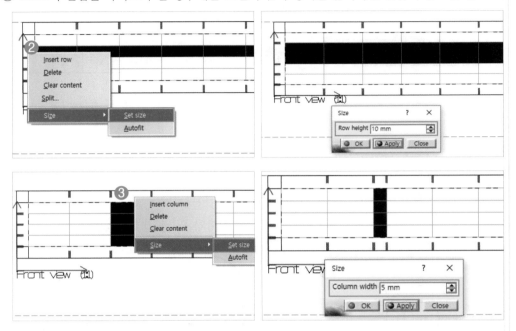

⑨ 셀을 하나로 합해야 할 경우에는 합하고자 하는 셀을 마우스로 드래그하여 선택한 후 마우스 오른쪽 버튼을 클릭하고 Merge를 선택한다.

⑩ 도면의 임의 영역을 클릭하여 적용한 후 편집을 종료한다.

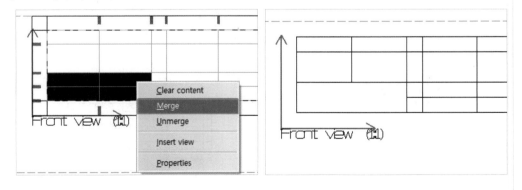

⑪ 합했던 셀을 원래대로 나누고 싶을 경우에는 Table을 더블클릭하여 편집 환경으로 전환한다.

⑫ 합한 셀을 선택한 후 마우스 오른쪽 버튼을 클릭하여 Unmerge를 선택하면 원래대로 셀이 나누어지며, 도면의 임의 영역을 클릭하여 편집을 종료한다.

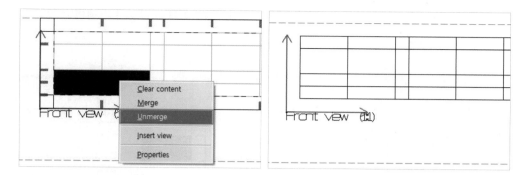

⑬ 표의 셀 안에 문자를 삽입할 경우는 Table 편집 환경에서 문자를 삽입할 셀을 더블클릭한다.

⑭ Text Editor 대화상자에 글자를 입력(CATIA V5)하고 OK 버튼을 클릭한다.

⑮ Text Properties 도구막대에서 Text 크기를 선택(5mm)하여 수정한다.

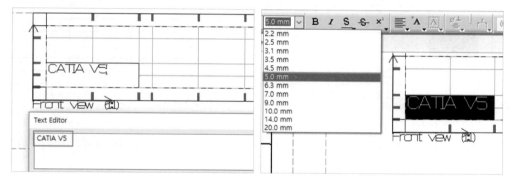

⑯ Text Properties 도구막대에서 Anchor Point를 중앙으로 선택하여 Text를 셀의 정중앙에 위치시킨다.

⑰ 도면의 임의 위치를 클릭하여 적용한 후 편집을 종료한다.

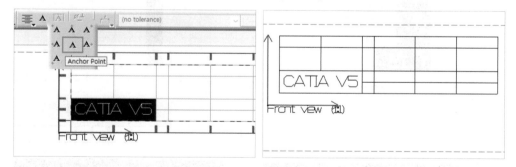

⑱ 문자를 입력할 때 특수문자를 적용하거나 Frame을 적용할 수도 있다.

⑲ Table을 더블클릭하여 편집 환경으로 전환한다.

⑳ Text를 입력할 셀(4)을 선택한 후 더블클릭한다.

㉑ Text Properties 도구막대에서 특수문자(ϕ)를 선택한 후 나머지 문자(20드릴)를 입력하고 OK 버튼을 클릭하면 특수문자를 포함한 Text를 입력할 수 있다.

㉒ Text Properties 도구막대에서 글자 크기와 Anchor Point 위치를 적용하여 셀의 중앙에 Text가 위치하도록 조정한다.

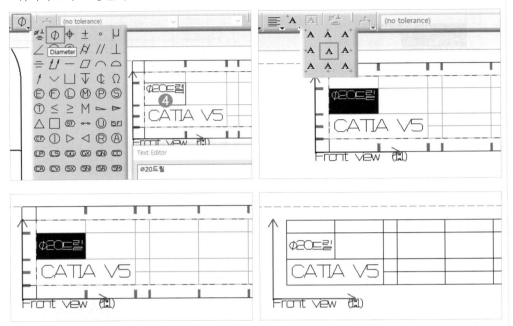

㉓ column이나 row를 삽입하고 싶을 경우에는 추가할 column의 뒤쪽(5)과 row의 아래쪽의 맨 앞의 row(6)를 선택한 후 마우스 오른쪽 버튼을 클릭한다.

㉔ Insert column 또는 Insert row를 선택하면 column이나 row를 추가할 수 있다.

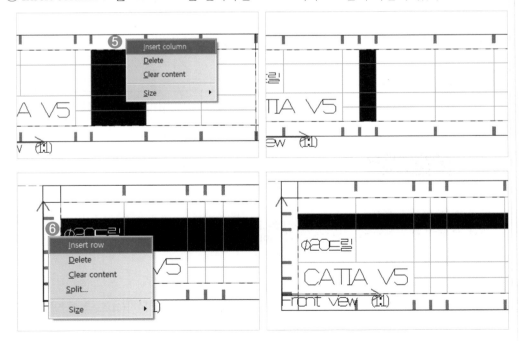

4 Dress-up

[Center Line ⊕]

Circle이나 Arc에 중심선 생성

① Top View를 Active View로 변경한다.

② Center Line 아이콘 ⊕을 클릭한 후 중심선을 생성할 Circle(1)을 선택하면 중심선이 생성된다.

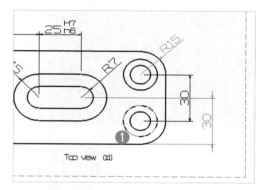
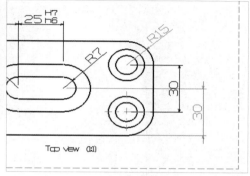

[Center Line With Reference ⊗]

중심점을 지정하여 원에 중심선 생성

① Center Line With Reference 아이콘 ⊗ 을 클릭한다.

② 중심선을 생성할 Circle(1)을 선택한 후 생성할 Circle의 중심점(2)을 클릭한다.

③ Circle의 중심점을 기준으로 선택한 원에 중심점이 생성되고 직교하지 않고 휘어진 중심선이 생성된 것을 확인할 수 있다.

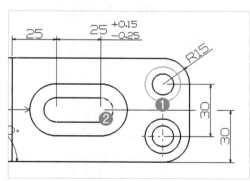
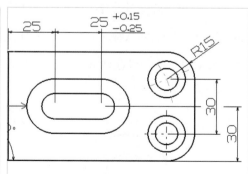

[Thread 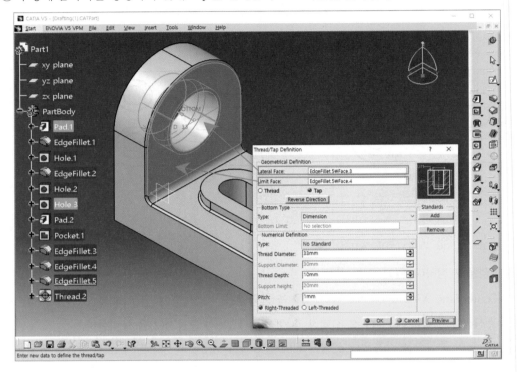]

모델링에 나사가 적용된 경우 나사 표시

① 먼저, Solid 모델링 과정에서 Thread를 적용하기 위해 PartDesign Mode로 전환한다.

② Thread/Tap 아이콘을 클릭한 후 Lateral Fave 영역에서 구멍의 안쪽을 선택한다.

③ Limit Face 영역을 클릭한 후 앞면을 선택한다.

④ 구멍에 암나사를 생성하기 위해 Tap을 선택한 후 OK 버튼을 클릭한다.

⑤ Drafting Mode로 전환한 후 Update 도구막대의 Update 아이콘을 클릭한다.

⑥ Right View를 Active View로 전환한 후 Thread 아이콘을 클릭한다.

⑦ 앞에서 암나사를 생성한 Hole을 선택(1)하면 나사가 표시된다.

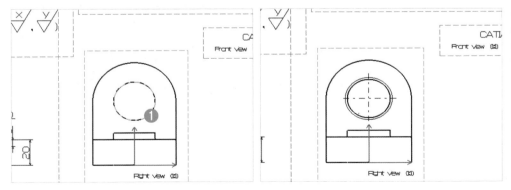

[Axis Line 🔲]

중심축 표시

① Top View를 Active View로 전환한다.

② Axis Line 아이콘🔲을 클릭한다.

③ 중심축을 생성할 두 외형선(1, 2)을 선택하면 중심에 중심축선(3)이 생성된다.

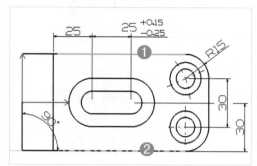
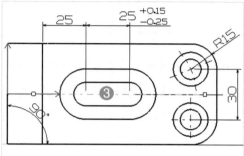

④ 중심축선의 크기를 조정하기 위해서 중심축선을 선택하면 양 끝점에 점이 생성되는데, 점 위(4)에 마우스 포인터를 위치시킨 후 드래그하면 양방향으로 동일하게 확대 또는 축소된다.

⑤ 한쪽 방향으로만 확대 또는 축소시킬 때는 Ctrl 키를 누른 상태에서 드래그하면 양방향이 아닌 한쪽 방향(5)으로만 중심축선의 크기를 변경할 수 있다.

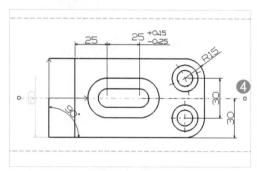
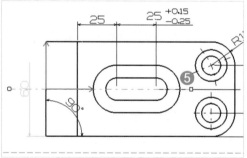

[Axis Line and Center Line ⊗]

중심축과 중심선을 동시에 표시

① 앞에서 Top View에 적용했던 Center Line을 제거한 후 적용해 보자.

② Axis Line and Center Line 아이콘⊗을 클릭한다.

③ 두 개의 Circle(1, 2)을 연속 선택한다.

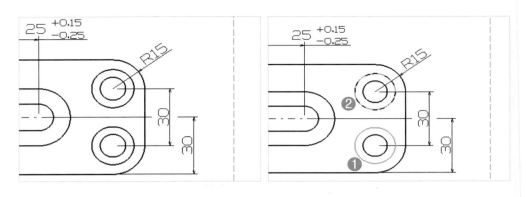

④ 선택한 두 원에 중심선과 중심 축선이 동시에 생성된다.

⑤ Center Line 을 적용하면 중심선만 생성되지만, Axis Line and Center Line 을 적용하면 중심선과 중심축 선이 동시에 생성된다.

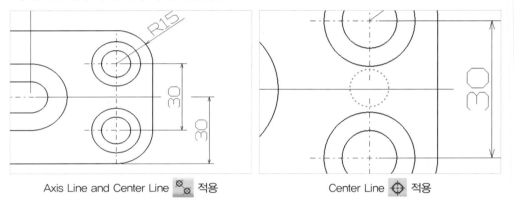

Axis Line and Center Line 적용   Center Line 적용

[Fill]

임의 영역에 해칭선 생성

① Right View를 Active View로 변경한다.

② Geometry Creation 도구막대의 Spline 아이콘 을 클릭하여 아래 그림과 같이 Sketch(1)한다.

③ Fill 아이콘 을 클릭한 후 해칭선을 생성할 영역(2)을 선택하면 해칭선이 생성된다.

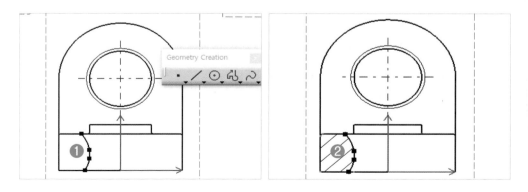

④ 생성한 해칭선을 더블클릭하거나 선택 후 마우스 오른쪽 버튼을 클릭하여 Properties를 선택한다.

⑤ 해칭선의 각도나 간격 등을 조정하여 적용한 후 OK 버튼을 클릭한다.

⑥ Spline에 보이는 점은 Ctrl 키를 누른 상태에서 모두 선택한 후 마우스 오른쪽 버튼을 클릭하여 Hide/Show를 선택하여 감춘다.

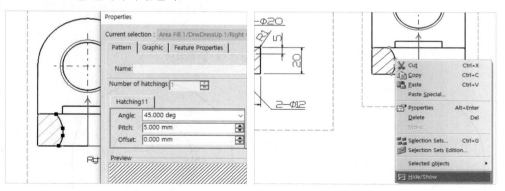

⑦ Spline을 선택한 후 오른쪽 마우스 버튼을 클릭하여 Properties를 선택한다.

⑧ Graphic 탭의 Line and Curves 영역에서 Thickness를 가는 실선(0.13mm)으로 선택한 후 OK 버튼을 클릭한다.

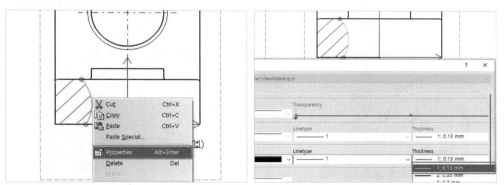

⑨ 해칭선이 완성되었다.

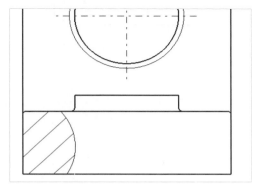

[Arrow 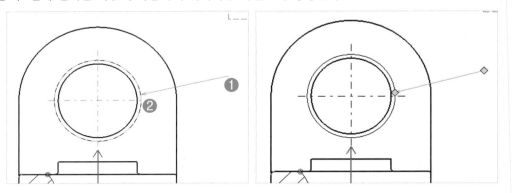]

화살표 생성

① Arrow 아이콘 을 클릭한다.

② 화살표를 생성할 위치(1, 2)를 연속 클릭한다. 이때 Shift 키를 누른 상태에서 드래그하면 미세하게 이동할 수 있다.

③ 두 번째 선택한 지점에 화살촉이 위치하는 화살표가 생성된다.

④ 열려 있는 화살촉을 채워진 삼각형 형태로 변경하기 위해 화살촉 위에 마우스 포인터를 위치시킨 후 오른쪽 버튼을 클릭한다.

⑤ Properties를 선택한 후 Symbol Shape ▶ Filled Arrow를 선택하여 수정한다.

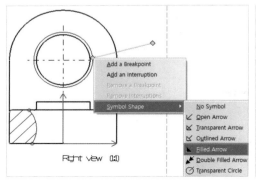

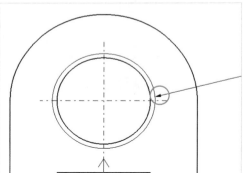

5 Drawing : Drafting Mode에 따라 아이콘의 기능이 바뀜

Working Views Mode

Background Mode

[New Sheet ☐]

새로운 Sheet 생성

① New Sheet 아이콘 ☐ 을 클릭한다.

② Tree에 새로운 Sheet.2가 생성되는 것을 확인할 수 있다.

③ 생성된 도면 Sheet.2에 기존의 Sheet.1에 생성한 View와 무관하게 새로운 View를 생성하여 도면을 완성할 수 있다.

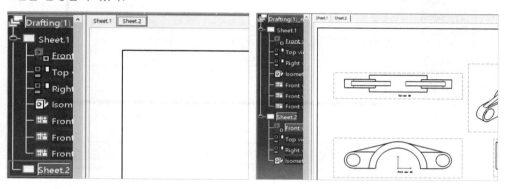

[New View ▦]

새로운 View 생성

① 앞에서 New View 명령어를 적용시켜 본 것처럼 새로운 View를 생성한다.

② New Sheet로 새로 생성한 Sheet.2에 새로운 View를 생성하기로 한다.

③ New View 아이콘 ▦ 을 클릭한 후 View를 생성시킬 위치에서 마우스 왼쪽 버튼을 클릭한다.

④ 생성된 새로운 View에 Text나 Table 또는 개별 주서 등 기존의 View와 별도로 이동하거나 독립적으로 존재해야 할 객체를 생성한다.

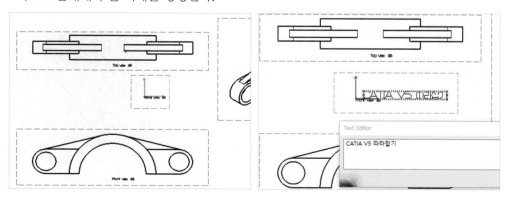

6 Background Mode : 표제란을 생성하는 환경

① Edit → Sheet Background를 선택하여 Background 환경으로 전환한다.

② 화면이 어둡게 바뀌면서 Working Views 영역에서 생성한 View나 각종 치수 등이 선택되지 않는다.

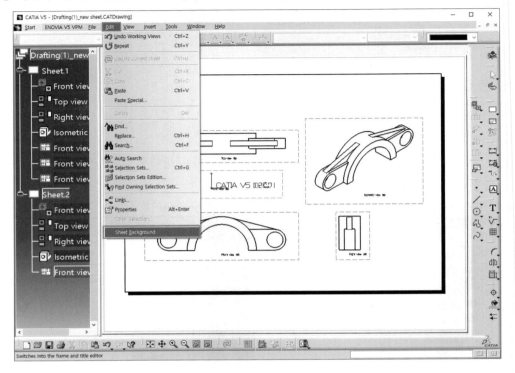

[Frame and Title Block 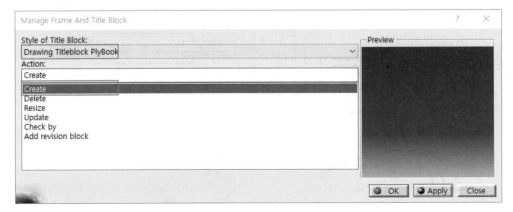]

표제란 생성

① Drawing 도구막대의 Frame and Title Block 아이콘□을 클릭한다.

② Manage Frame And Title Block 대화상자가 나타난다.

③ Style of Title Block을 기본 형식으로 선택하고 Action 영역에서 Create를 선택한 후 Apply 버튼을 클릭한다.

④ Drafting 영역에 해당 도면 형식이 적용된 것을 확인하고 OK 버튼을 클릭한다.

⑤ 각종 View를 생성한 Working View 영역이 불투명하게 변경되면서 View의 어떠한 요소도 선택하거나 편집할 수 없게 바뀌었다.

⑥ 적용된 Title Block을 제거하고 싶을 때는 Frame and Title Black 아이콘 ☐을 클릭한 후 Action 영역에서 Delete를 선택하여 제거한다.

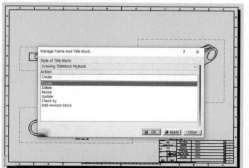
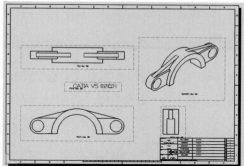

⑦ CATIA에서 제공하는 기본 도면 Frame을 사용할 경우에는 해당 정보를 더블클릭하여 수정한다.

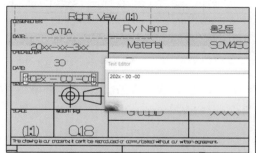

⑧ 설계자가 기존 Frame 양식과 무관하게 새롭게 작성할 경우에는 Geometry Creation 도구막대의 명령어(Rectangle 아이콘 ☐과 Line 아이콘 ╱을 이용하여 직접 표제란을 작성하고 Text 아이콘 T을 클릭하여 글자를 입력)를 이용하여 직접 표제란을 생성할 수도 있다.

⑨ 여기서는 기본 Frame의 윤곽선과 중심마크를 남기고 모두 삭제(1)한 후 Table 명령어를 이용하여 표제란을 작성해 보기로 한다.

⑩ Table 아이콘 ▦을 클릭한 후 생성하고자 하는 column(6개)과 row(4개)의 개수를 입력한 후 OK 버튼을 클릭하고 도면의 임의 영역을 클릭(2)하여 Table을 생성한다.

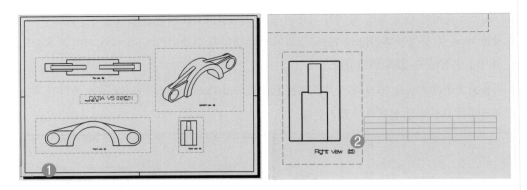

⑪ 생성된 Table을 앞에서 익혔던 편집방법을 적용하여 표제란을 완성한 후 Shift 키를 누른 상태에서 드래그하여 윤곽선의 우측 하단 모서리와 일치되도록 이동시킨다.

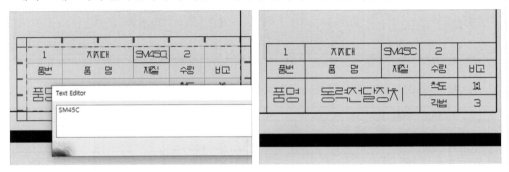

⑫ Background 영역에서 작업이 끝나면 다시 View를 생성하고 편집할 수 있는 Working 영역으로 전환한다.

⑬ Edit → Working Views를 선택한다.

⑭ 화면이 밝아지고 Background 영역에서 작성했던 표제란은 선택되거나 편집할 수 없게 변경된다.

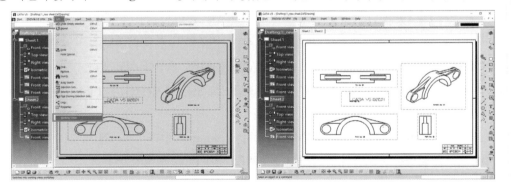

7 표제란 작성 : Background Mode에서 적용

① 표제란은 아래와 같은 예제 양식으로 작성하기로 한다.

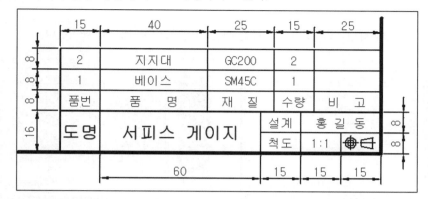

② Sheet.1에 표제란을 작성하기 위해 Tree의 Sheet.1이나 도면 위쪽의 Sheet.1 탭을 클릭한다(표제란을 제외한 도면이 완성된 상태).

③ Background 환경으로 전환하기 위해 Edit → Sheet Background를 선택한다.

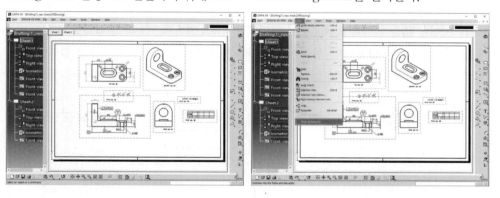

④ 각종 View를 생성한 Working View 영역이 불투명하게 변경되면서 View의 어떠한 요소도 선택하거나 편집할 수 없게 된다.

⑤ CATIA에서 기본적으로 제공한 표제란 형식을 적용한 후 수정하기 위해 Drawing 도구막대의 Frame and Title Black 아이콘 ☐을 클릭한다.

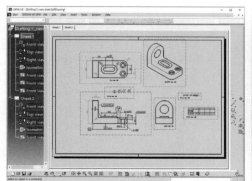
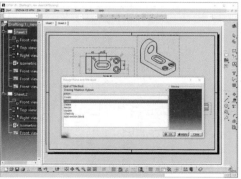

⑥ 아래 그림과 같이 Manage Frame And Title Block 대화상자가 나타난다.

⑦ Style of Title Block을 기본 형식으로 선택하고 Action 영역에서 Create를 선택한 후 Apply 버튼을 클릭한다.

⑧ Drafting 영역에 해당 도면 형식이 적용된 것을 확인하고 OK 버튼을 클릭한다.

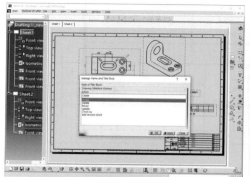 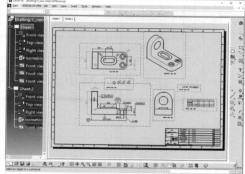

⑨ 앞의 표제란 양식으로 도면 Frame을 생성하기 위해 윤곽선과 중심선을 제외한 모든 요소를 선택하여 삭제한다.

⑩ Table 아이콘 ⊞을 클릭하고 columns 영역에 8, rows 영역에 5를 각각 입력한 후 OK 버튼을 클릭한다(간격이 같지 않은 셀은 합해서 완성해야 하므로 이를 고려하여 개수를 입력한다).

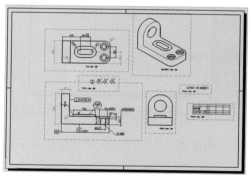 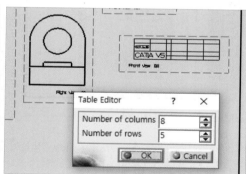

⑪ 도면의 우측 하단 영역을 클릭(1)하여 Table을 생성한다.

⑫ Table을 편집하기 위해 Table을 더블클릭하여 편집 환경으로 전환한다.

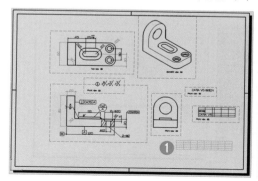 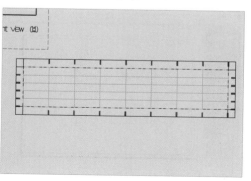

⑬ 전체 열을 마우스로 드래그하여 선택한다.

⑭ 열의 맨 앞에 마우스 포인터를 위치(2)시킨 후 Size ▶ Set Size를 선택한다.

⑮ Size 대화상자에서 Row height 영역에 8mm를 입력하고 OK 버튼을 클릭하여 열의 전체 높이를 8mm로 수정한다.

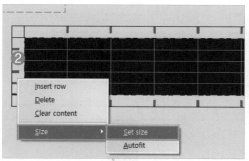
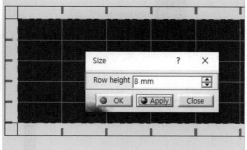

⑯ 표제란의 "도명"과 "서피스게이지"를 입력하기 위해 셀을 합해야 하므로 셀을 마우스로 드래그하여 선택한 후 마우스 오른쪽 버튼을 클릭하고 Merge를 선택한다.

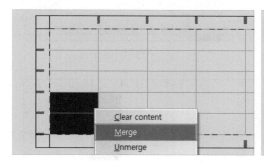
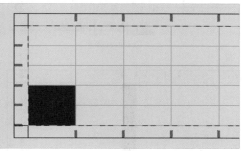

⑰ Column의 크기를 표제란 양식과 같도록 변경한다.

⑱ 도명 부분과 품명 부분이 겹치는 영역을 고려하여 Column의 간격을 조정하고, 필요한 셀은 Merge로 합하는 과정을 거쳐 표제란 양식을 완성한다.

⑲ 각 Column의 크기는 아래 그림을 참고하여 적용해 보자.

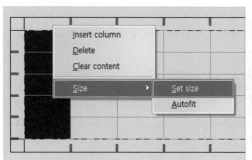
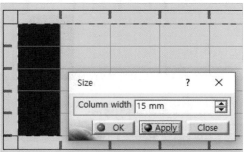

Column 1

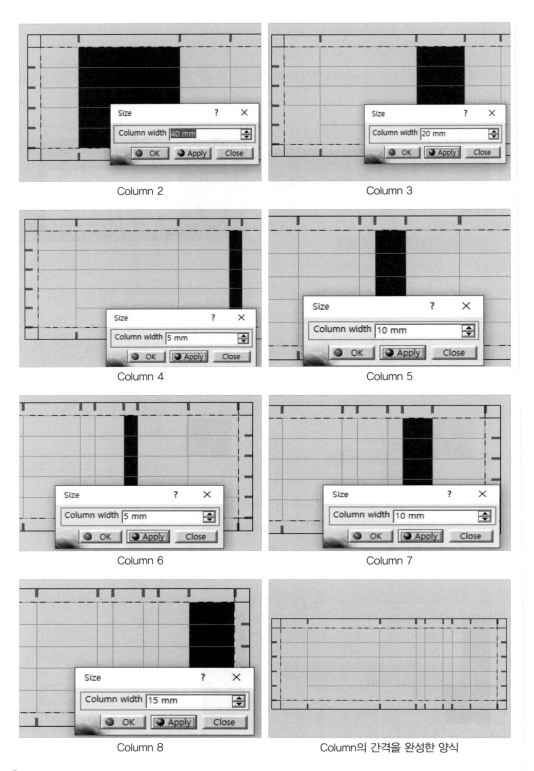

Column 2

Column 3

Column 4

Column 5

Column 6

Column 7

Column 8

Column의 간격을 완성한 양식

⑳ 표제란 양식과 같도록 셀을 합하도록 한다(Merge를 적용하여 각 영역의 셀을 합하는 과정을 다음 그림에서 보여 주고 있다).

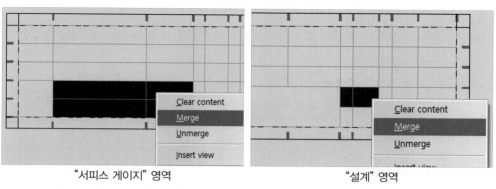

"서피스 게이지" 영역   "설계" 영역

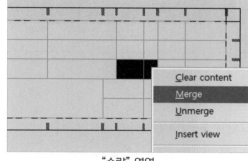
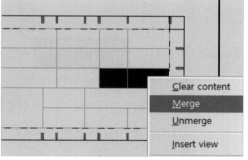

"1 : 1" 영역   "재질" 영역

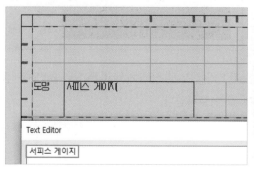

"수량" 영역   "비고" 영역

㉑ Table의 간격이 수정되었으니 각 셀에 Text를 입력하기로 한다.

㉒ 글자를 입력할 셀을 더블클릭한다.

㉓ Text Editor 대화상자에서 각 셀의 Text를 입력한 후 OK 버튼을 클릭한다.

㉔ 생성된 글자의 크기와 셀 안에서의 상하좌우 위치를 가운데로 수정한다.

㉕ 표의 "도명"과 "서피스 게이지" 셀을 마우스로 드래그한 후 Text Properties 도구막대의 글자 크기를 6.3mm로 선택한다.

㉖ Anchor Point를 가운데 중앙에 위치하도록 선택한다.

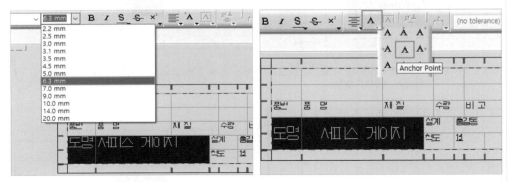

㉗ 다른 셀도 Anchor Point를 중앙에 위치하도록 수정한다.

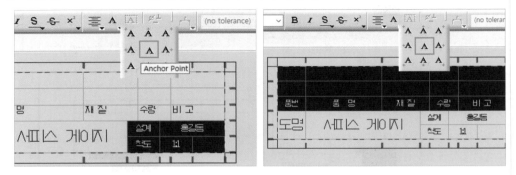

㉘ 부품란의 영역을 더블클릭하여 Text를 입력한다.

㉙ "도명"과 "서피스 게이지" 셀을 마우스로 드래그한 후 Bold를 선택하여 굵게 변경한다.

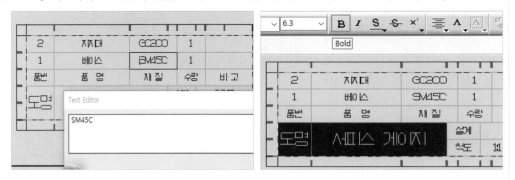

㉚ 생성한 표제란을 윤곽선과 일치시키기 위해 Shift 키를 누른 상태에서 마우스로 Table을 선택한 후 드래그하여 윤곽선의 오른쪽 아래 모서리에 일치(3)시킨다.

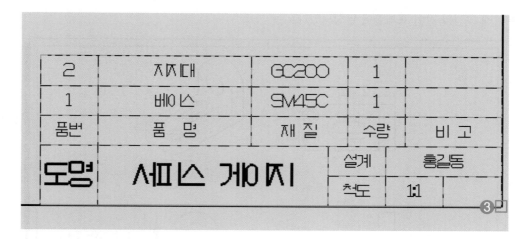

2	지지대	GC200	1	
1	베이스	SM45C	1	
품번	품 명	재 질	수량	비 고
도명	서피스 게이지	설계		홍길동
		척도	1:1	

㉛ 3각법 표시는 Geometry Creation 도구막대의 Line ◢ 과 Circle ⊙ 을 이용하여 생성(4)한다.

㉜ Dress－up 도구막대의 Center Line 아이콘 ⊕ 을 클릭한 후 생성한 Circle을 선택(5)하면 중심선이 생성된다.

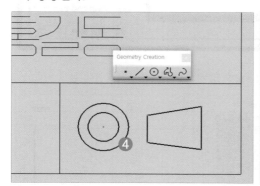
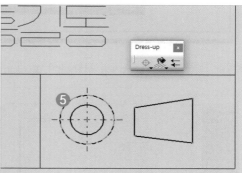

㉝ Dress－up 도구막대의 Axis Line 아이콘 을 클릭한 후 우측의 상하 경사진 직선(6~7)을 선택하여 중심축 선(8)을 생성한다.

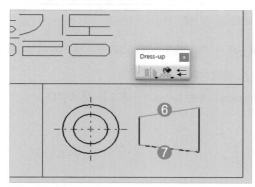
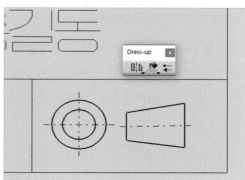

㉞ 아래 그림과 같이 표제란이 완성되었다.

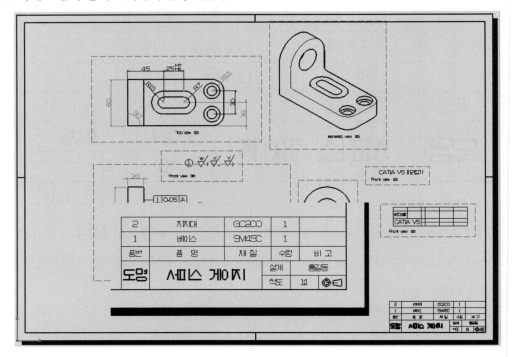

㉟ Edit → Working Views를 선택하여 Working View 영역으로 전환한다.

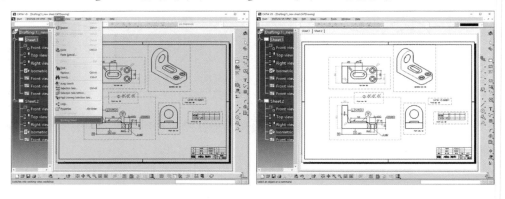

㊱ 생성한 View의 Frame을 모두 숨기기 위해 Tree에서 Ctrl 키를 누른 상태로 모든 View를 선택한 후 마우스 오른쪽 버튼을 클릭하여 Properties를 선택한다.

㊲ View 탭의 Visualization and Behavior에서 Display View Frame의 체크를 해제한다.

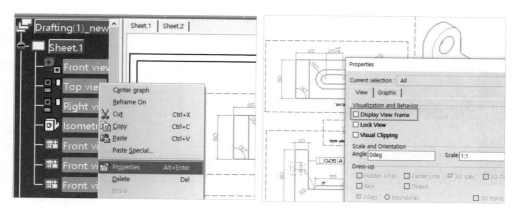

㊳ Apply 버튼을 클릭하면 Drafting 영역에 생성된 View Frame이 모두 제거된 것을 확인할 수 있
으며 OK 버튼을 클릭한다.

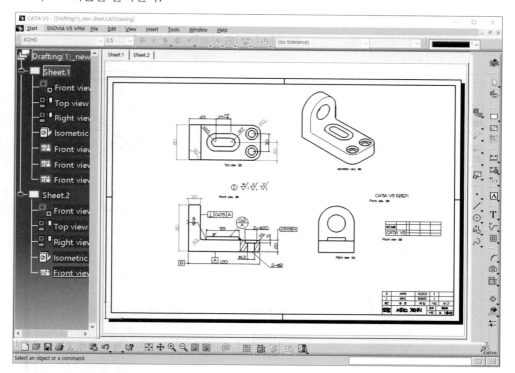

㊴ 완성된 도면을 File → Save As..를 선택하여 저장한다.
㊵ CATIA 도면 확장자는 CATDrawing이다.

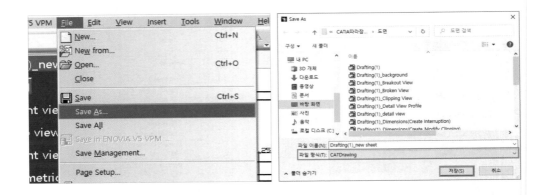

1 도면

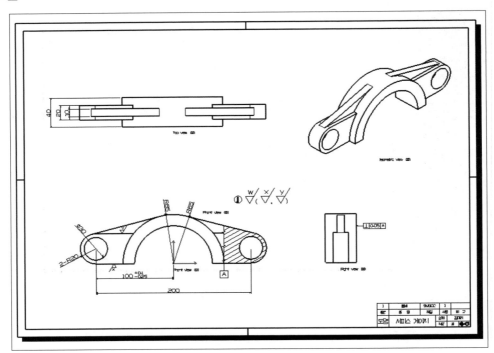

2 예제 따라하기

① CATIA를 실행시켜 도면을 생성시킬 Model을 완성한다(Part Design Mode의 예제 2를 이용).

② Start → Mechanical Design → Drafting을 실행한다.

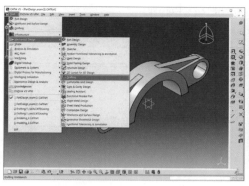
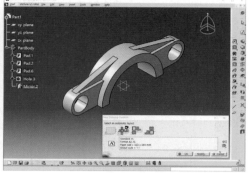

③ New Drawing Creation 대화상자에서 Modify… 버튼을 클릭하여 Standard를 JIS, Sheet Style을 A2 JIS로 선택한 후 OK 버튼을 클릭하여 Drafting Mode로 전환한다.

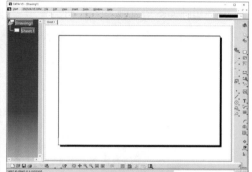

④ Edit → Sheet Background를 선택하여 Background 영역으로 전환한 후 윤곽선과 표제란을 작성한다.

⑤ CATIA에서 제공하는 기본 Frame을 적용한 후 수정하기 위해 Drawing 도구막대에서 Frame and Title Block 아이콘 ☐ 을 클릭한다.

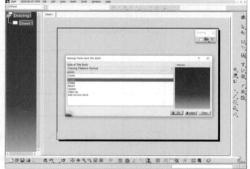

⑥ Manage Frame and Title Block 대화상자에서 제공된 Sample을 선택한 후 Action에서 Create를 선택하고 OK 버튼을 클릭한다(여기에서는 Style of Title Block은 Drawing Titleblock PlyBook 을 선택).

⑦ 윤곽선과 중심마크를 제외하고 나머지 요소는 선택하여 삭제한다.

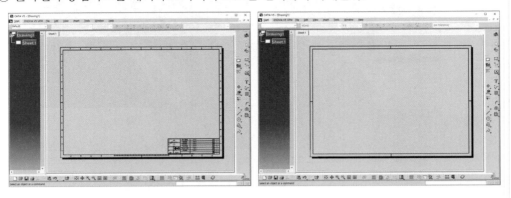

⑧ Table 아이콘 ⊞ 을 클릭한 후 Table Editor 대화상자에서 Number of Columns 영역에 8을, row 영역에 4를 입력한 후 OK 버튼을 클릭한다.

⑨ 도면의 임의 위치를 클릭하여 Table을 생성한다.

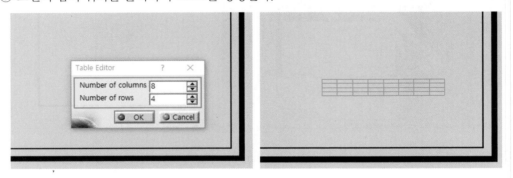

⑩ 생성된 Table을 더블클릭하여 편집 환경으로 전환한다.

⑪ 앞에서 익혔던 Table 편집방법을 활용하고 아래의 표제란 양식을 참고하여 column과 row의 간격을 수정한다.

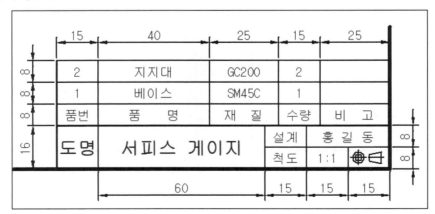

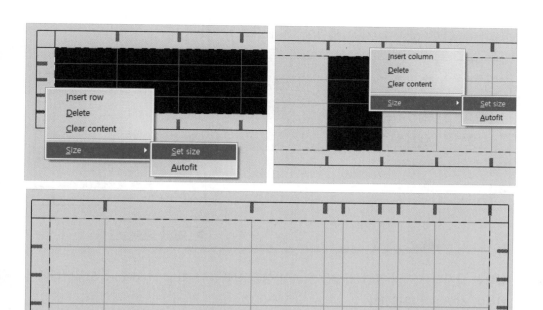

⑫ 합하고자 하는 셀을 마우스로 드래그하여 선택한 후 마우스 오른쪽 버튼을 클릭하여 Merge를 선택하여 하나의 셀로 합한다.

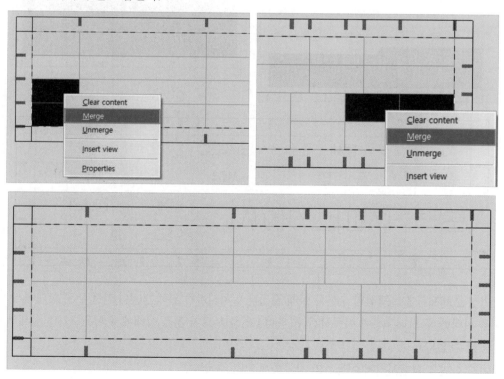

⑬ 셀을 더블클릭한 후 Text Editor 대화상자에 문자를 입력한다.

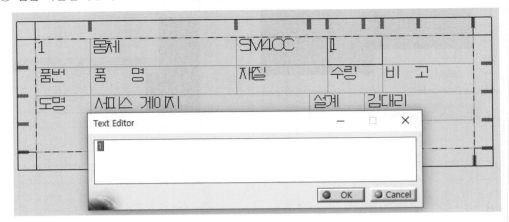

⑭ 입력한 글자의 크기와 문단 정렬을 위하여 셀을 선택한 후 Text Properties 도구막대에서 해당 기능을 선택하여 편집한다.

⑮ "도명"과 "서피스 게이지" 셀을 선택하여 글자 크기를 6.3mm로 적용하고 전체 셀을 선택한 후 상하좌우 문단 정렬을 가운데로 편집한다.

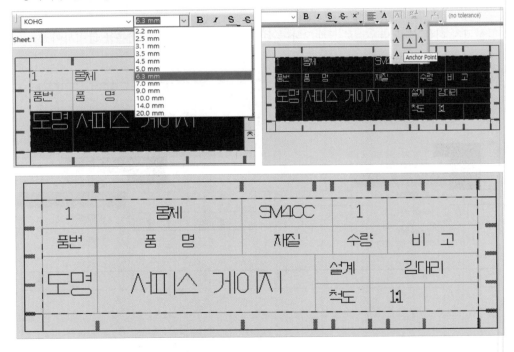

⑯ 완성된 표제란을 윤곽선의 오른쪽 아래 끝점과 일치시키기 위해 Shift 키를 누른 상태에서 Table 을 선택한 후 드래그하여 이동시킨다(Shift 키를 누르지 않을 상태에서 이동시키면 섬세하게 이 동할 수 없다).

⑰ 이때 화면을 확대시켜서 이동하면 정확하게 맞출 수 있다.

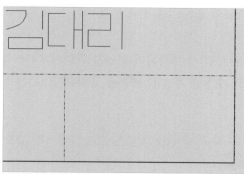
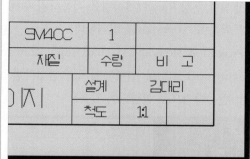

⑱ 마지막으로 3각법 기호를 표시하기 위해 Geometry Creation 도구막대의 Line 아이콘 ⟋과 Circle 아이콘 ⊙을 활용하여 생성한다.

⑲ Dress-up 도구막대의 Center Line 아이콘 ⊕과 Axis Line 아이콘 ⃞⃥을 클릭하여 중심 축선을 생성한다.

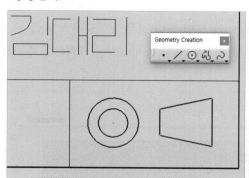
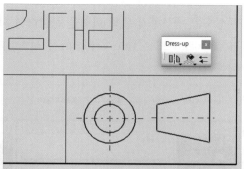

⑳ 윤곽선과 중심마크, 표제란 등 Background 영역에 생성할 객체를 모두 완성한 후에 View를 생성하기 위해 Working Area 영역으로 전환한다.

㉑ Edit → Working Views를 선택한다.

㉒ Working Area 영역에서는 Background 영역에서 생성한 Title Block은 선택되지 않을 뿐만 아니라 내용을 수정할 수 없다. 내용을 변경하고자 할 경우에는 Background 영역으로 전환한 후 수정할 수 있다.

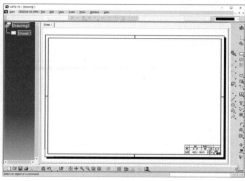

㉓ 생성할 투상 View에 3각법을 적용하기 위해 Tree의 Sheet.1을 선택한 후 마우스 오른쪽 버튼을 클릭하여 Properties를 선택한다.

㉔ Projection Method에서 Third angle standard(3각법)가 체크되어 있는지 확인하고 First angle standard(1각법)로 선택되어 있으면 3각법으로 수정한 후 OK 버튼을 클릭한다(ISO는 1각법, JIS는 3각법으로 설정되어 있음).

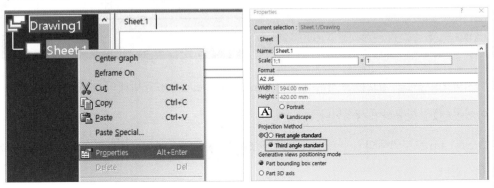

㉕ 투상도를 생성하기 위해 화면을 분할하여 Model과 도면 창이 모두 보이도록 Window → Title Horizontally 또는 Title Vertically를 선택한다(여기서는 Title Vertically를 선택하여 수직하도록 나눈다).

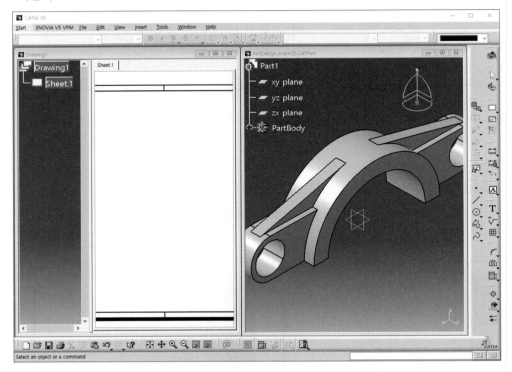

㉖ 정면도를 생성하기 위해 Views 도구막대의 Front View 아이콘 을 클릭한 후 Model 화면에서 정면도로 생성하고자 하는 면을 선택한다.

㉗ Drafting 창에 선택한 면을 정면도로 하는 View가 보인다.

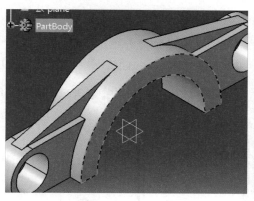 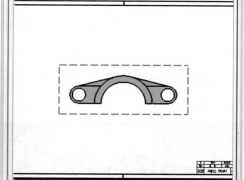

㉘ Drafting 창의 제목표시줄을 더블클릭하여 최대화한 후 도면 영역의 임의 공간에서 마우스를 클릭하여 정면도를 생성한다.

㉙ Front View(정면도)의 View Frame(점선)을 마우스로 선택한 후 드래그하여 왼쪽 아래 영역으로 이동시킨다.

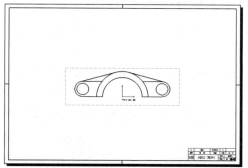 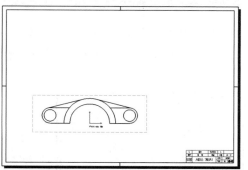

㉚ Front View(정면도)를 기준으로 Top View(평면도)와 Right View(우측면도)를 생성하기 위해 Projections 도구막대의 Projection View 아이콘 을 클릭한다.

㉛ Front View 위쪽에 마우스를 가져가면 Top View가 나타나며 View를 생성할 위치에 마우스를 클릭하면 생성된다.

㉜ 같은 방법으로 Front View의 오른쪽 위치에 Right View도 생성한다.

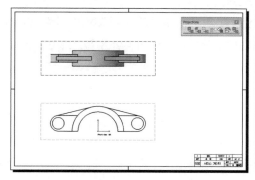 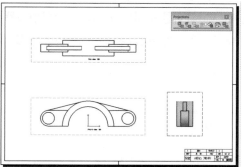

㉝ 등각 투상도(Isometric View)를 생성하기 위해 Window → Title Vertically 선택으로 화면을 분할하여 Model을 보이게 한다.

㉞ 등각 투상도로 생성시킬 형태로 Model을 회전하면 보이는 대로 투상도가 생성된다.

㉟ Projections 도구막대의 Isometric View 아이콘 을 클릭한 후 Model의 어느 면을 선택한다.

㊱ 현재 화면에 보이는 대로 Drafting 창에 등각 투상도가 보이는데, 도면이 임의 영역을 클릭하면 View가 생성된다.

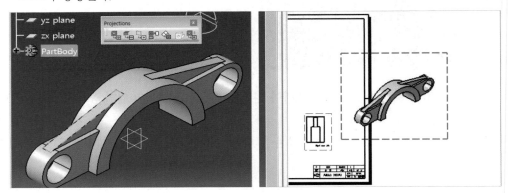

㊲ Drafting 창을 최대화하고 등각 투상도의 View Frame(파란색 점선)(1)을 마우스로 선택한 후 드래그하여 도면의 적당한 위치로 이동(2)시킨다.

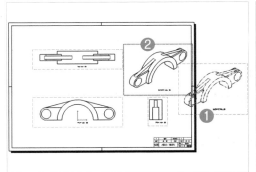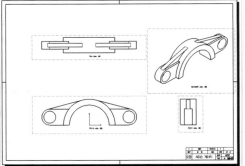

㊳ Front View의 Hole 영역을 부분단면도로 생성하기 위해 Breakout View 아이콘 을 클릭하고 부분단면도를 생성할 영역을 사각형으로 선택한다.

㊴ 3D Viewer 창이 나타나는데, 부분단면도를 생성할 위치를 정확하게 지정하기 위해 3D Viewer 대화상자의 Reference Element 영역을 클릭하고 Top View에서 기준면(3)을 지정한다.

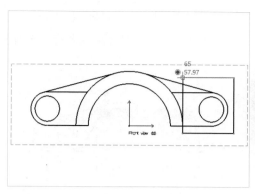

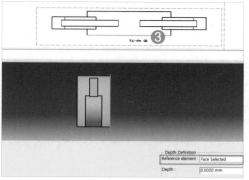

④⓪ Depth 영역을 클릭하고 Solid의 가장자리에서 가운데 부분을 절단하기 위해 20mm를 입력한 후 OK 버튼을 클릭한다.

④① 절단선의 선의 굵기를 가는 선으로 변경하기 위해 단면의 절단선(4)을 선택한 후 마우스 오른쪽 버튼을 클릭하여 Properties를 선택한다.

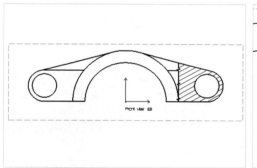

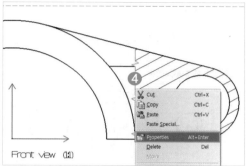

④② Properties 대화상자에서 Lines and Curves의 Thickness를 0.013mm의 가는 선으로 선택한 후 OK 버튼을 클릭한다.

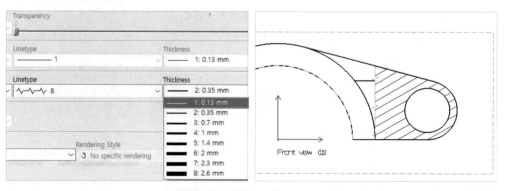

④③ 치수를 적용하기 위해 Dimensions 아이콘🔲을 더블클릭한 후 치수가 필요한 요소를 연속 선택하여 생성한다[치수를 생성하기 위해서는 치수를 적용할 View Frame을 더블클릭하여 Active View(빨간색 점선)로 전환한 후 적용해야 한다].

㊹ Arc나 Circle에 치수를 적용할 때 반경 또는 직경으로 치수를 기입하기 위해서는 Arc나 Circle을 선택한 후 마우스 오른쪽 버튼을 클릭하고 Radius 또는 Diameter를 선택한 후 치수를 생성한다.

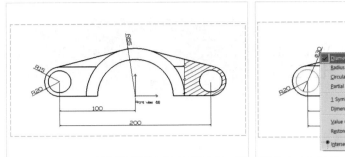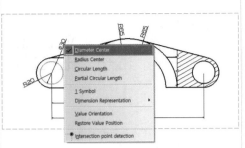

㊺ 생성한 치수의 크기를 변경할 경우에는 치수를 선택한 후 Text Properties 도구막대에서 치수의 크기를 선택하여 변경할 수 있다.

㊻ 치수선의 화살표를 변경하기 위해 치수를 선택한 후 마우스 오른쪽 버튼을 클릭하고 Properties 를 선택한다.

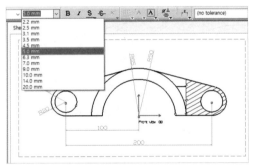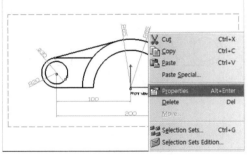

㊼ Dimension Line 탭 Symbols의 Shape에서 Filled Arrow를 선택하여 속이 찬 화살표로 바꾸고 Thickness에서 화살표의 크기를 선택하여 변경할 수 있다.

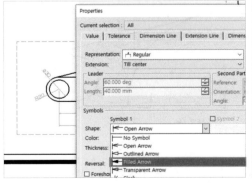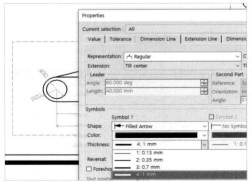

㊽ 같은 크기의 Circle이 존재하므로 "2－"를 치수 앞에 적용하기 위해 R20 치수(5)를 선택하고 마우스 오른쪽 버튼 클릭하여 Properties를 선택한다.

㊾ Dimension Text 탭 Associated Text의 Main Value 왼쪽 영역에 "2－"를 입력하고 OK 버튼을 클릭한다.

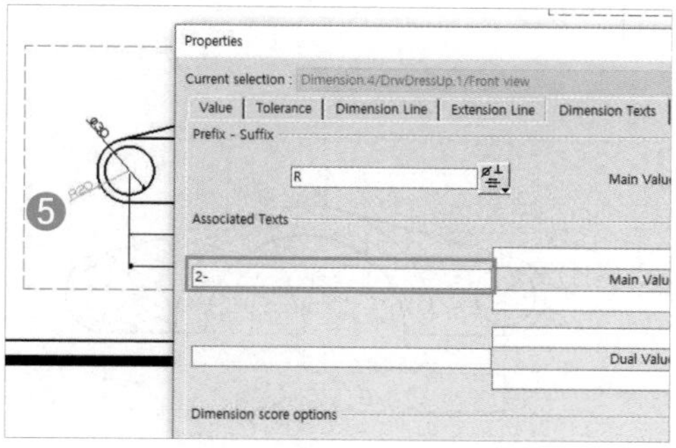

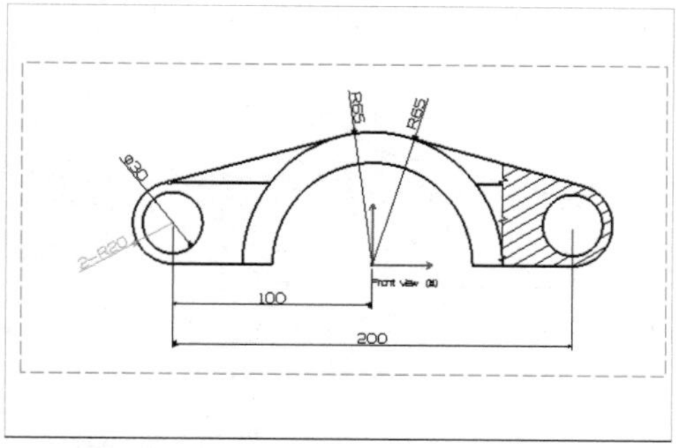

㊿ Datum을 생성하기 위해 Datum Feature 아이콘 A 을 클릭한 후 데이텀이 위치할 외형선(6)을 선택하고 데이텀을 생성할 위치(7)에서 마우스를 클릭한다.

(51) Datum Feature Creation 대화상자가 나타나면 Datum 기호를 입력하고 OK 버튼을 클릭한다(도면 내에 생성하는 Datum 기호는 중복되지 않게 영문 대문자 알파벳 순서로 한다).

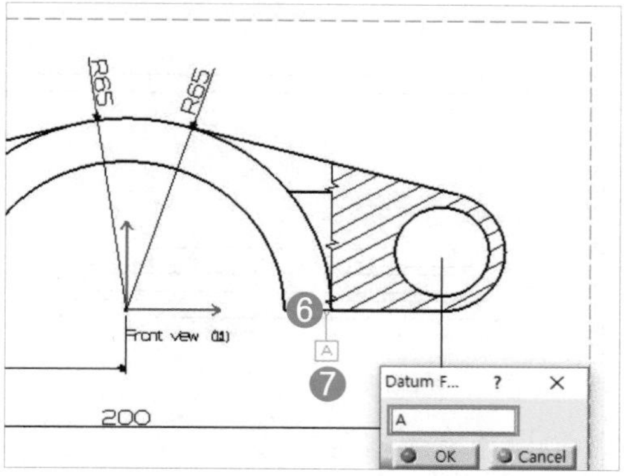

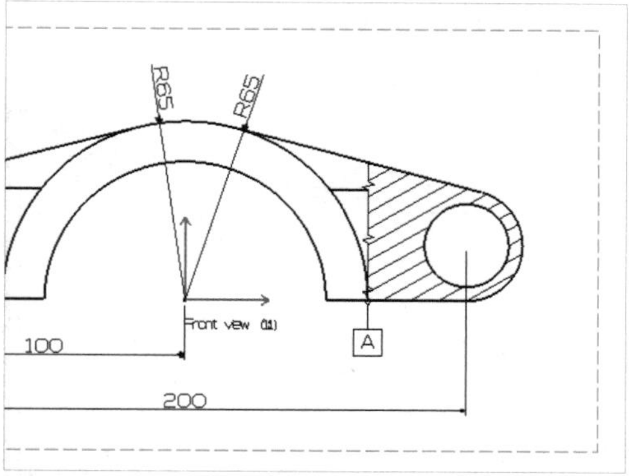

(52) 생성된 Datum을 클릭하여 노란색 마름모 형상 위에 마우스 포인터를 위치시키고 오른쪽 버튼을 클릭한 후 Symbol Shape ▶ Filled Triangle을 선택하여 속이 채워진 Symbol로 변경한다.

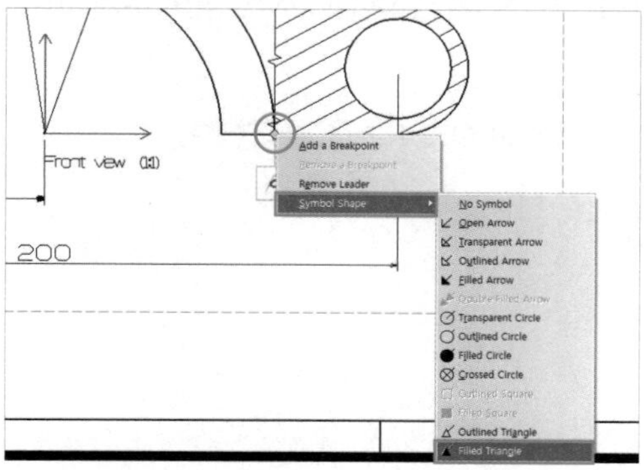

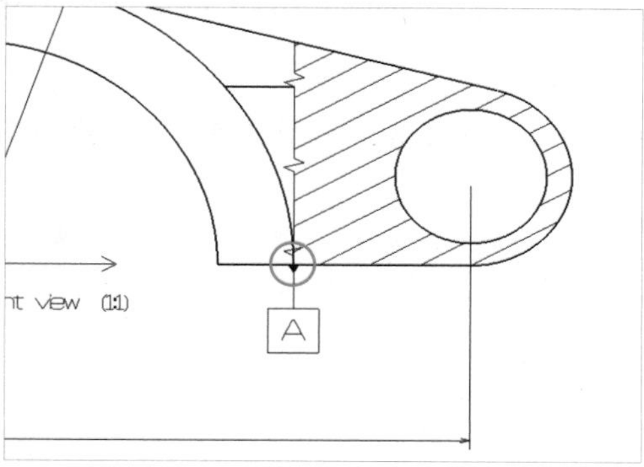

㊿ 치수에 공차를 적용하기 위해서 해당 치수(100mm)(8)를 선택한 후 마우스 오른쪽 버튼을 클릭하여 Properties를 선택한다.

㊿ Tolerance 탭의 Main Value에서 적용할 공차 형식을 선택(TOL_0.7)한 후 Upper value에 위치수 허용차(0.1mm)를 Lower value 영역에 아래치수 허용차(−0.25mm)를 각각 입력하고 Apply 버튼을 클릭하여 미리 본 후 OK 버튼을 클릭한다.

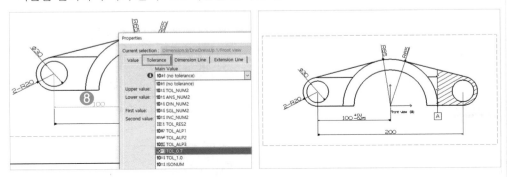

㊿ Top View에 치수를 적용하기 위해 Top View의 View Frame을 더블클릭하여 Active View로 지정한다.

㊿ Dimensions 아이콘 📐을 클릭하여 치수를 생성하고 필요하면 Text Properties 도구막대에서 치수의 크기를 변경한다.

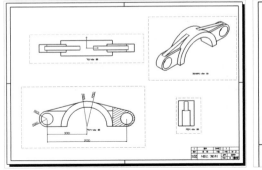
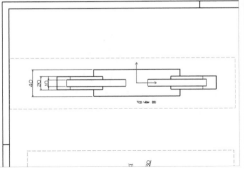

㊿ New View 아이콘 ⊞을 클릭한 후 부품 번호를 입력할 위치에 새로운 View(9)를 생성한다.

㊿ 부품 번호를 생성하기 위해 Balloon 아이콘 ❻을 클릭한 후 생성한 View의 임의 위치(10)를 클릭한다.

㊿ Balloon Creation 대화상자에서 생성할 번호를 입력하고 OK 버튼을 클릭한다.

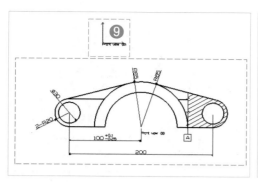

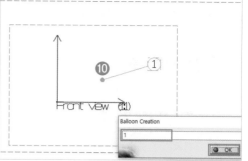

⑥⓪ Balloon을 선택하면 나타나는 노란색 마름모 위에 마우스 포인터를 위치시킨 후 마우스 오른쪽 버튼을 클릭하고 Remove Leader/Extremity를 선택하면 Leader가 제거된다.

⑥① Text Properties 도구막대에서 Balloon의 크기를 7.0mm, Bold(진하게)로 적용한다.

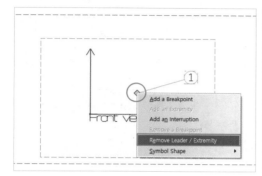

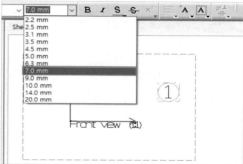

⑥② 표면 거칠기 기호를 생성하기 위해 Roughness Symbol 아이콘 √ 을 클릭한 후 Balloon 옆의 위치(11)를 클릭한다.

⑥③ Roughness Symbol 대화상자에서 거칠기 기호(w)를 입력하고 OK 버튼을 클릭하여 생성한다.

⑥④ 같은 방법으로 거칠기 기호 x, y도 생성한다.

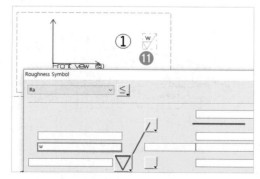

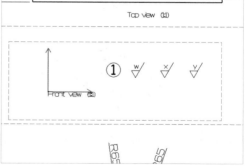

⑥⑤ 거칠기 기호를 모두 선택한 후 Text Properties 대화상자에서 크기(7.0mm)를 지정하여 변경한다.

⑥⑥ (,)와 같은 괄호를 생성하기 위해 Annotation 도구막대의 Text 아이콘 **T** 을 클릭한 후 표면 거칠기 영역을 클릭하고 괄호 표시를 입력한 후 OK 버튼을 클릭한다.

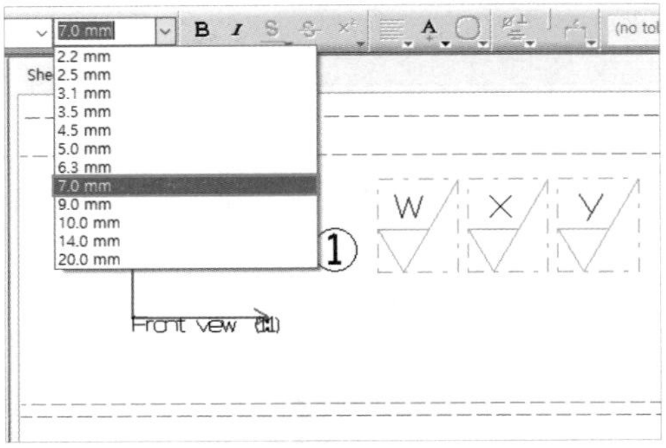

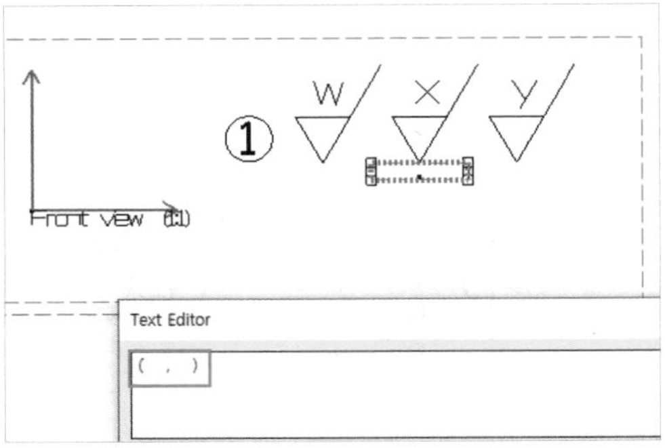

(67) 괄호 표시를 선택한 후 Text Properties 대화상자에서 크기(7.0mm)를 지정하여 변경한다.

(68) Shift 키를 누른 상태에서 괄호를 선택하여 표면 거칠기 기호 사이에 위치하도록 이동한다(이때 괄호 표시의 크기나 간격이 표면 거칠기 기호와 적절하지 않을 때는 더블클릭하여 간격을 조정한다).

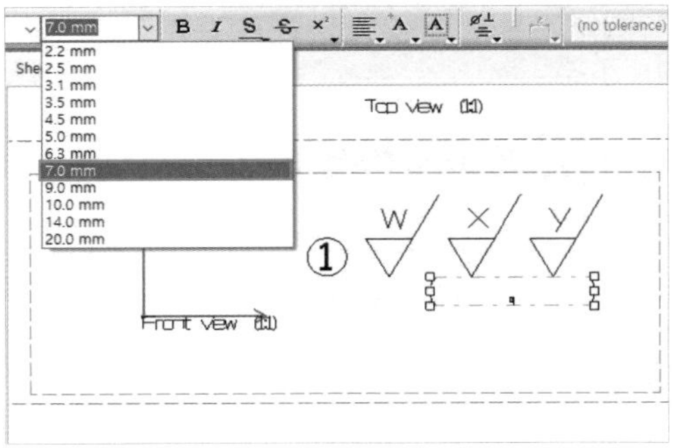

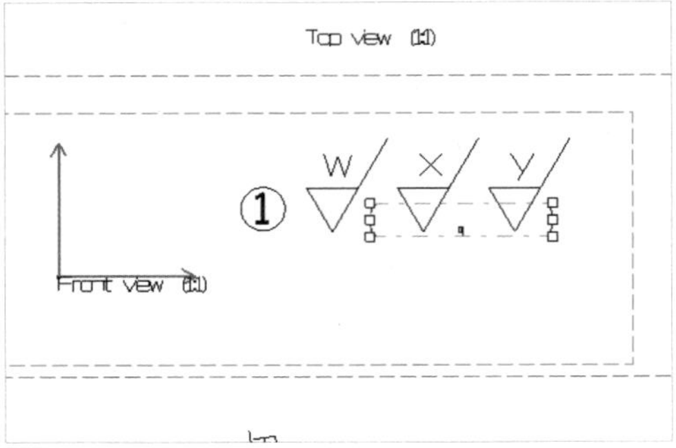

(69) 새로운 View를 생성한 후 개별 주서를 입력하면 기존의 투상 View와 상관없이 이동(12)할 수 있다.

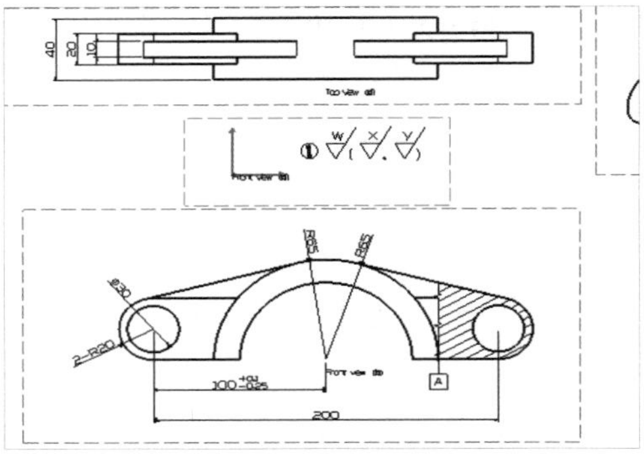

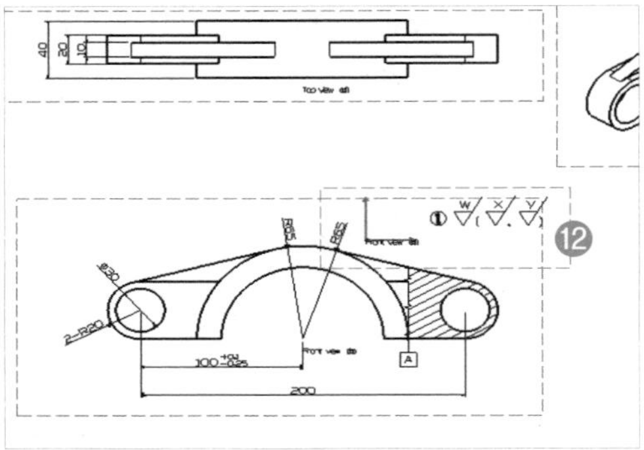

(70) Right View(우측면도)의 View Frame을 더블클릭하여 Active View로 변경한다.

(71) Tolerance를 적용하기 위해 Geometrical Tolerance 아이콘 을 클릭한 후 기하공차를 생성할 외형선(13)을 클릭한다.

(72) 기하공차를 생성할 도면의 임의 위치(14)를 마우스로 클릭한다(이때 Shift 키를 누른 상태에서 움직이면 선택한 외형선에 직각인 방향으로만 움직인다).

(73) Tolerance에서 공차 기호를 선택한 후 공차값을 입력하고 Reference 영역에 데이텀(A)을 입력한다.

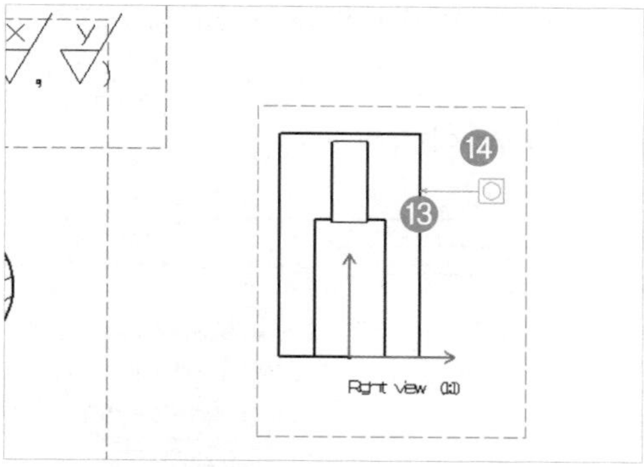

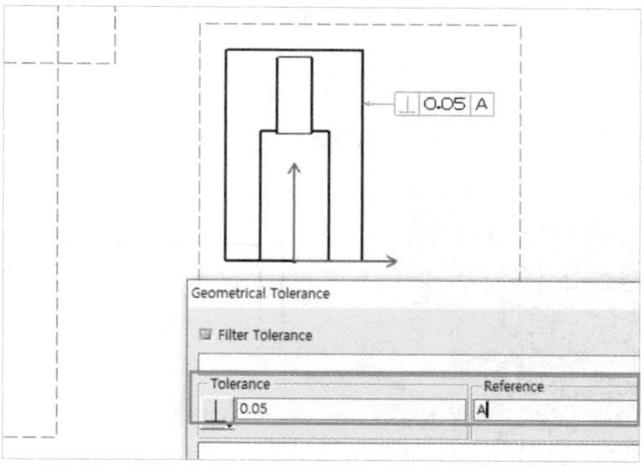

(74) OK 버튼을 클릭하면 기하공차가 생성된다.

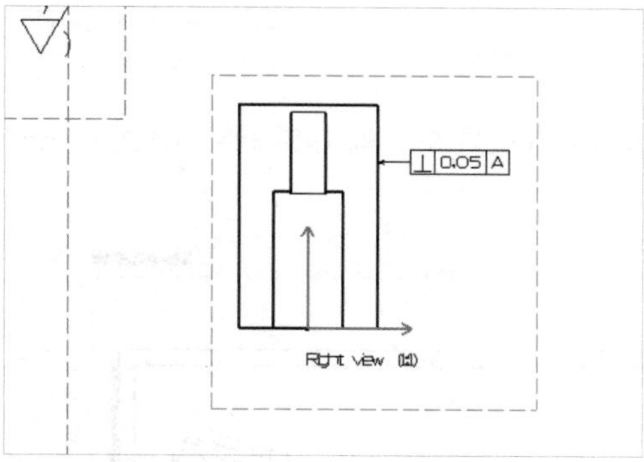

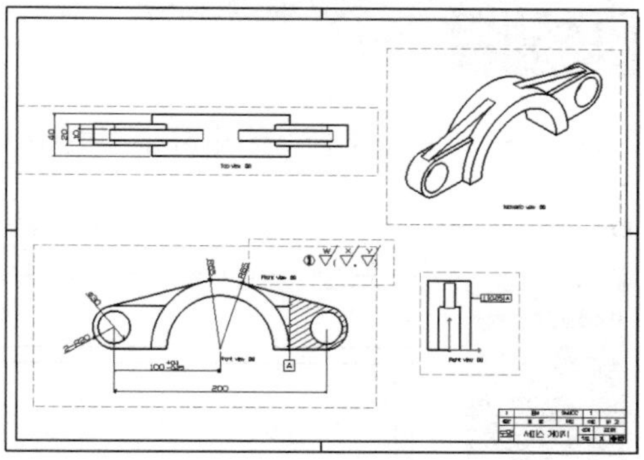

(75) 부품의 표면에 거칠기를 생성해 보자.

(76) Front View를 Active View로 변경한 후 Roughness Symbol 아이콘 을 클릭하고 거칠기를 지시할 외형선(15)을 선택한다.

(77) 거칠기 기호(x)를 입력한 후 거칠기 방향을 180° 회전하기 위해 Roughness Symbol 대화상자의 Invert 아이콘 을 클릭하면 아래 방향으로 회전한다.

(78) 거칠기가 필요한 곳은 추가로 생성시킨다.

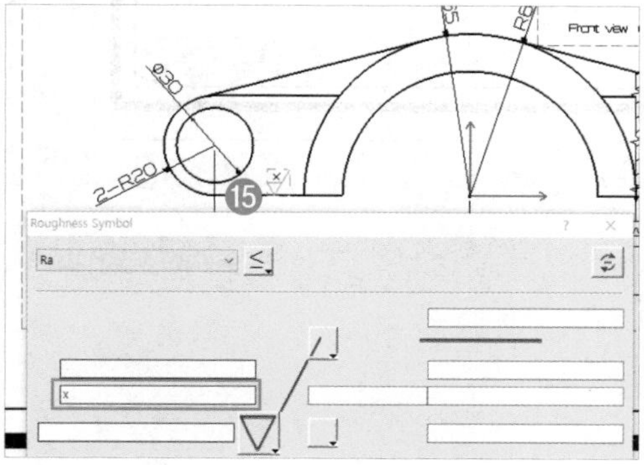

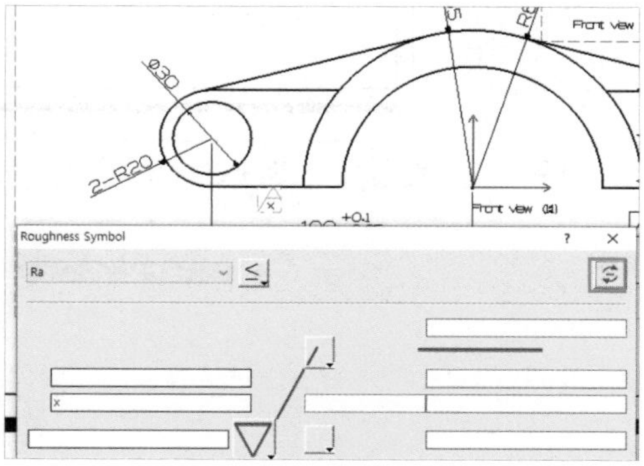

⑦⑨ Drafting 작업이 완료되면 Specifications Tree에서 Ctrl 키를 누른 상태에서 생성한 모든 View를
선택하고 마우스 오른쪽 버튼을 클릭한 후 Properties를 선택한다.

⑧⓪ Properties 대화상자에서 Visualization and Behavior의 Display View Frame의 체크를 해제하
고 OK 버튼을 클릭한다.

⑧① Drafting 영역에 생성된 모든 View의 Display View Frame이 감춰진다.

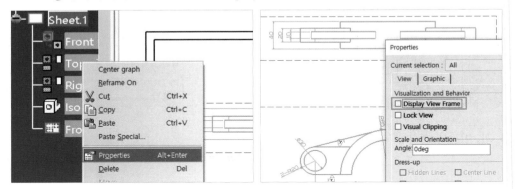

⑧② File → Save as…를 클릭하여 저장하며, CATIA에서 생성한 도면의 확장자는 CATDrawing이다.

1 출력할 완성된 도면을 불러온다.

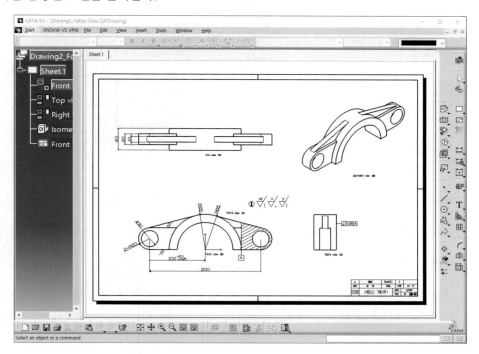

2 File → Print를 선택하면 Print 대화상자가 나타난다.

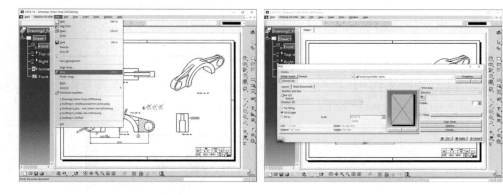

3 Printers에서 설치된 프린터를 선택한다.

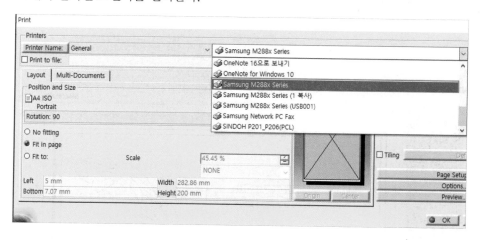

4 Layout 탭의 Position and Size에서 출력할 용지에 도면을 배치할 방향과 영역을 지정한다.

① No fitting : 출력 용지(A4)에 도면을 출력한다(도면을 생성한 A2용지의 일부만 출력된다).

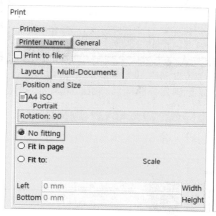
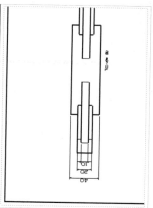

② Fit in Page : 출력 용지(A4)에 가득 채워지도록 도면을 출력한다(도면을 생성한 A2용지가 출력 용지로 지정한 A4에 맞도록 축소되어 출력되며, 일반적으로 사용하는 옵션이다).

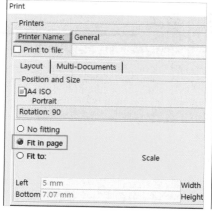
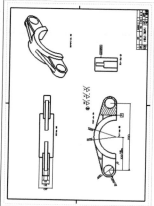

③ Fit to : 설정한 Scale 비율에 맞게 출력한다.

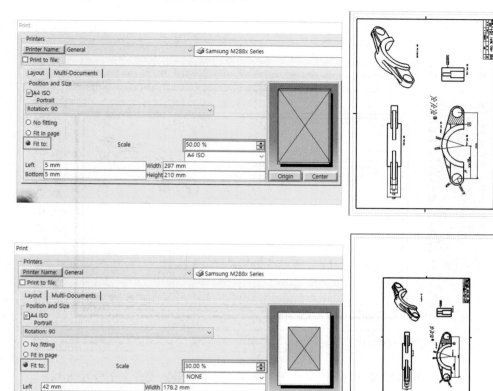

⑤ Print Area 영역에서 도면에서 출력할 범위를 지정한다.

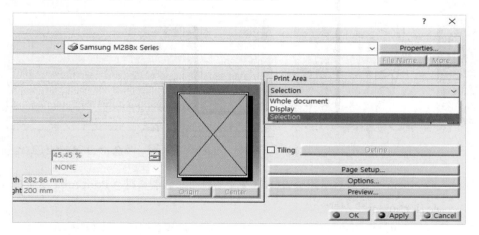

① Selection : 선택한 영역만 출력한다.

    ⓐ Selection Mode 아이콘 🖳 을 클릭한다.

    ⓑ 도면에서 출력할 영역을 지정한다.

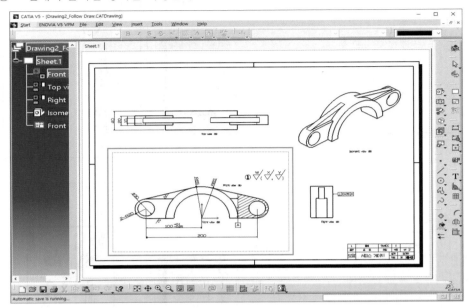

    ⓒ Preview... 버튼을 클릭하면 선택한 영역만 도면이 출력되는 것을 확인할 수 있다.

    ⓓ Print Preview 대화상자에서 OK 버튼을 클릭하여 Print 대화상자로 복귀한다.

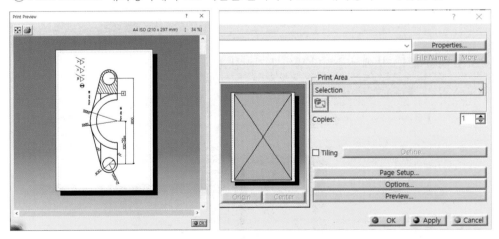

② Whole document : 도면 전체를 출력한다(가장 일반적으로 출력하는 Print Area 형태).

    ⓐ Whole document를 선택한다.

    ⓑ Preview... 버튼을 클릭하여 미리보기 하면 도면 전체가 출력되는 것을 볼 수 있다.

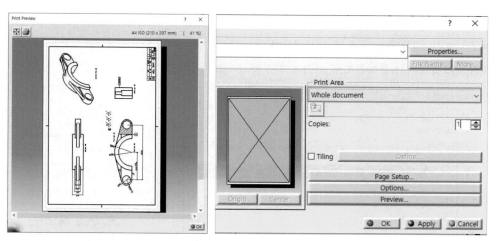

③ Display : 화면에 보이는 대로 출력한다.

    ⓐ 도면 화면을 조금 확대한다.

    ⓑ Display를 선택한 후 Preview… 버튼을 클릭하여 미리보기 하면 현재 화면에 확대되어 보이는 대로 출력되는 것을 볼 수 있다.

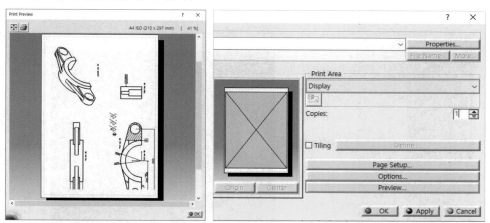

6️⃣ Copies : 도면 출력 수량을 지정한다.

    ① 기본적으로 1이 입력되어 있다.

    ② 여러 장의 도면을 출력하고자 할 때는 해당 장수만큼 입력한다.

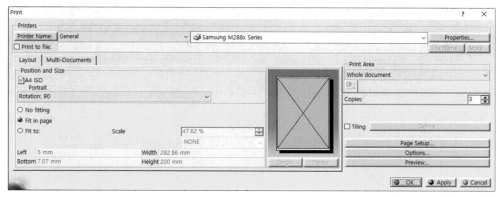

7 Page Setup... : 출력 용지를 설정한다.

① Form Name에서 출력할 용지를 선택한다.

② Margins 영역에서 출력용지의 여백을 지정할 수 있다(기본값은 5mm로 지정).

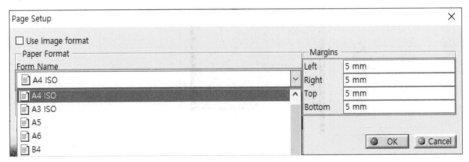

8 Options... : Color를 지정할 수 있다.

① Drafting 영역에서 Option 기능은 흰색 바탕에 검은색으로 지정되어 색상 차이를 확인할 수 없다.

② Part Design Mode의 Model 창으로 전환한 후 Option을 지정해 보기로 한다.

③ File → Print...를 선택한다.

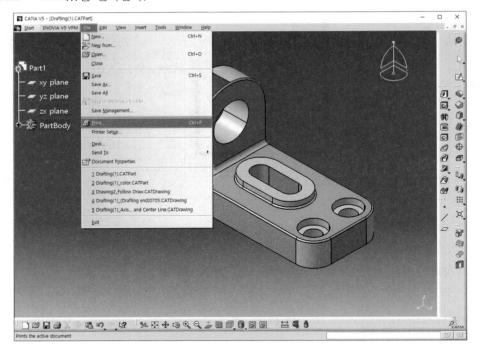

④ Options... 버튼을 클릭한 후 Color 탭에서 True Color, Print white vectors in black을 체크하고
OK 버튼을 클릭한다.

⑤ Print 대화상자에서 Print Area에서 Selection을 선택한 후 Selection Mode 아이콘 을 클릭한다.

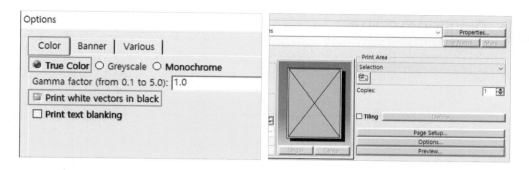

⑥ 아래 그림과 같이 출력할 영역을 지정한다.

⑦ Print 대화상자에서 Preview... 버튼을 클릭하여 미리보기 하면 Model에 적용한 컬러가 그대로 출력되는 것을 확인할 수 있다.

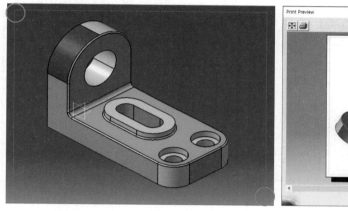

⑧ Option – Color에서 선택한 옵션에 따른 출력 결과는 아래와 같다.

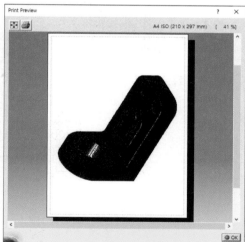

Grayscale(회색)   Monochrome(흑백)

1 실습예제 1

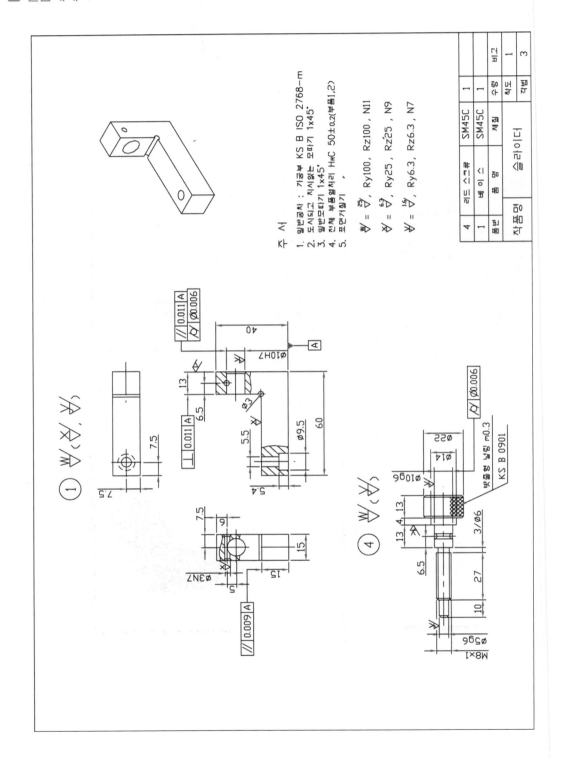

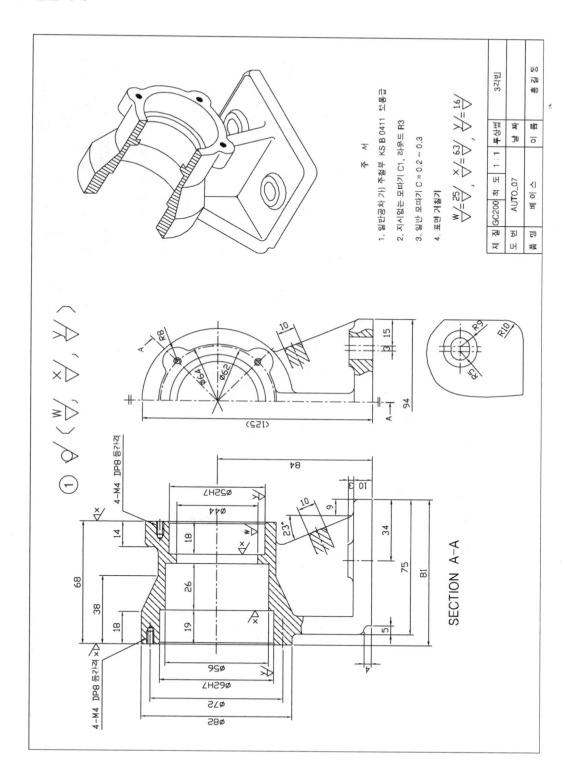

주 서

1. 일반공차 가) 주철부 KS B 0411 보통급

2. 지시없는 모따기 C1, 라운드 R3

3. 일반 모따기 C = 0.2 ~ 0.3

4. 표면 거칠기

SECTION A-A

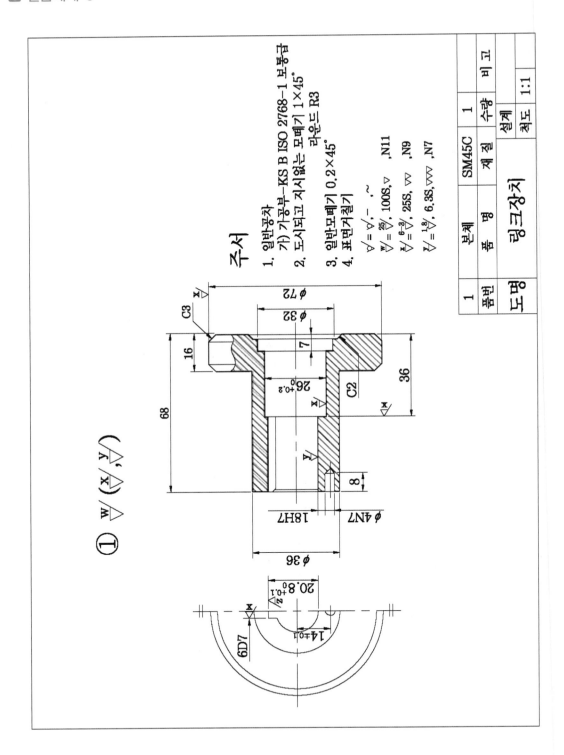

주서

1. 일반공차
   가) 가공부-KS B ISO 2768-1 보통급
2. 도시되고 지시없는 모떼기 1×45°
   라운드 R3
3. 일반모떼기 0.2×45°
4. 표면거칠기

$\forall = \forall, \sim, -$

$\overset{w}{\nabla} = \overset{25}{\nabla}, 100S, \triangledown$

$\overset{x}{\nabla} = \overset{6.3}{\nabla}, 25S, \triangledown\triangledown$

$\overset{y}{\nabla} = \overset{1.8}{\nabla}, 6.3S, \triangledown\triangledown\triangledown$

, N11

, N9

, N7

품번	품 명	재 질	수량	비 고
1	본체	SM45C	1	
도명	링크장치	설계		
		척도	1:1	

4 실습예제 4

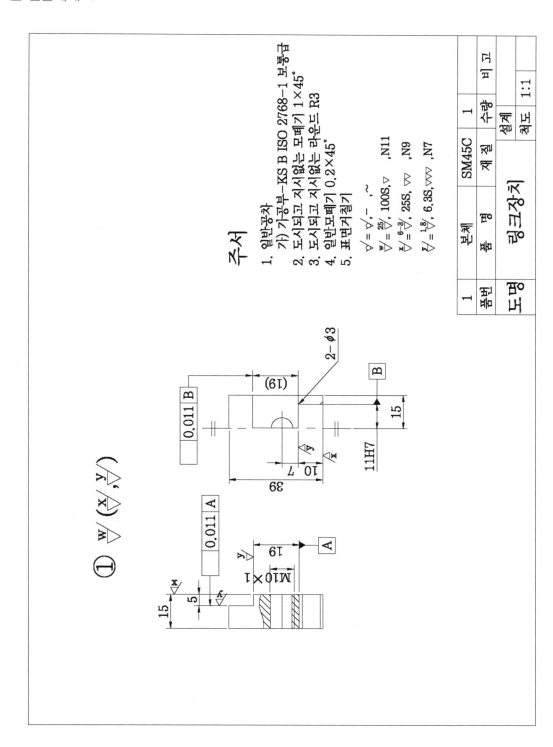

MEMO

내용과 관련해 문의사항이 있으신 경우에는 저자의 개인 메일
(baradol@naver.com)로 연락을 부탁드립니다.

혼자서 따라하며 쉽게 익히는
CATIA V5 따라잡기

발행일 | 2010. 3. 20   초판발행
　　　　　 2013. 1. 10   초판 2쇄
　　　　　 2014. 3. 20   개정 1판1쇄
　　　　　 2015. 3. 10   개정 1판2쇄
　　　　　 2016. 9. 20   개정 1판3쇄
　　　　　 2023. 3. 20   개정 2판1쇄

저　자 | 박한주
발행인 | 정용수
발행처 | 🔷예문사

주　소 | 경기도 파주시 직지길 460(출판도시) 도서출판 예문사
T E L | 031) 955 – 0550
F A X | 031) 955 – 0660
등록번호 | 11 – 76호

정가 : 32,000원

ISBN 978-89-274-5001-6 13000